本书获中国社会科学院学科建设“登峰战略”
资助计划资助，编号 DF2023YS21

抗战时期的中国思想

左玉河 著

广西人民出版社

图书在版编目（CIP）数据

抗战时期的中国思想 / 左玉河著 . -- 南宁：广西人民出版社，2025. 9. -- ISBN 978-7-219-11956-3

Ⅰ. B261

中国国家版本馆 CIP 数据核字第 2025CM1826 号

KANGZHAN SHIQI DE ZHONGGUO SIXIANG

抗战时期的中国思想

左玉河　著

策　　划　赵彦红
执行策划　李亚伟
责任编辑　徐蓉晖　廖　献
责任校对　韦振泽　文　慧
美术编辑　王程媛

出 品 人　唐　勇
出版发行　广西人民出版社
社　　址　广西南宁市桂春路 6 号
邮　　编　530021
印　　刷　广西民族印刷包装集团有限公司
开　　本　787mm × 1092mm　1 / 16
印　　张　28. 75
字　　数　472 千字
版　　次　2025 年 9 月　第 1 版
印　　次　2025 年 9 月　第 1 次印刷
书　　号　ISBN 978-7-219-11956-3
定　　价　88. 00 元

ISBN 978-7-219-11956-3

目 录

第三章
中共全面抗战思想 / 125

第四章
中间党派的民主宪政思想 / 181

导　论

1931年的九一八事变，是中华民族局部抗战的开端；1937年的卢沟桥事变，则是中华民族全民族抗战的开始。从1937年7月卢沟桥事变到1945年8月日本宣布投降的8年间，是中华民族全民族抗战时期（以下简称“抗战时期”）。由于中日民族矛盾的激化、中华民族危机的加深与国内阶级矛盾的错综复杂，中国各政派不可避免地以应对中国严重的民族危机、解决急迫的政治经济问题、处理复杂的国际关系问题和探讨中国文化出路问题为运思的着力点。所以，抗战时期的中国思想，主要集中于政治思想、军事思想、外交思想、经济思想和文化思想等领域，并且以国共两党及中间党派的思想主张为主导。

每个历史时代都有一些重大的现实问题需要人们予以回答，这些回答构成了该时代的思想主题。抗战时期的中国思想，就是在回应抗战时期中国政治、经济、文化等方面重大时代主题过程中形成的思想；抗战时期中国思想的演进历程，就是把握战时思想主题及其展开的历程。围绕着全民族抗战爆发后的时代主题及其思想主题，中国各种政治势力从不同角度提出了不同的解决思路和不同层次的思想主张，构成了抗战时期思想发展的总体性状况。

抗战时期，中国所面临的根本问题，是在中日民族矛盾尖锐引发的民族危机面前，如何奋起抵抗以争取中华民族独立的问题。主导这个时段中国历史走向的势力，分国内与国外两种。国内有三股政治势力，即执政的中国国民党、革命的中国共产党和介于两者之间的中间党派；国外势力主要是日本帝国主义、苏联及英美等国势力。这段时间中国历史的基本走向和历史命运，主要取决于执政的中国国民党、革命的中国共产党和侵略中国的日本帝国主义三方势力的博弈。抗战时期的主题思想，是随着中国社会政治、经济、文化状况的变化而演化的。中国社会面临的主要问题发生了变化，中国各派政治势力对这些问题进行回应的思想主题及其形式均会随之演进，形成了不同层次的思想内容。

1931年的九一八事变，标志着中日民族矛盾逐渐上升为主要矛盾，中国国内的阶级关系发生了重大变动，导致中国革命主要任务的重大转变：一是由过去侧重于反封建（土地革命）转向反帝（民族革命），二是由过去反对一切帝国主义转变为首先打倒日本帝国主义。在民族矛盾上升为主要矛盾的新形势下，如何及时调整各自的政治思路，改变各自既定的方针政策，从停止内战走向一致抗日，建立抗日民族统一战线，是摆在国共两党及中国广大民众面前的重大问题。执政的中国国民党及其政府、革命的中国共产党及其苏维埃政府和中间政治势力，围绕抗日救亡这个时代主题进行理论讨论和思想回应，构成了这个时期中国思想的主题。

面对严重的民族危机，中国共产党和全国各界掀起了大规模的抗日救亡运动，逐渐将工作重心从反蒋抗日转向联蒋抗日，推动了抗日民族统一战线的建立。随着日本侵略的步步加深以及国内形势逐渐向有利于抗日方向发展，国民党政府开始从“攘外必先安内”逐渐转向对日强硬、对内联共的政策。随着中共主动调整政策并对国民党作出重大让步，国民党逐渐接受了中共“停止内战，一致抗日”的主张。各中间党派及其代表人士要求抗日和民主，与中共主张建立抗日民族统一战线的方针是一致的，对国民党和蒋介石的批评、忠告和期望则是中肯的，极大地推进了团结抗日的实现。这样，中国各派政治力量逐渐汇入抗日救国的时代大潮之中。1937年卢沟桥事变后，中华民族面临着生死存亡的空前危机。在中日民族矛盾成为压倒一切的主要矛盾的情况下，加速建立以国共合作为基础的抗日民族统一战线成为形势发展之急需。蒋介石及国民党为了维护自己的统治并捍卫中华民族的生存权利，顺应全国民众抗日救亡的强烈要求，最终改变对日“忍辱含垢”的妥协态度，走上以武力抗击日本帝国主义侵略的自卫道路，并加快与中共谈判，正式形成了以国共合作为基础的抗日民族统一战线。

1937—1945年是中华民族全民族抗战时期，时代的主题是在中日民族危机加深的情况下，中国如何取得抗战的胜利，如何在抗战过程中实现民主并在战后建立一个独立民主富强的新中国。抗战、民主与建国，成为这个阶段中国各派政治势力关注的核心问题。因此，包括中国国民党、中国共产党及中间党派在内的中国各派势力，围绕着抗日、民主和建国等重大问题展开深入讨论，提出了自己的政治主张。

全民族抗战爆发后，中国共产党从全民族的根本利益出发，积极推动建立并极力维护以国共合作为基础的抗日民族统一战线。以国共合作为基础的抗日民族统一战线，具有广泛的阶级性和复杂的民族性。国共两党各自拥有政权和军队，没有正式的共同纲领和固定的组织形式，这便决定了抗日民族统一战线内部充满着矛盾和不稳定因素。中共正确处理了包括国民党在内的其他阶级和政派的关系，主张在坚持抗日民族统一战线前提下，承认抗日民族统一战线中的矛盾个体在处理自身内部事务时具有自主性和相对独立性，强调共产党在抗日民族统一战线中必须坚持独立自主原则，制定了“发展进步势力、争取中间势力、孤立顽固势力”的策略方针，形成了“又联合又斗争，以斗争求团结”的策略思想。

中国共产党根据国内外形势的剧烈变化，提出了《抗日救国十大纲领》，制定了全面抗战路线，形成了全面抗战、持久抗战和独立自主地开展游击战的抗日战略思想。中共从当时国内外形势、双方国情、战争性质等方面作了分析，认为中国抗战一定是持久战，只有坚持持久战，才能打败日本侵略者。毛泽东、朱德、周恩来、张闻天、刘少奇、彭德怀等都发表了相近的意见，形成了系统的抗日持久战思想。毛泽东在《论持久战》和《论新阶段》两部著作中，对抗日持久战的基本问题作出了非常精辟和系统的阐述，将抗日游击战提高到了抗日战争的战略全局高度加以阐述。动员和武装民众是全面抗战思想的核心。没有广大人民群众的支持和参与，要取得战争的胜利是不可能的，故必须发动、团结和组织一切抗日力量，用民族革命战争战胜日本帝国主义。因此，中共从全面抗战思想出发，形成了一整套动员民众、组织民众与武装民众的思想，为抗战胜利提供了正确的理论指导。

全民族抗战爆发后，国民党制定了《抗战建国纲领》，形成了系统的抗战建国思想。其核心是以三民主义为总纲领，提出抗战与建国必须“同时并进”，强调“要在抗战中积极来建国”，抗战是建国的准备阶段和必经过程，建国是抗战的终极目标。全民族抗战前期，抗战是重于建国的，强调一切建国工作应寓于抗战之中；而全民族抗战后期则认为“抗战与建国”乃是同一件事，建国较抗战更为重要。其主旨是通过“建国”而进行政治、经济、军事建设，增强抗战实力，但国民党极力维护其一党专政的统治局面，力图以三民主义意识消融包括中共在内的其他抗日党派，借“建国”之名行“一党专政”“一个主义”“一个领袖”之实，致使其“建国”工作终未实现。

全民族抗战爆发后，国民党政府根据中日敌对双方力量的对比和战争形势的发展，逐渐意识到中日战争是持久消耗战，必须采取“持久消耗”的战略方针才能取得抗战胜利。所谓“持久消耗”，就是利用中国优势之人力与广大之国土，一面积极地消耗敌人，一面加紧培养国力，伺机展开战略攻势，争取抗战最后胜利。持久战与消耗战同处于中日战争的过程之中，持久讲的是战争的时间，消耗讲的是战争的内容。这种军事战略，被概括为“以空间换时间”“积小胜为大胜”，是抗战取得最后胜利的重要保障。为了支撑持久消耗战略，国民党政府逐渐形成了所谓“国际政略”，将中国抗战与世界大战结为一体，以抗战到底、苦撑待变的方式，将中国问题的解决与世界反法西斯战争的胜利联系起来，自觉将中国融入世界反法西斯战争之中，对中国抗战的胜利发挥了积极作用。然而，抗战进入相持阶段后，国民党消极抗日、积极反共，集权独裁思想日益强化，顽固坚持一党专政，压制民主进步势力，对抗战起了严重的消极作用。

全民族抗战初期，各中间党派积极拥护国民党抗日，提出了动员全民族参加抗战、坚持持久抗战、开放党禁及民主建国等思想主张。他们对加强以国共合作为基础的抗日民族统一战线进行积极维护，并且反对妥协投降，坚持抗日民主，且随着对蒋介石及国民政府的一党专政加深认识，转而倾向支持共产党，加强了与中共的合作，并且推动国共间的调解和团结，为抗战胜利贡献了力量。

正因抗战时期最核心的时代主题是抗日，故国共两党及中间党派围绕着这个时代主题的运思和态度，决定了其民心向背及其成败得失。抗战初期，国民党联共抗日，顺应了时代大潮和民心民意，得到了中共、中间党派和民众的支持和拥护；但抗战进入相持阶段后，国民党消极抗日、积极反共，破坏抗日民族统一战线，不仅引起了中共的抵制和回击，而且引起中间党派和广大民众对其的疑虑和离心，国民党的政治地位和影响力减弱；抗战后期，国民党将主要精力放在对付中共及进步势力上，不仅引起中共和中间党派的批评和怀疑，而且逐渐丧失了广大民众的支持和拥护，国民党政治地位和影响力急剧下降。与之形成鲜明对比的是，中国共产党始终高举抗日旗帜，奔赴抗日敌后，提出了全面抗战纲领，成为抗日战争的中流砥柱，故得到广大民众和中间党派的支持和拥护。这是抗战时期中国共产党由小变大、由弱变强、不断发展壮大的根本原因。

近代以来，中国屡屡遭受西方列强欺辱，西式民主宪政始终是先进中国人的理想追求。但中国宪政之路并非坦途，无论是清末的《钦定宪法大纲》，还是北洋时期的《中华民国临时约法》《中华民国约法》，抑或是《中华民国宪法草案》《中华民国宪法》，都是有名无实。国民党在南京建立国民政府后，打着“训政”的名义实行一党专政统治，严重践踏民众基本权利的行径，引起了全国各界的强烈不满。全民族抗战爆发后，在中共与中间党派的强烈呼吁下，国民党政府被迫有限度地开放部分政权，并于1938年成立了国民参政会，成为各党派推动政治民主化的重要平台。但国民党并没有放弃一党专政体制，反而在组织抗战时加强了集权体制和独裁思想。国民党以抗战需要统一党政军权力、统一军令政令为名，标榜“国家至上、民族至上”，“军事第一，胜利第一”，鼓吹“一个政党”，坚持一党专政，强化党国体制，在战时建立了高度集权的政治体制，将军事决策权、指挥权、党权、政权集中于蒋介石一人，实行集中化、军事化的管理制度。这种政治体制一定程度上是迫于战争的客观形势，但国民党却以此为借口抹杀个人自由，回避、漠视民权主义及民生主义，难以满足社会各界保障民权自由的要求。国民党独裁思想的实质，是要求全国人民绝对服从蒋介石“一个政党、一个主义、一个领袖”的法西斯理论和行动。为了达到专制独裁的目的，国民党采取了“防共、限共、溶共”方针，颁布维持治安，取缔集会演说、人民团体、社会运动及战时动员的一系列管理办法，利用抗战的借口，加强专制独裁。因此，激起了中国共产党、中间党派和进步力量的坚决抵制。

抗日战争是全民族抗战，为动员广大民众参加抗战，必须保障民众的基本民主权利。中国共产党认识到抗战动员的根本在于民众动员，民众动员的要领在于激发民众在战争中的主动性，而要做到这一点，就必须实行民主政治。因此，中共把实现民主政治作为社会动员的重要目标，并形成了“抗日与民主不可分”的思想。中共不仅在抗日根据地创造了“三三制”

这一民主政权体制，坚定地实行新民主主义宪政，而且积极支持并参与民主宪政运动，坚决反对国民党的一党专制，得到了广大民众的拥护。面对国民党坚持借抗战之机强化独裁集权、坚持一党专制的现实，中间党派发出了结束训政、实行宪政的呼声，先后两次发起了民主宪政运动，积极推动民主政治，表达了各界期望以民主求团结、以民主求进步、以民主求得抗战胜利的强烈愿望。正是在两次民主宪政运动中，中间党派对战后中国政治走向作了精心设计，围绕着建设一个什么样的国家、如何保障个人的自由权利、怎样制定宪法、政府应有的职责和权限以及如何实行政党政治等重大问题，提出了一系列重要的思想主张，拥护中共提出的成立联合政府的主张，逐渐形成了“把中国造成一个十足道地的民主国家”的建国方案。

抗战时期，国民党反复宣传“一个党、一个主义和一个领袖”。所谓“一个主义”，就是要将全国民众的思想集中于“三民主义”。但国民党所强调的“三民主义”，是蒋介石重新阐释的带有专制独裁特征的“三民主义”。为了用“一个主义”控制民众思想，国民党一方面宣传所谓“三民主义”的优越性，另一方面攻击“三民主义”之外的各种思想，尤其对共产主义和自由主义进行猛烈攻击，认为它们均不适合中国国情。蒋介石在《中国之命运》中，继续抨击自由主义和共产主义，公开鼓吹：“任何思想离开了三民主义，即不能长存于民族意识之中。所以抗战的最高指挥原则，惟有三民主义。抗战的最高指导组织，惟有中国国民党。我们可以说，没有三民主义就没有抗战，没有中国国民党就没有革命。”由此可见，蒋介石念念不忘坚持一党专政，依然期待着用其所谓“三民主义”统一中国，建立所谓“三民主义共和国”。

蒋介石和国民党曲解孙中山的三民主义并以之消融包括中共在内的其他抗日党派，自然引起中共及抗日各党派的不满与愤慨。中共继承孙中山的新三民主义，并对其作了新阐释。毛泽东在《新民主主义论》中比较了三民主义和共产主义之异同，说明新三民主义与旧三民主义的根本差异，并提出了“新民主主义”的新命题。王稼祥、张闻天、艾思奇、吴黎平等人对国民党的三民主义理论进行严厉批评，国共双方围绕着三民主义内涵、实质、新旧差异、与共产主义异同、民族主义与民权主义及民生主义关系等展开了激烈争论。正是在这场关于三民主义问题论战中，以毛泽东为代表的中国共产党人把马克思主义与中国革命实际相结合以解决中国现实问题，创造性地提出了新民主主义理论。这套新理论，揭示了在中国这种半殖民地半封建国家进行资产阶级民主革命的基本规律，规定了新民主主义革命的基本任务，正面回答了国内外、党内外对中国革命的性质、前途、道路等问题的种种责难与困惑，明确提出中国新民主主义革命的基本纲领，即在政治上打倒帝国主义和封建势力的反动统治，建立无产阶级领导的，以工农联盟为基础的，各革命阶级联合专政的新民主主义共和国。其国体是各革命阶级联合专政；其政体是民主集中制。新民主主义的文化，是民族的科学的大众的文化。毛泽东阐述的新民主主义革命理论，集中概括了中国共产党人关于中国民主革命的基本政治主张，形成了以成立民主联合政府为核心的新民主主义共和国方案。

正因民主和建国问题是抗战时期的重要时代主题，故国共两党及中间党派围绕着这些问题所提出的思想主张，决定着民心向背及其成败得失。抗战初期，国民党部分开放政权，获得了中共及其他民众的拥护和支持；但抗战中后期，顽固坚持一党专政，逐渐丧失了中共、中间党派和广大民众的同情和支持。与之形成鲜明对比的是，中共始终高举民主的大旗，在抗日根据地建立“三三制”民主政权、实行新民主主义宪政，不仅赢得了广大民众的拥护，而且获得了中间党派的支持。同样，本来弱小的各中间党派，发出了结束训政、实行宪政的呼声，发起了两次民主宪政运动，得到了部分民众的同情和支持，其政治力量迅猛壮大。国民党建立的所谓“三民主义共和国”，实际上是大地主大资产阶级的一党专制的独裁国家，必然受到中共和各中间党派等进步力量的反对；以中国民主政团同盟为代表的中间党派既反对国民党一党专政，也不赞同中共的建国方案，力图走第三条道路，建立欧美式资产阶级民主共和国，但因难以适应世界发展趋势和中国具体的国情而难以走通；只有中国共产党提出的建国方案，既不是苏联式社会主义国家，也不是欧美式资产阶级国家，而是符合中国国情和时代潮流的新民主主义共和国，故赢得了中国广大民众的支持，在各种建国方案的历史选择中最后获得胜利。

随着抗日战争的发展，中国民众的民族主义和爱国主义情绪激昂，民族精神得到振兴，文化民族主义勃然兴起。文化民族主义思潮立足于中国本位寻求中国文化的出路，着重于发掘、继承、弘扬传统文化的优秀价值，致力于重新确立民族精神，谋求抗战到底；同时主张吸收西方文化以充实、发展儒学，建设中国的新文化，并对中西结合作了有益的尝试。战国策派提出了文化形态史观，文艺界围绕文艺大众化和民族形式问题展开讨论，学术界围绕以农立国与以工立国进行深入探究，“学术中国化”问题引起广泛讨论。五四时期备受抨击的中国传统儒学逐渐适应新的时代需求，在新阐释中实现创造性转化。贺麟以新黑格尔主义哲学改造和发挥陆王心学，建立了“新心学”体系；冯友兰则运用西方新实在论的逻辑方法，继承并发展了程朱理学，创建了“新理学”体系。儒家思想在战时民族主义高扬的时局中得到“新开展”，战时中国学术文化（哲学、政治学、历史学及其他社会科学）在战火激荡中获得新发展。

总之，抗战时期，中国社会各阶级、各阶层及其政派围绕着抗日、民主和建国等时代主题，站在各自的立场上，利用各种机会表达自己的政治诉求，并以思想论争的方式提出丰富多彩的思想主张。正是在中国思想文化界不断讨论、争论和论战的过程中，中国各阶级、各阶层、各党派及各方人士，围绕时代主题和思想主题及相关问题进行广泛思考，将自己的政治诉求及思想观点以各种方式表达出来，形成了抗战时期关于政治、经济、社会文化等各方面的思想主张，推动了抗战时期中国思想文化的发展。

第一章

抗日统一战线思想的形成及发展

中华民族与帝国主义的矛盾、人民大众与封建主义的矛盾，是近代中国社会的两个主要矛盾，帝国主义和封建主义成为中国人民的两大敌人，而前者在一定历史时期又成为最主要的矛盾。九一八事变后，中日两国民族矛盾开始上升为主要矛盾，中国的政治形势发生了重大变化，使近代中国两大革命任务趋向集中化、确定化和明朗化。这主要体现在以下几个方面。第一，反对帝国主义和封建主义这两大任务，一个是属于国际的，一个是属于国内的。随着民族危机的加深，反帝任务更为突出，并很快成为中国革命的首要任务。第二，由过去反对“一切帝国主义”，变成首先反对日本帝国主义，反帝目标集中于日本帝国主义。中华民族与帝国主义之间的矛盾，集中体现为中日民族矛盾。第三，民族革命与民主革命的关系，即抗日与民主、抗日与反蒋的关系，成为中国共产党必须正视的重大现实问题。抗日与民主是密切相连的。要抗日救国，就要要求国民党开放政权，给予民众一定的民主自由权利，放松对民众的压制。正是由于国民党拒绝开放政权，在九一八事变后，全国出现了抗日民主浪潮，抗日救亡与反对国民党统治密切联系在一起。但随着中日民族矛盾的上升，反帝任务日益突出，又将人民大众与封建主义的矛盾即国内阶级矛盾，降至次要地位。

九一八事变后，随着中国社会主要矛盾的逐渐转变，中国革命的中心任务必然发生巨大变化，即由过去侧重于反封建（土地革命）转向反帝（民族革命），由过去反对一切帝国主义转变为首先打倒日本帝国主义。中国历史主要发展趋势和中国革命所要完成的主要任务是：建立抗日民族统一战线，集中国内各民族、各阶级力量抗击和打败日本帝国主义；在抗击和打败日本帝国主义的过程中，为建立独立、自由、民主、统一和富强的新中国创造条件。

抗日民族统一战线的核心问题，是国共两党关系问题，是两党能否在抗日救国的根本问题上达成一致抵抗的协议，并缓和及改善两党之间的矛盾关系的问题。1927年大革命失败后，左右中国政局发展的国共两党展开了激烈的武装斗争，国民党以彻底“消灭”共产党为主要任务，共产党则以推翻国民党政权为革命的主要目标。九一八事变后，在中日民族矛盾逐渐上升为主要矛盾的新形势下，如何及时调整各自的政治思路，改变各自既定的方针政策，从停止内战走向一致抗日，建立抗日民族统一战线，是摆在国共两党面前的重大问题。历史和现实客观上要求当时中国的各党派（中共、国民党及中间党派等）面向这个历史大趋势，顺应历史发展的潮流。但在九一八事变后较长时期内，中国各党派反应不一，认识各异，采取了不同的方针政策，出现了错综复杂的政治局面。国共两党政治思想及其方针政策的调整，经历了一个较长时期的曲折演变过程。

当时作为执政者的国民党，积极推行所谓“攘外必先安内”政策，显然违背了中国革命的中心任务。作为中国革命主要领导者和组织者的中国共产党，则坚持“倒蒋是抗日的前提”，也在某种程度上偏离了历史发展的主流和革命的中心任务。中间党派尽管坚决主张抗日、民主和团结，顺应了历史发展的趋势，但由于其自身的分散性及软弱性，很难产生太大的实际影响。随着日本帝国主义侵略的加剧，民族危机的日益加深，抗日救亡的中心任务更加迫切和艰巨。1935年下半年，中国共产党和国民党开始转变各自的方针政策，这种状况才发生根本转变。中国共产党逐步克服“左”倾错误，将驱逐日本帝国主义作为革命的首要目标，国民党的内外政策也有所调整并逐步改变。这样，中国各派政治力量逐渐汇入抗日救国的时代大潮之中。

一、从“反蒋抗日”转向“逼蒋抗日”

九一八事变后，中国历史发展的主流是抗日、团结和民主。但国民党拒绝开放自己把持的国民政府，加紧强化专制统治，并接连发动“剿共”内战，对日本帝国主义一味妥协退让，背离了中国历史发展的主流。对于中国革命领导者的中国共产党来说，历史赋予其抗日救国的重任，要求她将抗日救国列为中国革命的首要任务，团结国内外一切抗日力量，组成广泛的抗日民族统一战线，将日本帝国主义驱逐出中国。九一八事变爆发，中共中央就提出，“只有依靠工农兵，学生，以及一切劳苦群众自己的力量，才能打倒帝国主义，打倒国民党”①，驱逐日寇出中国。然而，此时的中共临时中央处于以王明、博古为代表的“左”倾教条主义者的领导之下。中国共产党在抗日与反蒋问题上面临着三种选择：先反蒋后抗日、先抗日后反蒋、反蒋抗日双管齐下。由于国民党对中央革命根据地及红军采取严密封锁和加紧“进剿”的策略，处于绝对弱势的中国共产党不可能选择先抗日后反蒋或反蒋抗日双管齐下的策略。因此，受“左”倾路线影响的中共临时中央自然选择先反蒋后抗日，提出“反蒋抗日”口号，客观上偏离了九一八事变后中国历史发展的主流和中国革命的中心任务，具体表现如下。

其一，对日本帝国主义武装占领中国东北的错误认识。

1931年9月22日，中共临时中央作出《中共中央关于日本帝国主义强占满洲事变的决议》(简称《决议》)，对九一八事变作了完全错误的估计。它认为日本武装占领东北的原因是：第一，摆脱经济危机，“企图在新的帝国主义战争之中来找得经济危机的出路”；第二，加紧进行反苏战争的一个主要步骤，是反苏联战争的序幕；第三，更能便利地调动大量军队镇压中国的土地革命、苏维埃运动和游击战争，准备直接武装干涉中国革命。

正是基于这种错误估计，中共临时中央指出：“加紧的组织领导发展群众的反帝国主义运动，大胆地警醒民众的民族自觉，而引导他们到坚决的无情的革命斗争上来。抓住广大的群众对于国民党的失望与愤怒，而组织他们引导他们走向消灭国民党统治的争斗，抓住一切灾民、工人、兵士的具体的切身要求，发动他们的争斗走到直接的革命争斗。领导群众为反对日本帝国主义的暴力政策，反对帝国主义的奴役和侵略，反对进攻苏联和苏区，拥护苏维埃，武装保卫苏联，反帝国主义的强盗战争而争斗。”②中国无产阶级及劳苦群众的伟大的历史任务是：第一，武装保卫苏联；第二，反对帝国主义的强盗战争（打倒一切帝国主义）；第三，消灭国民党政府（包括在野的“反动派”）；第四，实行反帝国主义的土地革命；第五，求得“民族的与无产阶级劳动群众的彻底解放”。这些政治主张，偏离了真正

---

① 中央档案馆编《中共中央文件选集》第7册，中共中央党校出版社1983年版，第451页。

② 中共中央文献研究室、中央档案馆编《建党以来重要文献选编（1921—1949）》第8册，中央文献出版社2011年版，第567页。

的革命目标（日本帝国主义），而把非主要目标和可以联合的政治力量作为主要的打倒对象。这就偏离了当时的政治形势和历史发展主流，偏离了中国革命的中心任务。《决议》认为，日本帝国主义强占中国东北是“加倍的积极准备反苏战争”，“是武装干涉中国的土地革命和苏维埃运动”，并提出了“武装保卫苏联及变帝国主义战争为国内战争”的口号，这样的判断及所提出的口号显然是错误的。

其二，把“民众自动武装起来驱逐日本帝国主义”同“对日宣战”对立起来，用前者反对后者。

《红旗周报》刊发的题为《是对日宣战？还是民众自动武装起来驱逐日本帝国主义》文章指出：“在此次反日运动一开展时，明显地便有两个根本不同的中心口号。一个口号，是由南京国民党中央提出，而被一切反革命派别——从国家主义到托陈取消派、罗章龙右派——拥护的；另一个是由中国共产党中央提出，而得到全国工农兵贫民及革命学生所拥护的。前一个是对日宣战，后一个是民众自动武装起来驱逐日本帝国主义。”[①]把这两个口号对立起来，并认定“对日宣战”是反革命口号，是极端错误的判断，也是不符合事实的，因为当时国民党政府也是反对宣战的，并没有主张对日宣战。

其三，把国防政府与苏维埃政府对立起来。

中共认为国防政府是从买办地主到小资产阶级共同主张的反革命政权。张闻天在《红旗周报》发表文章说，各反革命派别都把“‘宣战’与‘国防政府’当做了他们的中心口号”，反革命势力“要镇压革命，必须要有一个新的政府的形式，来团结反革命力量，这一新的政府形式，就是各反革命派别所宣传的国防政府”。[②]他强调中国的政权只能是工农民主专政，即苏维埃政权。

其四，所谓“中国革命是反帝国主义的民族革命与土地革命两巨潮的汇合”问题。

博古在《红旗周报》上发表文章说：“中国革命目前阶段的特点，是在两个伟大的革命潮流的汇合，反对帝国主义的民族解放运动与推翻地主资

---

① 知机：《是对日宣战？还是民众自动武装起来驱逐日本帝国主义》，《红旗周报》1931年第21期。

② 思美（张闻天）：《满洲事变中各个反动派别怎样拥护着国民党的统治》，《红旗周报》1931年第23期。

产阶级统治的土地革命。因之反对帝国主义的土地革命是中国革命现阶段的主要内容。这一个反帝国主义的土地革命正在苏维埃的旗帜之下开展着。”[①]这段话包含许多错误观点，具体表现在以下几个方面。第一，民族革命与土地革命的汇合（结合）问题，从革命整体上说两者是不能分离且互相促进的，但在具体阶段上，则可以有先后、轻重、主次之别。为了抗日可以暂缓土地革命，可以把反帝与土地革命分开解决。但“左”倾教条主义者机械地认为两者只能同时进行。第二，“反对帝国主义的土地革命”问题。土地革命的直接目标是反封建，是反对国内的反动阶级、反动制度，它只是间接地反对帝国主义，并没有直接反帝的性质。“左”倾理论把土地革命说成是反帝的，强调了中国革命的反世界资本主义性质。第三，土地革命是“推翻地主资产阶级的土地革命”问题。土地革命是反对封建地主阶级的，不是反对资产阶级的。“左”倾理论将地主阶级与资产阶级同等看待，混淆了土地革命的对象和性质。

其五，所谓“民众革命推翻国民党是反帝国主义的民族革命战争的先决条件”问题。

中共临时中央在《中央为反对帝国主义进攻苏联瓜分中国给各苏区党部的信》中，对此有明确的表述：“号召组织与领导无产阶级与农民来消灭出卖中国污辱中国的反革命的国民党政权，消灭这反革命的投降帝国主义的政权。建立民众的苏维埃政权，是民族革命战争胜利的先决条件。”[②]打倒国民党（包括其中的各个派别）是民族解放的前提。“倒蒋”是抗日的前提。革命逻辑的发展正好相反，反帝（集中体现为抗日）是“倒蒋”的前提。1932年1月，以博古为首的中共临时中央作出《关于争取革命在一省与数省首先胜利的决议》。这个决议既是王明“左”倾教条主义的代表性文件，又是在反蒋与抗日问题上把反蒋置于抗日之上的集中体现。上海一·二八事变后，中共临时中央制定的《关于上海事变的斗争纲领》虽然表明了中共临时中央既反对国民党统治又反对日本侵略的政治态度，但明确将推翻国民党统治当作全国一致抗日的前提条件。1932年4月15日，中华苏维埃共和国临时中央政府发布对日战争宣言，强调“要真正实行民族革命

① 博古：《论民众革命与民众政权的口号》，《红旗周报》1932年第29期。

② 中央档案馆编《中共中央文件选集》第8册，中共中央党校出版社1985年版，第173页。

战争，直接与日本帝国主义作战，必须首先推翻帮助帝国主义压迫民族革命运动、阻碍民族革命战争发展的国民党反动统治，才能直接的毫无障碍的与日帝国主义作战。才能使民族革命战争在全国大大的发展起来”①，仍然坚持“反蒋高于抗日”思想。

其六，实行“下层统一战线”，打倒一切中间派别。

1931年5月1日，中共临时中央在《全国组织报告的决议案》中指出：“对于国民党改组派取消派和右派等组织影响下的群众，必须应用下层统一战线的策略，分化和夺取他们到我们的领导下面。”②9月20日，中共临时中央发出由王明起草的名为《由于工农红军冲破敌人第三次“围剿”及革命危机逐渐成熟而产生的党的紧急任务决议》。该决议指出：“尽量同下层小资产阶级群众，如象一部分革命学生，小商人，以至城市贫民成立反帝的统一战线，并且成立这种反帝的公开组织，而取得其领导。”③9月22日，中共临时中央在《中共中央关于日本帝国主义强占满洲事变的决议》中正式提出了建立“下层统一战线”的口号，指示全党“实行反帝运动中的下层统一战线，和吸收广大的小资产阶级的阶层参加争斗”。④1933年7月24日，《中共中央关于帝国主义国民党五次“围剿”与我们党的任务的决议》强调：“集中党的注意力，在最受资本进攻威胁的企业中去进行坚苦的群众工作，组织工人阶级的反抗，采取下层统一战线的策略，以孤立反革命派，与增强我们与群众的联系。必须具体的开始建立群众的赤色工会与争取国民党工会工人的工作。”⑤中共临时中央强调的“下层统一战线”之运用，主要体现在三个方面：一是争取黄色工会及落后的工人群众，去消灭黄色工会，反对黄色工会的首领；二是争取中间派影响下的群众，把这些派别打倒；三是在军队中组织士兵反对军官，把指挥权夺取过来。

1933年11月，蔡廷锴等人以国民党十九路军为主力发动“福建事变”，成立“中华共和国人民革命政府”，提出“反蒋抗日”口号，并寻求与中共及红军联合反蒋。中共临时中央不仅拒绝与其合作，而且对其进行了揭露

① 中央档案馆编《中共中央文件选集》第8册，中共中央党校出版社1985年版，第178页。

② 中央档案馆编《中共中央文件选集》第7册，中共中央党校出版社1983年版，第282页。

③ 中央档案馆编《中共中央文件选集》第7册，中共中央党校出版社1983年版，第440页。

④ 中央档案馆编《中共中央文件选集》第7册，中共中央党校出版社1983年版，第447页。

⑤ 中共中央文献研究室、中央档案馆编《建党以来重要文献选编（1921—1949）》第10册，中央文献出版社2011年版，第363-364页。

与批判。中共临时中央明确指出，“它不会同任何国民党的反革命政府有什么区别，那它的一切行动，将不过是一些过去反革命的国民党领袖们与政客们企图利用新的方法来欺骗民众的把戏。他们的目的不是为了要推翻帝国主义与中国地主资产阶级的统治，而正是为了要维持这一统治”。正是基于这种错误判断，故它强调：“中间的道路是没有的，一切想在革命与反革命中间找取第三条出路的分子，必然遭到惨酷的失败，而变为反革命进攻革命的辅助工具!”①

由此可知，九一八事变后的较长时间内，受“左”倾路线影响的中共临时中央不是正面应对真正存在的革命任务，集中力量去抗击日本帝国主义，而是把从小资产阶级到帝国主义者一律打倒，集中力量去推翻国民党统治，夺取中心城市，实现一省与数省的首先胜利。这就偏离了九一八事变后中国历史发展的主流，偏离了现实的革命中心任务。由于中共是共产国际的一个支部，受共产国际领导，故中共临时中央“反蒋抗日”思想主要来源于共产国际的相关指示。随着共产国际反法西斯统一战线思想的形成，中共开始相应改变“反蒋抗日”方针。

抗日民族统一战线策略思想，是在共产国际的直接影响下由中共驻共产国际代表团最早提出，并逐步为中共全党所接受的。1933年1月17日，中共驻共产国际代表团在共产国际指导下以中华苏维埃临时中央政府、中国工农红军革命军事委员会的名义发表宣言指出：为反对日本帝国主义侵入华北，愿在三项原则下与全国各军队共同抗日，进行联合一致的民族革命战争。这三项原则的具体内容为：立即停止进攻苏维埃区域；立即保证民众的民主权利；立即武装民众，创立武装的义勇军，以保卫中国及争取中国的独立统一与领土的完整。②红军愿与任何武装部队订立作战协定，共同反对日本的侵略。这种提法，明显突破了“下层统一战线”思想的束缚，拓展了抗日民族统一战线的范围。

同年1月26日，经共产国际批准，中共临时中央给中共满洲省委发出《中共中央给满洲各级党部及全体党员的信》，明确指出中共的总策略方针是：“一方面尽可能的造成全民族的（计算到特殊的环境）反帝统一战线来

---

① 中央档案馆编《中共中央文件选集》第9册，中共中央党校出版社1991年版，第451、453页。

② 《毛泽东文集》第1卷，人民出版社1993年版，第492页。

聚集和联合一切可能的，虽然是不可靠的动摇的力量，共同的与共同敌人——日本帝国主义及其走狗斗争，另一方面准备进一步的阶级分化及统一战线内部阶级斗争的基础，准备满洲苏维埃革命胜利的前途。”[①]这封指示信冲破了“下层统一战线”的藩篱，扩大了抗日民族统一战线的范围。10月27日，中共代表团在征得共产国际执委会同意后，给中共中央政治局发出关于六条抗日纲领的指示：全体海陆空军总动员对日作战，全体人民总动员，全体人民总武装，立刻设法解决抗日军费，成立工农兵学商代表选举出来的全中国民族武装自卫委员会，联合日本帝国主义的一切敌人。1934年4月20日，这个指示以《中国人民对日作战的基本纲领》为名正式发出。这样，中共的统战对象已经扩大到除国民党以外的所有愿意抗日的中间党派及其上层人物。

1934年夏，共产国际开始确立世界反法西斯统一战线的策略。1935年7月25日，共产国际召开第七次代表大会，总书记季米特洛夫在会上作了题为《关于法西斯主义的进攻以及共产国际在争取工人阶级团结起来反对法西斯的斗争中的任务》的报告，提出了建立世界反法西斯统一战线的任务。该报告指出，在殖民地、半殖民地国家，共产党和工人阶级的首要任务在于建立广泛的反对帝国主义的民族统一战线，为驱逐帝国主义和争取国家独立而斗争。[②]共产国际七大终结了中共党内“左”倾关门主义性质的“下层统一战线”提法，并确立了建立世界反法西斯统一战线的方针。

随着共产国际关于统一战线策略的根本转变，中共中央开始调整统一战线思想。1934年8月3日和9月16日，王明和康生接连致信中共中央政治局，之后开始把一些国民党实力派、地方势力纳入抗日民族统一战线对象的范围。1935年6月3日，中共代表团致函中共满洲吉东地区负责人，明确指出要使“上层与下层统一战线联结起来”。

1935年8月1日，中共驻共产国际代表团根据共产国际七大关于建立反法西斯人民统一战线的精神，起草了《中国苏维埃政府、中国共产党中央为抗日救国告全体同胞书》（简称《八一宣言》），10月1日正式以中华苏

① 中共中央文献研究室、中央档案馆编《建党以来重要文献选编（1921—1949）》第10册，中央文献出版社2011年版，第43页。

② 黄修荣、黄黎：《共产国际与中国共产党关系探源》下卷，人民出版社2016年版，第855–858页。

维埃共和国中央政府和中共中央的名义在法国巴黎出版的《救国报》上发表。《八一宣言》从三个方面阐明了建立抗日民族统一战线的基本方针。

第一，提出了建立抗日民族统一战线方针的紧迫性。它指出：日本帝国主义加紧对我进攻，南京卖国政府步步投降，北方各省继东北四省之后实际沦亡了，国家民族处在千钧一发的生死关头，抗日则生，不抗日则死，抗日救国，已成为每个同胞的神圣天职。国民党政府的“不抵抗”政策导致祖国大好河山被占领。这种严峻的形势急需不甘做亡国奴的人们团结起来，建立抗日民族统一战线。

第二，阐明了抗日民族统一战线方针的内涵。它指出，无论各党派间在过去和现在有任何政见和利害的不同，无论各界同胞间有任何意见上或利益上的差异，无论各军队间过去和现在有任何敌对行动，“只要国民党军队停止进攻苏区行动，只要任何部队实行对日抗战，不管过去和现在他们与红军之间有任何旧仇宿怨，不管他们与红军之间在对内问题上有任何分歧，红军不仅立刻对之停止敌对行为，而且愿意与之亲密携手共同救国”。这种提法，表明中共代表团突破“下层统一战线”方针，冲破了关门主义的小圈子，不再限于与部分抗日军队联合，开始号召一切抗日的党派、团体、阶级和阶层（除蒋介石等少数人之外）实行抗日大联合。

第三，提出了建立抗日民族统一战线的途径。它指出：为了冲破日寇蒋贼的万重压迫，有必要成立全中国统一的国防政府和全中国统一的抗日联军；苏维埃政府和共产党愿意做这种国防政府的发起人，苏维埃政府和共产党愿意立刻与中国一切愿意参加抗日救国事业的各党派、各团体、各名流学者、政治家以及一切地方军政机构进行谈判，讨论共同成立国防政府的问题，谈判结果所成立的国防政府，应该作为救亡图存的临时领导机关；苏维埃政府将绝对尽力赞助这一全民代表机关的召集，并绝对执行这一机关的决议。它表示：抗日联军应由一切愿意抗日的部队合组而成，在国防政府领导之下，组成统一的抗日联军总司令部，红军首先加入联军尽抗日救国天职。①

《八一宣言》不仅抛弃了“下层统一战线”策略，把地主、资产阶级、

① 中共中央文献研究室、中央档案馆编《建党以来重要文献选编（1921—1949）》第12册，中央文献出版社2011年版，第262-268页。

各种军队都作为统战对象，而且突出强调了中日民族矛盾，提出了“抗日救国”口号，抛弃了“打倒一切帝国主义”“武装保卫苏联”等不切实际的口号。其所主张的联合，也不再限于订立协定、停止冲突、互相支援，而是要建立统一的国防政府、统一的抗日联军总司令部等更高级联合。这个宣言虽尚未把蒋介石及国民党上层包括在抗日民族统一战线之内，但号召各党派抛弃过去的政治成见，为抗日救国事业而奋斗，奠定了国共第二次合作的思想基础。《八一宣言》的发表，标志着在共产国际政策发生转变的影响下，中共抗日民族统一战线政策开始发生急剧转变。

1935年11月，中共驻共产国际代表团先后以中共中央和中国革命军事委员会的名义发表了《中国共产党第二次宣言》和《中国工农红军的呼吁书》。《中国共产党第二次宣言》建议在一切政党和集体之间、所有军队之间和各社会团体与群众组织之间，立即就联合反对共同敌人的条件和途径问题进行谈判，召开由中国所有愿意参加反对日本帝国主义的神圣斗争的各政党和集团、各军队、各群众组织及社会团体民众选出的代表参加的全民救国大会，以便讨论动员和联合全体人民及所有军队进行民族保卫战的具体措施。《中国工农红军的呼吁书》向包括蒋介石在内的所有国民党军队高级将领表明：中国红军愿与一切真正抗日的武装力量建立密切协作关系，而不管他们过去是否反对过我们。可见，共产国际执委会试图弄清蒋介石是否愿意停止与红军的对抗，以便考虑将来能否将南京政府列入抗日民族统一战线之中。

《八一宣言》首先在海外华人中产生很大反响，随后在国内的上海、北平等大城市知识分子中秘密传播，不仅使广大失去组织联系和领导关系的白区党员了解到中共的新政策，而且在广大爱国群众和军队党派中产生了积极影响，甚至关于成立国防政府、抗日联军的主张也引起了蒋介石及国民党当局的注意。

1935年11月中旬，中共驻共产国际代表团派回国传达共产国际七大精神的张浩抵达陕北瓦窑堡。张浩向中共中央负责人张闻天传达了共产国际七大关于改变对社会民主党的策略、不再将中间力量看作危险敌人、建立世界反法西斯统一战线和人民阵线等主要精神，以及《八一宣言》关于抗日联军、国防政府等重要内容。张闻天接连致电在前线的毛泽东，告知张浩传达的共产国际指示要点及准备进行的策略转变与拟定的相应文件，征求毛泽东和前方领导的意见。11月29日，中共中央政治局会议专门讨论“统一战线”问题。张闻天就“反对日本帝国主义侵略”策略问题作了报告和结论。会议发布了《抗日救国宣言》，并为此撰写《拥护苏维埃政府与工农红军的抗日宣言》，对广泛的统一战线作了新的阐述。第一，提出共同组织抗日联军与国防政府，作为建立统一战线“一个主要环子”。这个“新的步骤”，扩展了统一战线的范围，提高了统一战线的组织形式。第二，提出《抗日救国十大纲领》，作为统一战线的共同纲领和行动方针。第三，强调“反对目前最主要的敌人”。提出对于敌对的军阀、政治派别可以不念旧恶；同英、美帝国主义可以建立友谊；要争取各种机会、利用各种方式反对日本帝国主义，即使“只反日不反蒋”也可以。第四，分析了关门主义的特点、表现及危害，提出“同党内‘左’的关门主义开展最坚决的斗争”。①

1935年12月17日，中共中央在瓦窑堡召开政治局扩大会议，共产国际代表张浩口头传达了共产国际执委会指示：实行反蒋抗日统一战线的策略方针；以建立国防政府和抗日联军为统一战线的最高表现形式；改工农苏维埃为人民苏维埃；富农政策及相关政策亦加以改变；还传达了《八一宣言》的基本内容。会议接受了共产国际确定的建立抗日民族统一战线的策略方针，分析讨论了国内外政治形势，指出了阶级关系的新变化，着重分析了党内长期存在的“左”倾关门主义错误，通过了《中央关于目前政治形势与党的任务决议》，提出建立抗日民族统一战线的新方针。

《中央关于目前政治形势与党的任务决议》全面分析了当时国内外的形势和阶级关系的变化后指出：“日本帝国主义并吞东北四省之后，现在又并吞了整个华北，而且正准备并吞全中国，把全中国从各帝国主义的半殖民地，变为日本的殖民地。”②日本的侵略使全中国人民懂得了亡国灭种的危急局势，掀起了新的民族革命高潮，因而必然变动着国内的阶级关系，一部分民族资产阶级、乡村中的富农和小地主，甚至一部分军阀，对于目前开始的新的民族运动，有采取同情中立以至参加的可能性，它使中国民族革命战线进一步扩大了。“因此，党的策略路线，是在发动，团聚与组织全中国全民族一切革命力量去反对当前主要的敌人：日本帝国主义与卖国贼

---

① 洛甫：《拥护苏维埃政府与工农红军的抗日宣言》，《斗争》1935年第76期。

② 中央档案馆编《中共中央文件选集》第10册，中共中央党校出版社1991年版，第598页。

头子蒋介石。……只要是反对日本帝国主义与卖国贼蒋介石的，都应该联合起来，开展神圣的民族革命战争，驱逐日本帝国主义出中国，打倒日本帝国主义的走狗在中国的统治，取得中华民族的澈底解放，保持中国的独立与领土的完整。只有最广泛的反日民族统一战线（下层的与上层的），才能战胜日本帝国主义及其走狗蒋介石。”①

瓦窑堡会议通过的《中央关于目前政治形势与党的任务决议》，接受了《八一宣言》提出的建立国防政府和抗日联军的思想，主张以国防政府与抗日联军作为抗日民族统一战线的最广泛、最高的组织形式，执行《抗日救国十大纲领》，并要求共产党员直接推动一切爱国分子发起各种各样反日、反汉奸卖国贼的团体，组织各种各样反日、反汉奸卖国贼的军队和政权。该决议决定将苏维埃工农共和国改为苏维埃人民共和国，同时改变自己的各项政策：给一切革命的小资产阶级分子及知识分子以选举权和被选举权，给一切被国民党卖国政府所排斥裁遣的失业军人以工作，停止没收富农的土地及财产，切实保护工商业的发展等。

1935年12月27日，毛泽东根据瓦窑堡会议精神在党的活动分子会议上作了《论反对日本帝国主义的策略》报告，进一步阐明了中共抗日民族统一战线的策略方针。报告首先阐明了建立民族统一战线的可能性。他指出，目前形势的基本特征是：日本帝国主义要变中国为它的殖民地，由此导致了中国社会各阶级关系的变化，工人、农民、小资产阶级是坚决要求抗日的，他们是抗日救国的基本力量；民族资产阶级具有革命与妥协的两面性，但在民族危机严重的局面下，其政治态度有发生变化的可能性，左翼可能参加抗日斗争，另一部分可能由动摇而转为持中立态度；地主买办阶级在民族危亡之际的政治态度也可能发生变化。他根据当时的形势、中国革命与反革命力量的对比，论证了建立抗日民族统一战线的必要性。他指出，目前中国的和世界的反革命力量暂时还是大于革命力量，打倒日本帝国主义和中国反革命势力的事业不是短期内可以成功的，必须做好花费长久的时间并积聚雄厚力量的准备。因此，“党的任务就是把红军的活动和全国的工人、农民、学生、小资产阶级、民族资产阶级的一切活动汇合起来，成

---

① 中央档案馆编《中共中央文件选集》第10册，中共中央党校出版社1991年版，第604页。

为一个统一的民族革命战线”。①

毛泽东深刻批判了关门主义错误，指出它是当前党内的主要危险，并认为它是一种“左”倾幼稚病，是孤家寡人的孤立策略。只有统一战线才是马列主义策略。他根据中共中央的决议，阐明了将“工农共和国”改变为“人民共和国”的问题。他指出：我们的政府不仅是代表工农的，而且是代表民族的。将工农民主共和国改变为人民共和国，是因为日本侵略的情况改变了中国的阶级关系，不但小资产阶级，就连民族资产阶级，都有了参加抗日斗争的可能性。他强调：“在目前，这个政府的基本任务是反对日本帝国主义吞并中国。这个政府的成分将扩大到广泛的范围，不但那些只对民族革命有兴趣而对土地革命没有兴趣的人，可以参加，就是那些同欧美帝国主义有关系，不能反对欧美帝国主义，却可以反对日本帝国主义及其走狗的人们，只要他们愿意，也可以参加。”②中共中央将“工农共和国”改为“人民共和国”，旨在建立由广大人民群众参加的抗日民族统一战线政权。

瓦窑堡会议将中共中央提出的正确方针，具体化为建立抗日民族统一战线的组织形式、行动口号及相关策略；而毛泽东会后所作的报告则对瓦窑堡会议确定的政策路线、组织形式、行动口号及相关策略的科学性、正确性进行了系统的理论阐释。至此，中国共产党关于建立抗日民族统一战线的理论正式形成。

瓦窑堡会议后，中共中央为建立民族统一战线而逐步调整方针政策，主要表现在：第一，由“倒蒋”这一抗日的前提，转变为“联蒋”以实现抗日；第二，由打倒一切帝国主义、武装保卫苏联，转变为打败日本帝国主义以实现中华民族的解放；第三，由打倒革命群众（工农和部分小资产阶级）以外的一切人，转变为集中一切抗日力量打倒日本帝国主义；第四，由民族革命与土地革命绝对不可分离地进行，转变到为打败日本帝国主义而调整国内阶级关系；第五，由苏维埃工农共和国改为苏维埃人民共和国，再改为民主共和国；第六，由“下层统一战线”，转变为抗日民族统一战线。这种方针政策的转变，是根本性的革命重心的转变。当然，中共政策

---

① 《毛泽东选集》第1卷，人民出版社1991年版，第151页。

② 《毛泽东选集》第1卷，人民出版社1991年版，第156页。

方针的转变，牵涉到深层的思想认识问题和中国革命基本理论问题，故不是一蹴而就的，而是随着客观形势的发展而逐步实现的。以蒋介石为代表的大地主、大资产阶级把持着中央政权，掌握着绝大多数的军队，对外代表国家。故与他们建立统战关系，是实现全民族统一战线的关键。但瓦窑堡会议并没有放弃“反蒋”口号，仍然将抗日与“反蒋”并提。1936年1月27日，中共中央发布的《中共中央关于转变目前宣传工作给各级党部的信》指出：“党的策略路线，是发展团结和组织中国全民族一切革命力量去反对当前的主要敌人日本帝国主义和卖国贼头子蒋介石及其统治。”[①]将日本帝国主义作为首要打倒对象是正确的，但仍将“卖国贼头子蒋介石及其统治”作为反对敌人来反对，则表明中共此时并没有放弃“反蒋抗日”的口号。信中还说：“不管什么人、什么派别、什么武装队伍、什么阶级，只要是反对日本帝国主义和蒋介石的都应该联合起来，开展神圣的民族革命战争。只有最广泛的下层的、各阶层的统一战线，才能战胜日本帝国主义及其走狗蒋介石的统治（中央一月二十五日决议）。”[②]说不管什么人、什么派别、什么武装队伍、什么阶级都应该联合起来，是正确的，但强调建立“最广泛的下层的”统一战线，表明中共没有完全放弃此前的“下层统一战线”政策。

正因如此，中共中央发布的《中共中央关于转变目前宣传工作给各级党部的信》中还指出：“因此目前宣传工作最中心最紧急的任务，就在于用一切的力量去暴露日本强盗的凶暴侵略行动与蒋介石无耻的卖国政策及欺骗，去说明日本强盗与蒋介石是灭亡中国的当前最主要最凶恶的敌人，去煽动一切不愿当亡国奴的中国人联合起来去开展民族革命战争，汇合土地革命与民族革命的两大巨潮，结合民族革命战争与国内阶级战争，去战胜日本强盗及汉奸卖国贼蒋介石，争取中国的独立与解放。”[③]它再次明确地阐述了两个基本观点，即中国革命是土地革命与民族革命的结合和民族革命战争与国内阶级战争的结合。由此可见，瓦窑堡会议后突出了“民族革

---

① 中共中央文献研究室、中央档案馆编《建党以来重要文献选编（1921—1949）》第13册，中央文献出版社2011年版，第15页。

② 中共中央文献研究室、中央档案馆编《建党以来重要文献选编（1921—1949）》第13册，中央文献出版社2011年版，第15页。

③ 中共中央文献研究室、中央档案馆编《建党以来重要文献选编（1921—1949）》第13册，中央文献出版社2011年版，第15-16页。

命战争”，却是“两个结合”的民族革命战争，这表明中共中央仍然坚持此前形成的“汇合土地革命与民族革命两大巨潮，结合民族革命战争与国内阶级战争”的理论观点。此外，它尽管没有再强调中间派是“最危险的敌人”，但仍然说“在民族革命统一战线中丝毫也不能一刻放松去揭穿那些动摇妥协以至叛变投降的倾向。我们一定要大大的以党的主张去和一切改良主义倾向对立，要鲜明的去揭发一切其他派别的民族改良主义的欺骗宣传与代表敌对阶级利益的主张，去夺取广大群众，去孤立那些改良主义者”[①]，表明中共中央在对待中间派问题上并未完全放弃关门主义的“孤立”政策。这些情况表明，瓦窑堡会议仅仅是中共改变自己方针政策的开端。中共对“左”倾思想的纠正及各项方针政策的调整，是需要不断发展的。

瓦窑堡会议确定的抗日民族统一战线政策，将“反蒋抗日”作为基本方针。广泛的统一战线的基点在于抗日，它是否包括蒋介石在内，并不取决于中共的主观愿望，而取决于蒋氏是否赞成抗日。华北事变后日本独占中国的侵略野心，直接危害英美等国和蒋介石统治集团的利益。蒋介石在1935年11月召开的国民党五大上表示要改变其妥协退让政策：对外，争取苏联的支持和帮助；对内，在军事“围剿”的同时寻求与中共进行联合抗日的谈判。既然蒋氏处于向抗日方向转变的过程中，中共中央便自然会适时地调整策略，把“反蒋抗日”和“人民共和国”方针逐渐改变为“逼蒋抗日”和“民主共和国”方针。

中共改变“反蒋抗日”方针，从1936年初就开始酝酿。共产国际七大召开和《八一宣言》发表后，国共两党先后通过四个渠道探讨合作抗日的可能性。1936年2月，受宋庆龄、宋子文委托前往陕北的董健吾和受上海地下党委派来汇报与国民党代表曾养甫等谈判情况的张子华抵达瓦窑堡，带来了蒋介石有与红军妥协、共同抗日倾向的信息。这印证了毛泽东关于中国社会主要矛盾的判断。他事后指出：“中国最大敌人是日本帝国主义，抗日反蒋并提是错误的。我们从二月起开始改变此口号。”[②]3月4日，毛泽东转告董健吾，“弟等十分欢迎南京当局觉悟与明智的表示，为联合全国力量抗日救国，弟等愿与南京当局开始具体实际之谈判”，并提出“停止一切

---

① 中共中央文献研究室、中央档案馆编《建党以来重要文献选编（1921—1949）》第13册，中央文献出版社2011年版，第18页。

② 《毛泽东文集》第1卷，人民出版社1993年版，第438页。

内战，全国武装不分红白，一致抗日”等五项具体意见。[①]1936年5月5日，中华苏维埃人民共和国中央政府、中国人民红军革命军事委员会发出《停战议和一致抗日通电》，不提“讨蒋”“反蒋”口号，呼吁“停止内战，双方互派代表，磋商抗日救亡具体办法”，甚至有“促进蒋介石氏最后觉悟”的期望。这样，中共正式放弃“反蒋”口号，开始由“反蒋抗日”向“联蒋抗日”转变。

1936年6月两广事变发生以后，蒋介石继续调整内外政策。对外政策方面，他表示不再继续其对日妥协退让的政策；对内政策方面，他表示愿与中共商谈联合以至建立统一战线。国民政府随即提出国共谈判的四个条件。其要点为：军队统一编制，统一指挥，取消工农红军名义；政权统一，取消苏维埃政府名义；容纳各派，集中全国人才；共产党停止没收地主土地政策。[②]其中心思想是“先统一后抗日”，即在国民党、南京政府和蒋介石的“集中统一”之下，实际解决军事政治问题，然后进行抗日行动。

1936年8月8日，受中共驻共产国际代表团委派与国民党代表会晤的潘汉年到达陕北保安，向中共中央汇报1936年春在莫斯科及在香港、南京与国民党联络的情况，还汇报了共产国际执委会书记处关于中国问题会议的精神（放弃“反蒋抗日”口号，以南京政府为首要谈判对手等）。8月10日，中共中央政治局会议研究决定与南京政府进行和平谈判，实行对国民党及蒋介石方针政策的重大转变：从“反蒋抗日”转向“逼蒋抗日”。会议认为，“抗日必须反蒋”的提法现在不适合了，要与蒋联合，与南京合作；南京政府真正抗日，给抗日的民主，共产党人就同他讲统一，承认统一指挥，统一编制，同意取消红军名义、取消苏维埃名称，但要保证红军部队和根据地是在共产党领导之下；提出停止内战、抗日民主、发动抗战等实际问题作为双方谈判条件。8月15日，共产国际执委会书记处致电中共中央书记处，“必须采取停止红军同蒋介石军队之间的军事行动，并同蒋介石军队协同抗日的方针”，“最好由中国共产党发表声明，建立统一的中华民主共和国”，“争取同国民党及其军队达成协议和建立抗日民族统一战

① 中共中央文献研究室编《毛泽东年谱（1893—1949）》上卷，中央文献出版社2013年版，第518页。

② 中共中央党史研究室：《中国共产党历史》第1卷上册，中共党史出版社2002年版，第552页。

线”。[1]共产国际电报对中共最后确定“逼蒋抗日”方针产生了重要影响。8月25日，中共中央致书国民党，一方面批评国民党对内压迫人民、对外妥协投降的反动政策，另一方面对国民党政策变化表示欢迎，提出在抗日的大目标下国共两党“重新合作”“共同救国”建议。它指出：“只有国共重新合作以及同全国各党各派各界的总合作，才能真正的救亡图存。”[2]它表示：我们赞助建立全中国统一的民主共和国和召集由普选权选举出来的国会，拥护全国人民和抗日军队的抗日救国代表大会，拥护全国统一的国防政府，苏维埃区域即可成为全中国统一的民主共和国的一个组成部分。这标志着中共对蒋介石及国民党的态度发生了重大改变。

1936年9月1日，中共中央向全党发出的《中共中央关于逼蒋抗日问题的指示》（简称《指示》）指出，中国人民的主要敌人是日本帝国主义，所以把日本帝国主义与蒋介石同等看待是错误的，“反蒋抗日”的口号也是不适当的。中共的总方针应是“逼蒋抗日”：一方面继续揭破其对日退让的言论与行动；另一方面向他们要求建立抗日的统一战线，订立抗日协定。1936年中心口号依然是“停止内战，一致抗日”，中共宣布赞助建立全中国统一的民主共和国，赞助召集由普选权选出的全国的国会，拥护全中国统一的国防政府与抗日联军。在全中国民主共和国建立时，苏区可成为统一民主国家的组成部分，苏区代表将参加全中国的国会，红军将服从统一的军事指挥。在“逼蒋抗日”方针下，并不放弃同各派反蒋地方实力派进行抗日联合，越能组织南京以外各地方实力派走向抗日，越能实现该方针。《指示》强调，在全国人民面前，应表现出我们是“停止内战，一致抗日”的坚决主张者，是全国各党各派（蒋介石国民党也在内）抗日统一战线的组织者与领导者。[3]将“反蒋抗日”转变为“逼蒋抗日”，是中共统战方针极为重要的转变。

9月中旬，中共中央政治局举行扩大会议进一步讨论统一战线问题，并通过了《中央关于抗日救亡运动的新形势与民主共和国的决议》（简称《决议》）。《决议》认为，以蒋介石为代表的国民党政府及其军队有转向抗日

---

① 程中原：《张闻天传》，当代中国出版社1993年版，第338页。

② 《中共党史参考资料（三）》，人民出版社1979年版，第209页。

③ 中央档案馆编《中共中央文件选集》第11册，中共中央党校出版社1991年版，第89-90页。

运动的可能，改苏维埃人民共和国为民主共和国，同时强调了保障中共政治上组织上的完全独立性和内部团结一致的重要性。《决议》指出："各党派联合，主要是国共联合。"现在的策略是"实现联合国民党抗日"，统一战线的口号是"建立民主共和国"，采取的方针是"逼蒋抗日"。《决议》对"停止内战，一致抗日"作出新解释：应反对反蒋战争，不应同情反蒋战争，主要的战争目标要放在抗日上面。《决议》强调党要在统一战线中取得领导权，"保持我党的独立、纯洁"。《决议》在即将进入国共合作抗日新阶段的关键时刻，及时提出了中共必须坚持的统一战线的基本原则。

从"反蒋抗日"到"逼蒋抗日"、从"人民共和国"到"民主共和国"的策略转变，是建立抗日民族统一战线的关键。1936年12月12日，张学良、杨虎城发动西安事变，囚禁了蒋介石及随行的国民党军政要员。中共中央否定了审蒋、杀蒋的意见，确立了和平解决事变的正确方针。12月19日，中共在《中央关于西安事变及我们任务的指示》中确定的基本方针是：第一，反对新的内战，主张南京与西安在团结抗日的基础上和平解决；第二，用一切方法联合南京左派，争取中派，反对亲日派，以达到推动南京走向进一步抗日的立场；第三，同情西安的行动，给张、杨以积极的实际援助，使之彻底实现抗日主张；第四，切实准备"讨伐军"进攻时的防御战，促其反省，促成全国性抗日统一战线的建立与全国性抗日战争的发动。[①]12月21日，中共中央致电周恩来，提出与蒋介石"开诚谈判"的六项条件，并要求在这六项条件下"恢复蒋介石之自由"，以转变整个局势，达到"中国统一，一致抗日"。12月25日，蒋介石在作出"停止内战，一致抗日"的口头承诺后被释放。西安事变的和平解决，成为时局转换的枢纽，中共确立的"逼蒋抗日"目标初步实现，为重新建立国共合作提供了必要前提。

二、从"逼蒋抗日"转向"联蒋抗日"

如果说中共中央在西安事变前的主要任务是争取和平的话，那么西安事变和平解决之后的主要任务，就是巩固和平。故中共随即提出"联蒋抗日"口号，促成以国共合作为基础的抗日民族统一战线正式形成。尽管蒋介石在西安事变中允诺停止内战、联共抗日，但因其长期坚持"攘外必先

① 中央档案馆编《中共中央文件选集》第11册，中共中央党校出版社1991年版，第128页。

安内”政策，如果不对其进行必要斗争，很难实现“联蒋抗日”的目标。蒋介石发表《对张杨的训词》后，毛泽东针锋相对地发表《关于蒋介石声明的声明》，指出：“蒋氏应当记忆，他之所以能够安然离开西安，除西安事变的领导者张杨二将军之外，共产党的调停，实与有力。共产党在西安事变中主张和平解决，并为此而作了种种努力，全系由民族生存的观点出发。”①

1937年2月10日，中共中央致电国民党五届三中全会，提出了五项要求和四项保证，对自己的方针政策作了更大改变。中共力图在作出重大让步的条件下，尽快促成第二次国共合作的实现，推动抗日民族统一战线的形成。中共提出的五项要求是：第一，“停止一切内战，集中国力，一致对外”；第二，保障“言论集会结社之自由，释放一切政治犯”；第三，“召集各党各派各界各军的代表会议，集中全国人材，共同救国”；第四，“迅速完成对日作战之一切准备工作”；第五，“改善人民的生活”。如果国民党能够实行这五项要求，中共为表示团结御侮之诚意，愿意向国民党五届三中全会作出四项保证：第一，“在全国范围内停止推翻国民政府之武装暴动方针”；第二，“工农政府改名为中华民国特区政府，红军改名为国民革命军，直接受南京中央政府与军事委员会之指导”；第三，“在特区政府区域内，实施普选的彻底民主制度”；第四，“停止没收地主土地之政策，坚决执行抗日民族统一战线之共同纲领”。②

中共对国民党五届三中全会所作的四项保证，是它为建立以国共合作为基础的抗日民族统一战线而对国民党作出的重大让步，其目的在于尽快解决国内两个政权对立的困局，尽快组成抗日民族统一战线共同反对日本帝国主义。1937年9月29日，毛泽东在《国共合作成立后的迫切任务》中认为，这样的政治让步是必要的：“这也是一个重要的政治步骤，因为如果没有这一步骤，则两党合作的建立势将推迟，而这对于迅速准备抗日是完全不利的。”③国民党五届三中全会实际上接受了中共提出的国共两党合作抗日的建议，但以蒋介石为代表的国民党仍然没有放弃限制、削弱以致消灭中共的企图。国民党五届三中全会通过的决议称为《根绝赤祸案》，其通

---

① 《毛泽东选集》第1卷，人民出版社1991年版，第247页。
② 《一二九运动资料》第一辑，人民出版社1981年版，第22—23页。
③ 《毛泽东选集》第2卷，人民出版社1991年版，第363页。

过的会议宣言仍然宣称“无论用任何方式，必以自力使赤祸根绝于中国”①。这就决定了从国共重开谈判到国共合作正式形成，两党之间仍存在尖锐复杂的对抗。

中国共产党方针政策的转变及对国民党的重大让步，是促成抗日民族统一战线形成的重要保障。中共把中华民族的根本利益放在第一位，强调阶级利益服从民族利益。为了推动国民党政府抗日，中共抛弃前仇，放弃红军、苏区名义，接受国民政府改编，承认蒋介石的统一指挥。当然，这样的转变，是中共适应历史发展潮流而作的政策和策略调整，并没有改变中国革命的根本性质和革命的基本任务。因此，在中共看来，抗日民族统一战线中的领导权必须保持，中共要在抗日民族统一战线中起中坚作用；革命的武装力量（红军）虽然改变了名称，苏区政府也改称边区政府，并接受国民政府指导，但中共并没有放弃对它们的绝对领导，而是保持了独立自主的权利，保持了共产党在思想上、组织上的独立性和统一性。对此，刘少奇撰写了题为《民族统一战线的基本原则》的党内教材，对中共抗日民族统一战线策略作了精辟阐述，强调了抗日民族统一战线中的领导权问题。他认为，抗日民族统一战线策略的提出，是1927年以来中共在策略上的最大转变，反对和怀疑这个转变的思想是错误的；但这种转变，并没有改变革命的性质和革命的基本任务。在统一战线中，中共在政治上和组织上都是独立的，一方面联合各党派为民族独立而斗争，另一方面也不忘记自己的最终目的。他强调：“领导权问题是民族统一战线的中心问题”，“当现在民族统一战线还没有正式形成以前，拒绝统一战线的左倾思想是主要危险。但是民族统一战线形成以后，右倾思想就将逐渐地成为主要危险”。所以，在抗日民族统一战线实现后，一定要注意建立和加强无产阶级的领导，“无产阶级在目前阶段中，不应充当资产阶级的帮手，而要建立自己的独立领导”。②

1937年4月15日，为了统一全党在这个重大历史转折时期的思想认识，中共中央发布了《告全党同志书》，对中共采取的统战思想及对国民党让步问题作了统一解释。该文指出，由于国内外形势的变动，全国人民与中国

① 《中共党史参考资料（三）》，人民出版社1979年版，第236页。
② 《刘少奇选集》上卷，人民出版社1981年版，第46、47、49页。

共产党“停止内战”的目的已经实现，今后阶段的任务是巩固国内和平，争取民主权利，实现对日抗战。将抗日作为首要的任务，将民族解放作为目前阶段最主要的目标，在中共历史上是有转折意义的。为什么要进行这种转变？中共中央的解释是：这证明中国共产党确实把争取中华民族的彻底解放当作目前唯一任务。中华民族的彻底解放，是每个中国人的责任，也是中国无产阶级及其政党的责任。中共从诞生之日起，就把彻底解放中华民族当作资产阶级民主革命阶段最主要的任务，并且从没有放弃在民族解放运动中力争自己政治领导的责任。因为半殖民地中国的资产阶级存在严重的软弱性与不彻底性，民族解放运动只有得到无产阶级的政治领导才有彻底胜利之可能。

中共中央正面回答了为什么要对国民党进行重大让步的问题。该文解释说：中共给国民党五届三中全会的四项保证，绝不能解释为“共产党的投降”。这些保证在某种意义上来说是一种让步，但这种让步是必要的并在许可范围内的。文件从三方面解释了这种让步的原因：首先，这是为实现抗日民族统一战线新政策而采取的必要步骤。为了团结全国一致抗日，取得中华民族的彻底解放，需要全国各党各派间的互相让步与妥协，需要取消国内两个政权的对立。其次，这种让步与妥协，绝不等于取消或降低共产党组织的独立性与批评的自由，也不等于对中共在长期革命斗争中所创造的有组织的与有高度觉悟的革命力量放弃领导。保持中共组织的独立性与批评的自由，对中共所创造的革命力量保持领导，是中共对国民党让步与妥协的最后限度，超过这种限度，则是不能容许的。最后，这些让步与妥协，不会束缚与削弱中共的发展，反而正是为了使中共取得全国范围内公开活动的机会，千百倍地去扩大中共的政治影响与组织力量，以增强中共在民族革命运动中的领导作用，没有这个条件，民族革命是不能胜利的。

中共中央肯定了国民党内外政策的转变，说明了中国共产党与国民党建立抗日民族统一战线的现实可能性。该文指出，西安事变的和平解决，国民党三中全会及其最近的实际行动，表示国民党当局对于恢复孙中山三民主义的革命精神有了一些善意的愿望，对于日寇的侵略有了比较强硬的表示，对于国际和平阵线有了进一步的接近，对于中国共产党“国共合作”的提议，也并不表示拒绝，这表明国民党的政策已经开始转变。这种转变证明中共过去对于蒋介石、国民党和南京政府的估计，及其所采取的“联蒋抗日”方针是正确的。中共对国民党的转变是表示欢迎的。为表示诚意，中共公开声明愿意坚决为革命的三民主义的胜利，即对外独立解放的民族主义、给人民以民主权利的民权主义、改善人民生活的民生主义的胜利，同国民党共同奋斗。实行国共两党的重新合作，团结全国人民共同为民族解放、民权自由、民生幸福三大目标而奋斗，乃是完全适合中国革命客观历史进程的光荣使命。

1937年5月，毛泽东在中共苏区代表会议上作了《中国共产党在抗日时期的任务》的报告，强调了坚持无产阶级领导权的重要性：“使无产阶级跟随资产阶级呢，还是使资产阶级跟随无产阶级呢？这个中国革命领导责任的问题，乃是革命成败的关键。”[①]中共必须通过各种途径来实现对抗日民族统一战线的政治领导。

从1937年2月起恢复的国共谈判，持续了半年之久：周恩来、叶剑英与国民党代表在西安进行了持续一个月的谈判；3月下旬，周恩来与蒋介石在杭州进行首次会谈；6月上中旬，周恩来同蒋介石在庐山再度进行会谈；7月15日，周恩来、博古、林伯渠再次上庐山同蒋介石进行第三次会谈；8月上旬，周恩来、朱德、叶剑英飞抵南京出席国防会议并同蒋介石进行会谈。八一三事变后，抗战局面更加危急，蒋介石被迫顺应国共合作抗日的历史潮流，对中共作出一定让步。国共谈判结果，不仅达成陕北红军改编为国民革命军第八路军、三个师之上设总指挥部的协议，还达成将长江以南的红军改编为新四军，在南京出版中共机关报《新华日报》，在南京、武汉等城市设立中共代表团和八路军办事处，释放政治犯等重要协议。1937年7月15日，周恩来向蒋介石提交《中共中央为公布国共合作宣言》并于9月22日由国民党通讯社正式发表，蒋介石次日发表谈话，公开承认中共的合法地位，标志着抗日民族统一战线正式建立。

《中共中央为公布国共合作宣言》代表了中共对抗战大局的基本认识。它指出，当此国难极端严重、民族生命存亡绝续之时，中国共产党与中国国民党获得谅解，共赴国难。中共愿当此时机提出奋斗的总目标。第一，争取中华民族的独立自由与解放。首先须切实地迅速地准备与发动民族革命抗战，以收复失地和恢复领土主权的完整。第二，实现民权政治，召开

---

① 《毛泽东选集》第1卷，人民出版社1991年版，第262页。

国民大会，以制定宪法与规定救国方针。第三，实现中国人民幸福与愉快的生活。它表示："凡此诸项，均为中国的急需，以此悬为奋斗之鹄的，我们相信必能获得全国同胞之热烈的赞助。中共愿在这个总纲领的目标下，与全国同胞手携手的一致努力。"①

为解除一切善意怀疑者的误会，中共中央重申了四项保证。第一，孙中山先生的三民主义为中国今日的必需，中共愿为其彻底实现而奋斗。第二，取消一切推翻国民党政权的暴动政策及赤化运动，停止以暴力没收地主土地的政策。第三，取消现在的苏维埃政府，实行民权政治，以期全国政权的统一。第四，取消红军名义及番号，改编为国民革命军，受国民政府军事委员会的统辖，并待命出动，担任抗日前线的职责。该宣言再次强调："现在为求得与国民党的精诚团结，巩固全国的和平统一，实行抗日的民族革命战争，我们准备把这些诺言中在形式上尚未实行的部分，如苏区取消，红军改编等，立即实行，以便用统一团结的全国力量，抵抗外敌的侵略。"②

中共在西安事变后由"逼蒋抗日"转变为"联蒋抗日"，促成抗日民族统一战线的形成，随即面临着党内萌发右倾机会主义倾向的新问题。因此，坚持和加强无产阶级及其政党在抗日民族统一战线中的领导权及"独立自主"方针，便成为此后中共对付国民党"和平统一"策略的原则立场。这样，一方面，以国共两党为主体包括各中间党派在内的国内各种政治力量在抗日旗帜下汇合起来，向着实现武装抗战的方向发展，这是历史发展的主流；另一方面，由于中国革命的根本问题并未解决，国共两党的性质没有根本改变，尤其是国民党并没有放弃消灭共产党的根本方针，致使抗日民族统一战线内部国共两党的斗争以特殊方式表现出来。这种特殊政治斗争方式，便是国民党的"和平统一"策略与中共"独立自主"方针的斗争。

三、国民党政策调整及其"和平统一"思想

抗日民族统一战线建立的关键在于国共两党方针政策的调整。中共中央接受共产国际的意见，在对蒋介石及南京政府作出正确分析的基础上，

---

① 《西安事变资料》第1辑，人民出版社1980年版，第256页。

② 中共中央书记处编《六大以来》上，人民出版社1980年版，第844-845页。

判断其是中国抗日战争的重要力量。故国民党、南京政府及其总代表蒋介石是抗日民族统一战线联合的主要对象，对其政策应该是揭破其骗局，迫使其向积极的抗日方面转变。这样，中国共产党的统战方针，就确定由“抗日反蒋”转为“逼蒋抗日”。国共合作的形成是双方互动博弈的结果，在客观形势的变化直接威胁蒋氏所代表的英美帝国主义及江浙财团根本利益的情况下，在全国人民抗日救亡运动及地方实力派抗日要求的压力下，蒋介石、国民党和南京政府不得不转变其内外政策，接受中共“停止内战、共同抗日”的主张，开始与中共进行和平谈判。蒋介石及国民党在某种情势下还采取主动姿态与中共谈判，并对中共作出一定程度的让步。因此，第二次国共合作是建立在维护民族根本利益、抗击日本帝国主义基础上，国共双方同时转变政策并相互作出让步而实现的。

九一八事变激起了中国人民的抗日救亡怒潮。以蒋介石为代表的国民党集团之最初表示，是“不抵抗”，要民众保持“镇静”，压制风起云涌的抗日救亡运动。这无疑激发了全国人民更大的愤怒和更强烈的反抗。在各种反蒋力量的施压之下，国民党各派处于分裂状态。严重的民族危机和统治阶层的内部矛盾，使国民党政府陷入极大的困难之中。它面临的最大问题就是：如何摆脱困境，维持乃至强化自己的独裁统治。蒋介石及国民党政府的对日政策及与之密不可分的对内政策（即“攘外必先安内”政策），就是立足于这个基点之上而制定出来的。

蒋介石确定“攘外必先安内”作为基本政策是逐步发展变化的。早在1929年，蒋介石就提到治理国家无非“攘外安内”，“安内”对象主要指反蒋的冯（玉祥）、阎（锡山）、桂系等国民党新军阀。蒋介石取得中原大战胜利后，能与之对抗的各派新军阀势力基本被解决。但中国共产党在国民党新军阀混战之际迅速发展，成为国民党独裁统治的最大威胁。1931年7月23日，蒋介石在南昌行营发表通电称：“赤匪军阀叛徒，与帝国主义者联合进攻，生死存亡，间不容发之秋，自应以卧薪尝胆之精神，作安内攘外之奋斗。”他认为：“此次若无粤中叛变，则朝鲜惨案，必无由而生，法权收回问题，亦早已解决，不平等条约，取消自无疑义。故不先消灭赤匪，恢复民族之元气，则不能御侮，不先削平逆粤，完成国家之统一，则不能攘外。”这是“攘外必先安内”见诸文字之始。蒋介石所谓“安内”对象此时发生了变化，主要针对中共及国民党内部反对派。他所谓“攘外”针对的是日本及对华有各种侵略行为的国家。

九一八事变后东北迅速沦陷，导致外敌压迫的情况空前严重。面对既要解决中日民族矛盾，又要解决国内矛盾的双重问题，主导当时国内政治斗争格局的国共两党均面临孰先孰后的两难抉择。国民党当时有三种选择：一是先“剿共”后抗日；二是先抗日后“剿共”；三是“剿共”与抗日两面出击。以蒋介石为首的国民党政府选择了先“剿共”后抗日，其原因有四个：一是国民党认定中共是国民政府内政不能统一的“祸源”；二是国内不能统一，国家即不能建设，而建设是对日长期抗战的先决条件；三是蒋介石接连三次对中央革命根据地的“围剿”均遭惨败，作为报复的唯一选择就是发动新的“围剿”；四是宁粤依然对峙，但仅限于唇枪舌剑而军事上未有行动。故蒋介石重申“剿共”和统一是御侮的先决条件。

面对骤然迫切的中日民族矛盾，蒋介石确定“攘外必先安内”方针。在1931年11月召开的国民党四全大会期间，他表示要抵御外侮“先要国家统一，力量集中”。同月30日，他在顾维钧就任外交部长的仪式上说：“攘外必先安内，统一方能御侮，未有国不统一而能取胜于外者。故今日之对外，无论用军事方式解决，或用外交方式解决，皆非先求国内统一，不能为功。”1932年1月11日，蒋介石发表《东北问题与对日方针》讲话，要点包括以下几个方面。第一，不可“轻言绝交宣战”，如果对日开战，“三天就要亡国”。第二，中国只能做“外交之抗争”“经济之抗争”，但“不订丧权割地之条约”。第三，防止“不逞之徒”乘机“倾覆政府”。第四，国民要“信任政府”。蒋介石虽未明说“攘外必先安内”，但基本确立了对日外交方针和处理内政外交的原则。

1932年《淞沪停战协定》签订后，国民党政府于5月5日正式宣布将“攘外必先安内”作为处理内外关系的基本国策。6月，蒋介石在赣鄂豫皖闽五省“剿共”会议上申明：“剿匪会议的目的在安内攘外，决无他意。”12月，他在全国内政会议上再次强调“攘外必先安内，是古来立国的一个信条，如果内部不能安定，不但不能抵御外侮，而且是诱致外侮之媒”，强调“攘外一定要先安内”。这样，“攘外必先安内”成为国民政府的基本政策，进而得到国民党中央的认同。

“攘外必先安内”的重心在于安内。其主要理由有二。一是认为中日之间的未来战争形势极为严峻，是关系到民族存亡之战。中国由于久经战乱，国力匮乏，军事上也毫无准备，尚不具备抵御日本大规模进攻的能力，在国内没有安定统一时来谋攘外，将使自身“处于腹背受敌内外夹攻的境地”，“在战略上理论上说，都是居于必败之地”。故大规模的攘外有待国力的充实和内部的安定。这是“攘外必先安内”最基本的思路。二是认为大规模的攘外须待最后关头之来临。1932年底，蒋介石在日记中写道：“非至最后关头，乃确有把握可以得到相当价值，且必可保存党国之时，则不作无益之牺牲。”蒋介石始终对日本的侵华野心有较明确的认识和较清醒的判断，认为“彼之处心积虑，乃企图亡我整个之中华民族”。

从总体看，九一八事变后蒋介石确定了“攘外必先安内”政策，安内是中心，妥协是主基调；但妥协又有限度，力图在妥协与抵抗、战与和之间保持艰难的平衡。“攘外必先安内”有妥协的成分，也有抵抗的因素。蒋介石对“安内攘外”关系解释说：“日寇敢来侵略我们的土地……所以我们由内乱而招致外侮，是必然的；反转来说，只要能够正本清源，先将这个心腹之患彻底消除，那么外面的皮肤小病，一定不成问题。”因此，他强调：“第一个乃是剿匪来安内，第二个才是抗日来攘外。要晓得剿匪的工作，实是抗日的前提，要抗日就先要剿匪，能剿匪就一定能够抗日。”[①]

蒋介石所谓的“安内”，首先是以武力“镇压”中共武装，“消灭”中共的内在威胁，确立国民党一党专政；其次是驯服党内反对派，尽力削弱地方实力派，扩展中央统一力量，必要时不惜动用武力；最后是安定社会，充实国力，增强抵御外侮能力。汪精卫将之归纳为三条：“一从政治上经济上致力统一，以形成整个的对外体系。二对于赤匪之骚扰后方，牵制兵力，予以扫除，裨无后顾之忧。三尽可能的努力谋物质上之建设，以期抗战力量之增强加大。”[②]

安内政策的最大症结是，如何根本解决“中共问题”。蒋介石多次强调，“日本是癣疥之疾，共匪才是心腹之患”，安内“第一是赤匪”，“我们要抗日，必先消灭赤匪，安定国本”。[③]中共的武装反抗，代表了国民党专制统治下被压迫者的正义力量，有着深厚的群众基础和充足的合理

① 秦孝仪主编《中华民国重要史料初编——对日抗战时期·绪编（三）》，中国国民党中央委员会党史委员会1982年版，第36-38页。

② 沈云龙主编《近代中国史料丛刊》第3辑，文海出版社1984年版，第169页。

③ 《庐山训练集》，新中国出版社1947年版，第186页。

性。在中共成立苏维埃政权与其分庭抗礼的情况下，蒋介石及国民党政府视军事“剿共”为理所当然之事。但在急迫的民族危机面前，如何尽力化解国内冲突，形成统一对外的力量，是国民党政府应予认真权衡的。国民党政府作为国家最高权力代表，有义务、有责任将国内局面向这个方向引导。正是从团结抗日的认识出发，时人对国民党武力反共政策颇感不满：“‘国内问题取决于政治而不取决于武力’是‘救亡图存’的基础。”要求通过政治方式解决中共问题。尽管当时中共临时中央实行的“左”倾政策使一些人深感困惑，但他们还是相信，“以民族作为出发点，无论如何利害错综，然总可以寻得一个一致点”[①]，要求国民党政府“立刻与共产党商量休战”。国民党认为，“中共问题”的成功解决与否，是关系到国家能否安定的至关重要之事。

1934年4月，日本外务省情报部部长天羽英二发表谈话，表示日本要排挤英美等国的在华势力而独占中国，中日关系面临陷入僵局之虞。为此，蒋介石授意陈布雷执笔撰写《敌乎？友乎？——中日关系的检讨》（简称《敌乎？友乎？》）长文，以徐道邻的名义在《外交评论》上公开发表。该文阐述了蒋介石对中日关系的基本态度及处理内外关系的基本原则。在酝酿该文之时，蒋介石于1934年7月在庐山军官训练团发表《抵御外侮与复兴民族》的长篇讲话，阐述了“攘外必先安内”政策下对日作战之战略设想。这两篇文章，是考察以蒋介石为代表的国民党政府在九一八事变后对日政策及处理内政外交关系的重要思想资料。

第一，对日政策的“和”“合”原则与“四不”方针。蒋介石说：“所谓革命外交之不同于通常外交者，即在不被动而能自动，不固执而能因应，应刚则刚，应柔则柔，能伸则伸，当屈则屈，完全以变动不居的方略来实现不可变易的目的。史例俱在，岂不闻列宁力排众议与德国言和的往事。”《外交评论》特在编后说明，“此文就中日两国互存共荣之旨，反复申论，精辟绝伦”，采用画龙点睛的笔法，将文章主旨“和”清楚地告诉人们。蒋介石对日政策的另一个基点是“合”，即“中日合作”。蒋介石说，中日两国“本为兄弟，无不可合作之理”；又说，日本“为彻底更新中日关系，应抛弃武力而注重文化的合作，应舍弃土地侵略而代以互利的经济提携，应

---

① 《我们要说的话》，《再生》1932年第1卷第1期（创刊号）。

吐弃政治控制的企图，而以道义感情与中国相结合”。这个“合”字，作为对日外交的又一主旨，是“和”合乎逻辑的引申。“和”与“合”是一般外交原则，而当时更现实的是如何处理九一八事变后日本侵华造成的系列具体问题。为此，蒋介石提出了“四不”方针，即“不绝交，不宣战，不讲和，不订约”。“和”“合”原则和“四不”方针是蒋介石《敌乎？友乎？》一文的主旨，也是他对日外交的基本政策，更是他力图解决中日问题的根本着力点。

第二，“四不”方针与“节节抵抗的消耗战术”的“革命战略”是“完全相应一贯”的。《敌乎？友乎？》说：“但知国民党之所谓对外的革命方略，是有其特殊一贯的策略的。当济南事件以后，曾闻国民政府主席谭延闿责问当时的军事统帅蒋介石‘既要死守济南，何以撤退北伐主力之兵？若要放弃济南，何以又留一团兵力来死守济南城，而最后又命其退出？’蒋氏答称：‘这就是我们革命军的战略。第一当然要表示不屈服的革命精神，并且表示济南是日本兵力强占的，而不是中国自己放弃的。第二是要顾到革命的全局，不能牵制北伐的进行。第三是要保全中国军队不作无意义的牺牲，只是济南抵抗三天之后，日本强占行为已暴露全世界，则目的已达，所以到后来仍命死守的一团冒险撤出，且使外间知我们要以一团人的力量，来对抗福田整个的一师团的兵力。’吾人观察蒋氏对日本用兵，自上海、长城战役，以至最后退出密云之抗战，可说都是济南事件以来之一贯精神，这至少可以表示革命军力量所在之地，不能无代价的放弃，日本欲以垂手而得沈阳的先例，应用到全中国，到底为不可能。我们一再研究蒋氏对日本外交方针，回想到他民国二十一年一月间所发表的意见书，就可以看出他的主张对日本外交是‘不绝交，不宣战，不讲和，不订约’。他这个外交政策是与他对日战略之所谓节节抵抗的消极战术，与坚强不屈变动不居的革命战略，是完全相应一贯，始终不变的。”①

蒋介石所谓“革命战略”概括起来是：以军事上的有限抵抗，求得“四不”方针的贯彻，达到对日妥协对内镇压的目的。这应当就是《敌乎？友乎？》所说蒋介石的外交政策“与他对日战略之所谓节节抵抗的消极战

① 秦孝仪主编《中华民国重要史料初编——对日抗战时期·绪编（三）》，中国国民党中央委员会党史委员会1982年版，第628–629页。

术，与坚强不屈变动不居的革命战略，是完全相应一贯”问题。这个“革命战略”主要是出于对内的考虑，同时也是对当时日本逐步推进的侵华方针之“因应”措施。

第三，关于对日妥协让步的限度。“四不”方针包含两个方面：一是“不绝交，不宣战”，意在妥协；二是“不讲和，不订约”，是让步的限度。蒋介石认为，打破中日间僵局的决定权在日本，“只要日本有诚意谋解决，中国只需要求放弃土地侵略，归还东北四省，其他方式，不必拘泥，过去悬案，应以诚意谋互利的解决，一扫国交上的障碍”。蒋介石让步的限度是“归还东北四省”“保持国家独立与完整”。尽管蒋介石没有签订承认“满洲国”的条约，但他并没有坚持“归还东北四省”，实际上承认了日本对东北四省的占领，并对日本进一步侵略扩张采取退让态度，以订立地方协定的方式承认日本对中国土地的占领和对中国权益的侵犯。从根本上说，蒋介石所谓有限度的让步，成为以后国民党政府转向抗日的政策基础。

第四，“三天亡国”论和“复兴民族”。蒋介石不止一次地讲到“三天亡国”论。他在《抵御外侮与复兴民族》中说：“依现在的情形来看，他只要发一个号令，真是只要三天之内，就完全可以把我们中国要害之区都占领下来，灭亡我们中国！”其用意是警告部下，不要“侈言抗日”，不要“轻言绝交和宣战”，只有采取对日妥协退让才是正确的选择。但蒋介石在大讲“三天亡国”之时，又高谈“复兴民族”。他认为“复兴民族”应把握两条基本原则。一是“统一意志”，“集中力量”，“攘外必先安内”。他说：“我们现在一定要求内部真正统一和安定，然后才能抵御外侮。只要国内真能统一安定，集中力量，攘外就有绝对的把握，一定可以消灭侵略我们的任何强敌。”“所以外能否攘，就看内能否安，民族能否复兴，就看国家能否统一。”这是“御侮图强唯一重要之原则”。二是“步步为营，处处设防，随时随地，准备抵抗，乃为御侮图强基本之要务”。我们把蒋的这个说法叫“营防取胜”论。他具体阐述道：“我们每一营、一连所驻扎的地方，一定将工事做好，我们的军队每到一个地方，必须步步为营，处处严防，我们的营防，就是我们的国防。”这样的“营防”怎么能“取胜”呢？他解释道：“我们每营讲营防，每团讲团防，每师讲师防，拿我们的血肉来代替我们的国防，拿我们的血肉来抵挡敌人的枪炮。如此，虽然绪战失败，我相信到最后必能得到一战成功。因为用这种革命战术，他要占领我们一省，至少时间就是一个月，如其统计起来，他们要占领我们十八省，至少要费十八月时间，那国际形势的变化还了得？何况他一个月，必不能迅速占领我们一个省呢？所以我们各个人如果有觉悟，随时随地作防御工作，随时随地准备牺牲抵抗”，日本是“不能灭亡中国”的，最后的胜利终归中国。实际上，蒋介石“营防取胜”论，是“以空间换时间”战略的具体说法。

“三天亡国”论与“复兴民族”的说法，表面上互相抵触，实际上是相互为用的，二者都是为蒋介石的政略和战略服务的。“三天亡国”论是为“攘外必先安内”政策寻找理由根据，也是为了说明“四不”方针是“唯一”正确方针。中国虽存在“三天亡国”危险，但只要遵行“攘外必先安内”政策，采用“营防取胜”论战术，仍可以达到战胜日本、“复兴民族”的最后目标。

第五，所谓“同归于尽”问题。蒋介石在阐述对日政策与内外政策关系时，多处讲到国民党政权与日本帝国主义“同归于尽”问题。他说：“吾人认为‘同归于尽’的办法，决不是办法。”还说：“中日两国在历史上地理上民族的关系上，无论哪一方面说起来，其关系应在唇齿辅车以上，实在是生则俱生，死则同死，共存共亡的民族。”两者所以会“合则两利，敌则两败”，相互为敌就会“同归于尽”。蒋介石的理由归纳起来为：如果日本无休止地用武力进攻中国，中国政府由于抗日浪潮的高昂，就不能不抵抗。而由于种种原因，日本灭亡不了中国，势必长此相持下去。这便给“窥伺于中国国民党之后”的势力以可乘之机。长此相持下去，日本会被拖垮，国民党政府也会因“内外交侵”而倾覆，结局是双方“同归于尽”。

蒋介石苦口婆心以“和”“合”相劝，指出“同归于尽”的危险性，但日本军国主义分子毫不理会，仍然进攻不止，日蒋矛盾日益加剧，迫使蒋介石不得不调整内外政策。从总体上看，蒋介石的“攘外必先安内”政策，违背了九一八事变后中国历史的中心任务，抗拒了抗日、团结、民主的历史潮流，故受到包括中共在内的全国各界民众的反对。

全国民众民族意识的日益觉醒，广大民众抗日救亡运动的不断掀起，各界联合抗日呼声的不断高涨，构成了对国民党统治的巨大威胁。蒋介石采取的对日妥协政策，并没有得到日本帝国主义的谅解，也没有换来日本侵略气焰之收敛。相反，日本帝国主义不断扩大侵略，继占领中国东北、热河后，又向察北、绥东和河北扩张，并企图占领整个华北地区。这就激化了日本帝国主义与以蒋介石为首的国民党政权的矛盾。加上国际上英美势力与日本帝国主义的矛盾，国民党政府开始转变其内外政策。随着福建事变的平定及对“剿共”战争的初见成效，蒋介石开始认真考虑对日抵抗问题。1934年2月，蒋介石发表演说：“现在我们的国家和整个民族，已经到了存亡危急的时候，我们全国的同胞……必须个个人要效法越王勾践的‘卧薪尝胆’的精神和‘生聚教训’的方法来救国，然后国家才能救转，民族才得复兴。”同月，蒋介石指示有关军事部门立即将“东南国防计划，北至海州、徐州、归德，南至温州、漳州之计划制成”。3月，他对陆军大学学员强调：“我们弱国要抵抗强国，不能靠武力而要靠我们的国民尤其是军人的精神和人格。”蒋介石的一系列表态，明显表现出对日抵抗的色彩。

蒋介石“围剿”红军过程中，得到了一箭双雕的结果：虽未达到彻底“消灭”红军之目的，却使中共中央及红军主力离开江西苏区而退往西北；国民党中央军趁机一举解决了黔滇川三省的半独立状态问题，推进了“中央一体化”进程。在“围剿”红军主力战略目标基本实现、“中央一体化”政策有所推进以后，国民党政府开始集中力量加速开展各项建设，充实国防力量。1935年4月，国防设计委员会改组为资源委员会（隶属于军事委员会）后，在继续从事调查研究、拟订各种建议及动员计划的同时，着手创办经营有关国防的重工企业。这种情况表明，国民党政府的施政措施由将国力主要倾注于内战，转向主要倾注于对日备战。

1935年11月，国民党第五次全国代表大会通过的政治、军事报告，尽管仍顽固坚持“铲除残余之赤匪”的方针，但其政策开始发生某些微妙变化，这在蒋介石发表的对外关系演说中得到体现。国民党政府会后进行了较大改组，对日态度逐渐强硬。

1936年7月，蒋介石在国民党五届二中全会上，对国民党第五次全国代表大会确定的对日外交方针作了更详细的解释：“中央对外交所抱的最低限度，就是保持领土主权的完整，任何国家要来侵扰我们领土主权，我们绝对不能容忍，我们绝对不订立任何侵害我们领土主权的协定，并绝对不容忍任何侵害我们领土主权的事实。再明白些说，假如有人强迫我们签订承认伪国等损害领土主权的时候，就是我们不能容忍的时候，就是我们最后牺牲的时候。”又强调：“从去年十一月全国代表大会以后，我们如遇有领土主权再被人侵害，如果用尽政治外交方法，而仍不能排除这个侵害，就是要危害到我们国家民族之根本的生存，这就是为我们不能容忍的时候，到这时候，我们一定做最后之牺牲。”蒋介石明确表示不能签订承认“满洲国”的协定，并对“牺牲的最后关头”作了“最低限度”的解释。此后，国民党政府在对日谈判中态度逐渐强硬，在某种程度上改变了其一味妥协退让的外交方针。

蒋介石为首的国民党政府，在对日外交方针上作了某些调整的同时，也开始改变对中共斗争的策略。由过去单纯的武力“剿共”改为“剿”“抚”并用。在武力“围剿”的同时，又通过各种渠道与中共进行秘密谈判，企图兵不血刃地“收编”中共及其领导的红军。

不同意识形态之间的冲突，导致了国共两党长期处于对立状态，致使外敌入侵之初双方都难以完全冲破多年以来在意识形态上的固有认识和分歧。在蒋介石和国民党看来，以共产主义作为信念的中国共产党是受苏俄指挥的国际性组织，它不是真正属于本民族的政党，当然也就无法充当民族利益的代表者；中国共产党人则认为，国民党不过是半殖民地半封建的中国内部的大地主大资产阶级集团利益的代表，它对内主要代表有产阶级的利益，对外依赖于各帝国主义，是帝国主义在华利益的代表，根本就不可能代表整个中华民族利益。建立在这些理念之上的行为，就是两党之间长期的限制与反限制、打击和抗争。

九一八事变后相当长时间内，国民党对日本采取忍耐让步为主调的政策，其军事力量主要用于对付共产党领导的工农武装。但日军在华北制造的一系列侵略事件，成为国共两党由对峙到联合的重要契机。日本在华北势力的扩张，严重损害了国民党政府在华北的主权和利益。蒋介石意识到，如果不调整既有政策，继续坚持对日不抵抗政策，必然会丧失民众的信赖和支持。蒋介石不得不考虑暂时搁置意识形态方面的分歧，开始调整与中共的关系，寻求国共和谈的机会。1935年秋，蒋介石借与苏联改善关系之机，谋求用政治方式来解决中共的问题，并准备通过苏联和共产国际的渠道与中共驻共产国际代表团进行关于联合抗日的谈判。

在中日战争没有全面爆发之前，蒋介石存在着对共产党及红军进行最后一击，至少在最大程度上消耗共产党及其领导的武装力量，然后再用政治方式最终解决“共产党问题”的想法。所以，蒋介石命令张学良、杨虎城两部立即“进剿红军”，接着调派大批中央军进驻陕西，准备一举解决中共武装。1936年10月，蒋介石平息两广事变后，便调集大军集结在陇海铁路沿线，并亲赴西安部署“剿共”军事，压迫张学良、杨虎城继续“剿共”。12月12日，张、杨发动“兵谏”，扣押蒋介石及随行的军政要员，发表了抗日救国八项主张。蒋介石被迫答应中共提出的六项条件，加快转变自己的内外方针。这六项条件是：第一，改组国民党与国民政府，驱逐亲日派，容纳抗日分子；第二，释放上海爱国领袖，释放一切政治犯，保障人民的自由权利；第三，停止“剿共”政策，联合红军抗日；第四，召集各党各派各界各军的救国会议，决定抗日救亡方针；第五，与同情中国抗日的国家建立合作关系；第六，其他救国的具体办法。此后，国民党被迫放弃了“剿共”的内战政策，逐步确立了联共抗日的方针。

在全国抗日救亡大潮的推动下，国民党政府不得不改变“攘外必先安内”的方针，采取联合抗日的政策；中国共产党也改变“反蒋是抗日的前提”的政策；本来就主张抗日的政派更加向前迈进。这样，中国各派政治势力，就逐渐会合在抗日旗帜之下了。

西安事变之所以成为蒋介石实现其内外政策的转折点，并不是因为它解决了国共两党先前的意识形态对立问题。其转变的真正动因在于，从国民党自身的势力来看，随着日本的步步进逼，华北随时可能成为第二个“满洲国”，再加上国内社会各界对“停止内战，一致对外”的呼声日高，蒋介石认识到，在解决民族生存问题之前，暂时还不具备解决与中共之间意识形态分歧的条件。在这种情况下，唯一办法就是将“剿共”目标暂时搁置，代之以民族独立的目标追求作为与中共沟通、联合的思想基础。

西安事变的和平解决，使蒋介石获得了前所未有的威望。无论是以前与蒋介石有很深恩怨的各地方实力派，还是与国民党对峙近十年的中国共产党，都以民族国家利益为重，一致许诺接受蒋介石领导，共同抗日。而要真正实现国共合作，摆在蒋介石面前的还有两个问题需要解决：一是如何使国民党的公开政策完成由“剿共”向联共抗日转变；二是如何实施联共的具体步骤和方法。西安事变后，国民党改变了“攘外必先安内”方针，对共产党和红军由“围剿”政策改为“和平统一”政策。它一方面与中共谈判联合共同准备抗日，另一方面并没有放弃反共的根本立场，企图利用“和平统一”方式瓦解共产党，消灭红军。

1937年2月，国民党为了商讨如何在新形势下对付中共并进一步调整内外方针，在南京召开了五届三中全会。国民党这次会议，一方面，确定了与中共重新合作共同抗日的方针，完成了其内外政策的重大调整；另一方面，确定了“和平统一”方针，作为此后对付中共的主要斗争方式。会议发表的宣言承认“和平统一”为全国共守之信条，表示“此后惟当根据和平统一之原则，以适应国防，且以奠长治久安之局”。在此原则下通过的《关于根绝“赤祸”之决议案》认为：“今者共产党人于穷蹙边隅之际，倡输诚受命之说。本党以博爱为怀，决不断人自新之路，惟是鉴往思来，不容再误。非彼等精诚悔祸，服从三民主义，恪遵国法，严守军令，束身为中华民国良善之国民，则中央为保持国家之治安，维护全国人民之生命财产计，不能置亿万人永久之利害于不顾，而姑息少数巧言暴行之徒，以贻民族无穷之殷忧。”[①]尽管国民党将中共政策调整视为“输诚受命之说”和“精诚悔祸”，将与中共谈判视为“博爱为怀”的宽大之举，但毕竟放弃了武力“剿共”政策，确立了“和平统一”新方针。

《关于根绝“赤祸”之决议案》提出的“根绝赤祸”四项最低限度是：“第一，一国之军队，必须统一编制，统一号令，方能收指臂之效，断无一国家可许主义绝不相容之军队同时并存者，故须彻底取消其所谓‘红军’，以及其他假借名目之武力。”“第二，政权统一为国家统一之必要条件，世界任何国家断不许一国之内有两种政权之存在者，故须彻底取消所谓‘苏维埃政府’及其他一切破坏统一之组织。”“第三，赤化宣传与以救国救民为职志之三民主义绝对不能相容，即与吾国人民生命与社会生活亦极端相悖，故须根本停止其赤化宣传。”“第四，阶级斗争以一阶级利益为本位，其方法将整个社会分成种种对立之阶级，而使之相杀相仇，故必出于夺取民众与武装暴动之手段，而社会因以不宁，居民为之荡析，故须根本停止其阶级斗争。”[②]这四项办法，体现了国民党“和平统一”方针之实质。国民党五届三中全会及其通过的决议，实际上停止了长达十年的“剿共”战争，接受了中共提出的抗日民族统一战线主张。国民党对中共的方针发生了明显转变，由武力“剿共”转为“和平统一”。

---

① 重庆市政协文史资料研究委员会、中共重庆市委党校、红岩革命纪念馆编《抗战时期国共合作纪实》上卷，重庆出版社2016年版，第196页。

② 重庆市政协文史资料研究委员会、中共重庆市委党校、红岩革命纪念馆编《抗战时期国共合作纪实》上卷，重庆出版社2016年版，第196页。

1937年初，国民党要员吴铁城撰写了《中国统一运动之途径》一文，阐述了国民党的“和平统一”方针。第一，提出目前国民党努力的方向是完成并巩固国家统一。他说：“我们一方面要密切注意国内一切残余的恶势力作最后的挣扎，破坏国家的统一；一方面还要加紧努力于根本上扫除一切的统一障碍。”此处所谓“统一”，就是消灭中共和其他异己势力。第二，认为国家统一以“军令政令的彻底统一”最为关键。他说：“从积极方面说，我们要巩固国家的机构，要齐一全民的意志，要统一全民的行动，要推进国家的建设，要集中国家的力量，要加强对外的力量，那就更不能不需要军令政令的彻底统一。”军令政令的统一，是国民党打着“复兴民族”旗号推行国家统一的着力点，也成为此后国民党“统一”“溶化”共产党政策的基本点。第三，提出必须扫除中国统一的障碍。他认为，阻碍国家统一的有三种政治理论，即“联省自治论”“阶级斗争论”“人民阵线论”。除联省自治论外，后两种实际上是中共的主张。第四，提出实现中国统一的具体办法。它们是“启发民族意识”；“确立中心思想”，信仰三民主义；“发展经济建设”；“拥护最高领袖”。[①]

吴铁城所列举的实现统一的四条办法，虽然打击对象是中共及国民党地方实力派，但没有再提出使用武力，而是采取“和平”方式。这便说明，一方面国民党消灭共产党的既定方针未变；另一方面表明它消灭共产党的策略方式的确发生了变化，由武力“围剿”转变为“和平统一”，在“和平统一”旗号下，借推行“军令政令的彻底统一”办法来消灭中共及其领导的武装。

国民党要员潘公展发表《统一与和平》一文，对国民党“和平统一”政策作了进一步阐发。第一，认为“统一”不同于“联合”，国民党的“统一”不同于中共的“联合”。他说：“联合之前，一定有许多单位，起码有两个以上的单位，才把他们联起来合起来，但是无论怎样联合，内部的单位仍存在：这叫做联合。所谓统一，是把原有的单位经过统一运动之后融化为一个整个的单位，原有的单位完全分不出来，这才是统一。”他所主张的“统一”，实际上就是把共产党“统一”于国民党之下。第二，达到统一的途径有两条：和平与战争，但在必要时仍可使用武力“勘乱”。他说：

① 吴铁城：《中国统一运动之途径》，载萧剑青编《救国论文集》，大方书局1937年版。

“要统一，须消灭割据势力，那是毫无疑义的。用什么方法来消灭呢？须知不一定用战争，也不一定不用战争；需要战争的时候则战争，不需要战争的时候则和平。所以要求和平，就要统一，这是一定的，而要求统一则不一定专用和平或专用战争。……所以到了必要的时期，用尽和平的方法还不能得到统一的时候，不得不用武力来戡乱，来讨逆，来惩治破坏统一的罪人；否则要武力有什么用？”第三，先统一后抗敌，统一的关键在于消除军队系统。他说：“敌人是要抗的。但是要抗敌，一定要全国一致的抗敌，要在统一命令之下抗敌才可以有效。……我们始终承认：唯有统一才能真正抗敌，亦惟有统一，对外才能有真正的战争。”第四，保全军队，化除系统。这是说军队可以保全，但非蒋系统的军队系统如东北军、西北军、红军的系统必须消除。他说：“先要明白统一之梗是在于军队系统，故如果能够保全军队而同时化除系统，则割据势力必于不动干戈之中消灭，而和平统一于焉实现。”为此，他提出了三条“化除军队系统”办法，即“地方政治与军人完全脱离关系”“军队应与驻在地脱离关系”“军队应与统率的将领不发生绝对关系”。①

西安事变后，国民党由武力“剿共”转为“和平统一”，表明国民党对中共策略方式的改变，其消灭中共的根本方针并没有改变。这样，国民党“根绝赤祸”的根本立场和它所采取的“和平统一”策略，决定了以后国共两党关系的复杂性和斗争方式的特殊性。

卢沟桥事变的爆发，表明中日民族矛盾成为压倒一切的主要矛盾，加速了以国共合作为基础的抗日民族统一战线的建立。1937年7月17日，蒋介石发表著名的庐山讲话，表示：“战端一开，那就是地无分南北，年无分老幼，无论何人，皆有守土抗战之责任，皆应抱定牺牲一切之决心。”9月22日，国民党中央通讯社发表《中共中央为公布国共合作宣言》。蒋介石次日发表谈话，称赞中共宣言所举各项，“皆为集中力量，救亡御侮之必要条件”；表示“在存亡危急之秋，更不应计较过去之一切，而当使全国国民彻底更始，力图团结，以共保国家之生命与生存”；声明对于“诚意救国”、致力于“抗敌御侮”事业的“国内任何派别”，“政府无不开诚接纳”。蒋介石的谈话实际上公开承认了中国共产党的合法地位。至此，以国共合作为

① 潘公展：《统一与和平》，载萧剑青编《救国论文集》，大方书局1937年版。

基础的抗日民族统一战线正式形成。

四、统一战线中的独立自主原则

抗日民族统一战线的显著特点，是参加人员成分复杂，既包括中共领导的工人阶级、农民阶级、小资产阶级，又包括民族资产阶级、开明绅士和地方实力派以及海外华侨中的爱国人士，还包括国民党蒋介石集团的亲英美派大资产阶级。参加统一战线的各阶级和各阶层，既有合作抗日的共性，又有各自的个性，甚至存在根本对立。中共和国民党代表了抗日民族统一战线的两翼，他们在抗战的坚定性和彻底性、抗战路线和战略战术的选择以及战时外交、政治改革和经济政策等诸多方面，存在严重分歧。这些分歧，决定了抗日民族统一战线内部充满着矛盾和不稳定因素。国共分歧的焦点，就是抗日民族统一战线中是否保持共产党的独立性并如何保持这种独立性的问题。这直接关系到抗日民族统一战线能否巩固与发展，决定着抗日战争的前途和中华民族的命运。

抗日民族统一战线是为了反对日本帝国主义的侵略而建立和发展起来的。这个统一战线的组成，就其范围而言，具有广泛的民族性，是包括全民族（除汉奸、卖国贼以外）的所有不同党派、不同阶级、不同军队、不同民族组成的最广泛的阵营。这个统一战线虽然广泛，但各党派各阶层之间的政治力量却是不平衡的。国民党是当时全国最具实力的第一大党，掌握了全国政权及数百万军队；共产党虽居其次，但经过第五次反“围剿”和二万五千里长征，其力量已被削弱；其他党派，更是微不足道。力量上的不平衡，必然造成各党派政治地位与政治权力事实上的不平衡。以蒋介石为代表的国民党，不肯放弃其既得利益和特权，企图凭借其所拥有的政治资源优势，垄断统一战线的控制权，控制统一战线的发展方向，并进而借统一战线的名义，限制、削弱、“溶化”以中共为代表的抗日民主力量。而国民党的一些御用文人也声称，“今天国民党外的一切党派，都没有独立存在的理由”，还有人露骨地要共产党交出军队，取消特区政府，放弃马克思主义和阶级斗争学说，“抛弃”一党一派之利害，完全听命于蒋介石的指挥。

正是基于这种客观情况，中国共产党敏锐地意识到，如果完全按照蒋介石圈定的框框去做，取消自己的独立性，合并到国民党里面去的话，势必自毁前程，重演第一次国共合作破裂后国民党“清党”反共的历史悲剧，最终葬送抗日民族统一战线和整个抗战事业。所以，中共主张在坚持抗日民族统一战线前提下，承认统一战线中的矛盾，在处理自身内部事务时具有自主意识和独立性，强调共产党在抗日民族统一战线中必须坚持独立自主原则。

早在决定与国民党建立抗日民族统一战线之初，共产国际就指示中共要保持自身的独立性。1936年8月15日，共产国际执委会书记处致电中共中央：在政治方面，抗日民族统一战线应当是共产党、国民党和其他团体之间在保持各自政治上和组织上完全独立的情况下，在共同抗日立场上的联合。现在比以往任何时候都更加需要维护党的队伍的纯洁性与党的团结。毛泽东和中共中央接受了共产国际的意见，将保持共产党政治上和组织上的完全独立作为抗日民族统一战线的基本条件。

在倡导建立抗日民族统一战线的过程中，毛泽东对英美派大资产阶级争夺抗日民族统一战线领导权的企图，以及统一战线的发展方向与分化等问题，保持着高度警惕。他总结大革命失败的教训后旗帜鲜明地提出：是使无产阶级跟随资产阶级，还是使资产阶级跟随无产阶级呢？这个中国革命领导责任的问题，乃是革命成败的关键。1937年3月，毛泽东在中共中央政治局讨论同国民党谈判方针时指出，谈判的方针无疑是无产阶级政党与资产阶级政党的合作方向，而不是无产阶级做资产阶级的尾巴。中共中央政治局扩大会议在讨论抗日民族统一战线的形势和党的任务时，任弼时对国民党政策转变及国共合作的前途作了分析，认为国民党政策转变的原因有以下几个方面。第一，由于日本的侵略、中国政局的发展，中国民族资产阶级大部分转向抗日；这一重大的变动，使得中间派不能不转向抗日。第二，中共一年来统一战线的号召与努力，不但深入群众，而且影响到各军队上层分子，西安事变的爆发，使得各派都公开谈抗日，更促成这一和平的实现。第三，国际形势的变动也推动了这一转变。国民党三中全会表明它有诚心与国共合作，但国共合作中争取领导权的斗争将会更加复杂，中共必须争取与巩固统一战线中的领导权。而努力的方向，是“巩固我们的武装，争取民主权利”。①

① 《任弼时选集》，人民出版社1987年版，第134页。

1937年5月，毛泽东在苏区党的代表会议上阐述了实现无产阶级政治领导任务的四条具体原则：根据历史发展进程提出基本的政治奋斗目标；共产党的组织和党员成为实现奋斗目标的模范；在不失掉确定的政治目标的原则上，与同盟者建立联盟；共产党队伍的发展、坚强和思想统一。这样就使中共争取对抗日民族统一战线领导权的目标具体化和理论化。他指出，中国革命没有一个包括全民族绝大多数人口的最广泛的革命统一战线，是不可能胜利的；这个统一战线还必须是在中国共产党的坚强领导之下，没有中国共产党的坚强领导，任何革命统一战线也是不能胜利的。

在抗日民族统一战线建立后不久，巴黎《救国时报》就提出国共两党应“互相开诚布公”，“互相尊重彼此在组织上思想上的固有系统”，应当在共同的救国纲领下“允许彼此的独立发展和批评自由”，“决不应该丝毫存在猜疑与妒忌的心理和压抑或限制的企图”；认为只有这样才能“继续发展和巩固两党的合作”，“真正克服合作前途上的阻碍与困难”。[①]对于中国共产党来说，“独立自主，就是指无产阶级的独立性，他有自己独立的政策、独立的思想”。[②]1937年8月，毛泽东和张闻天在《关于红军作战原则的指示》中，从红军作战指挥权的角度提出了“独立自主”的概念。毛泽东随后在洛川会议作关于国共两党关系问题的报告，强调共产党在统一战线中的独立自主原则。他说，中国抗战存在着两种政策和两个前途，即我们的全面的全民族抗战的政策和国民党的单纯政府抗战的政策，坚持抗战到胜利的前途和大分裂、大叛变的前途。中共的任务是动员一切力量争取抗战胜利，最基本的方针是持久战。红军的基本任务是：创造根据地；钳制和相机消灭敌人；配合友军作战（战略支援任务）；保存和扩大红军；争取民族革命战争领导权。中共中央正式作出了坚持无产阶级领导权、在敌后开展独立自主的游击战争等重要决定。

1937年11月12日，毛泽东发表《上海太原失陷以后抗日战争的形势和任务》，明确提出了在抗日民族统一战线中坚持独立自主的思想。他指出，中国共产党不但要坚持抗日民族统一战线的政治路线，而且要“在一切统一战线工作中必须密切地联系到独立自主的原则”。为了坚持抗战和争取最

---

① 《论国共再次合作》，《救国时报》1937年10月25日。
② 《周恩来选集》上卷，人民出版社1980年版，第215页。

后的胜利，必须坚持抗日民族统一战线，“任何破裂国共两党的统一战线的主张是不许可的。‘左’倾关门主义仍然要防止。但是在同时，在一切统一战线工作中必须密切地联系到独立自主的原则。我们和国民党及其他任何派别的统一战线，是在实行一定纲领这个基础上面的统一战线。离开了这个基础，就没有任何的统一战线，这样的合作就变成无原则的行动，就是投降主义的表现了。因此，‘统一战线中的独立自主’这个原则的说明、实践和坚持，是把抗日民族革命战争引向胜利之途的中心一环”。①

中国共产党强调统一战线中的独立自主原则，与同时出现的党内右倾错误倾向有着密切关联。随着抗日民族统一战线的建立、国民党转向抗日与中共地位实际上的合法化，国内阶级关系与阶级对抗趋于缓和。由于党内小资产阶级成分的大量存在，某些党员对国民党的本质缺乏深刻认识，在重大历史转折关头，看不清国民党政府联合抗日所隐藏的反共本质，故主张放弃抗日领导权，对国民党实行无原则让步。

从1937年9月起，中共中央针对党内右倾思想的滋长连续发出指示，强调党内的主要危险倾向已经不是“左”倾关门主义，而是右倾投降主义，号召全党积极行动起来，坚决反对这种错误倾向，毫不犹豫地坚持统一战线中的独立自主原则。《中共中央书记处关于共产党参加政府问题的决定草案》规定：“在党中央没有决定参加中央政府以前，共产党员一般的亦不得参加地方政府，并不得参加中央的及地方的一切附属于政府行政机关的各种行政会议及委员会。”“但在特殊地区的地方政府如战区的地方政府中，由于旧的统治者不能照旧统治，基本上愿意实行共产党的主张，共产党已经取得了公开活动的自由，并且由于当前的紧急形势使共产党在人民与政府看来均已成为必要，共产党可以去参加。在日寇占领区域，共产党更应公开成为统一战线政权的组织者。”它强调：“在原有红军中苏区中及一切游击区中，共产党绝对独立领导之保持，是完全必要的，共产党员不许可在这个问题上发生任何原则上的动摇。”②

1937年11月15日，毛泽东和刘少奇分别在关于山西统战工作原则给周恩来等人的电报和为中共中央北方局起草的决定中明确指出，“目前山西

---

① 《毛泽东选集》第2卷.人民出版社1991年版，第394页。

② 中共中央文献研究室、中央档案馆编《建党以来重要文献选编（1921—1949）》第14册，中央文献出版社2011年版，第528-529页。

工作原则是‘在统一战线中进一步执行独立自主’”，“我们须自己作主”，要减少对国民党的希望与依靠，“故‘独立自主’之实行，须比较过去‘进一步’，这是完全必要的”①；“目前是要在统一战线的原则下更进一步地发展我党的独立自主，而不是绝对的独立自主”②。根据中共中央的指示精神，各级组织采取了相应措施，积极贯彻独立自主原则，纠正业已出现的右倾错误偏向。

但从莫斯科回国的王明，与毛泽东及中共中央在统一战线问题上有着不同的思路。1937年12月，王明在中共中央政治局会议上作了长篇发言，传达斯大林对于实施抗日民族统一战线的新策略，将如何巩固和扩大抗日民族统一战线的错误思想系统化。王明对中共中央此前强调“独立自主”的做法进行了严厉指责，忽视中共全面抗战路线与国民党片面抗战路线的原则分歧，明确肯定国民党是抗战的领导者，否认共产党在抗战中的领导作用，否认抗日民族统一战线中的独立自主原则，公开提出“一切服从统一战线”，“一切经过统一战线”，把共产党的行动限于国民党所允许的范围内，不赞同放手发动和武装群众。这次会议得出了折中结论：“抗日民族统一战线中的各党派应该在共同的纲领下协同进行斗争，不应互相削弱，而相反应该互相帮助，共同领导和负责，虽然统一战线内部的矛盾无法消除但应尽量避免和缩小。”这实际上模糊了抗日民族统一战线中的领导权问题。

王明在中央政治局十二月会议后赴武汉与国民党进行谈判，并先后发表《如何继续全国抗战和争取抗战胜利呢》《挽救时局的关键》《三月政治局会议的总结》等文，坚决执行共产国际为缓解苏联因受东西方法西斯主义两面进攻压力而制定的政策。他反复强调“抗日高于一切”，否认抗日民族统一战线中存在阶级斗争，忽视国民党和共产党的阶级本质和原则区别，反对毛泽东关于在统一战线中有左中右三种不同政治集团的划分，认为只有抗日与降日的区分。因此，王明仍然主张“一切经过统一战线”“一切服从统一战线”，反对统一战线中的独立自主原则，把抗战胜利的希望寄托于国民党及其领导的政府军队，提出军事战略上的

---

① 《毛泽东文集》第2卷，人民出版社1993年版，第70页。

② 《刘少奇选集》上卷，人民出版社1981年版，第96页。

“七个统一”，轻视中共领导的人民武装和游击战，反对在战区和敌后扩大人民武装与建立根据地。

王明关于抗日民族统一战线的思想，与毛泽东及中共中央既定的方针政策产生了严重分歧。由于王明的右倾思想主要受共产国际的影响并代表了苏联和斯大林的意见，故为许多中共领导干部所赞同，在党内造成了较大思想混乱。为了改变这种状况，1938年3月，中共中央政治局会议决定派任弼时赴莫斯科主持中共驻共产国际代表团，向共产国际交涉军事、政治、经济、技术人才等问题，说明中国抗战和国共两党关系的实际情况，以便共产国际更多地了解中国实际和中国共产党的政策，进而争取共产国际的支持。

1938年4月14日，任弼时向共产国际提交了《中国抗日战争的形势与中国共产党的工作和任务》的书面报告大纲，全面介绍中国抗战的实际情况以及中共在抗战中的地位和作用。5月17日，任弼时和王稼祥出席共产国际执委会主席团会议。任弼时作了关于4月17日报告的口头说明和补充。他首先谈到中共在当前抗战中的最基本任务，明确指出：“目前摆在中国党面前的最基本的任务，是防止和克服中国政府对抗战方针的动摇，以一切努力，争取中国能持久抗战，以求得最后战胜日本帝国主义。”其次他分析了抗日民族统一战线的特点，强调抗日民族统一战线与大革命时期的统一战线有很大不同，国民党现在惧怕共产党力量壮大，将来夺去抗日的领导权，危害其统治地位，想尽方法企图削弱、“溶化”共产党。因此，在抗日民族统一战线中，共产党必须更加依靠广大群众的力量，必须发展自己的力量，扩大八路军、新四军。中共的“力量更加壮大，地位就更高，合作就更有力量”。最后他指出中国共产党能够在中国抗战中发挥更大的领导作用。八路军和新四军有坚强的共产党的绝对领导，有优良的政治工作传统和群众工作、军事活动。“游击战争将成为最后战胜敌人的一个重要力量”，“是在敌人后方建立强大的新的军事力量的重要方法”。同时，中共在群众中具有雄厚的基础，“在中国抗日战争发展中，将要取得更加重大的领导和推动作用”。①

任弼时的报告使共产国际第一次较为全面地了解到中共在抗战中的实

① 《任弼时选集》，人民出版社1987年版，第175、199、206页。

际情况，故引起了共产国际执委会主席团的高度重视和认同。6月11日，共产国际作出《共产国际执委会主席团关于中共代表报告的决议案》，认为中国共产党的政治路线是正确的，指出："中国共产党在复杂的困难条件下，灵活地转到抗日民族统一战线的政策之结果，已建立起国共两党的新的合作，团结起民族的力量，去反对日本的侵略。"它强调："共产党的巩固，它的独立性和它的统一，正是继续向前发展民族统一战线和继续同日寇作胜利的斗争的基本保证。"[①]赞同中共继续开展敌后游击运动，坚持抗日民族统一战线中政治和组织上的独立性。

1938年9月14日，从苏联回到延安的王稼祥在中共中央政治局会议上，传达了季米特洛夫在共产国际执委会主席团讨论任弼时的报告以及同王、任谈话的主要内容："中共一年来建立了抗日统一战线，尤其是朱、毛等领导了八路军执行了党的新政策，国际认为中共的政治路线是正确的，中共在复杂的环境及困难条件下真正运用了马列主义。"他还说："在领导机关中要在毛泽东为首的领导下解决，领导机关中要有亲密团结的空气。"[②]共产国际态度的转变，为毛泽东和中共中央纠正王明的思想错误创造了有利条件。

1938年9月29日至11月6日，中国共产党在延安举行了扩大的六届六中全会，深入研究中国共产党在抗日战争即将进入新阶段时的基本方针和政策，着重强调在抗日民族统一战线中坚持独立自主的原则。毛泽东作的《论新阶段》的政治报告和会议总结，张闻天作的《关于抗日民族统一战线的与党的组织问题的报告提纲》及会议通过的《中共扩大的六中全会政治决议案》，系统地阐述了在抗日民族统一战线中坚持独立自主的思想。至此，中共关于抗日民族统一战线中独立自主思想逐渐成熟。

抗日民族统一战线中坚持独立自主的思想，首先必须保持中国共产党的独立性。毛泽东指出："坚持民族统一战线才能克服困难，战胜敌人，建设新中国，这是毫无疑义的。但是在同时，必须保持加入统一战线中的任何党派在思想上、政治上和组织上的独立性，不论是国民党也好，共产党

---

① 中共中央文献研究室编《文献和研究（1985年汇编本）》，人民出版社1986年版，第79—80页。

② 中共中央文献研究室编《任弼时年谱（1904—1950）》，中央文献出版社2014年版，第374页。

也好，其他党派也好，都是这样。”[①]他认为：“三民主义中的民权主义，在党派问题上说来，就是既容许各党派互相联合，又容许各党派独立存在。如果只谈统一性，否认独立性，就是背弃民权主义，不但我们共产党不能同意，任何党派也是不能同意的。”[②]具体而言，保持共产党在思想上的独立性，就是要坚持马克思列宁主义，保持马克思主义对中国共产党的指导，决不抛弃其社会主义与共产主义理想；保持共产党在政治上的独立性，就是要高举起自己的旗帜，独立自主地实行共产党的政治路线和方针政策，认真地担负起领导抗日战争的历史重任；保持共产党在组织上的独立性，就是保持原有的组织系统和组织原则的完整性，保持共产党的无产阶级先锋队性质，不能降格以求成为抗日民族统一战线中等同其他党派的一个政治派别或组织，更不能合并到国民党里去，为国民党所溶化。

毛泽东告诫全党，因这次国共合作是对立阶级的合作，故国共之间的斗争是严重而不可避免的，但也不能因斗争而放弃统一。统一战线中的统一，是基本原则，任何时候任何地方都不能忘记统一。统一是统一战线的第一个基本的原则，一定要坚持国共长期合作。为了保持中共在抗日民族统一战线中的独立性，中共必须坚持持久抗战的战略方针，必须独立自主地开展敌后游击战争，坚持共产党对八路军、新四军和其他人民军队的绝对领导，“不许可在这个问题上发生任何原则上的动摇”。既坚持军事领域的军事斗争中的独立自主，又坚持党对抗日武装的独立领导权，体现了抗日民族统一战线理论在抗日武装领导权问题上的根本原则。在政权问题上，独立自主地建立和领导敌后抗日民主政府，使之成为民主政治的典范；而对于国民政府，只有在它改变一党专政的性质，转为全民族的统一战线政府，即接受和实现共产党提出的《抗日救国十大纲领》，容许共产党组织的合法存在，保证共产党员组织和教育群众的自由的时候，共产党才去参加。在与各党各派关系问题上，保持必要的斗争，斗争的中心是“如何争取抗战胜利的问题”，共产党“应该到处公开提出党对于保证抗战胜利的具体主张和办法，批评其它党派的不彻底与不坚决”，以动员全国人民，“环绕在我党主张与口号的周围”。[③]这实质上是中国共产党力争实现对抗日战争的

① 《毛泽东选集》第2卷，人民出版社1991年版，第524页。

② 《毛泽东选集》第2卷，人民出版社1991年版，第524页。

③ 中央档案馆编《中共中央文件选集》第11册，中共中央党校出版社1991年版，第320页。

领导权。针对国民党的种种限制，中共在处理有关抗战的具体问题时，则根据不同情况采取灵活策略，有的可以“先奏后斩”，有的可以“先斩后奏”，有的则要“斩而不奏”，有的就要“不斩不奏”。中共逐渐形成了统一战线中独立自主的策略思想。

中共在抗日民族统一战线中所坚持的独立自主不是绝对的，而是相对的，是抗日民族统一战线内的独立自主，独立自主必须以坚持抗日民族统一战线作为基本前提。抗日民族统一战线中的独立与统一是辩证统一关系：既统一又独立，统一与独立密不可分。毛泽东指出：“没有问题，统一战线中的独立性，只能是相对的，而不是绝对的；如果认为它是绝对的，就会破坏团结对敌的总方针。”当然也“决不能抹杀这种相对的独立性，无论在思想上也好，在政治上也好，在组织上也好，各党必须有相对的独立性，即是说有相对的自由权。如果被人抹杀或自己抛弃这种相对的自由权，那就也会破坏团结对敌的总方针”。[①]

毛泽东对两者关系解释道：“我们的方针是统一战线中的独立自主，既统一，又独立”[②]，统一是基础。这就要求共产党在领导群众同敌人作斗争时必须有照顾全局、照顾多数及和同盟者一道工作的观点，不能置全局、多数及同盟者的利益要求于不顾。对于一切愿意和共产党合作的民主党派和民主人士，共产党必须坦诚相见。正是基于这种认识，中共认为在坚持独立自主的同时，应坚持和巩固抗日民族统一战线，这是建立“独立自由幸福的三民主义新中国”的重要保证。因此，“我们的政策，无论如何要一个长期的民族统一战线，要一个长期合作，无论如何要共同维持一个统一政府，反对分歧与分裂，方才有利于渡过战争难关，对抗敌人破坏，打退日本帝国主义，并于战后完成建立新中国的任务”。中共郑重表示要“坚持民族统一战线的方针，同一切抗日党派合作，帮助组织，以发展力量，不取吞并政策”，主张大力发展国共两党及各抗日党派，巩固抗日民族统一战线，以支持长期抗战。这些表明，抗日民族统一战线中的独立自主是有一定“度”的，是以不损害统一战线为基本前提的，是团结合作中的独立自主。

为了处理国共关系时贯彻独立自主原则，中共在抗日战争的不同阶段

---

① 《毛泽东选集》第2卷，人民出版社1991年版，第524—525页。

② 《毛泽东选集》第2卷，人民出版社1991年版，第540页。

采取了相应的政策。抗日战争全面爆发后，中共针对中日战争的特点和规律，指明了抗战必胜的前途和夺取胜利的策略方针，并独立自主地提出了《抗日救国十大纲领》，确定了持久战的战略方针，论述了抗日游击战的战略地位等一系列重大问题。抗战相持阶段，中共又提出了“坚持抗战，反对投降；坚持团结，反对分裂；坚持进步，反对倒退”三大政治口号，制定了实现三大政治口号的具体政策。抗战即将胜利之时，中共则提出了废除一党专政、建立民主联合政府的口号。同时，中共在军事上坚持对自己军队的绝对领导，冲破国民党的限制和阻挠，独立自主地开展游击战争，发展壮大自己的力量，建立敌后抗日政权；政治上坚持实行全面抗战路线；组织上把自己的组织发展到全国；思想上坚持共产主义旗帜；实践中根据不同情况，分别采取“先斩后奏”“先奏后斩”“斩而不奏”“不斩不奏”等灵活的策略方针对付国民党的反共行动。独立自主思想，是中共根据抗日民族统一战线特点提出的根本原则，旨在维护、坚持、发展和巩固抗日民族统一战线。既与国民党联合抗战，又坚持了中共对敌后抗战的独立领导，中共妥善处理了统一战线中独立自主与团结统一的关系，为抗日战争的胜利创造了条件。

五、以斗争求团结的基本原则

在抗日民族统一战线中，中国共产党逐渐形成了“又联合又斗争”的策略思想。抗日民族统一战线是以国共合作为基础的，故抗日民族统一战线必须坚持国共合作团结。抗日民族统一战线最根本的问题，是如何处理中共与国民党的关系，因为两党是当时全国最大的政党，抗战能否持久并最终获胜，取决于国共合作团结抗日局面能否巩固和发展。国民党出于维护其统治的需要，对工农大众及其政治代表中共的压制及在日本诱惑下的抗日立场动摇，是导致抗日民族统一战线破裂的最大危险。自1939年初国民党政策发生逆转之后，毛泽东和中共中央积极研究如何处理与国民党的关系问题，逐渐形成“又联合（团结）又斗争”的策略思想。

作为抗日民族统一战线的首倡者，中国共产党的抗日态度是坚决的。但国民党的情况较为复杂。抗战伊始，蒋介石及国民党就表现出既抗日又动摇的两面性，虽然参加了抗日民族统一战线，但企图借合作之机，凭借实力上的优势溶化和取消共产党。故它在抗日民族统一战线中采取既联共抗日又阴谋削弱中共力量的两面政策："在思想上企图'溶解'共产主义，在政治上、组织上企图取消共产党，取消边区，取消党的武装力量。"①

随着抗日战争的深入和国内外形势的变化，国民党采取了消极抗日、积极反共的政策。国民党五届五中全会制定了"防共、限共、溶共"方针，设立"防共委员会"，并在会后连续秘密颁布了《限制异党活动办法》《异党问题处理办法》《沦陷区防范共产党活动办法草案》《第八路军在华北、陕北之自由活动应如何处置》《陕北工作大纲》等一系列反共文件，从政治、经济、军事、思想文化等方面对中共加以限制。政治上，国民党加强反共宣传，诬蔑八路军、新四军"游而不击""不听指挥破坏政府军令政令统一""实行封建割据""阴谋推翻政府"等；军事上，国民党以"收复失地"为名，派遣大批军队到敌后，抢占地盘，制造摩擦，破坏敌后军民的抗战；经济上，国民党停发八路军、新四军军饷和武器弹药，对抗日根据地实行包围封锁，禁止贸易，断绝交通；思想上，国民党极力鼓吹"一个主义、一个政党、一个领袖"，要求放弃共产主义和取消共产党。国民党的"限共""防共""溶共"的反共方针及其反共行动，不仅成为抗日民族统一战线的最大危险，而且使中共武装力量处于日本与国民党军两面夹击之中，有随时被消灭的危险。

全民族抗战之初，部分中间党派人士轻信国民党的抗日许诺，认为民众很快会得到民主权利，把抗战胜利的希望完全寄托在国民党身上。他们在纷纷发表拥蒋抗日言论的同时，还相继要求中共放弃对抗战的领导权。如《新民报》载文说：领导对日抗战者，只有一个政府、一个领袖、一个主义，除此皆不能取得合法之存在，国民党已居于唯一领导抗日地位。中国人民救国会（简称救国会）领导人章乃器公开提出"少号召，多建议"。中国国家社会党（简称国社党）领袖张君劢发表《致毛泽东先生的公开信》，公然要求中共交出军队，"完全托之蒋先生手中"，并取消陕甘宁边区，将马列主义"暂搁一边"。

针对抗日民族统一战线中各种矛盾的尖锐存在和中间党派的两面性，中共吸取历史上处理统一战线内部关系的经验教训，提出了"又联合又斗

① 《毛泽东选集》第2卷，人民出版社1991年版，第613页。

争，以斗争求团结”的策略原则。国民党五届五中全会刚确定“限共”政策之时，毛泽东就开始酝酿处理国共关系的“又联合又斗争”思想。1939年2月5日，毛泽东在中共中央党校发表讲演，从哲学理论上指出：统一里有斗争，天下万物皆然。抗日民族统一战线的第一个基本原则便是联合、统一、团结，但还有一个原则就是斗争。这是不可缺少的，是谁都不能也不应忘记的。斗争不是仅有一种形式，而是多种多样的。这是毛泽东对“既团结又斗争”思想的最初表达。

毛泽东和中共中央在打退国民党第一次反共高潮过程中，依然清醒地认识到中日民族矛盾是决定一切的主要矛盾这个基本现实，不赞成党内有些人将国民党反共摩擦比作马日事变和四一二反革命政变的判断，对中共与国民党“又联合又斗争”关系作了理论总结。毛泽东指出，抗日民族统一战线政策既不是导致大革命失败的“一切联合，否认斗争”，也不同于土地革命战争时期使自己政治上陷于孤立的“一切斗争，否认联合”，而是综合“联合”和“斗争”的两重性政策：“联合一切反对日本帝国主义的社会阶层，同他们建立统一战线，但对他们中间存在着的投降敌人和反共反人民的动摇性反动性方面，又应按其不同程度，同他们作各种不同形式的斗争。”[①]毛泽东解释道：我们之所以采取又联合又斗争，在斗争中求团结的策略，是因为“在抗日统一战线时期中，斗争是团结的手段，团结是斗争的目的，以斗争求团结则团结存，以退让求团结则团结亡”[②]，从而透彻地揭示了团结与斗争两者关系的辩证法。中共中央向共产国际通报“又团结又斗争，以斗争求团结”原则时强调：“我们站在自卫立场上，准备给予反共集团的军事进攻以武装反击，谁胆敢同我们进行武装斗争，谁就会被彻底消灭。”[③]1940年7月13日，毛泽东在延安高级干部会议上，对团结与斗争关系的不同意义作了具体分析：“1.我们历来是强调团结的，今后还是一样——对付一切抗战派。2.我们历来是强调斗争的，今后还是一样——对付一切投降派。3.我们又强调团结又强调斗争——对付一切又抗日又反共的顽固派。4.有时强调团结，有时强调斗争——依顽固派的态度是团结为

---

① 《毛泽东选集》第3卷，人民出版社1991年版，第792页。

② 《毛泽东选集》第2卷，人民出版社1991年版，第745页。

③ 《共产国际、联共（布）与中国革命档案资料丛书》第19辑，中共党史出版社2012年版，第25页。

主还是反共为主而定。5.斗争为了团结——为了延长合作时间。6.不论哪一方面（政治，军事，文化），目前时期都以团结为主。但不论哪一方面，都同时有斗争。因为国民党顽固派的反共政策是没有变化的。7.即在目前时期，某些地方，反磨擦斗争还可表现为地方高涨，例如苏北。”[①]毛泽东对国共关系中团结斗争问题的分析，概括了第一次反共高潮的情况，也为随后的第二次反共高潮所证实。

抗战进入相持阶段以后，国民党的内外政策愈益带有两面性：一方面坚持抗日旗帜，欲联合其他各派势力特别是共产党力量对付日本；另一方面则极力打击共产党及各种进步势力。1940年10月19日，国民党发出“皓电”，酝酿第二次反共高潮。毛泽东再次强调：在抗日问题上对国民党又拥护又斗争。在反共问题上，既有现在与将来之分，也有反共的高潮与低潮之分，还有对某一个具体的顽固派如阎锡山的反共高潮与低潮之分，要根据不同情况来处理关系。中共总政策是在团结中要斗争，在斗争中又要团结；是统一中的独立，统一是主，独立是辅。针对国民党既抗日又反共的两面政策，毛泽东和中共中央确定实行政治进攻、军事防御的战略方针：“必须采取反抗他们这种反动政策的斗争策略，同他们作思想上政治上军事上的坚决斗争。这就是我们对付顽固派两面政策的革命的两面政策。”[②]1940年11月，毛泽东在致周恩来等人电报中解释这个方针说：蒋介石的一切做法都是吓我让步，以攻势之手段达到防御之目的。本质上依然是两面政策。我对一切吓我之人亦应以政治攻势转吓之，采取表面和缓、实际抵抗、有软有硬的方针，除表示皖南一点小小的让步外，其他是寸土不让，有进攻者必粉碎之。毛泽东认为，“和缓可以争取群众，抵抗可以保卫自己，软可以给他以面子，硬可以给他以恐惧”。[③]他强调：“只有软硬兼施双管齐下，才能打破蒋介石的诡计，制止何应钦的投降，争取中间派的向我，单是一个软或单是一个硬，都是达不到目的。”在蒋介石发布新四军限期北移的最后通告后，毛泽东判断国民党顽固派仍坚持一面抗战一面反共的两面政策，故强调中共仍是一面团结一面斗争的革命的两面政策：“即在抗日方面，对其尚能抗日的方面加以联合，对其动摇的方面加以孤立；在反共

---

① 《毛泽东文集》第2卷，人民出版社1993年版，第290—291页。

② 《毛泽东选集》第2卷，人民出版社1991年版，第748页。

③ 《胡乔木回忆毛泽东》，人民出版社1994年版，第104—105页。

方面，对其当不愿根本破裂两党合作方面加以联合，对其向我党和人民的政治高压和军事进攻方面实行坚决斗争和加以孤立。”①中共采取的同样是软硬兼施政策：开展斗争是硬，但不硬到破裂统一战线；实行团结是软，但不软到丧失自己立场。

皖南事变发生后，中共党内许多人判断国共关系已经破裂，要求全面发动军事反击。但毛泽东冷静地认为，在中日民族矛盾仍然存在的前提下，还应力争不使统一战线破裂之前途。1941年1月15日，他在中央政治局会议上指出，我们要实行全国的政治反攻，左派主张我们马上与国民党大打起来，我们也不能实行这种政策。1月21日，中共中央回电季米特洛夫，明确以毛泽东提出的“政治上取攻势，军事上取守势”，作为中共中央处理皖南事变的方针。随后，毛泽东进一步阐发了革命的“两面政策”。1月25日，他指出：中共应坚决反攻，只有不怕破裂才能打破他们的进攻。如蒋准备全面破裂，我们便以破裂对付破裂；如蒋并未准备全面破裂，中共便以尖锐对立求得暂时缓和。②2月4日他又指出：“对于一个强力进攻者把他打到防御地位，使他不能再进攻了，国共暂时缓和的可能性就有了。”③正因中共中央采取了“政治上取攻势，军事上取守势”的正确方针，蒋介石被迫表示一切问题都可以通过政治谈判来解决，抗日民族统一战线的危机由此得到缓解。1941年5月8日，毛泽东在关于打退第二次反共高潮的总结中，对中共的革命的两面政策作了深刻概括：国民党顽固派“在反共方面，既要反共，甚至反到皖南事变和一月十七日的命令那种地步，又不愿意最后破裂，依然是一打一拉政策。……极端地复杂的中国政治，要求我们的同志深刻地给以注意。……我党的方针便是‘即以其人之道，还治其人之身’，以打对打，以拉对拉，这就是革命的两面政策”。④

在具体执行“又联合又斗争”政策过程中，毛泽东和中共中央逐渐形成了反对顽固势力的“有理、有利、有节”原则。1939年5月，毛泽东在延安后方留守兵团军事会议上指出：巩固边区有一个方针、两条原则。一个方针是“一步不让”，对于他们的捣乱给予无情打击，决不让步；两

① 石仲泉：《毛泽东的艰辛开拓》，中共党史出版社1996年版，第125页。
② 李良志：《抗战信札》，河南大学出版社2018年版，第112页。
③ 中央档案馆编《中共中央文件选集》第13册，中共中央党校出版社1991年版，第50页。
④ 《毛泽东选集》第2卷，人民出版社1991年版，第782页。

条原则的第一条，是“人不犯我，我不犯人”，讲亲爱、讲团结；要是别人不客气，就执行第二条“人要犯我，我必犯人”的原则。6月10日，毛泽东在延安党的高级干部会议上提出“磨而不裂”的“有节”思想。他说：对于国民党的破坏性摩擦和武装冲突必须给以坚决的抵抗，但是这种抵抗必须严格站在自卫立场上，绝不能过此限度，给挑衅者以破裂统一战线之口实。这种“反磨擦”斗争之目的，在于巩固国共合作。为此，在一定条件下缓和退让也是必要的，要做到“磨而不裂”。1939年12月，毛泽东在《中国革命和中国共产党》中首次将这些策略思想，概括为反对顽固势力的“有理、有利、有节”原则。1940年3月11日，毛泽东对这个原则作了明确阐述：“有理”是自卫原则，体现了斗争的防御性；“有利”是胜利原则，体现了斗争的局部性；“有节”是休战原则，体现了斗争的暂时性。

“有理”即自卫原则，是坚持“人不犯我，我不犯人，人若犯我，我必犯人”的原则。中共中央指示，决不无故进攻别人，也决不可对他人之进攻不予还击，要做到后发制人，要用各种方式和确定可靠的事实到处揭破对方进攻的无理，要诚恳地劝告并警告对方，我们的忍让是有限度的，希望他们不要欺人太甚，应在各种具体事实上表明愿意团结的立场，以促进对方内部的分化瓦解，应充分“利用国民党各部分彼此间的各种矛盾，打击最坏的，孤立次坏的，争取较好的”。

“有利”即胜利原则。“不斗则已，斗则必胜”，为达此目的，一是要有充分准备，不打无把握之仗。在斗争未发动之前，要冷静估计彼此双方的力量，在条件不利之时，应善于等待和争取有利时机。但斗争一旦发动就应毫不动摇地对进攻之顽固派军队，“坚决反抗并彻底消灭之”，迫使对方退却和让步。唯有如此，才能不给分裂者以借口影响统战，才能使中共在政治上占上风。二是要善于利用矛盾，决不可同时打击许多顽固派的军事力量，而是要“择其最反动者首先打击之”。这既有利于树敌较少，又有利于得到多数同情。

“有节”即休战原则。在打退顽固派进攻之后，必须“适可而止”，主动同他们讲团结，订立和平协定，共同抗日。毛泽东强调：“坚持这种有理、有利、有节的斗争，就能发展进步势力，争取中间势力，孤立顽固派，并使顽固派尔后不敢轻易向我们进攻，不敢轻易同敌人妥协，不敢轻易举行大内战。这样，就有争取时局走向好转的可能。”①

六、抗日民族统一战线中的策略思想

鉴于参加抗日民族统一战线的成分极其复杂、内部矛盾异常尖锐的局面，中国共产党在贯彻实施既联合又斗争、既统一又独立原则时，又运用马克思主义阶级分析方法，对抗日民族统一战线中各阶级、各阶层和各政治集团作了深刻分析，将其分为进步、中间和顽固三种不同的政治势力，并相应地制定了发展进步势力、争取中间势力、孤立顽固势力的策略方针。毛泽东提出：“抗日战争胜利的基本条件，是抗日统一战线的扩大和巩固。而要达此目的，必须采取发展进步势力、争取中间势力、反对顽固势力的策略，这是不可分离的三个环节。”②

发展进步势力，就是发展无产阶级、农民阶级和城市小资产阶级的力量。他们是统一战线的基本力量，也是争取抗战胜利的基本力量。为此，要放手扩大八路军和新四军的规模，广泛地创建抗日民主根据地，在全国发展共产党的组织，发展全国工人、农民、青年等民众运动，争取全国的知识分子，将争民主的宪政运动扩大到广大人民群众中去。发展进步势力是抗日民族统一战线策略三个环节中最基本的一环，“只有一步一步地发展进步势力，才能阻止时局逆转，阻止投降和分裂，而为抗日胜利树立坚固不拔的基础”。③

争取中间势力，就是争取中等资产阶级，争取开明绅士和地方实力派。他们是中共和国民党顽固派争夺的主要对象，往往可以成为国共双方决定胜负的因素，所以必须对他们采取争取政策。毛泽东指出：“须知中国社会是一个两头小中间大的社会，共产党如果不能争取中间阶级的群众，并按其情况使之各得其所，是不能解决中国问题的。”④一方面，中间势力本身有力量，是反帝的同盟军，它有较大的经济力量，在政治上有相当大的影响力，“往往可以成为我们同顽固派斗争时决定胜负的因素，因此，必须对

① 《毛泽东选集》第2卷，人民出版社1991年版，第750页。
② 《毛泽东选集》第2卷，人民出版社1991年版，第745页。
③ 《毛泽东选集》第2卷，人民出版社1991年版，第746页。
④ 《毛泽东选集》第2卷，人民出版社1991年版，第783页。

他们采取十分慎重的态度”。[①]另一方面，中间势力既与顽固派有矛盾，又与进步势力有矛盾，经常动摇于两者之间，因而成了进步势力和顽固势力两方面争取的对象；又由于他们各部分的阶级性不同，在对待土地革命、民主权利和顽固派态度上也有区别。因此，争取中间势力的政策不仅要与争取农民和城市小资产阶级的政策有别，而且对中间势力各部分的争取政策也应有别。既不能忽视中间势力的动摇性，对他们采取无原则的迁就；又不能采取孤立打击政策，而使进步势力陷入孤立境地。因而要争取他们，就必须有充足的力量，尊重他们的利益，并对他们的动摇态度进行适当的说服和批评。

孤立顽固势力，就是孤立以蒋介石为首的大地主大资产阶级顽固势力。因国民党顽固派在抗战中实行消极抗日、积极反共的两面政策，故中共对他们必须采取革命的两面政策，即对他们尚能抗日的方面，采取联合政策；对他们积极反共的方面，采取斗争的政策。对顽固派的斗争，必须坚持利用矛盾、争取多数、反对少数和各个击破的原则。而在具体斗争中，又必须坚持自卫的原则、胜利的原则和休战的原则，也就是斗争的防御性、局部性和暂时性，在斗争中坚持“有理、有利、有节”原则。所以，在抗日民族统一战线中，“同顽固派的斗争，不但是为了防御他们的进攻，以便保护进步势力不受损失，并使进步势力继续发展；同时，还为了延长他们抗日的时间，并保持我们同他们的合作，避免大内战的发生”。[②]

全民族抗战开始后，毛泽东和中共中央关于争取中间势力的思想逐步明确。1937年11月12日，毛泽东在延安党的活动分子会议上作的报告中，将统一战线分为“左翼集团”“中央集团”“右翼集团”。抗战进入相持阶段国民党政策发生逆转后，毛泽东及中共中央更加强调争取中间分子的工作，提出要把所有抗战爱国分子组织到统一战线中来，号召每个同志都去办“小统一战线”，使其越多越好，以许多小统一战线作为基础，组成大统一战线。1940年2月10日，中共中央在一份指示中对这个思想的初始表述是：极力孤立一切向我进攻的投降派、反共派、顽固派，以便消灭之；极力团结进步派与之长期合作；极力麻痹中间派使之不为敌助。同年3月11日，

---

① 《毛泽东选集》第2卷，人民出版社1991年版，第748页。

② 《毛泽东选集》第2卷，人民出版社1991年版，第749页。

毛泽东在《目前抗日统一战线中的策略问题》中，不仅明确地将发展进步势力、争取中间势力、反对顽固势力概括为抗日民族统一战线的基本策略，而且对这三种势力的基本倾向作了深层剖析，阐述了三者之间的具体关系。他指出：中间势力在对顽固派的斗争中，有些人可以在一定限度内参加，有些可以保持善意的中立，有些可以保持勉强的中立，有些则采取暂时的中立立场。他们的态度是容易动摇的，并且不可避免地要发生分化，我们应当针对他们的动摇态度，向他们进行适当的说服和批评。怎样争取中间势力？毛泽东认为，必须同发展进步势力与反对顽固势力紧密结合起来，只有坚持对顽固派的斗争，才能争取动摇的中间派。因此，他提出争取中间势力必须有三个基本条件：一是中共有充足的力量；二是尊重他们的利益；三是中共对顽固派作坚决的斗争。同年8月8日，毛泽东在中央政治局会议上继续强调争取中间势力的意义：利用矛盾、联合多数、反对少数的策略，是从大革命时期、苏维埃时期和抗战时期逐步总结出来的，中间势力是一个中心问题，争取中间势力成为中共巩固和发展统一战线的基本经验。

“中间势力”的内涵，是随着不同历史阶段任务的变化而变化的。抗战初期的中间势力，主要指民族资产阶级、上层小资产阶级和开明绅士。在打退第一次反共高潮的“报告提纲”中，中间势力的对象增加了“地方实力派”，包括有地盘的实力派和无地盘的杂牌军。1940年4月22日，毛泽东提出不要把整个国民党和三青团的党员、团员都看作是一样的，其中大部分是可以争取的中间分子。同年5月4日，毛泽东在给中共中央东南局的指示中把争取中间势力明确为：民族资产阶级、开明绅士、杂牌军队、国民党内的中间派、国民党中央军中的中间派、上层小资产阶级和各小党派。同年7月7日，中共中央发布的《关于目前形势与党的政策的决定》中，“中间势力”扩大为可以包括国民党中的多数党员、中央军中的多数军官、多数的杂牌军等。随后，毛泽东甚至把国民党中央军中的黄埔生也划入中间势力。他指出：中共过去把黄埔生看作一个笼统的反共集团的传统观念是错误的、有害的。在目前严重时局下，亟须改正此观念，利用一切机会与黄埔生军人进行统一战线的工作，不要刺激他们，而应以民族至上的观念来打动他们，使他们不肯投降日寇，使他们对反共战争采取中立或消极态度。

可见，中国共产党根据抗战的政治形势、阶段关系和实际情况，制定了发展进步势力、争取中间势力、孤立顽固势力的策略方针，正确处理了中共与其他阶级的关系，巩固和发展抗日民族统一战线。1947年12月25日，毛泽东在《目前形势和我们的任务》中回顾说：由于“坚决地执行了‘发展进步势力，争取中间势力，孤立顽固势力’的政治路线，坚决地扩大了解放区和人民解放军。这样，就不但保证了我党在日本帝国主义侵略时期能够战胜日本帝国主义，而且保证了我党在日本投降以后蒋介石举行反革命战争时期，能够顺利地不受损失地转变到用人民战争反对蒋介石反革命战争的轨道上，并在短时期内取得了伟大的胜利”。①

① 《毛泽东选集》第4卷，人民出版社1991年版，第1258页。

第二章

国民党的抗战建国思想

卢沟桥事变后，国民党为了维护自己的政治统治并捍卫中华民族的生存权利，顺应全国民众抗日救亡的强烈要求，最终改变对日的妥协态度，走上以武力抗击日本帝国主义侵略的自卫道路，并开始调整战时政治理念和内外政策，有限度地开放政权，颁布了《抗战建国纲领》，确立三民主义暨总理遗教为抗战行动及建国之最高准绳，并对三民主义作了新阐释，形成了抗战建国思想。国民党抗战建国思想的主旨，是通过“建国”而进行政治、经济、军事建设，增强抗战实力，但随着其对抗战与建国侧重点的转移，国民党除了坚持抗战外，还极力维护其一党专政的统治局面，力图以三民主义意识消融包括中共在内的其他抗日党派，借“建国”之名行“一党专政”“一个主义”“一个领袖”之实，势必在内政上引起抗日各党派的不满与愤慨，使其“建国”工作终未实现。国民党根据全民族抗战爆发后中日双方力量对比及战争形势，逐渐意识到必须采取持久消耗的战略方针，一面积极地消耗敌人，一面加紧培养国力，才能取得抗战胜利。这种军事战略，被概括为“以空间换时间”“积小胜为大胜”，是争取抗战最后胜利的重要保障。

一、战时政治理念的调整

卢沟桥事变之后，面对日本咄咄逼人的侵略气势，作为当时中国第一大党且处于执政地位的国民党及其领导的南京国民政府，为捍卫中华民族的独立和自身的利益，顺应全国的一致要求，逐渐调整战时政治理念，部分开放政权，改变了对日“忍辱含垢”的妥协退让态度，走上以武力抗击日本帝国主义侵略的道路。

1937年7月8日，正在庐山的蒋介石接到卢沟桥事变的报告后进行了反复思考。他判断，此时倭寇无与我开战之利，该事件未必会扩大为全面战争。故蒋介石决定动员南京政府直属部队北上赴援，并通过外交途径与日本进行交涉，力图将军事冲突控制在局部范围内加以解决。

7月17日，蒋介石在第二次庐山谈话会上，分析了卢沟桥事变后的华北形势，阐明了国民政府的基本立场，表明了政府应战的态度。蒋介石在庐山谈话时明确地申述："在和平根本绝望之前一秒钟，我们还是希望由和平的外交方法，求得卢事的解决。"[①]他提出了对日交涉的三点最低限度：第一，绝不能再订第二个《塘沽协定》；第二，绝对不能容许在北平造成第二个伪组织，使华北脱离中央；第三，日本不能要求撤换华北地方官吏。

7月19日，国民政府向外界公开发表了对待卢沟桥事变的声明，明确提出了解决事变的四项最低限度的条件：第一，任何解释，不得侵害中国主权与领土之完整；第二，冀察行政组织，不容任何不合法之改变；第三，中央政府所派地方官吏，如冀察政务委员会委员长宋哲元等，不能任人要求撤换；第四，第二十九军现在所驻地区，不能受任何的约束。[②]这就是说，解决事变不得损害中国主权与领土之完整，这是国民政府解决卢沟桥事变的底线。

上述内容表明，身处民族危机空前严重时刻的国民党政府的对日态度，逐渐强硬起来，并作了武装对抗日本挑衅的准备。

随着日本调集大军迅速占领平津地区，蒋介石和国民党政府高层认识到中日两国间全面冲突已经迫近，一场大战不可避免。除了走向抗战之外，国民党政府已经没有别的选择，故很快作出军事抵抗的决策。

8月14日，《国民政府自卫抗战声明书》郑重声明："中国之领土主权，已横受日本之侵略；国联盟约，九国公约，非战公约，已为日本所破坏无余。……中国决不放弃领土之任何部分，遇有侵略。惟有实行天赋之自卫权以应之。"

淞沪抗战，加快了国民党与共产党合作抗战的步伐。8月22日，国民党方面同意中共领导的工农红军改编为国民革命军序列。9月22日，国民党中央通讯社播发《中共中央为公布国共合作宣言》，蒋介石次日发表的

① 李良志、史桂芳、裴匡一编著《抗战时评》，河南大学出版社2005年版，第126页。
② 李良志、史桂芳、裴匡一编著《抗战时评》，河南大学出版社2005年版，第126页。

《对中国共产党宣言的谈话》明确声明："此次中国共产党发表之宣言，即为民族意识胜过一切之例证。""在存亡危急之秋，更不应计较过去之一切，而当使全国国民彻底更始，力谋团结，以共保国家之生命与生存。"

国民党的武装抗日决策，得到了国社党、中国青年党（简称青年党）等中间党派的支持，他们纷纷表示拥护政府、一致抗日："仅有与国民党共患难一念，此外都非所计。"长期以来与南京政府貌合神离的各地方实力派，也纷纷发表通电，明确表示以民族大义为重，服从国民党中央的统一调度，同心同德，一致抗日。桂军李宗仁、白崇禧部，川军刘湘、邓锡侯部，滇军龙云、卢汉部，粤军李济深部，晋军阎锡山部，东北军张学良部，西北军杨虎城部纷纷出动，奔赴各战区迎敌抗战。9月17日，宋庆龄在致英国工党信中欢呼："中华民族现在已经像一个巨人似的站起来抵抗日本侵略了。全国在精神、行动和意志上这样的团结一致，在我国历史上是空前未有的。四万万七千五百万的中国人民必然不会灭亡。世界上没有任何力量可以消灭他们。"①

随着抗战局势严酷性的展现，国民党内部对日谋和的主张逐渐抬头。8月下旬，周佛海、陶希圣、高宗武等"低调"论者商议起草了《对日外交进行步骤及要点等具体方案》，托汪精卫转交蒋介石，但被蒋介石拒绝。蒋介石坚定地认为，"除牺牲到底外再无他路，主和之见，书生误国之尤者，此时尚能议和乎"②。淞沪抗战失利后，国民党军队不得不撤出上海。在中国正面战场遭到重大挫折之时，布鲁塞尔会议的召开和德国出面调处中日关系，使得包括蒋介石在内的国民党高层面临着和与战的重大考验。

1937年10月，蒋介石通过德国驻华大使陶德曼与日本进行秘密谈判。德国政府通过驻华大使陶德曼与驻日大使狄克逊对中日军事冲突进行调处，从10月底一直持续到次年1月中旬，这期间发生了中国军队撤出上海、国民政府西迁、日军攻占南京并制造震惊中外的南京大屠杀等重大事件。从实际情况来看，德方确实数度向国民党方面转达了日本的"和议"条件，并且表达了促成中日和议的意见；国民党高层确实就是否接受日方条件与德方意见，产生过较大分歧。11月15日，陶德曼在南京向蒋介石告知了日

---

① 盛永华主编《宋庆龄年谱（1893—1981）》上册，广东人民出版社2006年版，第595页。

② 《蒋介石日记》，1937年9月8日、9日，斯坦福大学胡佛研究所藏。

本“议和”条件：内蒙古实现自治；华北与“满洲国”之间建立非军事区，由中方维持秩序；在上海建立非军事区，由国际警察来管制；停止反日政策；共同防共；降低日货关税。陶德曼表示，希望中国不要失去议和的机会，但蒋介石予以拒绝并表示：假如日本不愿意恢复战前状态，他不能接受日本的任何要求。蒋介石还希望德国政府明白：假如他同意那些条件，中国政府是会被中国民众的舆论浪潮冲倒的；中国不能正式承认日本方面的要求，因为这些条件正是布鲁塞尔会议上西方各国关注的对象，而西方各国是有意要在《华盛顿条约》基础上觅取和平的。[①]蒋介石的回复，实际上明确拒绝了日方提出的“议和”条件。

1937年12月13日南京沦陷后，国民党高层悲观情绪弥漫，“议和”之论甚嚣尘上。面对各主和方面的压力，蒋介石更为明确地表示了拒和态度。12月19日，他在武昌讲话说：“我当继续抗战，军队之补充与军械之供给，可有相当办法。盖欲息和议以定军心也。”日本攻占南京后，对华态度更加强硬。12月26日，蒋介石得悉由陶德曼转达的日本最新“议和”四个原则：“一、中（国）政府放弃亲共抗倭反满政策，须与倭满共同防共；二、必要地区划不驻兵区并成立特殊组织；三、中与倭满成立经济合作；四、相当赔款。”[②]在蒋介石看来，这些“议和”条件不啻接受降书，无论如何是不能接受的。因此，国民党军政高层面临着生死攸关、不能回避的和战抉择。12月27日，蒋介石在国防最高会议上作出坚持抗战、拒绝陶德曼调停的决策。

由于国民政府始终没有正式接受日方的迫降条件，日本政府遂于1938年1月16日发表声明：“帝国政府今后不以国民政府为对手，而期望真能与帝国合作的中国新政权的建立与发展，并将与此新政权调整两国邦交，协助建设复兴的新中国。”[③]这是自卢沟桥事变以来日本政府公开对国民政府发表的最严厉声明。1月18日，国民政府发表宣言，严厉驳斥日本对华政策并公开声明：“（一）中国政府虽始终极愿和平解决中日冲

① 复旦大学历史系中国近代史教研组编《中国近代对外关系史资料选辑（1840—1949）》下卷第2分册，上海人民出版社1977年版，第36-37页。

② 《蒋介石日记》，1937年12月26日，斯坦福大学胡佛研究所藏。

③ 复旦大学历史系编译《1931—1945日本帝国主义对外侵略史料选编》，上海人民出版社1983年版，第261-262页。

突，但不能接受破坏中国领土主权与行政完整之条件。（二）一切在日军占领区域内之傀儡组织，当然无效。”至此，由德国居间调停的中日之间的“议和”正式结束。

从总体上看，卢沟桥事变后中日双方从华北局部冲突迅速扩大为全面战争，中国正面战场接连遭受重挫，战线不得不西移。国民政府能以国家存亡、民族根本利益为取向，以维护国民政府的独立和尊严为底线，顺应举国上下日益高涨的抗日救亡民意，克服了各种干扰，抵制了“低调”妥协的主张，在国家领土和主权等根本问题上表明了严正立场，主导、引领国民党及其政府作出抗战决策并加以实施，促成了战时决策体制的形成，守住了抗战的基本立场。因此，国民政府的抗战态度及基本立场，赢得了包括中共在内的全国各党派的拥护。1938年3月25日，中共中央委员会发出《致国民党临时全国代表大会电》表示：“向坚决领导全国抗战的蒋介石先生致敬。”

日本发动全面侵华战争，使中日民族矛盾迅速上升为压倒一切的主要矛盾，中国国内的阶级矛盾则下降为次要矛盾。国民党政府在抗战初期特定形势下，为了利用各种政治力量抵御日寇的进攻，不能不调整内外政策，实行某些民主的措施，甚至部分地开放政权。1937年8月初，国民政府电邀各地方实力派首领到南京共商国是。大敌当前，各地方实力派表示要捐弃前嫌，全力拥护国民党中央抗日主张。桂系、川系、滇系的首脑人物李宗仁、白崇禧、刘湘、龙云等人，赴南京参加国民政府最高决策会议并表示：国家民族已到最后关头，唯一生路只有抗战，愿在中央领导之下进行抗战。

为了实现全民族抗战，国民党政府开始释放政见不同者。7月31日，江苏省高等法院宣布，将被关押8个多月的救国会领导人沈钧儒、李公朴、史良、邹韬奋、沙千里、王造时、章乃器等人，分别交由张一麟、李根源等保释出狱。8月3日，国民政府军政要员会见沈钧儒等人，并征询他们对抗日救国的意见。此后，国民政府宣布取消已有7年之久的对郭沫若等人的通缉令，并以《国民政府令》宣布，入狱3年的前中共领袖陈独秀“爱国情殷，深自悔悟，似宜宥其既往，借策将来”，故依《中华民国训政时期约法》第68条，将其有期徒刑从8年减为3年。[①]据此，陈独秀亦获释出

① 《国民政府令》，《国民政府公报》第2439号，1937年8月23日。

狱。在中共及各界努力下，王若飞、陶铸等大批被囚禁的共产党员和共青团员陆续获释，投身于抗战工作。

9月22日，国民党中央通讯社播发《中共中央为公布国共合作宣言》，蒋介石次日发表谈话，该谈话在强调国民党领导的前提下，公开承认了包括中共在内的国内各党派存在的合法性。

1938年3月底，国民党在武汉召开的临时全国代表大会不得不正视包括中共在内的各党派存在的事实。蒋介石在报告中要求作为“创造民国领导革命的唯一大党”的国民党，“对于国内各党派和全国国民，都要以先驱前导的地位，尽到提絜共进的责任”，要至公至正地“接纳各党派人士，感应全国国民，使共循革命正道”。①这种表态，实际上再次公开承认了国内“各党派”存在的事实及其合法性。

1938年4月1日，蒋介石在国民党临时全国代表大会闭幕词中，阐述了国内团结问题，重点提出了国民党如何领导抗战的问题。尽管蒋介石言论中仍强调国民党的优势地位，不肯承认其他党派的平等权利，但“各党派”的活动事实上得以合法化。国民党临时全国代表大会发表的宣言正式承认了各党派的合法地位。国民党为了团结抗战，开放了部分政府权力，容纳抗日爱国人士。一些非国民党籍人士与国民党内非蒋系人士及地方实力派代表人物，被邀请加入国民政府各级政权组织中。如中共领导人周恩来受邀出任国民政府军事委员会政治部副部长，郭沫若出任政治部第三厅厅长，政治部第三厅各级负责人及工作人员主要由文化界知名人士担任。此外，一些企业界名流也受邀加入国民政府，如卢作孚被任命为行政院交通部次长，为工厂内迁的运输做出重大贡献。还有部分中间党派领袖被任命为国民政府地方官员，如获释的章乃器出任安徽省粮食厅厅长等。这些举措是国民政府“改善各级政治机构”，“增高行政效率，以适应战时需要”的具体实施行动。②虽然国民党对政权的开放面较窄，起不到根本改变国民党政权基本构成的作用，但毕竟在政治民主化方面前进了一步，展现了走向民主的新姿态。

国民政府战前以防范“政治犯”为主的许多法律，因时局变化而不适

① 荣孟源主编《中国国民党历次代表大会及中央全会资料》（下册），光明日报出版社1985年版，第511页。

② 《宋庆龄选集》上卷，人民出版社1992年版，第237页。

应抗战新形势，惩治汉奸通敌等行为必然成为政府法律法令打击的重点，这便要求国民政府修改和重订适合战时需要的新法令。1937年9月4日，国民政府公布了修正后的《危害民国紧急治罪法》。国民政府布告称，“此次对日抗战开始以后，全国政见完全消除，所有畴昔携持不同政见从事政治活动者，现在均在政府指导之下集中抗战，大部分政治犯亦已恢复自由”，故国民政府对《危害民国紧急治罪法》进行修正。经过修正后的该法律，将通敌行为作为打击重点。该法令的矛头主要指向通敌的汉奸，是严惩通敌叛国者而有利于抗战的法令。这些措施，体现了抗战初期国民党积极调整政治理念的努力，也得到了全国各政党及各界民众的拥护，形成了抗战初期全国空前统一的政治局面。

抗日战争是半殖民地半封建的弱国所进行的抵抗帝国主义强国的全民族战争，这种性质决定了必须动员中国社会全体民众参与。而民众动员和参与的程度，是与保障民众的民主自由权利密不可分的，是需要以保障民众的民主权利为基本条件的。中华民族解放行动委员会所提出的政治主张，集中反映了时人对战时“集权”与“民主”关系的看法。他们指出：“在抗日期中，人民绝对地承认政府的权力应当强化，但同样地否认应该有官僚群压迫和剥削人民的权力……人民认定抗日救国是人民的义务，但同时认定过问政治是人民的权力。”要统一人民的意志，使人民积极拥护政府，强化政府，“惟有实现民主政治，使人民有过问政治的权利，政治能保障人民，人民的代表能直接处理国事”。[①]国民党要动员全国民众参加抗战，就不能不在民主问题上作出适当让步。这样，成立国防参议会便是国民党向战时民主迈出的第一步。

早在1932年在洛阳召开的“国难”会议上，国民政府就决定设立民意机关，以便把国内各方面力量统一起来。当时将这个中央民意机关定名为“国民代表大会”，并规定它至少有议决预算、决算、国债及重要国际条约之权，规定该会由各大都市职业代表及各省区地方代表200—300人组成。“国难”会议结束后，国民政府行政院将这些议案提交国民党中央执行委员会，经国民党中央政治会议通过后，决定将中央民意机关定名为“国民参

① 《中华民族解放行动委员会抗战时期的政治主张》，载《中国民主党派历史资料选辑》（下册），华东师范大学出版社1985年版，第213-214页。

政会”。但由于种种原因，该民意机关未能付诸实施。

1937年8月11日，国民党中央政治会议决定撤销五届二中全会和五届三中全会后组织的“国防会议”与“国防委员会”，设立“国防最高会议”作为全国国防最高决策机关，并在其下设立咨询机构“国防参议会”，以“集中意见团结御侮”。由国防最高会议主席蒋介石、副主席汪精卫聘请“在野党派、社会人望和具有专长的人”。国防参议会被聘任的首批参议员，有张耀曾、梁漱溟、曾琦、胡适、蒋百里、陶希圣、傅斯年、张伯苓、张君劢、蒋梦麟、李璜、沈钧儒、黄炎培、马君武、毛泽东、晏阳初等16人，之后陆续增补9人，共25人。这些人多为中国共产党、青年党、国社党、救国会、中华职业教育社（简称职教社）、乡村建设派等主要在野党派和社会团体的代表人物及社会名流。因此，尽管这些参议员以个人身份受到国民政府聘任，但国防参议会实际上是统一战线初期的重要组织形式。

国民党制定的《国防最高会议国防参议会组织要纲》规定，国防参议会职权是“听取政府关于军事、外交、财政等之报告”，并制成意见书于国防最高会议。国防参议会是以战时政策最高咨议机构的名义出现的，具有咨询权和建议权，可以听取国民政府关于军事、外交、财政等问题的报告，并可向国防最高会议及国民政府提出意见。参议员确实参与讨论了《国民总动员计划大纲》等重大议案，并对如何加强抗战力量和改善战时体制提出了不少重要建议。尽管国防参议会权力有限，但在经历了十年来不断强化的国民党一党专政之后，出现了这样一个容纳国民党外其他党派团体领袖的咨议机构，使他们对国家大政方针拥有讨论权，这无疑是一种政治进步。尽管国防参议会职权有限，条件也很简陋，但参议员们还是积极为国民政府出谋划策，如建议政府立即组织国防研究所，以收集战时情报；建议派胡适、蒋百里、孙科分别赴美、德、苏等国开展外交活动，以争取国际的同情和支持；提出组织“袖珍政府”，以提高政府办事效率；提出成立担负全国动员的系统机构，以发动民众，应付大战；等等。

国防参议会虽然对于团结在野各党派、各社会团体和社会名流共同抗日起过一定的积极作用，为各党派向国民政府建言献策提供了一个正式渠道，但因其人数过少，无法广泛包容意见，甚至一些重要党派和社会团体（如中华民族解放行动委员会）都没有代表；加上职权有限，仅能听取当局的报告和表达对报告的意见，充其量仅为临时咨询机构，故难以满足全民族抗战爆发后各党派参政议政之政治诉求。因此它成立后不久，包括中共在内的各党派、社会团体和社会名流，纷纷要求国民党或重新成立民意机关，或改组国防参议会，扩大其人数和职权，使它真正具有民意机关的性质。

推动成立具有实际权力的民意机构，是全民族抗战爆发后中共及各党派团体的一致要求。1937年8月下旬，中共提出的《抗日救国十大纲领》明确要求："召集真正人民代表的国民大会，通过真正的民主宪法，决定抗日救国方针，选举国防政府……国民政府采取民主集中制，他是民主的，但又是集中的。"[①]11月初，中共再次提出召集临时国民大会以应对危局的主张，要求由临时国民大会决定国防纲领，通过民主的宪法大纲，并选举政府机关。中共要求该临时国民大会必须是"真正代表民意的机关，而不是少数人包办的机关"，是"国家的最高权力机关，而不是政府的咨询机关"。

1937年11月9日，张君劢、梁漱溟、左舜生、黄炎培、沈钧儒、罗文干、马君武、李璜、杨赓陶等9人，联名向国民党当局呈递四点建议，其中之一就是认为仅仅设立国防参议会还不够，应该成立有各党各派和各方代表参加的民意机关。12月下旬，周恩来在武汉与蒋介石面谈时，也郑重表示愿协助国民政府扩大国防参议会为民意机关。全国各界救国联合会、中华民族解放行动委员会、中华民族革命大同盟等在野党派和社会团体以及宋庆龄、邹韬奋等民主爱国人士，也强烈呼吁国民党尽早成立"各党各派的合作抗日会议"或"召开国民大会"，作为民意机关。面对全国各党派要求设立战时民意机关的强烈要求，国民党高层开始考虑改组国防参议会，使之成为战时民意机关。12月31日，国防最高会议决定将国防参议会扩充至75人，其中新增国民政府五院的秘书长5人，各省、直辖市政府及国民党党部人员32人，蒙藏及华侨代表6人，政府特邀代表8人。

然而，改组国防参议会以增加名额的做法，并不为社会各界所认同。国民党迫于各党派、社会团体及社会舆论的压力，决定设立国民参政会并对组织问题作了讨论。1938年3月初，中共中央向国民党临时全国代表大

---

① 中共中央文献研究室、中央档案馆编《建党以来重要文献选编（1921—1949）》第14册，中央文献出版社2011年版，第497页。

会提出："为增强政府与人民间的互信与互助，为增加民众和政府抗战救国的效能，健全民意机关的设立，已经成为刻不容缓的当务之急。"至于民意机关的形式，中共提出，或为更扩大的国防参议会，或为国民大会，或为其他形式，均无不可，而关键之处在于："此机关要真能包括抗日各党派、各军队、各有威信的群众团体的代表，即包括真能代表四万万五千万同胞公意的人才。同时，此机关要真有不仅建议和备政府咨询的作用，而且能有商讨国是和谋划内政外交的权力。"①

面对社会各界提出广泛的民主要求，国民党临时全国代表大会一方面将全面实施民主、还政于民推到抗战胜利之后，允诺"抗战胜利之日，结束军事，推行宪政，以完成民权主义建设"；另一方面表示："惟是民族国家在此危急存亡千钧一发之际，欲求国事万机，算无遗策，允宜通集天下贤才、民众领袖，共襄大计，以计事功"。但因战争关系，国民大会既难召开，"则设置国民参政会，以统一民众意志，增加抗日力量，似不可缓"。为此，大会决定组织国民参政机关。3月31日，汪精卫代表国民党临时全国代表大会主席团就设立国民参政会议案作了说明："在这样非常时期中，在国难严重的今日，只要有一个机关多少可以表现人民意志，也就是一种民意机关。"国民党临时全国代表大会通过的《组织非常时期国民参政会以统一国民意志增加力量案》，决定将国防参议会予以扩大，并正式改名为国民参政会，其职权及组织方法交由中央执行委员会讨论制定。4月，国民党五届四中全会制定并通过了《国民参政会组织条例》，规定国民参政会具有决议权、咨询权和建议权；国民参政会的组成包括国共两党及其他党派、无党派代表。除了设立中央民意机关外，国民政府要求各级地方政府也相应地设立省、市、县级参议会。

二、对三民主义的新阐释

民族主义是建立在民族情感基础上的思想观念，是民族共同体对本民族的热爱和忠诚。抗战时期，国民党确立三民主义暨总理遗教为抗战行动及建国之最高准绳，并根据战时环境对三民主义作了新阐释。其中，民族

① 中央档案馆编《中共中央文件选集》第11册，中共中央党校出版社1991年版，第486—487页。

主义思想是战时国民党政治理论中最具特色之处。

抗战全面爆发后，中华民族面临着生死存亡的空前危机，国民党意识到“国家民族之最后关头”已经到来，故顺应时代潮流与包括中共在内之各党派团结抗战，确立“三民主义暨总理遗教，为一般抗战行动及建国之最高准绳”，并对三民主义作了适合抗战需要的新阐释。抗战时期国民党的民族主义（亦称“战时民族主义”），恢复和继承了中国国民党一大宣言之革命内容：“一则中国民族自求解放，二则中国境内各族一律平等。”①

国民党对战时民族主义之新阐释，主要集中体现在《中国国民党临时全国代表大会宣言》及随后召开的国民党五届四中全会到国民党六全大会通过之宣言、政治决议及蒋介石等人发表之讲演文告中。国民党对战时民族主义内涵之新阐释，主要集中于两个方面。

首先，强调抗战之目的在于求民族之生存独立。《中国国民党临时全国代表大会宣言》对中国抗战之意义及目的作了深刻阐述。它指出，中国现在正从事于四千余年历史上未曾有的民族抗战，此抗战之目的在抵御日本帝国主义之侵略，以救国家民族于垂亡。日本帝国主义之侵略，在政治上将使中国失其独立与自由，在经济上将使中国永滞于产业落后之境遇，而为日本工商业之附庸，远非以前历史上一时的军事失败或失败可比，故中华民族自当竭其全力，为自己的生存与独立而战。在国民党看来，日本帝国主义以武力进攻卢沟桥并攻陷平津及华北，标志着中华民族到了危急存亡之“最后关头”，因为“北方若不能保全，不特东北四省问题，永无合理解决之望，中国领土之全部，亦将沦胥以亡”。尽管中华民族爱好和平而不愿战争，但日本侵华战争乃是根本灭亡中国之战争，处“最后关头”之中国被迫应战以求生存，抱“必死之决心”以抵抗日寇入侵，保全国家民族之生存，“中国若怵于日本之暴力，以屈服谋一时之苟安，则将降为日本之殖民地，民族失其生存独立，国家之自由平等更无可望”。②国民党反复强调中国殊死抗战以求生存之决心：“此次抗战为国家民族存亡所系，人人皆当献其生命，以争取国家民族之生命，吾同胞同志之血，一点一滴，皆所

① 中国第二历史档案馆编《中华民国史档案资料汇编》第五辑第二编政治（一），江苏古籍出版社1998年版，第408页。

② 中国第二历史档案馆编《中华民国史档案资料汇编》第五辑第二编政治（一），江苏古籍出版社1998年版，第405-406页。

以使四万万五千万之人心凝结为一，以为中国之金城汤池，即此心力物力之夷为灰烬者，亦必于灰烬之中发生热力，为中国之前途燃其光明之炬，最后胜利之获得，不特领土主权及行政之完整可以确保，自由平等之国家亦可由此以实现，吾同胞惟有并力以赴，不达目的，决不中止。”①

正因如此，国民党强调抗战之目的在于求民族之生存独立，必须使民族争回生存独立，然后民族所建立之国家始有自由平等之可望。为求中国民族国家之独立自由，必须在抗战之际，恢复中国固有道德及民族精神：“惟有本于民族主义，以发扬民族之固有道德，恢复民族之自信力，使此四万万五千万之人心，凝结为一，坚如金石，知政治之自由，为吾民族生存之保障，经济之自由，为吾民族生存之凭藉，惟能合吾民族之力以共保之，乃能合吾民族以共享之，民族主义于抗战期间能充分发挥其精神与力量，则此精神与力量为今日捍御外侮之要素，亦即他日复兴民族之基础也。”②国民党强调以弘扬民族精神来凝结中国抗战力量，以恢复固有道德来弘扬民族精神，增强民族自信力。

其次，强调中华民族之统一性，主张国内各民族一律平等。中国是统一的多民族国家，如何团结中国境内的各少数民族共同抵抗日本侵略，是国民党战时民族主义理论需要面对的重要问题。国民党临时全国代表大会宣言重申了国民党一大宣言之诺言：“于反对帝国主义及军阀之革命获得胜利以后，当组织自由统一的（各民族自由联合的）中华民国。”这是国民党对中国境内各少数民族之最大诺言，此诺言之真正实现虽有待于抗战之获胜，但战时各民族自当平等相待、团结抗日。在抗战未得胜利以前，中国境内各民族同受日本之压迫，绝无自由意志之可言，而日本提出的所谓“民族自决”不过是诱惑、煽动中国境内各民族分裂进而达到其“分而治之”目的之手段而已，“故吾同胞必当深切认识，惟抗战乃能解除压迫，惟抗战获得胜利，乃能组织自由统一的即各民族自由联合的中华民国，各民族今日致力于抗战，即为他日享有自由之左券也”。③中国境内各民族应在

① 中国第二历史档案馆编《中华民国史档案资料汇编》第五辑第二编政治（一），江苏古籍出版社1998年版，第405页。

② 中国第二历史档案馆编《中华民国史档案资料汇编》第五辑第二编政治（一），江苏古籍出版社1998年版，第408页。

③ 中国第二历史档案馆编《中华民国史档案资料汇编》第五辑第二编政治（一），江苏古籍出版社1998年版，第409页。

“一律平等”基础上团结抗日，解除日本帝国主义之压迫，共建自由统一之国家。

在国民党看来，中国境内各民族依历史的演进，早已融合成为一个整个的国族——中华民族，故它使用“中华民族”概念阐述其战时民族主义理论，借以强化对民族国家之认同。国民政府颁布之“五五宪草”明定“中华民国各民族均为中华国族之构成分子”，国民党积极阐述“中华民族”之统一性与整体性，并从历史角度加以说明：“现在的中华民族，是合汉满蒙回藏苗瑶而成的。我们讲历史，万不可提倡狭隘的汉族主义，冷落他族，使人生恨。应极力设法，造成一各族共同的历史，使满蒙回藏苗瑶族的人都自觉他们不特是目前与我们休戚相共，将来同我们共存共荣，就是以往，也是早成一家，相依为命。必如此方能各族团结，表示出我们整个中华民族伟大的精神。”①

抗战时期，国民党基本上按照国内各民族“一律平等”原则来处理蒙藏等边疆民族问题，并制定实施“团结蒙古”“安定西藏”等治边方针。国民党六大政治报告总结说：“政府处理蒙藏事务，一以三民主义为最高原则，以各宗族一律平等为基点，进求融洽其文化习俗，消弭狭隘之部族界限。一面培养各宗族之自治能力。惟日寇对于蒙藏，时施挑拨离间之诡计，故政府以‘团结蒙古’、‘安定西藏’为战时治边方针。”②国民党六大宣言再次强调了国内各民族一律平等之原则并郑重承诺：“必以前力解除边疆各族所受日寇劫持之痛苦，亦必以全力，协助边疆各族经济文化之发展，尊重其固有之语言宗教与习惯，并予外蒙西藏以高度自治之权。民族主义彻底实行之日，即为我国家长治久安、永保团结之时。”③

由此可见，国民党对战时民族主义之新阐释，主要是恢复了国民党一大宣言之革命精神，集中于对外求民族独立自由、对内求民族平等团结两个方面。其经典表述是，“以言之民族主义，则抵抗外侮，以求得民族之独立自由与平等，固为今日抗战唯一之目的，而国内各民族携手，共负抗战

---

① 康伯：《对于普及历史教育的一个建议》，《教育通讯》1939年第2卷第11期。

② 中国第二历史档案馆编《中华民国史档案资料汇编》第五辑第二编政治（一），江苏古籍出版社1998年版，第764页。

③ 中国第二历史档案馆编《中华民国史档案资料汇编》第五辑第二编政治（一），江苏古籍出版社1998年版，第838页。

中兴，更足以增进整个民族之团结，为广大的中华民国奠其坚实之基础”。[①]外求中国民族之独立自由，内求国内各民族一律平等，乃国民党战时民族主义之基本内涵。其中包含之进步性甚为明显，故得到战时社会各界之普遍赞同。

抗战时期国民党的民族主义新阐释的突出特点是，强调继承中国固有的传统道德，弘扬民族文化及民族精神，以中国固有道德和民族精神建构战时民族主义形态。

国民党临时全国代表大会宣言在阐释三民主义及相关政策后，专门阐述“道德之修养”对抗战建国之重要作用。其云：“晚近以来，持急功近利之见者，往往以道德修养，视为迂谈，殊不知抗战期间所最要者，莫过于提高国民之精神，而精神之最纯洁者，莫过于牺牲，牺牲小己以为大群，一切国家思想民族思想皆发源于此，而牺牲之精神，又发源于仁爱，惟其有不忍人之心，所以消极方面，己所不欲，勿施于人，积极方面，己欲立而立人，无求生以害仁，有杀身以成仁，此道德之信条，所谓亘万世而不易者也。”[②]此处所谓“道德之修养”，实为国民党一贯倡导恢复之中国固有道德，即“忠孝仁爱信义和平”之八德与“礼义廉耻”之四维。国民党确定的战时文化建设纲领明确规定：“以忠孝仁爱信义和平为国民道德之项目，礼义廉耻为国民生活之规律。”[③]

国民党将“忠孝仁爱信义和平”作为战时“救国之道德”加以强调，力图恢复中国固有道德以弘扬民族精神。其云：“中国之需要在振衰起敝，攘寇患以救国家，故今所需于吾国民全体力求实践之同一道德，厥为救国之道德，而此救国之道德，亦即总理所倡导之忠孝、仁爱、信义、和平之八德。国民对此八德，认识或有深浅，但中国民族之昔日绵延光大，实赖有此道德，今日之衰弱式微，实由丧此道德，是须要求吾国民一致确立此救国道德。”[④]忠孝仁爱信义和平之八德为中国传统儒学之基本道德规范，国民党以之作为战时伦理建设之核心内容，显然是“回归传统”之表征。

---

① 《国民精神总动员纲领》，《华美》1939年第1卷第44、45期合刊。

② 中国第二历史档案馆编《中华民国史档案资料汇编》第五辑第二编政治（一），江苏古籍出版社1998年版，第414—415页。

③ 中国第二历史档案馆编《中华民国史档案资料汇编》第五辑第二编文化（一），江苏古籍出版社1998年版，第1页。

④ 《国民精神总动员纲领》，《华美》1939年第1卷第44、45期合刊。

正因国民党将中国固有道德作为战时伦理建设之核心内容加以倡导，故其制定之战时文化建设方针亦强调弘扬民族文化及民族精神。国民党临时全国代表大会制定了战时文化建设之三项基本原则：“一、根据总理‘保持吾民族独立地位，发扬我固有文化，并吸收世界文化而光大之’之遗训，以建设中华民族之新文化。二、以文化力量，发扬民族精神，恢复民族自信，加强全国民众之精神国防，以达民族复兴之目的。三、对于一切文化事业，尽保育扶持之责，以督促、指导、奖励及取缔方法，促成全国协同一致之发展。”在这三项基本原则中，前两项体现了发扬中国固有文化及其民族精神之主旨，第三项则是根据前两项原则所定发展文化事业之标准。国民党据此提出要建立战时以民族国家为本位之文化。所谓“民族国家本位之文化”有三方面内涵：“一为发扬我固有之文化，一为文化工作应为民族国家而努力，一为抵御不适合国情之文化侵略。”[①]建立民族本位之文化，旨在恢复中国民族精神、增强民众民族自信心，具有一定合理性，但因其缺乏对民族文化及固有道德应有之反思意识和批判精神，从而带有明显的守旧倾向。

国民党恢复中国固有道德之守旧倾向，在其制定的战时文化建设诸多政策中均有明显体现。国民党五届十一中全会通过的《文化运动纲领案》申明要发扬中华民族固有德性，建立一种新的中华民族文化，“这种文化一方面要保存中华民族固有文化的优点，一方面要吸收西洋文化的精髓”。[②]

从其确定的文化建设目标及具体实施要点看，国民党显然强调前者而忽视后者，侧重点在“保存中华民族固有文化的优点”而不在“吸收西洋文化的精髓”。国民党规定，建立民族文化之目的在于“用文化的力量，发扬我民族精神，恢复我民族自信，增进我民族地位，以完成国民革命，建立自由平等之国家”，为达此目的必须以心理、伦理、社会、政治及经济等五大建设为基础。所谓心理建设就是“革命的人生观”建设，实施要点在于服膺孙中山“知难行易”学说与蒋介石之力行哲学；所谓伦理建设，消极方面在“打倒自私自利的个人主义，以扫除革命建设的障碍”，积极方面

---

① 中国第二历史档案馆编《中华民国史档案资料汇编》第五辑第二编文化（一），江苏古籍出版社1998年版，第1页。

② 中国第二历史档案馆编《中华民国史档案资料汇编》第五辑第二编文化（一），江苏古籍出版社1998年版，第28页。

在“改进人民的行为，恢复民族固有的道德，从而发扬光大，养成国民高尚健全的人格，使我们四万万五千万同胞，人人能够牺牲小我，舍己利群，尽忠国家，尽孝民族，崇信重义，仁民爱物，和平互助。如手足兄弟一样御侮建国，合力共赴”。其实施要项为：坚定三民主义为救国救世界的主义的信仰；认清国家至上与民族至上为建国的基本目标；确认忠孝仁爱信义和平八德与礼义廉耻四维为律定群己关系的共同标准；发扬中华民族以诚为本、以公为极的智仁勇的精神。①这些内容强调的显然是如何“保存中华民族固有文化的优点”，旨在恢复和弘扬民族固有文化。

国民党为建设民族文化而制定之中心实施要点有：建立三民主义的哲学、社会科学及文艺的理论体系，整理我国旧有文献与历代发明，以发扬固有的文化精神；推行全国语言文字的统一运动；实施以民族为本位之文武合一、德智兼全之社会教育及学校教育；制定适合民族国家及时代需要之礼乐服制；奖励科学研究与发明；推广与提倡文艺、戏剧、电影、广播及新闻事业；应用宗教、经济、社会等固有之组织，促进其适应时代进化的发展，以助成民族文化之统一运动。②

从国民党规定之“民族文化建设”目标、内容及其实施要点等方面看，其着眼点集中于发扬中华民族固有德性、恢复民族道德方面，它在“吸收西洋文化的精髓”方面仅笼统表示：“研究各国文化，介绍各国重大精深之哲学、科学及文学艺术，择其适合我国家民族与时代需要者，吸收而消化之，以充实我民族文化之内容，而增进其对于全世界贡献之力量。”③并且严格限定研究西洋文化旨在“充实我民族文化之内容”，明显体现了其民族文化建设之守旧倾向。

国民党的战时民族主义，既有抵抗外侮、挽救民族危亡的一面，又有维护其一党专制的一面。民族主义是一面动员民众、组织民众并获得民众支持的旗帜。国民党自觉地高举民族主义旗帜，注重发挥民族主义之抵御外侮、争取民族独立之功能，以此来获取更多民众支持，借以完成抗战建

① 中国第二历史档案馆编《中华民国史档案资料汇编》第五辑第二编文化（一），江苏古籍出版社1998年版，第29页。

② 中国第二历史档案馆编《中华民国史档案资料汇编》第五辑第二编文化（一），江苏古籍出版社1998年版，第31–32页。

③ 中国第二历史档案馆编《中华民国史档案资料汇编》第五辑第二编文化（一），江苏古籍出版社1998年版，第32页。

国事业，显然具有明显的进步性。抵抗与建设并重、抗战与建国并行，是国民党战时政治建设之基本方针。在国民党看来，抗战是中华民族存亡绝续之关头，也是民族复兴的大好机会，故抗战与建国同为立国之要图。国民党强调战时民族主义以救亡图存为目的，但更强调抗战与建国大业密切相连。国民党临时全国代表大会宣言指出："盖非抗战则民族之生存独立且不可保，自无以遂建国大业之进行；而非建国则自力不能充实，将何以捍御外侮，以求得最后之胜利。"因抗战与建国是相辅相成的关系，故"吾人必须于抗战之中，集合全国之人力物力，以同赴一的，深植建国之基础，然后抗战胜利之日，即建国大业告成之日，亦即中国自由平等之日也"。[①]

基于这种认识，国民党反复阐述"抗战必胜、建国必成"之道理，并在战时历次全会上反复强调抗战建国并行之方针。蒋介石于国民党五届九中全会开幕词云："我国欲遂行战争之任务，必须恢弘建国之实效，断不能谓现当战时即谈不上建国，盖抗战即所以建国，亦唯努力建国乃斯能增进抗战实力，此为确当不移之至理，乘此举国振奋之时机，努力于三民主义与五权宪法政治基础之建立，实为刻不容缓之举。"[②]他在国民党六全大会开幕词复云："我们的抗战，清除建国的障碍，更要于抗战之中，努力建国，使抗战胜利与建国完成，毕其全功于一役。我们必须将心理建设、伦理建设、以及政治建设与经济建设，在战时确立其基础与规模，而后我们在战争之后，对内才可以加速完成我们国家整个的建设，减少饱受战争牺牲的人民之痛苦，对外才能够与并肩作战的反侵略盟邦，共同负起维护正义和平与国际安全的责任。"[③]国民党主张抗战与建国同时并进，旨在以民族主义抵抗日本侵略以获得民族独立过程中，建立三民主义新中国之基础。

国民党战时民族主义注重全民族之共同利益，强调在中华民族危亡之时动员民众团结抗战，对于增强中华民族的凝聚力、唤醒民众的民族意识、增强民众的民族自信心、促成"中华民族"旗帜下之全民族抗战，起了正面的积极作用，这是应予充分肯定的。然而，国民党过分强调民族国家主

① 中国第二历史档案馆编《中华民国史档案资料汇编》第五辑第二编政治（一），江苏古籍出版社1998年版，第408页。

② 中国第二历史档案馆编《中华民国史档案资料汇编》第五辑第二编政治（一），江苏古籍出版社1998年版，第566页。

③ 中国第二历史档案馆编《中华民国史档案资料汇编》第五辑第二编政治（一），江苏古籍出版社1998年版，第731页。

权之绝对性，漠视民众个人的民主自由权利；过分强调民族主义而回避乃至忽视民权主义，并以抬高民族性来压制民主性，抵消民众的自由诉求，其所具有之守旧性亦甚为明显，表达了战时国民党“回归传统”之基本趋向。

“国家至上、民族至上”是战时民族主义之基本原则。在国民党看来，正因国家民族利益大于个人利益，故应强调国家民族之自由而取消乃至牺牲个人之自由：“在革命已告功成之国家，政治之自由，犹当存在于不妨害国体政体之范围内，至于革命期间，则政治之统一，较政治之自由为急，军政训政实为势之所不容已，而当对外抗战，则虽在宪政时间之国家，亦必授权政府，俾得集中人民之力量。统一人民之言论与行动，以同赴于国家至上之目的。”以此之故，“抗战期间政府对于人民之自由，必加以尊重。同时亦必加以约束，使得自由于一定限度之中。约束既定，政府人民共同努力，见之实行，庶几自由与统一，乃能兼顾”。①此处所谓“统一人民之言论与行动”、“约束”人民之自由，实际上就是变相取消个人所拥有之自由权利。

国民党在随后的国民精神总动员运动中，将“国家至上、民族至上”作为战时国民精神动员之最高原则加以推崇。在国民党看来，在民族生存受威胁情形下，任何个人及其事业都将失去保障，故巩固民族生存应先于一切；又因民族生存之最高政治形式为国家，故巩固国家尤应先于一切。这样，国家民族的利益高于一切，民众在国家民族之前应牺牲个人自由便是顺理成章的事情。国民党之经典阐述为：“巩固国家，尤应先于一切，是以吾人今日必须认定国家至上，民族至上，国家民族之利益，应高于一切，在国家民族之前，应牺牲一切私见、私心、私利、私益，乃至于全家个人之自由与生命，亦非所恤。”②

在民族危亡的严峻形势下，适当强调国家自由及民族生存之优先是必要的，但在“国家至上、民族至上”口号下完全取消个人之民主自由权利，将个人正当权利一概斥为“自私自利”“个人主义”而予以革除，显然不利于民众抗战自主性之发挥，是有很大偏颇的。国民党将国家民族独立与个

---

① 中国第二历史档案馆编《中华民国史档案资料汇编》第五辑第二编政治（一），江苏古籍出版社1998年版，第409—410页。

② 《国民精神总动员纲领》，《华美》1939年第1卷第44、45期合刊。

人自由权利对立起来，抬高前者而贬低后者，包含以民族主义压制民主主义、以民族救亡压制个人自由之政治诉求。正因如此，国民党不仅坚决反对共产主义，而且坚决反对自由主义；不仅回避民权主义问题，而且压制战时民主宪政运动，拒绝结束训政实施宪政。

国民党确定三民主义为战时行动及建国之最高准绳，理应在弘扬民族主义之时推进民权主义及民生主义，而不应当仅仅强调民族主义而回避民权主义及民生主义。如果说民族主义是三民主义实现之前提的话，那么民权主义则是三民主义之核心，民生主义则是三民主义之最终目标。国民党在战时强调民族主义、弘扬民族精神是能够理解的，但由此回避民权主义及民生主义，忽视民众之民主要求并取消民众之个人自由权利，显然是有很大偏颇的。它过分强调国家自由而忽视个人自由，强调国家独立和民族自由而漠视民众享有之个人自由权利，强调民族主义而忽视民权主义及民生主义，甚至以民族主义压制民权主义及民生主义，这更是有很大问题的。真正的民族主义应该以民主主义为核心、以民生主义为目标，而国民党在战时强调民族主义之时极力回避、漠视民权主义，甚至强化个人独裁与一党专政之威权统治，难以满足社会各界保障民权自由之要求，也难以完成为三民主义新中国奠定基础之任务。

国民党强调恢复中国传统道德并对忠孝仁爱信义和平之八德作了新阐释，对于弘扬民族精神、重建民族自信心具有正面的积极作用，因为优秀的传统民族道德可以成为中华民族的精神支柱和发展动力。但应该看到，国民党一味强调恢复固有道德而缺乏应有之批判及在批判基础上之理论创新，暴露了其保守性大于创新性之特性，具有明显的守旧倾向。即便其对“八德”所作之新阐释增加了适应抗战的新内涵，但从总体上并没有完成对中国固有道德之创造性转化工作。从理论创新意义上讲，国民党战时对固有道德之新阐释，不仅无法与中共新民主主义之道德理论相提并论，而且也无法企及贺麟、冯友兰等新儒家对传统道德之新阐释，因而显得守旧有余而创新不足，难以提供为民众所认可并适应现代需要之新道德规范。至于国民党的“对国家尽其至忠，对民族行其大孝”说教中包含着将民众对民族国家的热爱置换为对国民党及其领袖绝对忠诚之意图，则是显而易见的。

国民党强调中国固有道德，既包含有弘扬民族精神之积极功用，亦包含有加强民众思想控制之政治诉求。国民党对此并不忌讳并公开申明，为了倡行“救国之道德”并树立“建国之信仰”，必须“彻底改造我国民之精神”，其精神改造之途有五：一为改正醉生梦死之生活，二为养成奋发蓬勃之朝气，三为革除苟且偷生之习性，四为打破自私自利之企图，五为纠正分歧错杂之思想。此处所谓“分歧错杂之思想”，即为违反三民主义、超越民族思想与损害国家绝对性、破坏军政军令及行政系统统一之思想言论。[①]这样看来，除了中共之共产主义、新民主主义理论外，中间党派之自由主义言论亦在纠正整肃之列，国民党战时民族主义之守旧性得到了充分呈现。战时民族主义之守旧性，影响了战时国民党一系列方针政策之制定，也从某种程度上决定了战后国民党之政治走向与政治命运。

《中国国民党临时全国代表大会宣言》在阐释民权主义时指出，抗战之胜负，不仅取决于兵力，尤取决于民力，民力之发展，与民权之增进，相为因果。“故组织民众训练民众为发展民力之必要工作，亦为增进民权之必要条件。”如何组织民众训练民众？其提出的办法有二：“第一组织训练之目的，在养成民众之自卫能力与自治能力，前者属于军事，后者属于政治，两当并重，无自卫能力，则所谓自治无发育之余地，而无自治能力，则所谓自卫亦失其根本，故抗战期间，对于民众授以军事组织军事训练，以养成军国民之资格，固为当务之急。而政治组织政治训练，则先之以地方自治条件之完备，继之以进而参与中央政事，凡建国大纲之所规定者，皆当于此谋其实现。第二组织训练必当有厘然之系统，然后能以简驭繁，有条不紊。”

国民党战时政治建设的基本思路为：“战事既起，第五次全国代表大会所议决关于国民大会之召集，宪法之制定颁布，不得已而延期；政府此时惟有依据国民会议所判定颁布之约法，以行使治权；惟为适应战时之需要计，应就各机关组织加以调整，使之趋于简单化、有力化；并应设置国民参政机关，俾集中全国贤智之士，以参与大计。值此非常时期，政府自不能不有紧急处分之权，俾临危处变，有所应付。”这就意味着国民党战时民权主义，以牺牲民众的“政权”为代价，充分强化政府的“治权”，授予政府紧急处分权，将实施宪政及实现民权主义推到抗战胜利之后。用国民党

① 《国民精神总动员纲领》，《华美》1939年第1卷第44、45期合刊。

的话说就是："要而言之，民众方面注意之养成。政府方面则注意之，此固所以充实抗战之力量，而民权之基础，亦于此建立，则抗战胜利之日，结束军事，推行宪政，以完成民权主义之建设，为势固至顺也。"

关于抗战时期建立"民权之基础"的问题，《国民参政会的任务》提出了国民党的民主自由观。其指出国民参政会负有两项基本任务：一是要加强团结，巩固统一；二是建立民主政治的基础。为了建立真正民主政治的基础，希望参政员们能成为民主政治的楷模。

陶希圣在《抗战建国纲领的性质与精神》中，对蒋介石提出的建立"民权之基础"问题作了呼应，对国民党主张的民主政治作了解释。他指出，国民党的民主政治与一般资本主义及社会主义的民主政治不同，"我们要实现民主政治，要把种种民主的障碍扫除。这些障碍是什么？是部落思想，割据主义，是在中央政府与民众之间的一种割裂国家统一的封建势力"。这显然是以偷换概念的方式曲解民主政治的内涵，为国民党集权独裁辩护，故其结论为："我们今日于民主政治的确立，一方面是集大权于中央，一方面是集中全国国民的意见与力量，适应于抗战的环境。为了实现这种民主政治，所以国民党在政治上开放国民党的组织，希望全国有志之士都参加；在法律上保障人民在三民主义原则下，与法令范围内有言论出版集会结社的自由，使全国民众的意见经过国民参政会而贡献于中央。"① 陶希圣对民主政治的解释，显然回避了保障人民权利的民主政治内涵。

实际上，国民党对民主自由存在严重的认识误区。国民党临时全国代表大会宣言对共产主义和自由主义进行了批驳，认为国民党的民权主义与自由主义对个人自由的强调有根本区别，民权主义重视国家自由而反对个人自由。因此，该宣言阐述了国家自由高于个人自由的这个国民党的核心思想："盖民权主义与自由主义固相为因缘，然在革命已告功成之国家，政治之自由，犹当存在于不妨害国体政体之范围内，至于革命期间，则政治之统一，较政治之自由为急，军政训政实为势之所不容已，而当对外抗战，则虽在宪政时间之国家，亦必授权政府，俾得集中人民之力量。统一人民之言论与行动，以同赴于国家至上之目的。当此之际，在议会及在社会间，杂然各殊之政党，亦必相约为政治的休战，以一人民之心思耳目，盖自由

① 陶希圣：《抗战建国纲领的性质与精神》，《政论旬刊》1938年第1卷第11期。

与统一，似相反而实相成。无自由则人民无自发的情绪，以从事于同仇敌忾，无统一则意思之庞杂。而致行政之分歧，抗战力量，由之减削，有必然者。以此之故，抗战期间政府对于人民之自由，必加以尊重。同时亦必加以约束，使得自由于一定限度之中。约束既定，政府人民共同努力，见之实行，庶几自由与统一，乃能兼顾。”国家自由优先于个人自由，约束和牺牲个人自由以保障民族国家自由，是国民党战时民权主义的基本理念。

正因强调国家自由优先于个人自由，故国民党不仅忽视民众基本权利的保障，而且顽固坚持一党专政，拒绝进行民主改革，不断扩充特务机构，强化保甲制度，镇压抗日民主活动，实行独裁统治。1942年3月，国民政府公布《国家总动员法》，不顾抗日团结的需要，对人民的言论、出版、著作、通信、集会、结社等自由加以限制。该总动员法体现出来的是强化国家自由而忽视民众个人自由。陶希圣说：“国家总动员法明白规定了一般人民对于战时国家应尽的义务是什么；就要表示国家在积极方面所要求于每一个国民的是什么，在消极方面所要限制或禁止的是什么；国民能够积极奉行法令，尽他应尽的义务，政府不只予以保障，也将予以鼓励。”

正因重视民族主义而忽视民权主义，蒋介石和国民党对于孙中山的民生主义更加漠视。尽管蒋介石宣称“我们最紧要的是要实现民生主义的目的，所以三民主义是以民权主义、民族主义来实现民生主义的”，但在抗日战争时期，国民政府根本没有真正地实行民生主义，民众没有看到国民政府所宣扬的实现民生主义的具体措施。因此，国民党的民生主义未能解决中国社会的经济问题：其平均地权政策遭到把持地方政权的地主阶级反对，不能满足农民的土地要求；其节制资本、发展国营经济的思想，则导致官僚垄断资本的膨胀，压制了民族工业的发展。

三、国民党的抗战建国纲领

全面抗战爆发后，中国共产党为推动国共合作以实现全民族抗战，继承孙中山三民主义的积极因素，结合中共的抗日政治主张而拟定并向国民党提交了《民族统一纲领》，作为抗日民族统一战线的共同抗日纲领，但并没有得到蒋介石的赞同。故中共于1937年8月25日公布了《抗日救国十大纲领》，并建议将这个纲领作为制定抗日民族统一战线共同纲领的基础，但国民党方面仍然没有同意。

1938年3月29日，为了统一党内各方面的认识，制定领导抗战的路线、方针和政策，国民党在武汉举行临时全国代表大会。这次会议最重要的成果是，通过了作为国民党指导抗日战争的纲领性文件《抗战建国纲领》（简称《纲领》）。《纲领》规定："（一）确定三民主义暨总理遗教为一般抗战行动及建国之最高准绳；（二）全国抗战力量应在本党及蒋委员长领导之下，集中全力，奋励迈进。"在"总纲"之下，分别就"外交""军事""政治""经济""民众运动""教育"各项提出了"纲领"，以"使全国力量得以集中团结，而实现总动员之效能"。①

关于外交，《纲领》提出：本独立自主之精神，联合世界上同情中国的国家和民族，为世界和平与正义共同奋斗；对于国际和平机构及保障国际和平之公约，尽力维护，并充实其权威；联合一切反对日本帝国主义侵略之势力，制止日本侵略，树立并保障东亚之永久和平；增进与世界各国现存的友谊，扩大其对中国的同情；否认及取消日本在中国领土内以武力造成的一切伪政治组织及对内对外之行为。

关于军事，《纲领》提出：加紧军队的政治训练，使全国官兵明了抗战建国的意义，一致为国效命；训练全国壮丁，充实民众物力，补充抗战部队；指导及援助各地武装人员，与正规军队配合作战，以充分发挥保卫乡土、捍御外侮之效能，并在敌人后方发动普遍的游击战，以破坏和牵制敌人的兵力；抚慰伤亡官兵，安置残疾军人，优待抗战人员家属，以增强部队士气。

关于政治，《纲领》提出：组织国民参政机关，团结全国力量，集中全国之思虑与见识，以利国策的决定与推行；以县为单位，改善、健全民众自卫组织，加速完成地方自治条件，以巩固抗战的政治和社会基础，并为宪法实施作准备；改善各级政治机构，使之简单化、合理化，并提高新政效率；整饬纲纪，责成各级官吏忠勇奋斗，不忠职守贻误抗战者，以军法处治；严惩贪官污吏，并没收其财产。

关于经济，《纲领》提出：经济建设应以军事为中心，同时注意改善人民生活，实行计划经济，奖励人民投资，扩大战时生产；全力发展农村经

---

① 荣孟源主编《中国国民党历次代表大会及中央全会资料》（下册），光明日报出版社1985年版，第485-488页。

济；开发矿产，树立重工业的基础，鼓励轻工业的发展；推行战时税制，彻底改革财务行政；统制银行业务；巩固法币，统制外汇，管理进出口，以安定金融；整理交通系统；严禁奸商垄断居奇、投机操纵，实施物品平价制度。

关于民众运动，《纲领》提出：要发动全国民众，组织农、工、商、学各职业团体，有钱者出钱，有力者出力，为争取民族生存之抗战而动员；在不违反三民主义最高原则及法令范围内，对于言论、出版、集会、结社，当予以合法之充分保障；救济战区难民及失业民众，施以组织和训练，以加强抗战力量；加强民众的国家意识，对于汉奸严行惩办，并依法没收其财产。

关于教育，《纲领》提出：要改订教育制度及教材，推行战时教程；训练各种专门技术人员，以应抗战需要；训练青年，训练妇女，以增加抗战力量。[①]

《纲领》的基本方针是，坚持抗战和争取最后胜利。《纲领》比较全面地提出了抗战纲领和各方面的政策，宣示了积极推动抗战和将抗战进行到底的方针，被陈诚等国民党军政要员誉为“战时宪法”，其基本精神为团结、抗战和进步。它对于坚定全国军民抗战的决心和胜利的信念具有重要意义。它与中国共产党提出的《抗日救国十大纲领》在方向上是一致的，有助于推动抗战的进一步发展。因此，各党各派各界均表示拥护，中国共产党对其也给予积极评价。毛泽东等中共人士发表意见说：“国民党临时全国代表大会所颁布的《抗战建国纲领》，不仅本党认为其战时施政方针与本党在抗战时期的纲领在基本方向上是一致的，而且其他党派亦曾表示赞同。国民政府及其坚持长期抗战争取国家民族最后胜利之国策，亦为全国人士所一致拥护。”《新华日报》社论说：“这次国民党临时全国代表大会是最近十年来国民党最有历史意义的一个会议，因为这次会议表现了国民党更向前的进步，对于抗战时期许多重要的国策，更确定基本的方针……国民党这次临时全国代表大会的成就，正是中国继续抗战和争取胜利的重要步骤，我们深望这些进步的继续发展，这些成就的

① 荣孟源主编《中国国民党历次代表大会及中央全会资料》（下册），光明日报出版社 1985 年版，第 484—488 页。

一一实现。”①

但应该看到，《纲领》没有包括中共提出的《抗日救国十大纲领》中的某些基本抗日政治主张。如《纲领》第4条提出“组织国民参政机关”“改善各级政治机构”等，而没有提出实施民主政治、召开国民大会、制定宪法、组织包括各抗日党派和民主人士的国防政府的规定。《纲领》第6条规定，只有在三民主义最高原则及法令范围内人民才有言论、出版、集会，结社的自由。在财政经济问题上，《纲领》第5、第6条，提出“有钱者出钱、推行战时税制”之类的东西，但没有废除苛捐杂税，切实改善人民生活的规定，更没有削弱农村封建剥削的减租减息的规定。

《纲领》第一次将抗战与建国联系起来，强调抗战目的在于建国。国民党认为：抗日战争的爆发，是中华民族存亡绝续之关头，同时也是中华民族复兴的良机，是“炎黄子孙起死回生，转弱为强，开拓未来无限光明之枢纽”，还是“国民革命过程中必经之途径”，而国民革命的最终目的在于建国，故抗战与建国必须“相资相辅，以相底于成”，二者“同时并进，并行不悖”②，强调“抗战与建国，同为立国之要图”③。国民政府主席林森认为，“非抗战不能抵御敌人之侵略，非建国不能充实抗战之力量。”④故两者不可关系密切。国民党宣称，“我们举国奋斗的目的，在抗战胜利，建国成功”，“吾人此次抗战，固在救亡，尤在使建国大业不致中断”⑤，“要在抗战中积极来建国”，“我们在抗战期中，同时完成建国的基础，便是我们后世子孙幸福的保障”。

正因为国民党十分重视“抗战进程中奠定建国的基础”，故反对把抗战与建国分为两截。在国民党看来，如果偏废任何一方，则“民族之生存独立且不可保”，“自力不能充实”，将无法“捍御外侮，以求得最后之胜利”。那种坐待抗战胜利后再来从事建国的主张也是错误的。陈诚强调：“抗战的

① 《国民党临时全国代表大会的成就》，《新华日报》1938年4月4日。

② 荣孟源主编《中国国民党历次代表大会及中央全会资料》（下册），光明日报出版社1985年版，第466页。

③ 《居正文集》下册，华中师范大学出版社1989年版，第678页。

④ 《国民政府主席林森致词》，载《国民参政会纪实》上卷，重庆出版社1985年版，第161页。

⑤ 荣孟源主编《中国国民党历次代表大会及中央全会资料》（下册），光明日报出版社1985年版，第46页。

目的就是为建国，也可以说抗战就是建国的手段，是我们国民革命过程中必经的阶段。”①

国民党虽然主张抗战与建国“同时并进”，但是这种“并进”在抗战前后期的侧重点有所不同。抗战前期，即国民党所谓的“守势时期”，抗战是重于建国的，强调一切建国工作应寓于抗战之中。“今日一切建设，无论其为心理的、物质的、社会的、政治的、建设的，均应绝对的以军事为中心”，在此基础上，“树立‘国防第一’之精神”，“以全民觉醒之努力”，“求光辉灿烂之三民主义的国家之实现”。抗战后期则认为“抗战与建国”乃是同一件事，建国较抗战更为重要，更需要长期艰苦的努力和坚忍积极的奋斗，“如此方可造成中国为精神上、物质上完全独立的近代国家，做世界和平的基石”。

国民党之所以在抗战时期对抗战与建国有侧重点的差异，主要基于两方面考虑：一是太平洋战争爆发后，英美等国对日作战，国民党断定中国必然取得抗战的最后胜利，故加紧了建国工作；二是国民党对中共在抗战中力量的壮大深感不安，故加紧建国工作，强化其统治，以此应对中共的发展。客观地说，国民党主张“抗战”与“建国”并进，在抗日战争前期起了积极作用，通过为“建国”而进行的政治建设、经济建设和军事建设，坚持和推进了抗战。但随着抗战后期国民党对“抗战”与“建国”侧重点的调整，国民党着力借“建国”之名行“一党专政”之实，极力维护国民党的专制统治，拒绝实行民主宪政，导致各党派不满，遂使其“建国”工作难以获得成效。

国民党所要建构的新中国，是三民主义的新中国。而其具体的建国方案，在《中国之命运》和国民党会议决议及宣言中均有明确而完整的表述。《纲领》提出抗战与建国并行的政治思路，得到了当时许多人的赞同。陶希圣在《抗战与建国》中认为，抗战建国有“消极”和“积极”两重意义，“在消极方面，我们的抗战是为了维持民族国家的生存，日本侵略我们，使我们民族国家的领土和主权不能保持完整，于是我们起而抗战；在积极方面，我们的抗战是为以建设现代民族国家”。②尉素秋在《抗战与建国》中，

① 中国第二历史档案馆编《中华民国史档案资料汇编》第五辑第二编《政治》(三)，江苏古籍出版社1998年版，第729–735页。

② 陶希圣：《抗战与建国》，《政论旬刊》1938年第1卷第16期。

赞同并说明了抗战与建国并举的思想："既然抗战是为了建国，建国又足以保证抗战的胜利，那末我们的任务，便是一面抗战，一面建国。以建国加强抗战的力量，以抗战促短建国的时间，双管齐下，互相补足。"[①]余家菊强调："我们要努力抗战，我们也要努力建国。抗战建国，兼程并进。我们不但要企求抗战的最后胜利，我们也要企求抗战胜利之时，我整个的国族，能以崭新的姿态出现于世界舞台之上。"[②]

郭力文在《抗战与建国》中从抗战是建国的前提条件、建国才能保证抗战胜利的角度阐述了"抗战与建国"的关系。他指出："抗战是我们的出发，建国是我们的归宿，抗战是建国的前提条件，建国是保证抗战胜利的因素，在抗战中建国，在建国中抗战，两者的关系不容我们忽视，两个工作是必须相互并进的。"[③]因此，在当时多数人看来，抗战与建国要同时并行，抗战是建国的手段，建国是抗战的目的。"抗战是为了扫除建国的障碍，建国是为了增强抗战的力量，二者相因以生，相需而成，片面的努力，是没法争取到最后胜利的。"[④]

怎样才能通过抗战的手段达到建国之目的？人们从不同立场和角度，提出了抗战建国的具体设想。周宪文认为，建国之道多端，而以国防建设、政治建设和社会建设为要，而这三项建设都离不开工业化。他指出，"中国政治的建设目标，当然在民主政治"。而"近代民主政治的母亲，在机械工业"，如果机械工业不发达，或者说要在农业社会，"实行近代的民主政治，纵非缘木求鱼，其必事倍功半"，这也是近代的民主政治在中国迟迟不能实行的重要原因。所以，"我们要实行近代的民主政治，总非先使中国工业化不可。至于社会建设，也是如此"。"人们常怪中国人爱家的观念重过爱国，相信命运，相信风水，苟且偷安，不求进取，做事欠迅速，欠正确，少训练，少组织，其实这些都是农业社会的产物……我们现在要把这些坏东西铲除尽净，文字的宣传，尤其如新生活运动及精神总动员固然极其重要，如果不设法使中国走上工业化的道路，那么这些宣传与运动的效力也就可想而知了。"总之，"中国要求建国成功，只有赶紧工业化，中国工业化愈

---

① 尉素秋：《抗战与建国》，《抗战向导》1938年第10、11期合刊。
② 余家菊：《国民参政会与中国政治的前途》，《国光》1938年第12期。
③ 郭力文：《抗战与建国》，《动员周刊》1938年第1卷第13期。
④ 济孟：《抗战与建国》，《服务（陕西）》1939年第32期。

快，建国成功的时期也愈近”。①

陶希圣则把“现代民族国家的建设”，归之于“工业的发达”“政治的统一”“有民族独立自主的精神”。②张知本指出，抗战的目的是要建设一个“现代的国家”，而要建设一个“现代的国家”，不仅仅需要经济建设、实业建设、交通建设，更需要一种“法治精神”。经济建设、实业建设、交通建设“不过是一方面的，而不是多方面的，是属于部分的，而不是属于整个的”，只有“政治不仅管理国家的事物，而且要管理国家的秩序。管理国家秩序的工具是什么呢？不消说当然是法律”。作为“现代的国家”，主要是靠法律“来维系这个国家的组织，来制裁足以妨碍建国力量的人或事，并且由它来产生出一种精神，支配着人民对政府的信仰，因而服从政府。这种精神我们叫做法治精神”。③这些讨论意见，对国民党政府推进“建国”工作有一定作用。

四、持久消耗的战略思想

九一八事变后，随着中日民族矛盾的日益尖锐与战争威胁的迫近，很多中国人在思考中日战争的形态及中国应对日本侵略的方略。最早提出中日必将全面开战并提出“持久战”思想者，是著名军事理论家蒋百里。蒋百里认为，日本是小国，但同时是富国强国，中日一旦交战，“彼利急，我利缓，彼利合，我利分，彼以攻，我以守，此自然之形势，而不可逆者也”。④中国必须根据两国国情和特殊的地理形势，制订特殊的克敌制胜战略，预言中国的抗日战争必须是持久战：“我侪对敌人制胜之唯一方法，即是事事与之相反。彼利速战，我恃之以久，使其疲弊；彼之武力中心，在第一线，我侪则置之第二线，使其一时有力无用处。”⑤他还说：“感谢我们的祖先，中国有地大、人众的两个优势条件，不打则已，打起来就得运用拖的哲学，拖到东西战争合流，我们转弱为强，把敌人拖垮而后已。”⑥

---

① 周宪文：《中国抗战建国的一个基本问题》，《满地红》1941年第3卷第3期。

② 陶希圣：《抗战与建国》，《政论旬刊》1938年第1卷第16期。

③ 张知本：《法治与抗战建国》，《新民族》1938年第2卷第8期。

④ 蒋百里：《国防论》，武汉出版社2011年版，第84页。

⑤ 蒋百里：《国防论》，岳麓书社2016年版，第112页。

⑥ 曹聚仁：《蒋百里评传》，东方出版社2010年版，第261页。

1932年，蒋百里考察日本后更坚定地认为，日本将在三四年内发动全面侵华战争，战争对中国而言将是长期的。中国的克敌制胜方针，是以持久战对付日本的速决战，利用大国优势、文化优势拖垮对方。他分析道："日本陆军的强，是世界少有的；海军的强，也是世界少有的。但是两个强加在一起却等于弱；这可以说是不可知的公式，也可以说是性格的反映。"[①]因此，蒋百里提出中国抗战之持久争胜论："不过我以为我们固然要求持久战，但其先决条件，便是要使军备增加运动性，因为我们要以持久为目的，须以速决为手段。欧洲的问题是久则不速，我们的问题是不速则不久。"[②]蒋百里对中日战争走势的分析，成为抗战初期国民政府"以空间换时间""积小胜为大胜"战略思想之基础。

蒋介石对中日两国国力、军力进行了对比，看到了中国幅员广大、人口众多的特点，故认识到中日战争将是持久战，中国需要进行长期抵抗："充实一切自卫力量，准备长期抵抗，以求最后之胜利。"他在1933年4月12日的南昌军事整理会议上表示："现在对于日本只有一个法子——就是作长期不断的抵抗"；"长期的抗战越能持久越有利。若是能抵抗得三年、五年，我预料国际上总有新的发展，敌人自己国内也一定将有新的变化，这样我们的国家和民族才有死中求生的一线希望"。蒋介石从"战略服从政略"原则出发，提出"战时以努力经营长江流域，掌握陇海铁路为第一要旨"的构想，后又提出"对日应以长江以南与平汉铁路以西地区为主要阵线，以洛阳、襄阳、荆州、宜昌、常德为最后阵线，而以四川、贵州、陕西三省为核心，甘肃、云南为后方"的国防战略。[③]1933年4月12日，在该日演讲中，蒋介石再次提出了长期抗战的设想："我们现在对于日本，只有一个法子，就是作长期不断的抵抗。他把我们第一线部队打败之后，我们再有第二、第三等线的部队去补充，把我们第一线阵地突破以后，我们还有第二、第三各线阵地来抵抗。这样一步复一步的兵力，一线复一线的阵地，不断地步步抵抗，时时不懈。"

1935年秋，随着华北危机的加深，国民政府开始把对日抵抗准备提上日程，着手准备国防战略总体方针。蒋介石所拟定的对日指导方针为："一

---

① 蒋百里：《日本论》，海南出版社1994年版，第1页。

② 蒋百里：《国防论》，岳麓书社2016年版，第157页。

③ 张其昀：《中华民国史纲》第4册，中华文化出版社1954年版，第134、211页。

面呼吁和平，期求集体安全，一面整备国防，充实军备，至取最后胜利。”①他强调：“对日本作战以求光复失地，为吾辈军人有生之年最神圣最重要之使命，但一旦开始作战，则非短时间所可能结果，必属长期之战争，故应先有充分之准备，在准备工作未完成前，唯有忍辱负重以待准备之逐步完成。”②蒋介石考察了四川、云南、贵州等西南诸省后，提出了以西南为抗战大后方，建立以四川为中心的抗日战略基地，以实行全国对日持久作战的设想，其抗日持久战思想更为明确。

蒋介石对日作战的军事设想，逐渐变为国民政府制定国防计划的指导方针。国民政府制定的1936年度作战计划中所规定的对日作战总方针为：“为保全国土完整，维持民族生存起见，应拒止敌人于沿海岸及平津以东与张家口以北地区，不得已逐次占领预定阵地作韧强抗战，随时转移攻势，相机歼灭之。”③1936年底，蒋介石命参谋部制订《民国廿六年度国防作战计划》，其甲案云：“国军对恃强凌弱轻率暴进之敌军，应有坚决抵抗之意志，必胜之信念。虽守势作战，而随时应发挥攻击精神，挫败敌之企图，以达成国军之目的，于不得已，实行持久战，逐次消耗敌军战斗力，乘机转移攻势。”④至此，国民政府对日作战的持久消耗方针基本确定，但对为什么要持久，如何才能持久等问题尚缺乏明确的理论阐述。

陈诚、李宗仁、白崇禧等国民党军政要员对中日战争的长期性均有所认识，也逐渐形成了“持久抗日”的战略思路。1936年9月30日，陈诚上书蒋介石建议：“应即就国防之需要，将全国各省切实分区，兼程厘整，旦夕应变，即就地予以守土之责，实为无可再缓。”他要求积极建设两湖，作为国防根据之中心。

与此同时，李宗仁在《民族复兴与焦土抗战》中，阐述了中国持久抗战思想。他指出，日本经济发达，有现代化优越的军备，而我国经济十分落后，生产幼稚，军备远不如日本。中日两方实力悬殊，一旦战争爆发，日本必定凭借其军事优势占领我国沿海地区，封锁我国海岸，我国将处于不利的地位。面对强大的敌人，中国只能采取持久抗战的战略。因为日本

① 吴相湘：《中国对日总体战略及若干重要会战》，台北商务印书馆1978年版，第54页。
② 黄杰：《老兵忆往》，黎明文化事业出版公司1988年版，第889页。
③ 《民国廿五年度作战计划》，中国第二历史档案馆藏。
④ 《民国廿六年度作战计划》“甲案”，《民国档案》1987年第4期。

虽是强国，但又是小国，人少资源缺乏；中国虽是弱国，但是个大国，土地辽阔，人口众多。双方国情决定日本经不起长期战争，中国可以长期抗战。李宗仁的持久抗战思想，与蒋介石、陈诚等人的持久抗战思想非常相似，反映了国民党人在抗日战略上逐渐形成了共识。

全民族抗战开始后，国民党的持久战思想进一步发展，逐步确立了“持久消耗”战略思想，并具体付诸实施。1937年8月7日，南京国民政府国防会议决定“采取持久消耗战略”开展“全面抗战”。这次会议讨论了《国军作战指导计划》，制定了“抗战到底，全面抗战”“采取持久消耗战略”方针，强调“以达成持久战”为作战指导之基本主旨，“一面消耗敌人，一面培养战力，侍机转移攻势，击破敌人，以达到最后胜利”。①这期间，国民党军政要员反复阐述“持久消耗战略”的道理，告诫部下：“对日作战，不经十年八年的艰苦，不会成功。”②蒋介石亦强调：“倭寇要求速战速决，我们就要持久战、消耗战。”

1937年8月18日，蒋介石发表《敌人战略政略的实况和我军抗战获胜的要道》，指出对付日军速决的办法之一就是要持久战、消耗战。“因为倭寇所恃的，是他们强横的兵力，我们要以逸待劳，以拙制巧，以坚毅持久的抗战，来消灭他的力量；倭寇所有的，是他侵略的骄气，我们就要以实击虚，以静制动，抵死拼战，来挫折他的士气。”持久消耗战的根据，就是民力充沛与地域广大，故“我们要利用民力与地物”。他说：“这一次我们与倭寇作战，敌人深入我们国境，凡战场上的地物与人民，都是我们所固有的，我们就要充分利用。对于人民，要普遍宣传训练，严密组织起来；对于地物，就要调查统计，时刻安排利用。要知道，敌人到我们国里作战，不仅地形不熟，行动滞钝，而且一入冀南或其他战地，立即陷于四面皆敌之境，真有草木皆兵之惧。只要我们能充分利用民力与地物，发扬自动作战的精神，坚守阵地，乘虚出击，处处设阱设防，人人杀敌抗战，无论倭寇如何厉害，一定迅速为我消灭！这是我们抗倭胜利最根本、最重要的一个秘诀。”③蒋介石在《告抗战全体将士书》中公开宣告了对日持久战思想。

---

① 第二历史档案馆编《抗日战争正面战场》上，江苏古籍出版社1987年版，第11页。

② 《刘汝明回忆录》，传记文学出版社1979年版，第126页。

③ 陈益民编《七七事变真相》，江苏人民出版社2017年版，第130页。

8月20日，蒋介石以大本营大元帅名义颁发《国军作战指导计划》，规定“国军部队之运用，以达成‘持久战’为作战指导之基本主旨，各战区应本此主旨，酌定攻守计划，以完成其任务”。[①]大本营同日发布第一号至第四号训令，其第一号训令称，“大本营对于作战指导，以达成持久战为基本主旨”；第二号训令称，“国军部队之运用，以达成‘持久战’为作战指导之基本主旨”。[②]11月19日，蒋介石在南京最高国防会议上，进一步阐述了其持久消耗战略，“我一时一地之得失，无害于根本大计，唯一方针就是持久”，并言中国决不做“阿比西尼亚”，“中国在地理上与军事上与阿国不同，我国不仅幅员辽阔，而有极坚强的抗敌意识，故日本绝不能亡我”。

南京失守后，蒋介石连续召开军事会议，检讨前期抗战的得失，确定今后作战方针，并对“持久消耗”战略做出具体解释：“我们这次抗战是以广大的土地来和敌人决胜负，是一种夺得人口来和敌人决生死。”还说：“我们就是要以长久的时间来固守广大的空间，要以广大的空间来延长抗战的时间，来消耗敌人实力，争取最后的胜利。”《军事委员会第三期作战计划》规定，在持久抗战的总原则下，“以面的抵抗对敌之点或线的夺取，使不能达速战速决之目的，而消耗疲惫之”，“该计划提出我军战法，除硬性之外，参以柔性”。所谓“硬性”战法，指在交通要线上，纵深配置有力部队正面阻止敌军进攻；所谓“柔性”战法，是指训练民众，联合军队进行游击战，牵制、扰乱、破坏敌军后方。

武汉会战前后，蒋介石意识到保存有生兵力以坚持长期抗战的重要性。《武汉会战作战方针及指导要领》以及《武汉会战作战计划》规定：“以自力更生持久战为目的，消耗敌之兵源及物质，使敌陷于困境，促其崩溃而指导作战。”[③]1938年2月7日，蒋介石在武汉高级干部会议上说：“本来战争的胜负就是定于空间与时间”；“我们这次抗战，是以广大的土地和敌人决胜负”；“我们有了敌人一时无法全部占领的广大土地，就此空间的条件，已足以制胜侵略的敌人”。他还说：“我们就是要以长久的时间，来固守广大的空间，要以广大的空间，来延长抗战的时间，来消耗敌人的实力，争取最后的胜利。”

---

① 第二历史档案馆编《抗日战争正面战场》上，江苏古籍出版社1987年版，第3页。

② 第二历史档案馆编《抗日战争正面战场》上，江苏古籍出版社1987年版，第1页。

③ 第二历史档案馆编《抗日战争正面战场》上，江苏古籍出版社1987年版，第657页。

1938年2月14日,《抗战必胜的条件与要素》重点阐述了中国抗战获得最后胜利的两项主要条件——广大的土地与众多的人民。1938年3月，蒋介石在国民党临时全国代表大会上再次阐述了“持久抗战”的战略思想，“运用广大国土，众多人口，坚持持久抗战，以创造有利之机势，而谋取最后胜利”。[①]他强调：“对于日本只有一个法子——就是作长期不断的抵抗，日本把我们第一线部队打败之后，我们再有第二、第三等线的部队去补充；把我们第一线阵地突破之后，我们再有第二、第三各线阵地来抵抗，这样一步复一步的兵力，一线复一线的阵地，不断的步步抵抗，时时不懈”，他还认为这样的长期的抗战，越能持久，越是有利。5月初，蒋介石在其手谕中指出：“长期抗战，端在消耗敌人力量，以争取最后胜利，勿因一城一市之得失，而影响持久抗战之心理。”[②]7月26日的日记记载：“对防守武汉不作无谓之牺牲，应保持相当兵力，一为待机应用，作最后胜利之基础。”9月29日的日记记载：“武汉之得失乃为次要问题，而保持战斗力更为重要也。”10月22日的日记云：“此时武汉地位已失重要性。如勉强保持，则最后必失，不如决心自动放弃，保存若干力量以为持久抗战与最后胜利之基础。”可见，蒋介石已经认识到，持久抗战固然要消耗敌人，但最重要的是保存再战的兵力。正因如此，他在纪念八一三事变的讲话中将“持久战”思想作了高度概括：“我们的战略，是以持久抗战，消耗敌人的力量，争取最后决战的胜利。”

1938年10月31日,《为国军退出武汉告全国国民书》对抗战时期“持久消耗”战略思想作了详细回顾和系统阐述。其说：“愿吾同胞深切记取我抗战开始时早已决定之一贯的方针，从而益坚其自信。所谓一贯之方针者，一曰持久抗战，二曰全面战争，三曰争取主动。以上三义者，实为我克敌制胜之必要的因素，而实决定于抗战发动之初。”11月，蒋介石在南岳军事会议上进一步阐明了持久战思想，首次提出了抗日持久战的两个战略阶段及其战略任务。他说：“第一期的任务，在于尽量消耗敌人的力量，掩护我们后方的准备工作，确立长期抗战的基础，完成我们第二期抗战战略与策略上的一切布置。第二期的任务，就是要承接前期奋斗的成绩，实现我们

---

① 蒋介石：《国民党临时全国代表大会演词》,《新华日报》1938年4月3日。

② 韩信夫、姜克夫主编《中华民国大事记》第4册，中国文史出版社1997年版，第285页。

第一期中所布置的一切计划，发挥我们抗战的力量，以达到抗战胜利与建国成功之目的。”这就使持久战思想更具全面性和整体性。南岳军事会议关于持久战思想及其两个战略阶段的构想，标志着国民政府对日持久战思想的成熟。

“持久消耗战”是国民党指导抗日战争的基本战略原则，其具体内容为：“针对敌人企图使战争局部化的阴谋，应尽量使战争全面化，针对敌人速战速决的战略方针，应利用我地大物博人口众多的有利条件，实行持久消耗战略。”为将抗日战争进行到底，“在正面上要避开大兵团作战，始终采取消耗作战，以期使各部门继续充实准备”。在具体应用上应包括七个方面要领：“（1）利用地形、坚壁清野；（2）利用时间，旷日持久；（3）利用守势和退避战术，以逸待劳；（4）利用离散及退避作战，以弱胜强；（5）利用他国干涉牵制，以夷制夷；（6）以国力战争为主；（7）努力扩大思想、政治、经济的战线。”国民党“持久消耗”战的口号是“以空间换时间”。1938年2月，蒋介石对此阐述说：“本来战争的胜败就是决定于空间和时间，我们有了敌人一时无法占领的广大土地，就此空间的条件，已足以制胜侵略的敌人……我们现在与敌人打仗，就要争时间，我们就要以长久的时间来固守广大的空间，要以广大的空间来延长抗战的时间，来消耗敌人实力，争取最后胜利。”这是国民政府在军事上“以空间换时间”的“持久消耗战略”的基本说明。在战略防御阶段“以空间换时间”实现持久消耗战战略方针的运用，对保存军事实力、延长战争时间、分散消耗敌人兵力有着积极意义。

国民党许多军政要员都对“持久消耗战”思想有所阐述和发挥。1938年6月1日，邹鲁阐述了长期抗战、胜利属于中国的原因，“是在我们具备地大、物博、人众三个优势的条件；而敌人恰恰相反。因为地大，一城一地的得失，对于我们并没有严重的影响；但敌人愈深入，重兵器愈无法运用，将使他们深陷泥淖，不能自拔。因为物博，我们可以采取长期抗战的策略，来消耗敌人。敌人的经济非常脆弱，非速战速决，不能撑持。因为人众，无论如何我们不会感觉到人力的缺乏，只以小小的广西一省而言，就已经有二百万壮丁参加抗战，其他更不必说，足见我国人力的丰富。敌国只有几千万人口，将来战区愈广，战线愈长，人力的分配和补充，难免不敷，这就是等于实力的削弱。由于这种比较，只要我们善于利用这些天赋的优势，最后胜利无疑地是属于我们的”。[①]陈诚阐述“持久消耗战略”说：“我国因军事落后，且未有充分作战准备，不宜实施迅速决战之战略。但我国国土广大，人口众多，经济资源散在各地，具有长期作战之条件。故我国对倭作战之最高指导方针，不能不根据此项优劣相反之客观条件，实施持久消耗战略。”他进而解释说，敌挟其优势军备，图以“速战速决”之战略，行连续不断之攻击，以歼灭我野战军，夺取战略要地，迫我屈服，我在持久战方针指导下，必须阻止敌人攻势，消耗敌力，且保持我主力，故对敌之大攻势，仅能作战略上的守势与战术上的攻势，以消耗打击敌之战力，而求“以空间换时间”。[②]

国民党不仅阐述了抗战时期必须坚持“持久消耗战”，而且在抗战实践中逐步形成了共识，将持久消耗视为克敌制胜的“唯一要诀”。所谓“持久消耗”，就是“利用我优势之人力与广大国土”，“一面消耗敌人，一面培养国力，俟机转移攻势，争取最后胜利”。国民党的这种主张是针对日本“速战速决”战略提出来的。何应钦明确说：“敌之最高战略为速战速决，而我之最高战略，为持久消耗。”[③]国民党认为，由于日本是个军事强国，且早存灭亡中国之心，在侵华战争之前进行了长期而充分的准备。而中国是个弱国，贫穷、落后，且军事力量极端薄弱：“不仅物质上的较外人为落后，即是外人的言行，都是有纪律的，懂规矩，没有随随便便的，所以我们的精神上、态度上已经不如人家了。”[④]但是，“我之国力，天赋独厚，土地之广，物质之富，人口之繁，举世界无比伦”。除此之外，中国“更有悠久特异的历史与文化”。其经济力量尽管甚弱，但因为是农业国家，“富有强韧的持久力，不比工业国家容易受到战争影响”。[⑤]相比之下，“日本天赋甚薄，不但其土地人口物质极有限量，且无悠久独立之历史文化足以遂其野心”。敌我两方面力量及形势的对比，决定了中国不能立即战胜日本，而必须通过长时间的艰苦奋斗。既然敌我双方力量的对比决定了持久消耗为中国的战略方针，那么为了取得这场战争的胜利，就必须“拿我们劣势的军

---

① 邹鲁：《邹鲁回忆录》，东方出版社2010年版，第348页。

② 陈诚：《八年抗战经过概要》，国防部史政局1946年版，第8页。

③ 何应钦：《日军侵华八年抗战史》，黎明文化事业公司1983年版，第13页。

④ 《抗战爆发后南京国民政府国防联席会议记录》，《民国档案》1996年第1期。

⑤ 荣孟源主编《中国国民党历次代表大会及中央全会资料》（下册），光明日报出版社1985年版，第537页。

备，一面逐次消耗优势的敌人，一面根据抗战的经验，来培养我们自己的力量”。要做到这点，就必须不计较一城一地之得失，利用中国天然的有利地形与敌周旋，以“空间换时间”，以“时间换空间”。

国民党之所以有如此主张，是与他们对抗战的认识分不开的。蒋介石在分析抗战必胜的条件和要素时指出：“我们这次抗战，是以广大的土地来和敌人决胜负，是以众多的人口，来和敌人决生死。未来战争的成败，就是决定于空间和时间。”所以“我们现在要与敌人打仗，就是争时间，我们就是要以长久的时间来固守广大的空间，要以广大的空间来延长抗战的时间”。中国军队退出南京时，蒋介石发表告国民书称：“中国持久抗战，其最后决胜之中心，不但不在南京，抑且不在各大都市，而实寄于全国之乡村。”“我国抗战根据地本不在沿江沿海浅狭交通之地带，乃在广大深长之内地，而西部诸省尤为我抗战之策源地”，故“唯西北西南交通经济建设之发展；始为长期抗战与建国工作坚实之基础；亦唯西南西北国际通路开辟完竣，而后我抗战实力及经济建设所需之物资始得充实，而供给不虞其缺乏”。[①]正是基于上述认识，国民党提出了“现在战局的关键，不在一城一地之能否拒守，最要紧的是，一方面选择有利地区，以击破敌人主力；一方面在其他地区以及敌军后方，尽量消耗敌人的力量”，“长期抗战，此为最大要策”。同时要“扩大面的占领，争取沦陷区民众，使敌局促于点线之占领”，“实行坚壁清野，使敌人无法利用我们的人力和物资，并发动敌后区域游击战，破坏敌人后方交通，使敌人疲于奔命，顾此失彼，陷入泥沼之中”。[②]而中国的持久消耗必将成为“抗敌胜利的唯一要诀”。

国民党“持久消耗”的战略方针，与中共所制定的“持久战”战略方针尽管在关于战争进程的具体分析、关于如何转变敌我形势、关于如何采取切实措施以动员全国一切力量投入抗战等问题上有较大差别，但就其基本方面而言，两者有很多相似之处。如国民党强调不要在不利情况下与敌争一城一地之得失，要“以空间换时间”，中共也认为在无可避免的情况下，要“勇敢地退却”，执行“以土地换时间的正确的政策”[③]；国民党强调“积小胜为大胜”，中共也认为“集合许多小胜化为大胜，则是正规战游

---

① 《中国现代史资料选辑》第5册（上），中国人民大学出版社1989年版，第489页。

② 《李宗仁回忆录》，南粤出版社1986年版，第446页。

③ 《毛泽东选集》第2卷，人民出版社1991年版，第498页。

击战所共同的”；国民党强调“消耗敌人”的重要性，中共也认为“抗日战争是消耗战”。[①]

国民党在确定“持久消耗”战略方针之时，还提出了“全面抗战”的思想。国民党人所谓的“全面抗战”，与中共强调的“全面抗战”在内涵上是不同的。国民党所谓“全面抗战”，一方面指“动员全国的力量，使之配合于抗战旗帜之下”[②]，另一方面指在广大的地域中进行抗战。实际上更注重空间上的全国范围的抗战，而不是中共强调的全民众总动员的非单纯政府和军队的抗战。

当时许多国民党人认识到，中日战争是日本“逐渐削弱中国乃至于灭亡中国以求实现其独占东亚”的大陆政策的反映。为了达到这个目的，日本以“鲸吞”手段来对付中国。基于上述认识，国民党感到，在此危急存亡之秋，更要求全民族要团结奋斗，“从最恶劣的局面做打算，尽到我们这一代的责任”。总而言之，“此次抗战，为国家民族存亡所系，人人皆当献其生命，以争取国家民族之生命”。蒋介石指出，全面战争实为克敌制胜之必要因素，它“决定于抗战发动之初”，是“早已决定之一贯的方针”。居正认为，“现在战争，是全体性的战争，是一个国家的人力、物力、思想力的总和的战争。这种战争的最后胜负，并不表现在疆场上一时之优劣，而取决于整个国力的盈虚”。他指出：“长期抗战在争取最后的胜利，全面抗战是动员全国的力量，使之配合于抗战旗帜之下。”[③]故全面抗战与长期抗战一样，是中国应该采取的军事战略。

为了实现全面抗战，国民党提出了“军事第一、胜利第一”和“国家至上、民族至上”的口号，并将其作为全面抗战之基本原则加以强调。在国民党看来，必须“依照军事第一的原则，把所有的国力集中于抗战的上面”。所谓“军事第一”，指“为达成军事之利益，为增进军事之利益，国家民族得要求国民为一切之牺牲，而为国民者，自亦必自动踊跃而贡献一切之所有”。因“军事第一”之唯一目的在求得胜利，故必然要求“胜利第一”。[④]同时，必须依照“国家至上、民族至上”的原则，抱定“国家民族

① 《毛泽东选集》第2卷，人民出版社1991年版，第410页。
② 《居正文集》下册，华中师范大学出版社1989年版，第647页。
③ 《居正文集》下册，华中师范大学出版社1989年版，第647页。
④ 《中国现代史资料选辑》第5册（下），中国人民大学出版社1989年版，第116页。

之利益应高于一切”的信念，在国家民族之前“牺牲一切私见，私心，私利，私益，乃至于牺牲个人之自由与生命”，“为国家尽忠，为民族祖先尽孝”。当然，为了实现全面抗战的胜利，必须进而强调“意志集中力量集中”，将全国抗战力量集中于“本党及蒋委员长领导之下，集中全力，奋励迈进”。[①]

全民族抗战爆发后，李宗仁不赞成“持久消耗战略”，认为在强敌大规模攻势下，军备较弱的中国暂时受到挫折和丢失部分土地是难免的；中国对付强敌的唯一办法是持久抗战，“攻击敌人先天不足不能长期战争的弱点”，经过长期作战消灭其有生力量，“待敌人实力消耗垂尽时，我们然后用全力反攻，便可一举把敌人扫荡”。[②]李宗仁的持久战略思想，不仅从日本国小人少、资源缺乏等弱点和中国地广民众等优点立论，而且从中日双方战争性质，即日本非正义性、中国正义性之高度论证，这显然是比蒋介石、陈诚等人的持久战思想更加深刻。他指出，日本的野心不只是想征服中国，而且要消灭整个中华民族，“不仅要取得对中国的统治政权，他还要摧毁我们的文化，剥夺我们的生存权”，故日本侵华战争是“违反正义破坏和平的暴行”。[③]日本侵华战争之非正义性，决定了其战争不能长期进行下去。中国抗战是“站在人类求生存”目标之下反抗民族压迫，争取民族解放的正义的自卫战争。全民族的团结对敌，是中国抗战正义性、进步性的集中体现。[④]

李宗仁的“全面抗战”思想，与蒋介石强调的有所不同，与中共动员民众的全面抗战主张则有相似相通之处。他认为，中国单靠军队是不能同敌人打持久战的，必须实行“全面抗战”战略，即全国总动员，以全民族的力量“对日展开全线的自卫战争”。全国要进行军事、政治、经济、文化的总动员，“以配备持久战的各种条件，以帮助军事胜利的发展”。[⑤]只有全国的总动员，形成“整个民族解放战争”，弥补我国军事上的劣势，才能持久抗战。李宗仁要求各党各派在三民主义准则下精诚团结，意志统一，努

---

① 荣孟源主编《中国国民党历次代表大会及中央全会资料》（下册），光明日报出版社1985年版，第485页。

② 《李德邻先生言论集》，广西建设研究会1941年编印，第23页。

③ 《李德邻先生言论集》，广西建设研究会1941年编印，第66页。

④ 《李德邻先生言论集》，广西建设研究会1941年编印，第13页。

⑤ 《李德邻先生言论集》，广西建设研究会1941年编印，第15页。

力实践抗战建国。他认为“国共问题是我们内部的政治问题”，目前“中国最需要的是举国一致，共御外侮”。他对某些人非议国民党联共抗日政策进行批评，指出国共两党团结有利于全国统一和抗战，对中共及其武装“不可随便攻击，免得引起无谓的磨擦，给抗战以不利的影响”。[①]

李宗仁在强调军事和政治的同时，看到了文化动员及文化工作的重要性。他指出，“文化是国家精神的防线，也是最难攻克的防线”，文化工作既可以增强国人对民族抗战的认识，坚定全国军民的抗日信心，还可以打击汉奸的“和平谬论”，揭发敌伪的欺骗与“麻醉阴谋”，粉碎敌伪的奴化文化，进而可以建设国防文化，提高民族文化生活。[②]因此，抗战文化是抗战建国的重要组成部分，必须在文化界进行广泛动员，团结所有愿意抗日的文化人士，组成抗战文化统一战线，开展战时文化工作，使文化动员与“政治、军事、经济配合并进”。

国民党的“全面抗战”，实质上是“全国性”抗战。这种“全国性”抗战主要是地域的扩大，而不是全国民众参与的“全民族”抗战，这是与中共所提“全面抗战”之根本区别。因此，国民党尽管在政治、经济等方面采取了有利于全国抗战的措施，如承认各党派的合法存在、制定《战时土地政策草案》等，但“民众依然没有取得参加抗战的各种自由”，“以致蕴藏在群众中的极丰富的战斗力量依然没有大大的发挥出来”。这种情况的存在，使得国民党所谓的全面抗战“始终停止在单纯军事防御的阶段，而并未能掀起全面的全民族的抗战”[③]，成为实际上的“片面抗战”，即依靠政府和军队的抗战。同时，国民党在为“全面抗战”所设想的许多措施中，多数没有落实到具体行动上。实际上，真正的全面抗战，“不仅在地域上要全国一致地抗战，而且要在社会活动上各方面一致地抗战。这就是说，我们的抗战，不能单限于军事方面。必须扩张到政治、经济、教育、宣传各方面去”。[④]而国民党并没有这样做，恰恰是中共在敌后战场将全面抗战之主张予以实施。

---

① 《李德邻先生言论集》，广西建设研究会1941年编印，第122页。

② 《李德邻先生言论集》，广西建设研究会1941年编印，第221—222页。

③ 《中国现代史资料选辑》第5册（上），中国人民大学出版社1989年版，第207页。

④ 《抗战言论集》第1辑，上海进化书局1937年版，第12页。

五、战时外交方针及国际政略

1937年7月全民族抗战爆发后，国民党政府清醒地认识到，中国必须借助国际力量才能取得对日作战的胜利。国民党在强调抗战以争取民族独立之同时，特别注意联合世界上以平等待我之民族共同奋斗，将中华民族之命运与世界局势的发展紧密相连，将中国抗战与维护世界和平之大局紧密相连，将中国视为维护世界和平及反法西斯战争之重要力量和组成部分。

全民族抗战爆发后，尽管中日两国进入全面战争状态，但两国仍未宣战。两国之所以皆回避宣战行为，实各自有所盘算，立基于不同的国际处境。按国际法的规范，宣战意味着将两国的军事冲突提升到法律层次的宣告行为；国际社会在获知宣告信息后，则有严守中立的义务。对处于弱势的中国而言，所谓宣战不啻是断绝争取外援的机会。中日交战本属日本以强凌弱的侵略战争，中国之应战只是求取自卫。故国民政府在1937年8月14日发表自卫抗战声明，向国际社会郑重声明：中国之领土主权已横受日本侵略，国际盟约、《九国公约》、《非战公约》，已为日本所破坏无遗。此等公约其最大目的在维持正义与和平，中国奋起抗战实际上是在维护领土主权及各种国际公约之尊严，“吾人此次非仅为中国，实为世界而奋斗；非仅为领土与主权，实为公法与正义而奋斗”。[①]

正是基于这种外交策略考虑，除了“坚信国联”外，“维持九国公约”也成为其重要国际政略。国民政府重视运用外交手段获取国际社会的广泛支持，展开全方位的多元外交：一是请求召开有关国际会议，冀以国际条约保护自己，牵制侵略国；二是派出政府要员或社会名流，担任负有特殊使命的外交使节，超越正常外交途径，直接与外国政府交涉，争取外援。

1937年7月16日，国民政府以备忘录送交《九国公约》签字国以及苏联和德国，通报卢沟桥事变真相，谴责日本“破坏华盛顿九国公约所规定之中国领土主权完整”，指出：“倘任其发生，则足以在亚洲及全世界产生重大之后果。”[②]8月30日，中国向国联提出照会，陈述日本在卢沟桥事变以来的所作所为，乃是违反《国联盟约》《非战公约》以及《九国公约》的

---

① 《国民政府昨发表声明》，南京《中央日报》1937年8月15日。

② 秦孝仪主编《革命文献》第106辑上册，文物供应社1986年版，第254页。

侵略行为。9月12日，国民政府向国联提出正式申诉，请求国联对日本“采取适宜及必要的行动”。9月13日，国联在日内瓦召开了第18次会议，专门讨论远东问题。中国代表顾维钧在国联大会上发表演说，谴责日本的侵略暴行破坏了国际公法，危及世界和平，要求采取集体安全措施制裁日本侵略者。但国联没有采取实际行动，而将问题转移到《九国公约》签字国会议上。11月3日，《九国公约》签字国会议在比利时首都布鲁塞尔举行，中国代表恳请与会各国援助中国，并提出四项制裁日本、援助中国的建议：第一，禁止战争及实业所用之必需原料运往日本；第二，抵制日货输出及日船运输；第三，停止对日贷款；第四，以军火及信用贷款援助中国，以此为列强所可用以制日之有效工具。[①]顾维钧向与会各国代表疾呼：“目前远东方面侵略力量，犹如溜缰之马，若不能用有效方法加以控制，又诺言之信仰若不能予以恢复，深恐侵略力量将超过中国边疆，而鼓励世界大战，届时任何国家均不能处身事外，而不被牵入漩涡矣。”[②]中国在国际外交方面有所收获：一是中国成功将日本定位为和平秩序的破坏者，凸显中国为维护世界和平秩序者的新形象；二是日本纵然已退出国联，依旧是《九国公约》的成员国。借由国联决议案，《九国公约》签字国会议得以召开，中国获得了向国际社会求援的机会。

蒋介石在《中共中央公布国共合作宣言》发表谈话时向国际社会宣布：“中国不但为保障国家民族之生存而抗战，也为保持世界和平与国际信义而奋斗。”国民党临时全国代表大会肯定了国民政府运用多元外交手段获取国际社会支持的做法，并发表宣言郑重声明：“从中国立场言，则为捍御外侮，为国家民族争取独立生存，从国际立场言，则为维护条约之尊严，对于破坏条约，甘为戎首者，予以坚决之抵抗；以是之故，凡爱好和平之国家，自政府以至人民，莫不同情中国，谴责日本。中国当此抗战期间，得此等道德上之同情与援助，至为感奋。”中国对外关系当谨守两项原则：一是对于曾经参加的维持国际和平之条约，必确实遵守；二是对于世界各国既存之友谊，必继续不懈，且当更求其增进。国民党反复陈述中国与世界局势之密切关联，强调中国是维护世界和平之重要力量：“世界和平不可分

① 石源华：《中华民国外交简史》，上海人民出版社1994年版，第513页。
② 志刚：《北京九国公约会议》，《东方杂志》1937年第34卷第20—21号，第74页。

割，一部分之利害，即全体之利害，故每一国家谋世界之安全，即谋自国之安全，不可不相与戮力，以致力于保障和平，制裁侵略，俾东亚已发之战祸，终于遏止，而世界正在酝酿之危机，亦于以消弭，此则不惟中国实受其益，世界和平胥系于此矣。”[①]

为此，国民党确定之战时外交方针为：本独立自主之精神，联合世界上同情于我之国家及民族，为世界之和平与正义共同奋斗；对于国际和平机构，及保障国际和平之公约，尽力维护，并充实其权威；联合一切反对日本帝国主义侵略之势力，制止日本侵略，树立并保障东亚之永久和平；对于世界各国现存之友谊，当益求增进，以扩大对我之同情。[②]国民党确定的战时外交方针，体现了国民党开放的国际视野和广阔的世界眼光。

国民党将“本独立自主之精神，联合世界上同情于我之国家及民族，为世界和平与正义，共同奋斗”确定为战时外交之首要方针，[③]有意识地将中华民族抗战置于整个世界反法西斯战争之进程中，强调中国与国际社会休戚与共。国民党反复强调，中国抗战矛头对准日本帝国主义，而非日本民众，劝告日本帝国主义停止侵华战争，以免害人者自害：“即为日本计，若遂其侵略之欲，则穷兵黩武，永无底止，势必重困其民，以害人者自害。”国民党多次严正申明：“中国此次抗战，实为东亚百年之大计，非惟对于日本国民无所仇恨，且期待其促成日本军阀最后之觉悟。”[④]国民党视中国抵御日本侵略为维护世界和平的重要举动，而非中日两个民族之单独对抗，体现了中国自觉融入国际秩序的努力。

国民党在抗战时期召开的历次中央全会在讨论中国抗战问题时，均将中国抗战与世界和平及其局势变化联系起来考察，强调中国抗战之国际影响及保障世界和平之重要意义。国民党五届五中全会宣言声明：“吾国今日之所以坚决抗战者，其目的固在抵御侵略吾国之敌人，恢复我主权领土及

① 中国第二历史档案馆编《中华民国史档案资料汇编》第五辑第二编政治（一），江苏古籍出版社 1998 年版，第 407 页。

② 中国第二历史档案馆编《中华民国史档案资料汇编》第五辑第二编政治（一），江苏古籍出版社 1998 年版，第 387 页。

③ 中国第二历史档案馆编《中华民国史档案资料汇编》第五辑第二编政治（一），江苏古籍出版社 1998 年版，第 387 页。

④ 中国第二历史档案馆编《中华民国史档案资料汇编》第五辑第二编政治（一），江苏古籍出版社 1998 年版，第 406 页。

行政之完整，实亦为惩创破坏条约尊严，危害世界和平之戎首。切望举世维护和平之友邦，发挥协同一致之精神，保障利害共同之条约，施有效之方法，消蔓延之战祸，尽必如此，乃可以求得世界人类之和平，增进人类之幸福。”①

国民党五届六中全会向国际社会宣告：信任友邦，保障世界和平，坚持既定四项原则（反对日本侵略，以保障我主权、领土、行政的完整；遵守国际公约，尤其是九国公约、国联盟约与非战公约；不参加防共协定；外交完全自立自主，不受任何拘束）。②国民党五届七中全会通过决议亦指出：中国外交应“本多求友少树敌之义”，“联合在太平洋关系密切之国家，维持九国公约之尊严，安定太平洋之局势”。全会宣言重申：“吾人即认定此次作战正义，不唯自保民族之生存，国家之独立，更所以维护国际正义与世界和平。诚以安定亚洲之重心，必为独立自由不受侵犯之中国；且必亚洲有真实之和平，而后世界始有安全之基础。”③

国民党政府认识到，美国宣布对华“门户开放政策”后，中国已不容为任何一国所独占，日本欲鲸吞中国必将引起国际的干涉。“单独抗日战争，我们纵然没有制胜的把握，但当这一战争成为世界战争的一部分时，那我们就不一定没有最后胜的把握。”基于这种认识，国民政府作出“持久消耗战”的最高战略。国民党坚持“持久消耗战”之目的，在于以苦撑待变之政略，争取国际形势发生对华有利之转变，在世界反日势力援助下取得抗战最后胜利。

正因如此，国民党密切关注国际形势的变化，关注欧洲局势对中国抗战之影响。陈诚在向蒋介石提供的《欧战爆发后我国应取之立场》中，对欧洲战局进行冷静观察，进而决定中国的立场，体现了其对国际局势变化之洞见。

将中国问题与世界问题联系起来考虑，将中日战争最后之命运取决于世界大战的战局，是陈诚的基本观点。如果说蒋介石在国民党五届五中全

---

① 中国第二历史档案馆编《中华民国史档案资料汇编》第五辑第二编政治（一），江苏古籍出版社1998年版，第431-432页。

② 中国第二历史档案馆编《中华民国史档案资料汇编》第五辑第二编政治（一），江苏古籍出版社1998年版，第489页。

③ 中国第二历史档案馆编《中华民国史档案资料汇编》第五辑第二编政治（一），江苏古籍出版社1998年版，第509页。

会上宣布“抗战到底”的“底”是“要恢复七七事变以前的原状”的话，那么随着欧战爆发，蒋介石对世界局势的看法日益清晰，对“抗战到底”的“底”有了新认识，正式形成了将中国问题的解决与世界大战的前途联系起来考虑的所谓国际政略。

1939年9月欧洲战争爆发后，蒋介石在国民参政会第一届第四次大会致开幕词中，将抗战与欧战联系起来，强调中日战争与世界战争的关联：“中日战争问题，就是世界问题，而且是世界最大的问题，须知今日世界的战乱，完全是由日本侵略中国，破坏国际公约，扰乱世界和平的强暴行为所引起的。”因此，“中日战争就是世界战争的起点，亦就是世界战局的重心”。按蒋介石的解释，欧洲战争是中日战争引起的，中日战争是世界战局的重心。蒋介石在同年10月召开的第二次南岳会议上，对欧洲战争与中国抗战的关系作了清晰说明，集中阐述了他的抗战国际政略思想：中国抗战与欧洲战争“同时并进”，中国问题将随世界问题的解决而解决，中国持久抗战就是要等待这种“自然机运”的到来。这就是国民党政府的抗战国际政略。

按照国民党确定抗战国际政略，第一步是将抗战与欧战联系起来；第二步是中国的抗战与世界反侵略战争结为一体，借助国际力量争取抗战的最后胜利。中国抗战能够坚持到欧战爆发，标志着国民党第一步国际政略的成功，接下来的目标是将东亚和欧洲的两大战争同时结束，彻底解决中国独立解放问题。蒋介石说：“我们的战略亦就是要使中国抗战能达到与世界战争同时结束的目的。如此，才可以彻底解决远东问题，真正获得永久的和平。”他强调：“就整个战局形势来看，可以说：我们现在还只战到胜利的中途，要想达到胜利的目的，一定要坚持到欧战结束，世界问题得到解决之日，始能获得抗战最后的成功。如其不然，在欧战没有结束，世界问题尚未解决以前，我们若急求速了，妄想日本妥协讲和，这就是自取失败，自取灭亡！这是我们抗战一贯的方针与最大的政策。”只要中国抗战能够坚持到欧战胜利，那么中国独立问题必定能够随着世界问题而最后解决。

1939年11月12日，蒋介石在国民党第五届六中全会开幕时发表《昭示我抗战国策坚定不移》演讲。他对欧战之爆发所凸显出中国抗战之时代意义作了说明：“我要提醒我们全体同志两句话，第一句话，就是这次欧洲战事，幸而发生在我们中国抗战既起之后。第二句话，就是我们幸而在欧战没有发生的两年前七月七日，发动了对日抗战。第一句话的意义，就是说，今天日本虽有趁火打劫的野心、已没有扰乱世界的能力，至少可使世界战祸范围因而缩小。第二句话的意义，如果我们在二十六年七七的时候，还不奋起抗战，等到今天欧战发动起来了，各国没有余力他顾，日本承九一八以来一贯的侵略行为，及其数十年来所蓄积的很完整的军事设备，就可以毫无顾忌的向中国自由行动，那我们中国真有灭亡的危险。现在由于我们两年的奋斗牺牲、在中国是获得了愈战愈强的经验和力量，在日本是再衰三竭，已经陷入了深深的泥淖，世界的另一隅，虽然燃起了烽火，然而日本毕竟被我军拖住了，不敢再向各国威胁，也无法再向世界横行。而我们中国也只要专心一志对付已在交战的这个敌人，更无虑在骇浪惊涛中间来应付猝不及防的祸患。”

1939年11月18日，蒋介石在国民党五届六中全会第六次会议上发表《中国抗战与国际形势：说明抗战到底的意义》的演讲，报告抗战前途和国际大势。他对“抗战到底”的“底”作了新解释。他说：“所谓‘抗战到底’究竟是怎么讲呢？我们抗战的目的，如何乃能达成？我们抗战的目的，率直言之，就是要与欧洲战争——世界战争同时结束，亦即是说中日问题要与世界问题同时解决。我在五中全会说明抗战到底，要恢复七七事变以前的原状，是根据以中国为基准的说法，若以整个国际为范围来论断中日战事的归趋，就一定要坚持到世界战争，同时结束，乃有真正的解决。”为什么会有这样的新思路？他解释说：“因为中日问题，我常说并非简单的中日两国的问题，乃是整个东亚亦即整个世界的问题，而且今日中国问题，实为世界问题的中心。”可见，此时蒋介石“抗战到底”的“底”，包含有取得中国独立并收复被日本攫取的中国领土主权之内涵。

蒋介石在此次演讲中，再次对中国抗战与世界反侵略战争之接轨，作了明确宣示：“故中国问题的解决，一定要和整个东亚或整个世界问题同时解决始能得到真正的解决。否则，世界问题不能解决，中国问题也就不能解决，而我们中国依旧不能脱离次殖民地的地位。因此，中国抗战在时间上，尤其最后问题的解决上一定要和世界战争联结起来，使远东问题，与欧洲问题随今日东亚西欧战争之终结而同时解决，以重建世界永久的安全幸福与和平，然后我们国家民族才获得一条光明的出路，得以达到复兴的目的！”他最后强调：“所以我们今天只有一心一意抗战下去，以承接中国问题随世界战争结束而解决的自然的机运，那时候水到渠成，敌人当然消灭，抗战必达目的，中国更必然得到独立自由与平等。我所说‘抗战到底’的真义，也就是如此。”

由此可见，国民党所确定的抗战国际政略，主要是将中国抗战与世界大战结为一体，以苦撑待变的方式，“承接中国问题随世界战争结束而解决的自然的机运”，将中国问题的解决与世界反法西斯战争的胜利联系起来，自觉将中国融入世界反法西斯战争之中，实现中国独立自由之目标。而要最终实现这个抗战国际政略，中国必须坚持“抗战到底”战略而不投降，静观国际局势的变化，待到日本与英美矛盾激化而爆发冲突，即可将中国抗战融入世界反侵略战争，彻底解决中国独立解放问题。

欧战的爆发，虽然给中国抗战带来与全世界反侵略战争接轨的机会，但中国仍需在亚洲单独抗战之处境并没有改变。因欧战失利，法英两国相继关闭所属殖民地联系中国的交通渠道。英美这种为求自保的做法，激起了国民政府部分人士的不满，主张放弃传统的亲英美政策，改采拉拢德意苏诸国。针对友邦不肯真诚以待、不以我国利益为念，蒋介石并未改变原有的外交思维，依旧重申既定抗战外交方针没有调整的必要，反视日德意三国同盟条约的签订为“我所日夕求不得者也”。

1940年7月5日，蒋介石在国民党召开第五届七中全会上致辞时表示，国际交通路线的断绝，阻碍了外援物资的输入，但中国仍保有一年的军需存粮，尚不至立即影响抗战实力。蒋指出法国屈服、英国失势等欧陆新情势，对远东大局的影响有限；这是因为英法两国在远东的实力极为有限，而真正具备左右时局实力者，是目前尚未直接卷入欧战旋涡的美苏两国。就此而言，在关键的美苏两国尚未改变对日本的警戒态度以前，“我们的抗战外交，仍旧可以照预定的目标进行，没有改动的必要”。故他提出了“坚持抗战不变”“维持九国公约不变”“对太平洋关系各国的外交方针不变”的“三不变”原则，作为处理国际外交关系的基本原则，以苦撑待变的方式顽强地实施着抗日国际政略。

日本发动大规模侵华战争以后，美苏英等国与中国有着切身的利害关系，故对中日战争给予密切关注。欧洲战争的爆发，特别是太平洋战争的爆发，快速地推动了中国进入世界体系。1941年12月8日，太平洋战争爆发，美英与日本互相宣战。中国亦于同日正式对日本、德国宣战，亚洲战场与欧洲战场已成一体，中国走出了独立抗日的困境。12月15日，蒋介石在国民党第五届第九次中央全会开幕词中说："敌国发动太平洋战争之后，我中国抗战与世界反侵略战争业已联成一片。"故国民党政府发表宣言，向国际社会表示中国愿"以安危与共患难相扶之精神，与反侵略各友邦迅速成立统一强国之阵营，力谋军事、政治、经济之密切合作，相互提携，团结一致，决不为单独之媾和，必期达到解除侵略国之武装，保证人类经济生活之机会平等，与重奠世界永久和平秩序之目的"①。

蒋介石采取的重大战略决策，是坚持持久抗战以等待中国问题随世界战争之解决而解决的"自然机运"。他对欧洲战争和太平洋战争的论述，往往是从他的战略和政略出发的，故蒋介石始终企望美英苏抑制日本侵略，并力图将其拉入对日战争。因此，蒋介石把欧洲战争和太平洋战争的爆发，看成是国民党国际战略和政略的成功，是有其理由的。

蒋介石在1942年10月22日召开的国民参政会第三届第一次大会开会致辞时回顾说：1941年12月8日敌寇发动了太平洋战争，"我国接着就对日寇宣战，同时对德意宣战，从此我国就与世界上拥护和平正义的盟邦，并肩作战；我从前所预测的中日战争必将与世界战争联结起来，也于此实现。这一年来内外局势的变迁，就以这一件大事为契机而发展"。他强调："世界上所有欧亚美非各战场，完全是利害成败绝对一致。"②蒋介石对太平洋战争极为重视，把这个战争的爆发看作国民党政府国际政略的成功。

国民党反复强调，中国抗战的矛头对准日本帝国主义，而非日本民众，劝告日本帝国主义停止侵华战争，以免害人者自害。国民党视中国的抵御日本侵略为维护世界和平的重要举动，视抗战为世界反法西斯战争之重要组成部分，而非中日两个民族之单独对抗。

蒋介石的国际政略思想，成为国民党人关于持久抗战的重要观点。何应钦说："由于领袖坚持'抗战到底'，不为日本诱和谋略所动，日本乃进军越南，企图彻底切断中国国际补给线，迫使中国屈服。中国改由滇缅公路输入军用物资，仍未屈服。而日本却因进军越南，引起美国禁止石油输

---

① 中国第二历史档案馆编《中华民国史档案资料汇编》第五辑第二编政治（一），江苏古籍出版社1998年版，第589页。

② 《国民参政会纪实》下册，重庆出版社2016年版，第652页。

往日本，遭到经济制裁。日本如无石油供应，则其凡需石油作动力之生产与战争工具，皆将成为废铁，必然丧失持续作战能力。日美谈判，日本拒绝自中国撤兵，不愿放弃在华夺得之利益，必须继续对华作战。而继续作战非有石油供应不可，因此决心夺取南洋战略资源。日本为谋'南进'战略翼侧安全，须先击灭美国太平洋舰队。故于民国三十年（1941）十二月八日，奇袭珍珠港，发动所谓'大东亚战争'（太平洋战争）。从此中国抗日战争与第二次世界大战结合，由孤军奋斗，演为联合盟邦，共同击败日本，获得最后胜利。"①

由此可见，和国民党所阐述的抗日战争与世界大战的关系，可以归纳为四点。第一，欧洲战争和太平洋战争的爆发是中国抗日战争引起的，是蒋介石坚持"抗战到底"战略方针的结果。第二，中国的抗日战争是"世界战局的重心"，其战略地位比欧洲战场更为重要。第三，中国的抗战与世界反侵略战争结为一体，中国的利害成败与其他对德日意作战国家的利害成败"绝对一致"。第四，"中国问题将随世界问题之解决而解决"，持久抗战就是实现"中国问题随世界战争结束而解决的自然机运"。除了第一、第二两点是过分夸大的之外，第三、第四两点基本上符合事实。

太平洋战争爆发后，国民政府决定对日宣战，同时对德意法西斯轴心国宣战。会议还决定向美国建议，成立中、美、英、苏、荷、澳、加拿大等国军事同盟，由美国作领导。随后召开的国民党五届九中全会通过的决议案，对外交政策作了调整。该决议案规定："国际形势已分为侵略与反侵略两大阵线，今后外交上所当努力者，一为战时如何加强各同盟友邦协同作战之效能，以争取反侵略战争之胜利；一为如何与各友邦加强合作，以确立保障世界永久和平之国际组织。外交当局与有关机关应本此方针，多方策划。至于战后与各友邦条约之改订，以及运用外资开发我国工业，均为我国一贯国策，亦当预为规划。"②蒋介石踌躇满志，一面筹组国际军事同盟，一面积极开展外交活动，争取大国地位。

国民政府派出外交官员与英美交涉，要求废除不平等条约，建立平等

---

① 何应钦：《抗日御侮·序》，载蒋纬国《抗日御侮》第一卷序言部分，台北1978年刊印本，第6–7页。

② 荣孟源主编《中国国民党历次代表大会及中央全会资料》（下册），光明日报出版社1985年版，第742页。

关系。英美对中国的废约呼声很快作出反应，于1942年10月10日分别通知中国政府，声明立即放弃在华特权。此后经三个多月的谈判，于1943年1月11日分别签订了取消在华特权的中美、中英新约。继美英之后，挪威、巴西、荷兰、比利时、加拿大、瑞典分别与中国签订新约，废止在华特权。法国、丹麦、瑞士、葡萄牙等国表示在战后宣布废除在华特权。以上新约宣布正式废除在华治外法权，废止《辛丑条约》，取消租界，取消外人沿海和内河航运特权，取消外籍领港人，取消旧条约中关于通商口岸与商埠的规定，废除总税务司须录用英国人的规定。近百年来中国丧失的主权大都得到恢复，中国在世界民族之林中平等合法的地位得到了公认。因此，全国人民无不为之欢呼庆贺，无论在国民党统治区还是在解放区，人们都纷纷集会热烈庆祝。朱德称新约的签订是“我国国际地位平等之开始”。

罗斯福为鼓励中国积极对日作战并在战后能成为抗衡苏联的力量，积极支持中国的大国地位。1943年10月，中国得以与美、英、苏共同签署《普遍安全宣言》，对战争和战后和平问题作出了权威性安排。11月，中美英在开罗举行最高级会晤，蒋介石与罗斯福、丘吉尔就战时及战后的军事、政治、经济极为广泛的议题交换了看法，共同商定了对日战争大计，发表了《开罗宣言》，声明在彻底击败日本后，必须将满洲、澎湖列岛和台湾归还中国。中国能联署《普遍安全宣言》，出席开罗会议并参与制定有利于中国的《开罗宣言》，标志着中国正式跻身“四强”之列，中国的国际地位发生了显著的变化。当时中共机关报《解放日报》对此做过中肯的评价。开罗会议后，中国积极参加了筹建战后国际组织的工作，成为联合国的主要发起国之一，并担任联合国安理会的常任理事国，取得了对安理会的任何重大决议的否决权，第一次在国际组织中明确了我国的重要地位，在国际舞台上扮演着“大国”的角色。

总之，在全民族抗战期间，国民党制定了正确的抗战国际政略，其以开放的国际视野，以抗战到底、苦撑待变的方式，在强调抗战以争取民族独立之时，特别注意联合世界上以平等待中国之民族共同奋斗，强调将中华民族之命运与世界局势的发展紧密相连，将中国抗战与维护世界和平之大局紧密相连，自觉将中国融入世界反法西斯战争之中，对中国赢得抗日战争的最终胜利发挥了作用。

六、“战时须作平时看”的教育思想

全民族抗战以前，全国高等学校多分布在东南沿江沿海及华北地区，当日本大规模进攻时，极易遭到摧残。全民族抗战爆发后，国民政府匆忙命令华北及沿海各高校内迁。从1937年到1939年，华北及东南沿海各高校除了燕京、辅仁等教会学校保持中立未动外，其余都迁往西南、西北，或就近迁入山区。如北京大学、清华大学、南开大学先迁到湖南长沙，然后又迁往云南昆明，合组为西南联合大学；北洋大学、北平大学与北平师范大学迁到陕西，合组为西北联合大学；中央大学、复旦大学、武汉大学、东北大学、山东大学、东吴大学、金陵大学等31所高校迁到四川各地；中山大学迁到云南；浙江大学先迁浙西天目山，后迁江西、广西，最后迁到贵州遵义。

为了安顿和救济沦陷区中等学校流亡师生，国民政府决定设立国立中学，1937年冬，教育部在河南淅川上集设立国立河南临时中学，次年初在贵州铜仁设立国立贵州临时中学。教育部公布《国立中学暂行规定》和《国立中学课程纲要》，规定国立中学一般分中学、师范、职业三部，专门安置战区公私立中学及师范学校男女学生及职业学校学生；课程分精神训练、体格训练、学科训练、生产劳动训练及特殊教学与战时后方服务训练五项。1938年7月，教育部颁布《国立中学规程》，次年4月决定取消国立中学以地名为校名的办法，改为以国立中学成立先后次序以数字为校名。抗战时期共设立各种国立中学34所，其中国立中学23所，国立华侨中学3所，国立中山中学2所，国立女子中学2所，以及改办的中学4所。此外，还创办了国立商业职业学校及国立师范学校14所。

抗战要求进行充分的社会动员，要求实施战时教育，激发民众的抗日热情。但现代教育的基本特点是，为了维持基本的教育水准，必须按照规定的课程标准和学制实施，因而必须保持战前基本的教育制度。教育的稳定效果与抗日的紧迫性要求，必然发生冲突。在战争的要求与教育的性质互相冲突的情况下，是满足前者还是坚持后者？是坚持读书还是投笔从戎？这些问题成为全民族抗战爆发后人们争论的焦点。

以教育部部长陈立夫、中央大学校长罗家伦等人为代表的部分人士认为，教育是百年大计，不应更改。1938年3月7日，新任教育部部长陈立夫就职时宣布今后教育实施方针时说："在理论上无所谓战时教育，因为平时教育实际上包含着战时准备。"[1]他随后发表的《告全国学生书》指出："教育之任务，为在智德体各方面培养健全之公民，使其分负建国之艰巨责任，故青年之入校修业，自国家立场观之，读书实为其应尽之义务，使青年而有废学之现象，实即国家衰亡之危机。"因此"各级学校之课程不为必须培养之基本知识，即为所由造就之专门技能均有充实国力之意义。纵在战时，其可伸缩者亦至有限，断不能任意废弃"。[2]

1938年，罗家伦在《新民族》周刊上连载了《抗战的国力与文化的整个性》的长文，系统地阐述了教育应该基本维持现状的主张。他认为，近代的战争不是单纯的武力战争，而是文化的战争。而文化是一个大的有机体，所以"支持文化的教育，从纵的方面讲，自小学中学大学以至研究院，缺少一段就无从实施。从横的方面讲，无论文法教理工农医商，都是一套整个的配合，缺了一件都配不起一个整个国家的机构"；而且因为文化是有机体的，它的生命不可中断，中断就很难继续了，"所以有人以为战时中学小学甚至大学都可停办，是不对的"。[3]他认为，战争期间各式学校不是要停办，而是要本着"敌人能允许我们还读一天书，我们就得加倍努力的多读一天书"的精神，"夺取时间""夺取知识""夺取修养""夺取训练"。[4]

但以李实、梁瓯第等人为代表的部分人士则认为，抗战形势需要实施战时教育，而战时教育应该废弃正常教育而专办应付战时需要的各种训练班，要从学制、教学目标、教学内容、教学方法等方面进行变革，以应抗战之急需。在他们看来，维持正常教育是坚持"亡国教育"。这种"亡国教育"，"把许多有用的青年，那些国家精锐的知识分子桎梏起来，有意无意的把他们束缚着，而不使之动员起来"，这一方面削弱了抗战力量，另一方面也是帮助敌人，增加敌人对我们进攻的力量。[5]因此，战时教育迥异于平时教育，战时教育"是一种适应战时体制或状态，而促进民族中成员身心发展，借以培养战时所需国力的工具，推动民族解放和社会改革的工具"。

---

① 中央教育科学研究所编《中国现代教育大事记》，教育科学出版社1988年版，第386页。

② 陈立夫：《告全国学生书》，《教育通讯》1938年第1卷第1期（创刊号）。

③ 罗家伦：《抗战的国力与文化的整个性》，《新民族》1938年第1卷第7期。

④ 罗家伦：《抗战的国力与文化的整个性》之四，《新民族》1938年第1卷第11期。

⑤ 李实：《反对亡国教育》，载生活教育社编《战时教育论集》，生活书店1938年版。

他们提出，战时大学应办成抗战人才供应所、救亡干部训练所，应该是民族革命青年先锋战士的产生地，主张在教学方式上实行集体主义的自我教育。

陈礼江则提出了不同于这两种观点的折中观点，认为战时教育应该包括治标和治本两个方面："既不以维持原状为然，也不以短期训练为足，而须以远大的目光，作标本兼治的筹划。"所谓治标教育，是指应目前迫切的需要，而设计各种暂时办法，谋补救因抗战而发生的种种困难，以增加抗战力量。如内迁战区学校、救济战区师生、根据战时需要酌量改变课程和教材，利用课余时间参加后方服务活动，创办各种短期训练学校等。所谓治本教育，是指对于整个教育事业加以规划，以期应付长期抗战，适应建国。①

尽管抗战全面爆发后教育界就战时教育方针问题各抒己见，争论激烈，但国民政府在抗战全面爆发后并没有立即形成明确的教育方针。1937年8月27日，教育部制定的《总动员时督导教育工作办法纲要》（简称《纲要》），要求在战争发生时各地各级学校务必保持镇静，"以就地维持课务为原则"；各级学校训练，应力求切合国防需要，但课程之变更仍须遵照部定范围；学校教职员及大中学生，得就其本地成立战时后方服务团体，但须严格遵照部定办法，不得以任何名义妨害学校之秩序。《纲要》虽然提出教学要切合国防需要，但重点强调了维持正常教育管理秩序，而不是变革现行教育制度。随着抗战的不断推进，人们对战争的长期性有了深刻的认识，教育部也开始认真考虑战时教育方针问题。

1938年5月，独立出版社出版的《战时教育论》一书集中反映了国民政府的抗战教育主张。它论述了过去教育的缺失及目前教育的危机，强调了战时教育与平时教育的连续性和一元性，强调了教育要教学生锻炼体格、培养精神、注重知识、掌握技术、陶冶人格、坚定信仰，并将抗战、建国同时并举，实际上在提倡战时教育的同时极力维护正常的教育秩序。

生活书店同时出版的由生活教育社编辑的《战时教育论集》一书，集中反映了当时文化教育界关于抗战教育的主张。该书分"总论""分论""方案与方法""动员""附录"五部分。"总论"部分提出通过教育动员民

① 陈礼江：《论战时教育》，《教育通讯》1938年第1卷第7期。

众，全面持久地抗战；“分论”部分提出了改进与实施战时政治教育、农民教育、难民教育、军队教育、伤兵教育、边疆教育以及教育行政、战时教师、学校机构、学校课程改造等具体主张；“方案与方法”部分对抗战教育方案、战时民众教育、各级学校教育、儿童训练、技术人员训练诸方案作了具体设计；“动员”部分号召教育界、记者界、戏剧界、文艺界及全国各界同仁及家庭妇女，有智出智，无智出力，积极参与民族独立解放的斗争。顾岳中出版的《中国战时教育》一书，概括了中国所实施的抗战教育的基本性质和意义：战时教育较平时更能针对时需；以战时教育动员全国军民；以战时教育促成更多新的教育机关；促进更多特种训练学校；促进全国教育合理布局；促进普及义务教育；促进民众教育发展；更能培养建国人才。因此，抗战教育虽是被动实施的，却是促进中国教育发展的一件好事。

1938年4月，国民党临时全国代表大会制定并颁布了《抗战建国纲领》，对抗战时期的教育总政策作了明确规定。其主要内容为：改订教育制度及教材，推行战时教程，注重国民道德之修养，提高科学之研究与扩充其设备；训练各种专门技术人员，予以适当之分配，以应抗战需要；训练青年，俾能服务于战争及农村；训练妇女，俾能服务于社会事业，以增进抗战力量。

为了实现这个战时教育总纲领，会议还制定了《战时各级教育实施方案纲要》，明确规定了发展教育的九大方针和十七要点。九大方针是：三育并进；文武合一；农村需要与工业需要并重；教育目的与政治目的一贯；家庭教育与学校教育密切联系；对于吾国文化固有精神所寄之文学哲艺，以科学方法加以整理发扬，以立民族之自信；对于自然科学，依据需要迎头赶上，以应国防与生产之急需；对于社会科学，取人之长，补己之短，对其原则整理，对于其制度应谋创造，以求一切适合于国情；对于各级学校教育，力求目标之明显，并谋各地平均之发展。对于义务教育，依照原定期限以达普及。对于社会教育与家庭教育，力求有计划之实施。十七要点的主要内容有：对现行学制大体仍维持现状；对于各地各级学校的迁移与设置，应有通盘计划；对师资训练应特别重视；对各级学校教材应彻底加以整理，对中小学教学科目及大学科系应加以调整；订立各级学校训育标准，并切实实行导师制；对于学校进行严格管理，中等以上学校一律采取军事管理方法；完善各级教育机关，设立全国最高学术审议机关；改订留学制度；改进边疆教育与华侨教育；确定社会教育制度，推行职业补习教育；等等。

根据这九大方针和十七要点，教育部拟定了具体的实施方案，对各级各类教育的教育目标和教育对象，学制、设置、师资、教材、课程与科系、训育、体育、管理、经费、行政机构、留学制度、女子教育与家庭教育、边疆教育与华侨教育、社会教育等都作了具体的规定。这些规定，有利于促进全国教育有计划、有秩序地发展，但并没有确定抗战时期的教育方针。

1939年3月，教育部在重庆召开第三次全国教育会议，检讨教育界的现状，研究改进或补救的办法，解决教育上当前种种困难问题，确定抗战时期的教育方针。3月4日，蒋介石在会上发表《今后教育的基本方针》，重申了“现代国家的生命力，由教育、经济、武力三个要素所构成，教育是一切事业的基本，亦可以说教育是经济与武力相联系的总枢纽”的主张，指出“我们切不可忘记战时应作平时看，切勿为应急之故，而丢却了基本”[①]，明确提出“战时应作平时看”的教育方针。

蒋介石针对抗战以来教育界争论的“战时教育和正常教育的问题”，重申了此前概括的意见：“平时要当战时看，战时要当平时看。”他批评了在这个问题上的两个错误认识，并指出，尽管战时需要兵员，必要时也许要抽调教授或大学专科学生；尽管战时需要各种抗战的干部，不能不在通常教育系统之外去筹办各种应急人才的训练，但同时更需要各门各类深造的技术人才，需要有专精研究的学者，而且在抗战期间更需要着重各种基本的教育。为了适应抗战需要，符合战时环境，应该以非常时期的方法来达成教育本来的目的，运用非常的精神来扩大教育的效果，这是应该的，但他反对实施战时教育。

蒋介石提出“战时应作平时看”，主旨是维持正常教育体系不变。因此，他仍然强调抗战教育应像过去那样重视精神教育，发扬中国固有道德。

因此，蒋介石公开表示不赞同“教育独立”口号，认为教育要与军事政治社会经济一切事业相贯通，并向教育界提出要求。一是认清“尊师重道”的意义，“我们真要以教育救国建国，必须由教育人员严守国法，尊重

① 教育部教育年鉴编纂委员会编《第二次中国教育年鉴》第1册，商务印书馆1984年版，第53—54页。

纪律，视国家尊严重于个人的尊严，才能表率青年，风动民众，使我们一盘散沙的旧习惯，变成凝聚坚固整齐团结的新气象，而后战时可以制胜，战后可以建国”。二是在训育上要提出简单而共通的要目。“所有全国各级学校，可以礼义廉耻四字为共通的校训。”三是教育界齐一趋向，集中目标，确确实实为实现三民主义而努力。“我愿我们教育界各位贤达，一心一德，同志同道，决心集结到三民主义的总目标之下，为中国革命而努力。”

第三次全国教育会议同意接受蒋介石的“会议训词为今后我国教育之最高指导原则”。至此，国民政府教育部正式确立了“战时应作平时看”为战时教育方针。国民政府以“战时应作平时看”为战时教育方针，主要是出于“抗战”与“建国”的双重考虑，并且因教育作用的滞后性而强调其在“建国”中的作用。“战时应作平时看”方针的基本趋向，是抗战时期继续正常的教育体系。一方面，坚持和贯彻“三民主义”教育宗旨，另一方面，必须保证教育的正规化和正常化。现行学制“大体应仍维现状，惟遇拘泥模袭他国制度过于划一而不易实行者，应酬量变通，或与以弹性之规定”。课程调整要遵守部定范围，不可任意压缩。要制定学校教师资格审查办法，以保证教师质量；要设立全国最高学术审议机关，以提高科研水平。要保证基础科学研究：“对于吾国文化固有精神所寄之文学哲艺，以科学方法加以整理发扬”，“对于自然科学，依据需要，迎头赶上”，“对于社会科学，取人之长，补己之短，对其原则整理，对于制度应谋创造”。总之，不对战前已经形成的教育体系作根本变革。

教育部确立的“战时应作平时看”方针，是在认识教育规律基础上的正确决策，因而得到教育界多数人士的赞同。光华大学教授廖世承发表的《实施非常时期教育应有的注意点》说：“关于课程方面，现在有两种主张。一种认为国难当头，以往的一切课程，都不合需要，须尽量的增加与国防知识技能有关系的教材。另一种认为基本的训练，非常重要。抛却基本的训练，增加一些浮光掠影的国防教材，恐怕徒劳无功。实则双方的主张，并不冲突。教育本不是一种速成的事业，所谓非常时期的教育，并非要办什么速成教育，彻底的变更教育系统。基本的训练，在国防教育上，占很重要的地位。”他明确表示反对彻底改变正常教育体系，主张基础知识的学习。还有人指出：“教育的效果是缓慢的，本不能期其立时见效，假若环境稍变，便改弦更张，不是朝三暮四，一事无成；便是揠苗助长，欲益反损。”战时教育不仅是为抗战服务的，更为“建国”培养人才；教育是百年大计，其功效是缓慢的而不是立竿见影的；抗战是持久的，无法速胜，因此打乱教学秩序全民皆兵不可取；现代战争是科技的战争，更需要正常教育提供源源不绝的智力支持。

国民政府在确立并实施“战时应作平时看”方针之时，部分地照顾到“平时需作战时看”论者的主张，对战时教育作了适当改进：第一，变更原有学科的教学时数，抽出时间教授战时新教材，诸如军事常识、救护常识、防御常识、消防常识、国际关系、群众指挥法等；第二，加设特殊学科，诸如国民训练、民众教育、中国地理纲要、日本侵略史、日本外交史、日本政治大纲、军事化学、生物学与国防、军事工程等；第三，改进每门课程本身的内容，小学要注意激发儿童抗战情绪，培养儿童社会知识，灌输儿童战争常识；中学在国文、地理、历史、美术、劳作等课程都要作适当改进。如美术课程，黄觉民在《战时课程的编制》中指出：“战时描写及剪贴、忠勇战士的塑像、防空图、防毒图、救护图，后方工作图、战事经过的连续画等，都可以利用来配合美术的教学。”

抗战时期，初等教育制度的改革主要是实施“政教合一”的国民教育制度。该制度是与国民政府新县制合并产生的。1940年3月，教育部制定并公布的《国民教育实施纲要》规定：国民教育分义务教育及失学民众教育两部分，应在保国民学校及乡中心学校内同时实施；6—12岁学龄儿童除可能受六年制小学教育者外，应受2年或1年义务教育；15—45岁失学民众，应分期接受初级或高级补习教育；12—15岁失学儿童，得视当地情形及其自身发育状况，施以相当的义务教育或失学民众补习教育。国民学校有三个显著特点：一是政治与教育合一；二是管教养卫合一；三是儿童教育与成人补习教育合一。

抗战时期，国民党政府为了强化其对高校的政治控制，采取了一系列强化措施。

第一，对学校的行政体制作了改革，规定学校行政领导人必须参加国民党。从1938年起，各高校设立国民党区党部和三青团分团部，1939年起各校设立训导处。教育部规定：国民党区党部协助学校行政，三青团分团部协助学校训育，训导处执行区党部和三青团委托的事项，区党部书记可以列席校务会议。这样，从学校行政、党、团与训育处四方面加强了国民党对高校的控制。

第二，推行训育制度，加强对学生的思想控制。抗战时期，国民政府先后颁布了《青年训练大纲》《中等以上学校导师制纲要》和《训育纲要》等，在各校设立训导处推行导师制，监督师生言行，灌输法西斯主义，“上应严明以驭下，下应服从以事上”的法西斯准则作为训育目标。1938年10月，教育部向各学校颁布对学生“注重精神训练”的训令，用训练国民党员的《党员十二守则》来要求学生。次年7月，教育部又规定了41条禁令来禁锢学生的思想和言行。

第三，颁布一整套规章制度，用行政手段强令各校贯彻执行，在学校中建立了训导处、国民党区分党部和三青团三位一体的特务统治，采用威胁、利诱、监视、逮捕、暗杀等手段对付进步师生。广大师生不仅没有言论自由，而且没有起码的人身保障。因而激起了国民党统治区广大师生的强烈反对，掀起了一次次反独裁争民主的群众运动。

第三章

中共全面抗战思想

全民族抗战开始后，如何争取抗战胜利，成为中国各党派思考的重要问题。中国共产党全面分析了抗战形势，制定了《抗日救国十大纲领》，提出了依靠和发动全国军民参加的全民族的全面抗战路线。这条路线代表了全国人民的根本利益和中华民族的全体意志，为全国人民争取抗战胜利指明了正确道路。正是在确立全面抗战思想的前提下，中国共产党形成了系统的抗日持久战思想、独立自主的游击战思想和动员与武装民众思想，利用一切机会去宣传群众、组织群众、武装群众，“组织千百万群众进入抗日民族统一战线”，为中国人民坚持持久抗战、争取最后胜利提供了强大的思想保障。

一、《抗日救国十大纲领》

抗日战争全面爆发后，民族矛盾上升为主要矛盾。中国共产党根据形势的变化，迅速制定了一条全面抗战路线。中共在全面分析了国内外的政治、经济形势之后指出：抗日战争不会是一场速决战，而将是一场艰苦的持久战；没有广大人民群众的支持和参与，要取得战争的胜利是不可能的。因此，必须发动、团结和组织一切抗日力量，走全民族抗战的路线，用民族革命战争战胜日本帝国主义。

1937年7月7日，日军向驻守卢沟桥的中国军队发动进攻，中国守军被迫奋起抵抗。中国共产党清楚地意识到，日军悍然进攻卢沟桥，绝非一个单纯的地方性武装挑衅事件，而是日本帝国主义发动全面侵华战争的严重信号，中华民族已处在生死存亡的危急关头，只有实行全民族抗战，实行全国总动员，才能抵御日寇侵略，实现救亡图存。中国共产党从全民族的根本利益出发，提出了全面抗战的主张。

7月8日，中共中央向全国发出通电，大声疾呼："全中国的同胞们！平津危急！华北危急！中华民族危急！只有全民族实行抗战，才是我们的出路！"通电号召全国同胞、政府与军队紧密团结起来，筑成民族统一战线的坚固长城，抵抗日寇的侵略。"我们要求南京中央政府切实援助第二十九军。并立即开放全国民众的爱国运动，发扬抗战的民气。立即动员全国陆海空军准备应战。立即肃清潜藏在中国境内的汉奸卖国贼分子和一切日寇的侦探，巩固后方。我们要求全国人民用全力援助神圣的抗日自卫战争。我们的口号是：武装保卫平津华北！为保卫国土流最后一滴血！全中国人民、政府和军队团结起来，筑成民族统一战线的坚固的长城，抵抗日寇的侵略！国共两党亲密合作抵抗日寇的新进攻！驱逐日寇出中国！"①

同日，毛泽东、朱德、彭德怀、贺龙、林彪、徐向前等以红军将领的名义，联名致电蒋介石，力主"实行全国总动员，保卫平津，保卫华北，规复失地"，并表示红军将士愿意"为国效命，与敌周旋，以达保土卫国之目的"。

1937年7月15日，中共中央将《中共中央为公布国共合作宣言》交给国民党中央。在这个宣言中，中国共产党提出了实现全民族抗战的三项基本政治主张：第一，争取中华民族之独立自由与解放，切实而迅速地准备和发动民族革命战争，以收复失地，恢复领土主权之完整；第二，实现民权政治，召开国民大会，以制定宪法与规定救国方针；第三，实现中国人民之幸福与愉快的生活，首先须切实救济灾荒，安定民生，发展国防经济，解除人民痛苦与改善人民生活。为了实现上述政治主张，表示中国共产党的团结抗战诚意，中共中央再次郑重宣言：孙中山先生的三民主义为中国今日之必需，本党愿为其彻底的实现而奋斗；取消一切推翻国民党政权的暴动政策及赤化运动，停止以暴力没收地主土地的政策；取消现在的苏维埃政府，实现民权政治，以期全国政权之统一；取消红军名号及番号，改编为国民革命军，受国民政府军事委员会之统辖，并待命出动，担任抗日前线之职责。该宣言还指出，中国共产党之所以这样做，目的只有一个，就是要以抗日大局为重，"求得与国民党的精诚团结，巩固全国的和平统

① 《中国共产党为日本进攻卢沟桥通电》，《解放》1937年第1卷第10期。

一，实行抗日的民族革命战争……以便用统一团结的全国力量，抵抗外敌的侵略”。[①]这是中共最先提出的抗日救国三大纲领。

7月21日，中共中央在《中央关于目前形势的指示》中严肃指出，卢沟桥事态正在扩大中，日本政府的种种行动表明，其首要目的是直接占领平津，然后再占领整个华北。中共中央认为，事变的发展将出现两种可能的前途：一种前途是“事变发展为积极的抗战，以至发展到全国性的抗战，这是全国人民的要求，也是挽救平津与华北与全国免于沦亡的唯一出路”；另一种前途则是对日本帝国主义作出让步与妥协，“这种妥协对于中国完全不利，它只能把平津华北葬送给日寇作为以后继续侵略的有利阵地”。中国共产党的总任务是要争取实现第一个前途，反对一切丧失任何中国领土主权的妥协。围绕这个总任务，中共中央提出了五项具体的抗战主张：第一，全国海陆空军总动员，实现对日作战；第二，全国人民总动员，立刻开放党禁，开放爱国运动，满足人民的迫切需要，实现大规模的组织民众与武装民众；第三，全面的抵抗，不但要在军事上实行抵抗，而且必须根绝日寇在中国的一切政治上经济上的特殊势力与汉奸亲日派；第四，统一、积极地抵抗，立刻集中抗战的军事领导，建立各个战线上的统一指挥，决定采用攻势防御的战略方针，大规模地在日寇周围及其后方发动抗日游击战争，以配合主力军作战；第五，建立抗日的民族统一战线，立刻使中央政府与地方政府的机构民主化，容纳各党派的代表参加国民会议与政府，肃清一切亲日派汉奸分子，实现国共两党的亲密合作。[②]

这个指示，实际上已经提出了全面抗战的主张并将其具体化，即要动员政治、军事、民众、统一战线等方面的一切积极力量，进行全国性的抗战，这实际是在原来提出的三项基本政治主张基础上提出的抗日救国五大纲领。两天后，中共中央又发表为日本帝国主义进攻华北的第二次宣言，重申了这五项抗战主张，强烈要求“立即实行全面的对日抵抗，停止对日外交谈判，实行武装缉私，抵制日货，没收日本帝国主义在华的一切银行矿山工厂与财产，取消日本帝国主义在中国的一切政治的与经济的特权，封闭一切日本大使馆领事馆与特务机关，逮捕一切日本侦探与汉奸，解除

① 《周恩来选集》上卷，人民出版社1980年版，第76—78页。

② 中央档案馆编《中国共产党抗日文件选编》，中国档案出版社1995年版，第172—173页。

日寇与汉奸在中国内地的一切武装的与非武装的团体”，“立刻实施财政经济土地劳动文化教育等各种新政策，以巩固国防，改善民生”，“立刻实现抗日的积极外交，拥护国际和平阵线，反对法西斯侵略阵线，同英美法苏等国订立各种有利于抗日救国的协定”等。[①]这次宣言，使中共全面抗战思想得到了初步完善。

7月23日，毛泽东发表《反对日本进攻的方针、办法和前途》一文，向全国指出对付日本的进攻存在着“两种方针”“两套办法”“两个前途”。两种方针，一种是坚决抗战的方针，另一种是妥协退让的方针。两套办法，一套是动员全国人民、全国军队，争取广泛外援的办法，具体地说就是要实现八大纲领，另一套是与此相反、不实现八大纲领的办法。两个前途，一个是驱逐日本帝国主义、实现中国自由解放的前途，一个是日本帝国主义占领全中国、中国人民都做牛马奴隶的前途。文章系统地阐述了中共的抗战主张，将此前的抗日救国五大纲领，扩展为抗日救国八大纲领。

毛泽东指出，中国共产党主张坚决抗战，反对妥协退让。在坚决抗战的方针之下，中国共产党必须有一整套的办法才能达到目的。中共提出了坚决抗战的一套办法，即抗日救国八大纲领。第一，全国军队的总动员。动员我们的常备军开到国防线上去。召集国防会议，决定战略方针，统一战斗意志。改造军队的政治工作，使官兵一致，军民一致。确定游击战争担负战略任务的一个方面，使游击战争和正规战争配合起来。肃清军队中的汉奸分子。动员一定数量的后备军，给以训练，准备上前线。对军队的装备和给养给以合理的补充。按照坚决抗战的方针，必须作如上各项的军事计划。第二，全国人民的总动员。开放爱国运动，释放政治犯，取消《危害民国紧急治罪法》和《新闻检查条例》，承认现有爱国团体的合法地位，扩大爱国团体的组织于工农商学各界，武装民众实行自卫，并配合军队作战。给人民以爱国的自由。第三，改革政治机构。容纳各党各派和人民领袖共同管理国事，清除政府中暗藏的亲日派和汉奸分子，使政府和人民相结合。政府如果是真正的国防政府，它就一定要依靠民众，要实行民主集中制。它是民主的，又是集中的；最有力量的政府是这样的政府。国民大会要是真正代表人民的，要是最高权力机关，要掌管国家的大政方针，

① 《为日本帝国主义进攻华北第二次宣言》，《新中华报》1937年第378期。

决定抗日救亡的政策和计划的。第四，抗日的外交。不能给日本帝国主义者以任何利益和便利，相反，没收其财产，废除其债权，肃清其走狗，驱逐其侦探。立刻和苏联订立军事政治同盟，紧密地联合这个最可靠最有力量最能够帮助中国抗日的国家。争取英、美、法同情我们抗日，在不丧失领土主权的条件下争取他们的援助。战胜日寇主要依靠自己的力量；但外援是不可少的，孤立政策是有利于敌人的。第五，宣布改良人民生活的纲领，并立即开始实行。苛捐杂税的取消，地租的减少，高利贷的限制，工人待遇的改善，士兵和下级军官的生活的改善，小职员的生活的改善，灾荒的救济，从这些起码之点做起。这些新政将使人民的购买力提高，市场繁荣，金融活跃，绝不会如一些人所说将使国家财政不得了。这些新政将使抗日力量无限地提高，巩固政府的基础。第六，国防教育。根本改革过去的教育方针和教育制度。不急之务和不合理的办法，一概废弃。新闻出版事业、电影、戏剧、文艺，一切适合于国防的利益。禁止汉奸的宣传。第七，抗日的财政经济政策。财政政策放在有钱出钱、没收日本帝国主义者和汉奸的财产的原则上，经济政策放在抵制日货和提倡国货的原则上，一切都是为了抗日。第八，全中国人民、政府和军队团结起来，筑成民族统一战线的坚固的长城。执行抗战的方针和上述各项政策，依靠这个联合阵线。中心关键在于国共两党的亲密合作。政府、军队、全国各党派、全国人民，在这个两党合作的基础之上团结起来，真正做到“精诚团结，共赴国难”。毛泽东强调，坚决抗战的方针就要求必须实行合乎这个方针的八大纲领。实行坚决抗战的方针，采取八大纲领，“就一定得一个驱逐日本帝国主义、实现中国自由解放的前途”。[①]可见，毛泽东在《反对日本进攻的方针、办法和前途》中提出了抗日救国八大纲领，初步形成了全面抗战路线的雏形。

1937年7月30日，北平、天津相继陷落，中华民族陷入存亡绝续的严重危机之中，全国要求武装抵抗日本侵略，实行全面抗战的呼声空前高涨。诚如张闻天所说：“各地的大资产阶级，国民党的各地党部，国民革命军的将领及各地方的军政长官，也表示了他们的积极，提出了抗战的要求。全国各党各派各界各军到处要求行动的统一，并且到处组织了这类统一救亡

① 《毛泽东选集》第2卷，人民出版社1991年版，第346–348、350页。

的组织，这使全国抗日救亡运动前进了一大步。"[①]这使中共中央更加坚定地认识到，实行全面抗战已经迫在眉睫，刻不容缓。为此，延安《新中华报》以《迎接大规模的民族革命战争》为题发表社论，指出日寇进攻华北目的在于攫取华北，以至整个中国，而平津失守，华北万分危急，中华民族的生命已经临到最后的一刹那，"此其时矣，非坚决抗战不足以挽救目前的危机"。社论敦促南京国民政府下最后坚决抗战的决心，采取积极的军事行动，发动广大人民参加抗战，以收复平津，保卫华北，争取抗战的最后胜利。[②]

8月9日，中共中央在延安召开有部分政治局成员和各部门负责人参加的重要会议。毛泽东在讲话中指出：卢沟桥事变是中国大规模全国性抗日战争的开始。国民党转变已大进一步，但离彻底转变还远。目前还存在着严重的危机，即统治者怕群众起来造反。蒋介石的抗战决心是被日本逼起来的，应战主义是危险的，在华北实际上是节节退却。张闻天在会上作了《平津失守后的形势与党的任务》的报告，认为全国抗战形势的发展，必将从局部的应战转变为全国性的抗战，目前"我党的工作中心，是争取全国性抗战的发动与胜利"。报告重申了中国共产党前述关于实行全国性抗战的具体主张。[③]毛泽东等人对此前形成的抗日救国八大纲领进行了补充，扩大为十条，形成了著名的《抗日救国十大纲领》。

1937年8月22日至25日，中共中央在陕北洛川召开了政治局扩大会议。会议主要讨论政治任务问题、军事问题和国共两党关系问题，通过了《中央关于目前形势与党的任务的决定》，全面分析了抗日战争爆发后的政治形势，正式提出了全面抗战路线及其纲领。洛川会议制定的《抗日救国十大纲领》集中体现了中国共产党的全面抗战路线，即依靠和发动全国军民参加的全民族的全面抗战路线。

毛泽东在洛川会议上作军事问题和国共两党关系问题的报告。他在报告中分析了抗日战争的形势、任务及国共两党关系，指出抗日战争的持久性，提出红军的基本任务和战略方针，强调共产党在统一战线中的独立自主原则。他说：中国抗战存在着两种政策和两个前途，即我们的全面的全

① 《张闻天选集》，人民出版社1985年版，第152页。
② 《迎接大规模的民族革命战争》，《新中华报》1937年8月3日。
③ 《张闻天选集》，人民出版社1985年版，第152—154页。

民族抗战的政策和国民党的单纯政府抗战的政策，坚持抗战到胜利的前途和大分裂、大叛变的前途。会议通过了《中央关于目前形势与党的任务的决定》《中国共产党抗日救国十大纲领》和毛泽东为中共中央宣传部门起草的宣传鼓动提纲《为动员一切力量争取抗战胜利而斗争》。会议指出，卢沟桥的抗战“已经成了中国全国性抗战的起点”，中国的政治形势从此开始了一个新的阶段，这就是“实行抗战的阶段”。在这一阶段，“最中心的任务，是动员一切力量争取抗战的最后胜利”。而争取抗战胜利的关键是“使国民党发动的抗战发展为全面的全民族的抗战”。“只有这种全面的全民族的抗战，才能使抗战得到最后胜利。”[①]在《中央关于目前形势与党的任务的决定》中，中国共产党的全面抗战思想得到了全面系统的阐述。

8月25日，毛泽东为中共中央宣传部起草的关于形势与任务的宣传鼓动提纲指出：卢沟桥中国军队的抗战，是中国全国性抗战的开始。为了挽救祖国的危亡，全国人民必须坚固地团结起来，为保卫祖国而作战到底。今后的任务是“动员一切力量争取抗战胜利”，这里的关键是国民党政策的全部的和彻底的转变。他指出：“国民党在抗战问题上的进步是值得赞扬的，这是中国共产党和全国人民所多年企望的，我们欢迎这种进步。然而国民党政策在发动民众和改革政治等问题上依然没有什么转变，对人民抗日运动基本上依然不肯开放，对政府机构依然不愿作原则的改变，对人民生活依然没有改良的方针，对共产党关系也没有进到真诚合作的程度。在如此的亡国灭种的紧急关头，国民党如果还因循上述的政策不愿迅速改变，将使抗日战争蒙受绝大的不利。”[②]他批驳了有些国民党人拒绝实行政治改革、单纯依靠政府抗战的错误，明确指出：“单纯的政府抗战只能取得某些个别的胜利，要彻底地战胜日寇是不可能的。只有全面的民族抗战才能彻底地战胜日寇。然而要实现全面的民族抗战，必须国民党政策有全部的和彻底的转变，必须全国上下共同实行一个彻底抗日的纲领，这就是根据第一次国共合作时孙中山先生所手订的革命的三民主义和三大政策的精神而提出的救国纲领。”[③]

① 中央档案馆编《中共中央文件选集》第11册，中共中央党校出版社1991年版，第324—325页。

② 《毛泽东选集》第2卷，人民出版社1991年版，第353页。

③ 《毛泽东选集》第2卷，人民出版社1991年版，第353—354页。

中国共产党向中国国民党、全国人民、全国各党各派各界各军提出彻底战胜日寇的《抗日救国十大纲领》，并且坚信只有完全地、诚意地和坚决地执行这个纲领，才能达到保卫祖国战胜日寇之目的。洛川会议提出的《抗日救国十大纲领》的基本内容是：第一，打倒日本帝国主义。对日绝交，驱逐日本官吏，逮捕日本侦探，没收日本在华财产，否认对日债务，废除与日本签订的条约，收回一切日本租界；驱逐日本帝国主义出中国；反对任何动摇和妥协。第二，全国军事的总动员。动员全国海陆空军，实行全国抗战；反对单纯防御的消极的作战方针，采取独立自主的积极的作战方针；设立经常的国防会议，讨论和决定国防作战方针；武装人民，发展抗日的游击战争，配合主力军作战；改革军队的政治工作，使指挥员和战斗员团结一致，军队和人民团结一致，发扬军队的积极性；援助东北抗日联军，破坏敌人的后方；建立全国各地军区，动员全民族参战。第三，全国人民的总动员。全国人民除汉奸外，都有抗日救国的言论、出版、集会、结社和武装抗敌的自由；废除一切束缚人民爱国运动的旧法令，颁布革命的新法令；释放一切爱国的革命的政治犯，开放党禁；全中国人民动员起来，武装起来，参加抗战，实行有力出力，有钱出钱，有枪出枪，有知识出知识；动员蒙古族、回族及其他少数民族，在民族自决和自治的原则下，共同抗日。第四，改革政治机构。召集真正人民代表的国民大会，通过真正的民主宪法，决定抗日救国方针，选举国防政府；国防政府必须吸收各党各派和人民团体中的革命分子，驱逐亲日分子；国防政府采取民主集中制，它是民主的，又是集中的；国防政府执行抗日救国的革命政策；实行地方自治，铲除贪官污吏，建立廉洁政府。第五，抗日的外交政策。在不丧失领土主权的范围内，和一切反对日本侵略主义的国家订立反侵略的同盟及抗日的军事互助协定；拥护国际和平阵线，反对德日意侵略阵线；联合朝鲜和日本的工农人民反对日本帝国主义。第六，战时的财政经济政策。财政政策以有钱出钱和没收汉奸财产作抗日经费为原则；经济政策是：整顿和扩大国防生产，发展农村经济，保证战时生产品的自给；提倡国货，改良生产；禁绝日货，取缔奸商，反对投机操纵。第七，改良人民生活。改良工人、职员、教员和抗日军人的待遇；优待抗日军人的家属；废除苛捐杂税；减租减息；救济失业；调节粮食，赈济灾荒。第八，抗日的教育政策。改变教育的旧制度、旧课程，实行以抗日救国为目标的新制度、新课程。第九，肃清汉奸卖国贼亲日派，巩固后方。第十，抗日的民族团结。在国共两党合作的基础上，建立全国各党各派各界各军的抗日民族统一战线，领导抗日战争，精诚团结，共赴国难。[①]

毛泽东指出："必须抛弃单纯政府抗战的方针，实现全面的民族抗战的方针。"政府必须和人民团结起来，恢复孙中山的全部革命精神，实行上述的十大纲领，争取抗日战争的彻底胜利。中共提出的《抗日救国十大纲领》，集中概括了中国共产党的全面抗战路线的基本内容，是全面的全民族抗战的总纲领和宣言书。毛泽东指出，要实现全面抗战，必须使全国有一个彻底抗日的共同纲领，这个共同纲领就是《抗日救国十大纲领》。它作为抗日民族统一战线的行动指南，也作为这个统一战线的一种约束，"像一条绳索，把各党各派各界各军一切加入统一战线的团体和个人都紧紧地约束起来"。在现阶段只有实行了这个纲领，才能战胜日寇，挽救中国，"一切和这个纲领相抵触的东西，如果还要继续下去，就会要受到历史的惩罚"。[②]

中国共产党全面抗战思想的提出，是卢沟桥事变以后抗战形势发展的客观要求，反映了中华民族要求全面抗战，实现民族独立和解放的强烈愿望，所以，它是一条正确的抗战路线。这条路线并非代表某一阶级、某一政党或某一阶层的私利，而是代表了全国人民的根本利益和中华民族的全体意志，为全国人民争取抗战胜利指明了正确道路。也正是在确立全面抗战思想的前提下，中共利用一切机会去宣传群众、组织群众、武装群众，"组织千百万群众进入抗日民族统一战线"。因此，"全面的全民族的抗战"，成为中国共产党在抗日战争中的基本口号。

洛川会议通过的《中央关于目前形势与党的任务的决定》内容如下。第一，卢沟桥的挑战和平津的占领，不过是日寇大举进攻中国本部的整个计划的开始。日寇已经开始了全国的战时动员。第二，南京政府在日寇进攻和人心愤激压迫下，已经开始下定抗战的决心。整个的国防部署和各地的实际抗战已经开始。卢沟桥抗战已经成了中国全国性抗战的起点。第三，中国的政治形势从此开始了一个新阶段，这就是实行抗战的阶段。这一阶

---

① 中共中央文献研究室、中央档案馆编《建党以来重要文献选编（1921—1949）》第14册，中央文献出版社2011年版，第475-477页。

② 《毛泽东选集》第2卷，人民出版社1991年版，第367、369页。

段最中心的任务是：动员一切力量争取抗战的胜利。第四，在这一新阶段内，我们同国民党及其他抗日派别的区别和争论，已经不是应否抗战的问题，而是如何争取抗战胜利的问题。第五，今天争取抗战胜利的中心关键，是在使已经发动的抗战发展为全面的全民族的抗战。只有这种全面的全民族的抗战，才能使抗战得到最后的胜利。中国共产党提出的《抗日救国十大纲领》，即争取抗战最后胜利的具体的道路。第六，今天的抗战，中间包含着极大的危险性。这主要是由于国民党还不愿意发动全国人民参加抗战。相反的，他们把抗战看成只是政府的事，处处惧怕和限制人民的参战运动，阻碍政府、军队同民众结合起来，不给人民以抗日救国的民主权利，不去彻底改革政治机构，使政府成为全民族的国防政府。这种抗战可能取得局部的胜利，然而决不能取得最后的胜利。相反的，这种抗战存在着严重失败的可能。第七，由于当前的抗战还存在严重的弱点，所以在今后的抗战过程中，可能发生许多挫败、退却，内部的分化、叛变，暂时和局部的妥协等不利的情况。因此，应该看到这一抗战是艰苦的持久战。第八，共产党员及其所领导的民众和武装力量，应该最积极地站在斗争的最前线，应该使自己成为全国抗战的核心，应该用极大力量发展抗日的群众运动。只要真能组织千百万群众进入抗日民族统一战线，抗日战争的胜利是无疑义的。①

1937年9月1日，毛泽东在《中日战争爆发后的形势与任务》中，对抗战形势及中共提出的全面抗战思想作了进一步发挥。他指出，中国抗战是全国性的不是局部的；但目前的抗战还是单纯的政府抗战，全民抗战还没有到来，中共的任务是动员一切力量争取抗战胜利，实施《抗日救国十大纲领》，实现“全面的全民族的战争”。9月29日，毛泽东在《国共合作成立后的迫切任务》中提出，将孙中山的三民主义和中共提出的《抗日救国十大纲领》作为国共合作的共同纲领。他指出：“这个十大纲领，符合于马克思主义，也符合于真正革命的三民主义。这是现阶段中国革命即抗日民族革命战争中的初步的纲领，只有实行了它，才能挽救中国。”②因为国民党现在还是中国的最大的握有统治权的政党，故这个纲领必须得到国民党

---

① 中共中央文献研究室、中央档案馆编《建党以来重要文献选编（1921—1949）》第14册，中央文献出版社2011年版，第473-474页。

② 《毛泽东选集》第2卷，人民出版社1991年版，第369页。

同意才能在全国实行。

1937年10月25日，毛泽东和英国记者贝特兰谈话时，再次重申了抗战基本战略是“全面的全民族的抗战”。他认为：“惟有实行民众和政府一致的抗战，才能挽救这个危局。”抗战以来暴露了中国的许多弱点，其中最突出的就是中国抗战虽然是地域上的全国抗战，但不是全体民众参加的全面抗战。“这次参战的地域虽然是全国性的，参战的成分却不是全国性的。广大的人民群众依然如过去一样被政府限制着不许起来参战，因此现在的战争还不是群众性的战争。”①中国抗战在参战地域上是普遍的，但从参战的成分说则是片面的，因为抗战还只是政府和军队的抗战，不是人民群众的抗战。正因为是政府单纯的片面抗战，不是动员民众参加的全面抗战，故抗战初期国民党正面战场接连失利。

1937年11月1日，毛泽东在《目前的时局和方针》中说，现在的战争形势对中国不利，是由于只是片面的抗战，不是全面的抗战。“因为在地域上说是全面，在成分上说只是一面，还有广大的群众并没有发动到抗战中来，只是军队和政府来干而已，所以遭受了许多失败。”②11月12日，毛泽东在延安中国共产党的活动分子会议上的报告提纲《上海太原失陷以后抗日战争的形势和任务》中指出，目前形势是处在片面抗战到全面抗战的过渡期中，“（一）我们赞助一切反对日本帝国主义进攻的抗战，即使是片面的抗战。因为它比不抵抗主义进一步，因为它是带着革命性的，因为它也是在为着保卫祖国而战。（二）但是我们早就指出（今年四月延安党的活动分子会议、五月党的全国代表会议、八月中央政治局的决议）：不要人民群众参加的单纯政府的片面抗战，是一定要失败的。因为它不是完全的民族革命战争，因为它不是群众战争。（三）我们主张全国人民总动员的完全的民族革命战争，或者叫作全面抗战。因为只有这种抗战，才是群众战争，才能达到保卫祖国的目的。（四）国民党主张的片面抗战，虽然也是民族战争，虽然也带着革命性，但其革命性很不完全。片面抗战是一定要引导战争趋于失败的，是决然不能保卫祖国的。（五）这是共产党的抗战主张和现时国民党的抗战主张的原则分歧。如果共产党员忘记了这个原则性，他们

---

① 《毛泽东选集》第2卷，人民出版社1991年版，第374、375页。

② 《毛泽东文集》第2卷，人民出版社1993年版，第62页。

就不能正确地指导抗日战争，他们就将无力克服国民党的片面性，就把共产主义者降低到无原则的地位，把共产党降低到国民党。他们就是对于神圣的民族革命战争和保卫祖国的任务犯了罪过。（六）在完全的民族革命战争或全面抗战中，必须执行共产党提出的抗日救国十大纲领，必须有一个完全执行这个纲领的政府和军队”。[①]

毛泽东和中共中央对上海、太原失陷后的战局作了判断，认为国民党片面抗战不能持久，可能向三个方向发展：一是结束片面抗战，代以全面抗战；二是结束抗战，代以投降；三是抗战和投降并存于中国。毛泽东指出：“从片面抗战转变到全面抗战的前途是存在的。争取这个前途，是一切中国共产党员、一切中国国民党的进步分子和一切中国人民的共同的迫切的任务。”[②]此后，中共继续阐发和深化全面抗战路线，并将其贯彻落实到自己领导的敌后持久抗战中。

二、抗日持久战思想

全民族抗战开始后，如何争取抗战胜利，中国各党派提出了自己的政治主张。中国共产党从当时国内外形势、双方国情、战争性质等方面作了分析，认为中国抗战一定是持久战，只有坚持持久战，才能打败日本侵略者。对此，毛泽东、朱德、周恩来、张闻天、刘少奇、彭德怀等都发表了相近的意见，形成了系统的抗日持久战思想。

早在1935年12月，毛泽东在《论反对日本帝国主义的策略》中就提出了“持久战”。他指出：“打倒日本帝国主义和中国反革命势力的事业，不是一天两天可以成功的，必须准备花费长久的时间。”“帝国主义的力量和革命发展的不平衡，规定了这个持久性。”“帝国主义还是一个严重的力量，革命力量的不平衡状态是一个严重的缺点，要打倒敌人必须准备作持久战。”[③]这是毛泽东对抗日战争和中国革命的长期性的肯定，标志着中共抗日持久战思想的提出。1936年4月20日，张闻天在《关于抗日的人民统一战线的几个问题》一文中明确提出：“抗日战争不是几天几个月就能决定胜

① 《毛泽东选集》第2卷，人民出版社1991年版，第387—388页。
② 《毛泽东选集》第2卷，人民出版社1991年版，第390页。
③ 《毛泽东选集》第1卷，人民出版社1991年版，第152、153页。

负的，这是一个持久战。”[①]1936年7月，毛泽东在同美国记者斯诺的谈话中就科学地预见到，抗日战争将是长期的，但最后胜利必定属于中国。

卢沟桥事变爆发后，中共中央对抗日持久战思想进行了有益的探索。1937年7月26日，朱德在《解放》周刊上发表《实行对日作战》，指出：“抗战将是一个持久的艰苦的抗战。”8月初，周恩来、朱德、叶剑英代表中共参加了南京国民政府国防会议，提交了中共方面拟定的《确立全国抗战之战略计划及作战原则案》。该方案全面分析了中日双方的情况，提出了全国抗战所应采取的战略方针和作战原则，认为目前抗战的战略方针应是持久防御战，基本作战原则为运动战，避免单纯的消耗战，开始把持久战纳入战略计划，表明中共抗日持久抗战思想的深化。他们明确指出：“我国抗战战略之基本方针是防御的、持久的战争，在长期艰苦英勇牺牲的战争中求得胜利，也必定能胜利。”该方案具体提出七项战略原则，其中第三条提出：作战的基本原则是“运动战”：“应在决定的地点、适当的时机，应集中绝对优势兵力与兵器，实行决然的突击，避免持久的阵地的消耗战！”第五条提出：“一切阵地的编成，避免单线的构筑，而应狭小其正面，伸长其纵深，在守备部队的作战关键亦应采取积极的动作，一般的应反对单纯的死守的防御，只有积极的动作起来，才能完成守配的任务。”第七条提出：“广大的开展游击战争，其战线应摆在敌人之前线左右，以分散敌人、迷惑敌人、疲倦敌人，肃清敌人耳目，破坏敌人之资财地带以造成有利条件、有利时机，使主力在运动中消灭敌人。”该方案认为，只有在上述作战原则之下，才是保持持久战的有效方法和消灭敌人取得抗战胜利的手段。[②]中共提出的持久战各原则，较之国民党人的更为丰富。

8月11日，周恩来、朱德、叶剑英参加军事委员会军政部谈话会。周恩来发言说：“在正面防御上，不可以停顿于一线及数线的阵地，而应当由阵地战转为平原与山地的扩大运动战。另一方面，则要采取游击战。”[③]朱德在南京国民政府国防会议上发言称：“抗日战争在战略上是持久的防御战，在战术上则应采取攻势。在正面集中兵力太多，必然要受损失，必须到敌人的侧翼活动。敌人作战离不开交通线，我们则应离开交通线，进行

---

① 《张闻天文集》第2卷，中共党史出版社1993年版，第95页。

② 《确立全国抗战之战略计划及作战原则案（1937年）》，《中共党史资料》2007年第3期。

③ 《周恩来年谱（1898—1949）》，人民出版社、中央文献出版社1998年版，第383页。

运动战，在运动中杀伤敌人。在抗战中发动民众甚为重要，在战区应由下而上及由上而下把民众组织起来。游击战是抗战中的重要因素，游击队在敌后积极活动，敌人就不得不派兵守卫其后方，这就牵制了它的大量兵力。”他强调抗战开始以后，“应当根绝各种和平妥协言行，坚持持久抗战”。[①]但国民党方面并未领会中共提出的这些思想，在淞沪会战中仍以阵地战为主，在消耗日军的同时也严重消耗了自己的有生力量。

1937年8月25日，洛川会议通过的《中央关于目前形势与党的任务的决定》指出，当前的抗战形势不容乐观，存在着许多严重弱点，在今后的发展过程中可能会碰到种种困难甚至挫折，“应该看到这一抗战是艰苦的持久战”。[②]洛川会议后，刘少奇、周恩来、张闻天、彭德怀等相继发表文章，从不同角度阐述了持久抗战思想。

9月5日，任弼时在《真理报》发表《中国持久战口号的意义》一文中指出：持久战的口号是中国人民在抵抗日本侵略者的斗争中的基本口号。日本虽然在军事方面占优势，但它兵力有限，军事资源不足，财政困难，所进行的战争是非正义的，遭到国内国外人民强烈的反对；随着战争的持久进行，这些弱点将更加突出，使日本帝国主义的力量不断削弱。而中国虽然在军事方面处于劣势，但它国土广大，人口众多，又有灵活机动的游击战术，特别是中国进行的是正义的卫国战争，获得国内外广大人民的支持；在持久的抗战中这些优点将越发显示出来，使中国的力量得到不断的“准备和加强”，最后由军事上的劣势转为优势，从而战胜日寇。因此说，“依靠持久战，这是中国武装抗日的唯一正确的战略”。[③]

1937年11月，周恩来先后公开发表了《反对妥协求和，坚持华北抗战》和《目前抗战危机与坚持华北抗战的任务》的演讲。他在全面分析了华北战场敌我双方政治、军事形势后指出，我国的抗战是持久的，战争的结局是日本必败，中国人民必胜。为此，必须坚持抗战到底，这样才能“在持久战中，壮大自己，武装人民，恢复许多城镇，破坏敌人交通，消灭

---

① 《朱德年谱》，人民出版社1986年版，第168页。

② 中央档案馆编《中共中央文件选集》第11册，中共中央党校出版社1991年版，第324—325页。

③ 中共中央文献研究室编《任弼时年谱》第11册，中央文献出版社2004年版，第373—374页。

部分敌人，最后得到全国生力军的参加，可以转到胜利的反攻，收复失地，驱逐日寇帝国主义出中国”。[①]中共中央对抗日持久战制胜战略的积极探索，为毛泽东系统地阐明这个制胜战略思想作了必要准备。

抗战初期，国民党正面战场的接连失利，使不少人对抗战前途进行新思考：抗日战争的进程究竟会怎么样？中国能不能打赢这场战争？怎样才能争取抗战的胜利？围绕上述问题，社会上流传着“亡国”“速胜”两种论调。以汪精卫、周佛海等为主要代表的“亡国”论者认为，中国根本不是日本的对手，如果硬拼下去，无异于以卵击石，自寻绝路。其结论是：“中国打不过，只有投降。”同时“速胜”观点在国民党内颇有市场。尽管包括蒋介石在内的多数国民党人认为抗战可能是持久的，并相应制定了持久消耗战略，以对付日军的“速战速决”方针，但他们对持久抗战缺乏充分的思想准备和必胜的信心，幻想依靠国际联盟和英、美、苏等国的援助，迅速结束中日战争。所以，如何指导人们正确认识抗日战争的进程，制定适合抗战特点和规律的战略方针及行动纲领，已经成为当务之急。以毛泽东为代表的中国共产党人，深入研究抗战的规律和特点，形成了完整的抗日持久战的战略思想，这一战略思想成为中华民族抗日御侮的理论指导。

1938年5月，毛泽东总结抗战以来的经验，在延安抗日战争研究会上发表了《论持久战》的演讲，从理论和实践的结合上揭示了抗日战争的性质、特点、规律和前途，对抗日持久战的一系列问题作了系统、完整、深刻的论述，为中国人民赢得抗战最终胜利指明了方向。他随后发表《战争和战略问题》等论著，对抗日持久战思想作了理论升华，奠定了抗日持久战思想的理论基础，标志着中国共产党的抗日持久战思想臻于成熟。

以毛泽东为代表的中国共产党人所阐述的抗日持久战思想，主要内容包括以下方面：

第一，驳斥了“亡国”和“速胜”这两种错误观点，正确阐明持久抗战的必要性和重大意义。毛泽东指出：“战争问题中的唯心论和机械论的倾向，是一切错误观点的认识论上的根源。他们看问题的方法是主观的和片面的。或者是毫无根据地纯主观地说一顿；或者是只根据问题的一侧面、一时候的表现，也同样主观地把它夸大起来，当做全体看。”“亡国”论和

---

① 《周恩来选集》上卷，人民出版社1980年版，第86页。

“速胜”论正是这种认识论的集中反映。“亡国”论者和对抗战前途感到悲观的人们，仅仅看中了敌强我弱这个侧面，并把它夸大起来作为全部问题的依据，因而得出了错误的结论；“速胜”论者则根本忘记了敌强我弱这个现实，任意夸大中国有利的方面，同样得出了错误的结论。中国并不排除亡国的危险，但实现解放的可能性远远大于亡国的危险；中国抗战速胜当然是最理想的，谁都赞成能在一个早上就把日本侵略者赶出中国去，但这仅仅是一个良好的主观愿望，客观现实是这种可能并不存在。“因此，反对战争问题中的唯心论和机械论的倾向，采用客观的观点和全面的观点去考察战争，才能使战争问题得出正确的结论。”①

基于这种认识，中国共产党认为，中国要取得抗日战争的胜利，只有坚持持久抗战。毛泽东强调：“只有战略的持久战才是争取最后胜利的唯一途径。”②刘少奇说：“日寇是一个强大的敌人，只有在持久战争中才能最后战胜它。”③《新华日报》发表的社论更明确指出，“只有坚持长期抗战，才能争取中华民族解放战争的最后胜利”④，这是一个被完全证实了的真理。这样，中国共产党就形成了自全面抗战开展—经持久抗战—争取抗战胜利—实现民族独立的逻辑思路。这种全新的思维在抗战形势尚不甚明了的情况下，对于人们正确把握抗战的发展脉搏，增强抗战必胜的信心，无疑是至关重要的。

第二，对抗日战争的客观规律作了理论总结，并科学地预见到抗日战争的三个发展阶段。毛泽东和中共站在时代的高度，分析了中日战争双方的基本特点，找到了持久抗战的客观依据。毛泽东指出，抗日战争是持久战，最后胜利属于中国，其“全部问题的根据”就在于“中日战争不是任何别的战争，乃是半殖民地半封建的中国和帝国主义的日本之间在二十世纪三十年代进行的一个决死的战争”。⑤由此决定了战争双方势必存在许多互相矛盾的特点。

这些特点是：一是敌强我弱。日本是一个强大的帝国主义国家，其军

① 《毛泽东选集》第2卷，人民出版社1991年版，第447页。

② 《毛泽东选集》第2卷，人民出版社1991年版，第459页。

③ 中共中央书记处编《六大以来》上，人民出版社1980年版，第907页。

④ 《论目前抗战形势》，《新华日报》1938年10月7日。

⑤ 《毛泽东选集》第2卷，人民出版社1991年版，第447页。

力、经济力和政治组织力在东方是一等的，在世界上也是五六个著名帝国主义国家中的一个；而中国则是一个半殖民地半封建的国家，军力、经济力和政治组织力各方面都不如敌人。二是敌人的战争是退步的、野蛮的，中国的战争是进步的、正义的。由于内外矛盾，日本帝国主义不得不发动空前规模的侵华冒险战争，其结果只能加速其最后崩溃的进程，这就是日本进行战争的退步性；同时日本又是一个带有军事封建性的帝国主义国家，这就产生了它的战争的特殊的野蛮性。这种“退步性和野蛮性是日本战争必然失败的主要根据”。中国则不然。今日中国的军事、经济、政治、文化虽不如日本强，但同中国自己比较起来，却有比任何一个历史时期更为进步的因素。中国共产党及其领导下的人民军队，就是这种进步因素的代表。正是这种进步性，产生了中国抗战的正义性，它能唤起全国的团结，激起敌国人民的同情，争取世界多数国家的援助。三是敌小国我大国。日本战争力量虽强，但它是一个小国，人力、军力、财力、物力均感缺乏，经不起长期的战争；而中国是一个大国，地大、物博、人多、兵多，能够支持长期的战争。四是敌寡助我多助。日本虽能得到国际法西斯国家的援助，但却损害了绝大多数国家和人民的利益，得不到国际社会的同情和援助；中国的抗战是进步的、正义的，必然会得到国际社会的广泛同情和援助。

毛泽东指出：“这些特点，规定了和规定着双方一切政治上的政策和军事上的战略战术，规定了和规定着战争的持久性和最后胜利属于中国而不属于日本。战争就是这些特点的比赛。这些特点在战争过程中将各依其本性发生变化，一切东西就都从这里发生出来。”[①]换言之，正是这些特点的存在及其在战争过程中“各依其本性发生变化”，决定了中日战争的持久性和中国必胜的结局，这是一条不以人的意志为转移的客观规律。

毛泽东根据这四个基本特点，科学地预见到抗日战争必将经过战略防御、战略相持和战略反攻三个战略阶段。即“第一个阶段，是敌之战略进攻、我之战略防御的时期。第二个阶段，是敌之战略保守、我之准备反攻的时期。第三个阶段，是我之战略反攻、敌之战略退却的时期”。第一阶段“我们的作战计划，应把敌人可能占领三点甚至三点以外之某些部分地区并

---

① 《毛泽东选集》第2卷，人民出版社1991年版，第450页。

可能互相联系起来作为一种基础，部署持久战”；第二阶段的任务，“在于动员全国民众，齐心一致，绝不动摇地坚持战争，把统一战线扩大和巩固起来，排除一切悲观主义和妥协论，提倡艰苦斗争，实行新的战时政策，熬过这一段艰难的路程”，同时，“号召全国坚决地维持一个统一的政府，反对分裂，有计划地增强作战技术，改造军队，动员全民，准备反攻”；第三阶段收复失地，实施战略反攻，“直至打到鸭绿江边，才算结束了这个战争”。[①]

在这三个战略阶段中，毛泽东特别强调战略相持阶段是整个战争的过渡阶段，也是最困难的时期，然而却是敌强我弱形势“转变的枢纽”。“中国将变为独立国，还是沦为殖民地，不决定于第一阶段大城市之是否丧失，而决定于第二阶段全民族努力的程度。”[②]战略相持阶段是敌我力量消长、优势转换的关键时期，是抗日战争中中国由弱变强、由守转攻的决定性阶段。承认不承认战略相持阶段，是能否真正认识和了解持久战，制定并实现正确的对日持久战略，争取抗战胜利的根本所在。如果忽视或否认战略相持阶段的存在，持久战不过是一句空话而已。“所谓持久与长期就是完全抽象的东西……因而就不能实现任何实际的战略指导与任何实际的抗战政策。”[③]通过对三个战略阶段的透视和分析，毛泽东和中国共产党人揭示出了抗日战争的发展过程。中国由防御到相持到反攻，日本由进攻到保守到退却，最后结局，完全可以肯定，“日本将以绝对劣势而失败，中国将以绝对优势而获胜”。

第三，提出了持久抗战的完整的战略方针及其基本原则。从总体上说，中国在抗日战争中主要处于防御态势，但这种防御不是绝对的，而是相对的，是一种战略的防御，并非落实到具体战术和每个战役都是防御。防御中应该有进攻，防御的目的在于进攻，以进攻求得更好的防御；持久中应该有速决，以战役、战斗的速决来达到战略的持久。毛泽东和中国共产党人根据抗日战争中敌强我弱、敌小我大的特点，提出了一整套符合持久抗战要求的具体战略方针。这就是：“在第一和第二阶段即敌之进攻和保守阶段中，应该是战略防御中的战役和战斗的进攻战，战略持久中的战役和战

① 《毛泽东选集》第2卷，人民出版社1991年版，第462—463、465—466页。

② 《毛泽东选集》第2卷，人民出版社1991年版，第465页。

③ 中央档案馆编《中共中央文件选集》第11册，中共中央党校出版社1991年版，第580页。

斗的速决战，战略内线中的战役和战斗的外线作战。在第三阶段中，应该是战略的反攻战。”概括起来就是防御中的进攻，持久中的速决，内线中的外线，亦即“外线的速决的进攻战”。①

这个方针的中心点在于强调进攻，反对单纯防御。毛泽东和中国共产党人对此作了精辟阐述。1937年11月27日，朱德在《争取持久抗战胜利的先决问题》中指出：“如果采取单纯的防御也必然招致失败的恶果。所以，我们在战术上，应尽可能是进攻的，必须时，亦应采取积极的防御（即攻势防御）。”②以积极主动的进攻来弥补战略防御中的某些缺陷，以积极的战役外线来改变战略内线的不利态势，争取主动。毛泽东还强调指出，采取“外线的速决的进攻战”的方针，意义是很大的，完全可以达到持久抗战总的战略目的。他说，如果采取这一方针，“就不但在战场上改变着敌我之间的强弱优劣形势，而且将逐渐地变化着总的形势。在战场上，因为我是进攻，敌是防御；我是多兵处外线，敌是少兵处内线；我是速决，敌虽企图持久待援，但不能由他作主；于是在敌人方面，强者就变成了弱者，优势就变成了劣势；我军方面反之，弱者变成了强者，劣势变成了优势。在打了许多这样的胜仗之后，总的敌我形势便将引起变化。……到那时，配合着我们自己的其他条件，再配合着敌人内部的变动和国际上的有利形势，就能使敌我总的形势走到平衡，再由平衡走到我优敌劣。那时，就是我们实行反攻驱敌出国的时机了”。③

毛泽东和中国共产党审时度势，提出了贯彻和实行持久抗战战略方针应当遵循的基本原则。一方面，在战争的客观条件许可的范围内，自觉发挥主观能动作用。毛泽东指出：“抗日战争是要赶走帝国主义，变旧中国为新中国，必须动员全中国人民，统统发扬其抗日的自觉的能动性，才能达到目的。”④战争的胜负，固然取决于双方军事、政治、经济、地理、战争性质、国际援助诸方面的条件，但这些条件仅仅是为战争分出胜负提供了可能性，任何一个条件都无法决定胜负，一场战争要分出胜负，还取决于主观的努力，即指导战争的人的自觉能动性。毛泽东说：“指导战争的人们

---

① 《毛泽东选集》第2卷，人民出版社1991年版，第484、489页。

② 《朱德军事文选》，解放军出版社1997年版，第304页。

③ 《毛泽东选集》第2卷，人民出版社1991年版，第486—487页。

④ 《毛泽东选集》第2卷，人民出版社1991年版，第477—478页。

不能超越客观条件许可的限度期求战争的胜利，然而可以而且必须在客观条件的限度之内，能动地争取战争的胜利。”①

另一方面，战争是实力的竞赛，其目的在于保存自己、消灭敌人，在当时中国相对弱小的情况下，要达到这一目的还必须主动、灵活地运用战略战术。这也是持久抗战的基本要求。毛泽东指出，实行外线的速决的进攻战这一持久抗战的战略方针，离不开主动性、灵活性和计划性。所谓“主动性”，指的是军队行动的自由权。“行动自由是军队的命脉，失去了这种自由，军队就接近于被打败或被消灭。”战争的双方都力争主动，避免被动，“我们提出的外线的速决的进攻战，以及为了实现这种进攻战的灵活性、计划性，可以说都是为了争取主动权，以便逼敌处于被动地位，达到保存自己消灭敌人之目的”。②这种主动性的质量好坏，取决于主观指导的正确与否。“主观指导的正确或错误，可以化劣势为优势，化被动为主动；也可以化优势为劣势，化主动为被动”，这是一条规律。所谓“灵活性”，“就是灵活地使用兵力”，以争取战争的主动权，压倒敌人而击破之。所谓“计划性”就是事先有“计划和准备”地指导与进行战争，“在绝对流动的整个战争长河中有其各个特定阶段上的相对的固定性——这就是我们对于战争计划或战争方针的根本性质的意见”。③

第四，明确了持久抗战采用的主要作战形式，强调运动战、游击战的战略地位。抗日战争所采用的作战形式不外乎运动战、游击战和阵地战三种，但就战争的全局来说，运动战是主要作战形式，游击战和阵地战起辅助作用。

毛泽东指出：“解决战争的命运，主要是依靠正规战，尤其是其中的运动战。”④运动战是指正规兵团在长的战线和大的战区上面，于战役和战斗上的外线的速决的进攻战的形式，同时还包括为便利这种进攻而采取的“运动性防御”与退却、阵地进攻与防御等形式。它的显著特点是“正规兵团，战役和战斗的优势兵力，进攻性和流动性”，要求野战军大踏步地前进和后退，不计较一城一地之得失。运动战在具体战斗形式上，表现为采取

---

① 《毛泽东选集》第2卷，人民出版社1991年版，第478页。
② 《毛泽东选集》第2卷，人民出版社1991年版，第487-488页。
③ 《毛泽东选集》第2卷，人民出版社1991年版，第412、491、496页。
④ 《毛泽东选集》第2卷，人民出版社1991年版，第499页。

迂回包围战术，集中优势兵力，达到歼灭敌人之目的。在这里，既要反对“有退无进”的逃跑主义，也要反对“有进无退”的拼命主义。因为逃跑主义“只有向后的运动，没有向前的运动；这样的‘运动’，否定了运动战的基本的进攻性，实行的结果，中国虽大，也是要被‘运动’掉的”；拼命主义则是军事上的“近视眼”，其根源是惧怕丧失土地，既不懂得“暂时地部分地丧失土地，是全部地永久地保存土地和恢复土地的代价”，也不知道“凡被迫处于不利地位，根本上危及军力的保存时，应该勇敢地退却，以便保存军力，在新的时机中再行打击敌人”，如果不如此，“不但城和地俱失，军力也不能保存”。[①]运动战与此完全不同，它的大踏步前进，是强调进攻性，以保存自己，消灭敌人；它的大踏步后退，是强调“诱敌深入”，先回避敌人的锋芒，再寻机歼灭敌人，同样也是保存自己，在运动战中，它所执行的防御也是一种运动性的防御，积极的防御。其要诀就是：“乘敌在运动中或敌立足未稳时，集中优势兵力，以坚决、勇猛、迅速的手段歼灭敌人，减少敌人空、炮及其他机械、化学兵种配合的效能，只有在运动中解决了敌人，打击了敌人，才是达到防御目的的最好手段。防御也是为着节约兵力，用在运动中消灭敌人的手段。”[②]这种运动战思想所倡导的进与退、攻与防，其中心是机动灵活的进攻。

在中国抗日战争的总体历史发展进程中，运动战是主要的，游击战是辅助的，但并不是说游击战在抗日战争中是可有可无的，相反，由于抗日战争的特殊形势，游击战本身具有特殊的战略地位，仅次于运动战。因为没有游击战的辅助，运动战势必孤掌难鸣，不可能战胜强大而又疯狂的日本侵略军。至于从抗日战争在时间上的持久、空间上的广大和“犬牙交错”的特殊意义上来说，抗日游击战争的战略地位就显得更加重要了。朱德指出：“抗日游击战争是整个抗日战争中的一部分，而且是必不可缺少的一部分，是取得抗日战争最后胜利的主要条件之一。”[③]毛泽东则从持久抗战的角度，进一步从理论上论证了游击战争的重大战略作用。他说道，从抗日战争的三个战略阶段来看，首尾阶段以运动战为主，辅之以游击战和阵地战，中间阶段即战略相持阶段，“则游击战将升到主要地位”，运动战和阵

---

① 《毛泽东选集》第2卷，人民出版社1991年版，第498页。

② 《朱德军事文选》，解放军出版社1997年版，第304页。

③ 《朱德选集》，人民出版社1983年版，第34页。

地战起辅助作用。即使是到了战略反攻阶段，游击战争的战略作用依然不容忽视，因为这时的战斗“已不全是由原来的正规军负担，而将由原来的游击军从游击战提高到运动战去担负其一部分，也许是相当重要的一部分”。总之，“整个抗日战争中，中国将不会以阵地战为主要形式，主要和重要的形式是运动战和游击战”。[①]基于上述认识，中国共产党力主在敌后开展抗日游击战争，并且在抗战实践经验的基础上，经过理论的提炼，将其升华为关于开展敌后游击战争的战略思想。

第五，提出了必须动员民众、开展人民战争的战略思想。抗日战争不仅仅是中日双方的军事对垒，同时更是政治、经济、文化等各方面的总体战。中共中央1937年12月发表的时局宣言指出，要保障继续持久抗战，争取最后胜利，必须“动员全中国的武力、人力、智力、财力、物力”，并强调，抗日战争“初期战线上的部分军事的成败，均不能决定中日战争的最后命运；而我四万万五千万同胞的坚强团结和长期艰苦抗战之毅力与信心，实为争取最后胜利之保证”。[②]朱德说：“中华民族能否从持久的抗日战争中，求得自己的独立自由和解放，完全在于能否动员全国一切人力、物力，为争取抗日胜利而进行顽强的不疲倦的斗争。”[③]毛泽东和中国共产党坚信人民群众的伟大力量，指出“兵民是胜利之本”，“战争的伟力之最深厚的根源，存在于民众之中”，“动员了全国的老百姓，就造成了陷敌于灭顶之灾的汪洋大海，造成了弥补武器等等缺陷的补救条件，造成了克服一切战争困难的前提”。[④]

不仅毛泽东、刘少奇和朱德等人对持久抗战与动员民众的关系有深刻的认识，而且中共许多高级将领对此也有系统阐述。左权从人与武器关系的角度，论证了人民群众的伟大作用。他说，“决定战争最主要的是人，人是起主导作用的”，“没有现代化的军事技术，没有灵活的战略战术，是不能把敌人赶到鸭绿江边的；同时没有把进步的政治精神贯注于军队之中，没有把战争的最深厚的伟力从民众中发掘出来，也一样是不

---

① 《毛泽东选集》第2卷，人民出版社1991年版，第499、501页。

② 中央统战部、中央档案馆编《中共中央抗日民族统一战线文件选编》(下)，档案出版社1986年版，第81页。

③ 《朱德军事文选》，解放军出版社1997年版，第310页。

④ 《毛泽东选集》第2卷，人民出版社1991年版，第480、511页。

能取得最后胜利的”。[①]这就是说，人和武器都是战争的重要因素，从某种意义上说，没有武器就没有战争，但武器只有与人的因素尤其是同民众结合起来，才能成为现实的战争力量，才能取得抗日战争的最后胜利。正因如此，中共主张发动民众、组织民众和武装民众，把抗日战争发展为全民族的人民战争。

1938年3月，中共中央致电国民党临时全国代表大会，希望国民党要大量扶植与发展一切抗日救国的工、农、青、妇各界民众团体，“用最大力量普遍组织民众的自卫队，联庄队，游击队，对民众自动武装起来的各种武装队伍，及全民众的原始武装组织，应给以各方面的援助与指导，提高他们的政治认识与军事技术”。[②]

毛泽东在《论持久战》和《论新阶段》两部著作中，对抗日持久战的基本问题作了精辟论述。抗日战争是在敌强我弱、敌小我大、敌退步我进步、敌失道寡助我得道多助的条件下进行的。敌强我弱决定了战争的长期性和残酷性，决定了中国必须采取持久战的战略方针。毛泽东和中国共产党的抗日持久战思想，解答了当时人们最关心而看不清楚的问题，把抗日战争的历史发展全貌展现在人们面前，使人们对战争的发展过程和前途有了清楚的认识和了解，从而提高了人们坚持抗战的信念。这一思想所体现出的一系列独到见解和远见卓识，在以往的军事教科书上是不曾有过的，这充分说明毛泽东和中共不但具有认知和驾驭战争的卓越才能，而且具有指导战争的高超技巧和艺术，丰富和发展了中国抗战的战略理论，使其成为中国人民坚持抗战、争取胜利的强大思想武器。

三、独立自主的游击战思想

全民族抗战爆发后，中国共产党需要在战略上作重大的转变，即由集中的运动战向分散的游击战转变。这种转变无论对抗日战争全局的发展还是对共产党未来的命运都是至关重要的。卢沟桥事变发生的第二天，中共中央发出《关于卢沟桥事变后华北工作方针问题给北方局的指示》，提出要立即在平津、平绥以东地区开始着手组织抗日义勇军，准备进行艰苦的游

---

① 左权：《论军事思想的原理》，《解放日报》1942年6月30日。

② 中央档案馆编《中共中央文件选集》第11册，中共中央党校出版社1991年版，第483页。

击战争。国共合作形成后，中共决定开辟以游击战为基本作战方式的敌后战场，“在日寇占领区域及其侧后方，发动广泛的游击战争……到处实行骚扰破坏，捕杀日本官吏，解除日军小部队的武装等……在‘中国人不打中国人’的口号下，经过秘密的或半公开的活动方式去组织伪军及伪保安队的全部叛变与倒戈”。[①]

中共中央开始提出独立自主的游击战方针，是在平津失陷后。8月1日，毛泽东指示周恩来，红军应“在整个战略方针下执行独立自主的分散作战的游击战争，而不是阵地战，也不是集中作战，因此不能在战役战术上受束缚。只有如此才能发挥红军特长，给日寇以相当打击”。[②]这是中共中央第一次明确提出了红军作战的基本原则是独立自主的游击战。8月5日，毛泽东和张闻天复电朱德、周恩来、秦邦宪、林伯渠、彭德怀、任弼时，指出，“红军担负以独立自主的游击运动战，钳制敌人大部，消灭敌人一部的任务”，而不宜“独当一面”地作战。[③]8月9日，毛泽东专门强调，红军应当实行独立自主的指挥与分散的游击战争，集团的作战是不可行的。由于国共合作刚刚开始，防人之心不可无，要有戒心。毛泽东关于游击战的思想武装了广大干部和红军，也为洛川会议制定正确的战略方针奠定了基础。

1937年8月下旬，毛泽东在洛川会议上作的军事报告中提出：将国内战争后期的正规军、正规战转化为游击军和游击战，独立自主地开展敌后游击战争，明确指出八路军的主要作战地区是在晋察冀三省交界处。八路军在敌后主要负责创建敌后战场，制造任何可以打击消灭敌人的机会，对国民党军队实施战略援助，以达到对革命政权的主动性。分散发动群众，集中消灭敌人，打得赢就打，打不赢就走。毛泽东随后对“独立自主的山地游击战争”基本原则作了解释：“（一）依照情况使用兵力的自由。现在蒋鼎文还在说刘师应速上前线。彼等用意，或者不明白使用大兵团于一个狭小地域实不便于进行游击战争，如果是这样，可见我们对此原则并未向他们有过彻底坚持的说明；或者他们含有恶意，即企图迫使红军打硬仗。

① 中共中央文献研究室、中央档案馆编《建党以来重要文献选编（1921—1949）》第14册，中央文献出版社2011年版，第468-469页。

② 中央档案馆编《中共中央文件选集》第11册，中共中央党校出版社1991年版，第299页。

③ 中共中央文献研究室编《毛泽东年谱（1893—1949）》中卷，中央文献出版社2013年版，第10页。

（二）红军有发动群众、创造根据地、组织义勇军之自由，地方政权与邻近友军不得干涉。如不弄清这一点，必将发生无穷纠葛，而红军之伟大作用决不能发挥。（三）南京只作战略规定，红军有执行此战略之一切自由。（四）坚持依傍山地与不打硬仗的原则。”①

1937年9月，针对日本突破国民党防线大举向华北进犯的新形势，毛泽东再次强调独立自主的山地游击战的重要性。他指出这一策略的关键之处在于发动群众，分散兵力，对敌侧后方予以沉重打击。自此之后，八路军将主力部队分散开来，正式由正规军、正规战，向游击军、游击战的战略转变。9月21日，毛泽东对游击战作出指示：“今日红军在决战问题上不起任何决定作用，而有一种自己的拿手好戏，在这种拿手戏中一定能起决定作用，这就是真正独立自主的山地游击战（不是运动战）。要实行这样的方针，就要战略上有有力部队处于敌之翼侧，就要以创造根据地发动群众为主，就要分散兵力，而不是以集中打仗为主。”②这段文字集中阐明了中国共产党的山地游击战之要旨所在。

1937年11月太原失守后，国民党结束了在华北战场对日正面作战，这就决定了中共在华北地区的持久抗战必须由运动战向游击战转变。毛泽东在《向全面抗战过渡期中八路军在山西的任务》中指出：“正规战争结束，剩下的只是红军为主的游击战争了，山西统治阶级及各军领袖已动摇无主了。”“红军任务在于发挥进一步的独立自主原则，坚持华北游击战争，同日寇力争山西全省的大多数乡村，使之化为游击根据地，发动民众，收编溃军，扩大自己，自给自足，不靠别人，多打小胜仗，兴奋士气，用以影响全国，促成改造国民党，改造政府，改造军队，克服危机，实现全面抗战之新局面。”③

1937年12月召开的中央政治局会议上，王明作题为《如何继续全国抗战与争取抗战胜利呢?》的报告，批评洛川会议以来中央采取的正确方针和政策。毛泽东坚持认为：我们所谓独立自主是对日本作战的独立自主。战役战术是独立自主的。抗日战争总的战略方针是持久战。红军的战略方针是独立自主的山地游击战，在有利条件下打运动战，集中优势兵力消灭敌

---

① 《毛泽东文集》第2卷，人民出版社1993年版，第11页。

② 《毛泽东文集》第2卷，人民出版社1993年版，第19页。

③ 《毛泽东文集》第2卷，人民出版社1993年版，第67页。

人一部。独立自主，对敌军来说我是主动而不是被动的，对友军来说我是相对的集中指挥，对自己来说是给下级以机动。总的一句话：相对集中指挥的独立自主的山地游击战。洛川会议决定的战略方针是正确的。①1938年5—11月，毛泽东发表了《论持久战》《抗日游击战争的战略问题》《战争和战略问题》等重要著作，从理论上集中地论述抗日游击战争的战略问题，使中共的游击战思想获得了理论支持。周恩来、刘少奇、朱德、彭德怀、刘伯承等人相继发表文章，在总结中外历史经验的基础上，从不同角度对游击战争的实践经验进行总结，阐述游击战争在整个抗日战争中的地位和作用，对抗日游击战作了系统论述，形成了关于敌后游击战争的系统理论。朱德撰写的《论抗日游击战争》一文指出："抗日游击战争是在日本帝国主义侵略中国领土这一历史条件之下产生出来的。它的实质，是一切不愿做亡国奴的同胞为了救死求生而采取的一种最高、最广泛的斗争方式。"②

中国共产党独立自主的游击战思想，是全民族抗战到来后总结各方面的情况后制定的战略方针，也是新的历史条件下坚持武装斗争的正确方针。这里的独立自主，主要是相对国共关系而言的，指在处理同国民党的关系时，要保持共产党对八路军和新四军的领导权。游击战、运动战和阵地战是战争的三种基本形式。能否根据战争的条件和战争的发展态势，正确地选择和转换作战形式，并使之有主有次地结合起来，是指导中国革命战争的重大战略方针问题。由于中国革命战争敌强我弱的特点，由于长期以来我们没有固定的作战线，由于无法阻止根据地的流动性和根据地建设的灵活性，这就决定了积极防御的战略方针是整个中国革命战争战略战术的基础，同时也就决定了人民军队的主要的和基本的作战形式是游击战和运动战。游击战是依托根据地、群众的抗战战术，同正规战相比更具主动性和灵活性。长期以来共产党的政治路线和党的建设是密切地联系着这种斗争形势的。运动战思想与游击战思想有很大的不同，它是由正规兵团实施，而且作战部队要掌握优势兵力，既要有进攻又要注重防御，同时这种作战思想具有很强的流动性。运动战与游击战相结合的思想，是共产党在抗战

① 中共中央文献研究室编《毛泽东年谱（1893—1949）》中卷，中央文献出版社2013年版，第42页。

② 《朱德选集》，人民出版社1983年版，第31页。

中不断总结出来的经验。

那么，什么是敌后游击战争呢？中国共产党将其概括为："抗日的大众战及民兵战。我们指明它是抗日的，以与其他的游击战争分别开来；我们指明它是大众战或民兵战，以与正规武装部队的战争分别开来。"①具体来讲，它"是使用小的队伍，少至几人，多至几百人的队伍，在敌军后方活动"，这些队伍的组成，"无论是正规军派出的或者是由民众政治斗争中发展起来的，或者是由这两种混合组成的，通常是在敌人的后方，特别是在广大民众拥护掩护之中，袭击或伏击敌军，破坏其交通与辎重"。其动作特点是，没有严格的战线与后方，机敏灵活，出没无常，独立自主地决定行动②，在外线单独作战，打击日本侵略者。敌后游击战争"是一种时代的产物"，是在日本帝国主义侵略中国这一特定的历史条件下产生的。日寇每侵占中国一个地方，那里不愿当亡国奴的人民，不管有没有武器、有没有军事人才，都自动组织起来在敌人远近后方或者敌人将到的作战区域内开展游击战争，或者经过抗日政府与抗日军队，有计划地分派出正规部队担任游击任务和组织民众开展游击战争。敌后游击战争是在日本侵略者的后方掀起的轰轰烈烈的抗日群众运动，是群众抗日斗争的一种最高形式。

中国共产党认为，开展敌后游击战争对坚持持久抗战具有极其重要的战略意义。处于进步时代却大而弱的中国，被一个小而强的日本所侵略，势必造成敌人占地甚广和战争的长期性的奇特现象，由此决定了敌后游击战争不是在内线配合正规军的战役作战，而是在外线单独作战，同时由于中国的进步，尤其是中国共产党领导的人民军队和最广大的人民群众的存在，决定了敌后游击战争不是小规模的，而是大规模的。其战略意义的不容忽视是显而易见的，诚如毛泽东所精辟阐释的那样，"没有游击战争，忽视游击队和游击军的建设，忽视游击战的研究和指导，也将不能战胜日本"。原因在于"大半个中国将变为敌人的后方，如果没有最广大的和最坚持的游击战争，而使敌人安稳坐占，毫无后顾之忧，则我正面主力损伤必大，敌之进攻必更猖狂，相持局面难以出现，继续抗战可能动摇，即若不

---

① 《朱德选集》，人民出版社1983年版，第31页。

② 中国人民解放军国防大学党史党建政工教研室编《中共党史教学参考资料》第16册，国防大学出版社1985年版，第72页。

然，则我反攻力量准备不足，反攻之时没有呼应，敌之消耗可能取得补偿等等不利情况，也都要发生。假如这些情况出现，而不及时地发展广大的和坚持的游击战争去克服它，要战胜日本也是不可能的”。[①]

关于开展敌后游击战争的巨大作用，朱德认为其具体表现：在于抗日游击队是民众抗日学校，是抗日民族统一战线的武装宣传者和组织者；在于抗日游击战争能够部分地恢复国家领土和维系失地的人心；在于抗日游击战争能够使日寇无法从它所占领的地区中取得人力和资财的补充来灭亡我国；在于抗日游击战争能够配合正规军作战；在于抗日游击战争能够为正规军创造优良的后备军和新的兵团。[②]

后来，毛泽东又对敌后游击战争作了更为系统的总结并归纳为：“（一）缩小敌军的占领地；（二）扩大我军的根据地；（三）防御阶段，配合正面作战，拖住敌人；（四）相持阶段，坚持敌后根据地，利于正面整军；（五）反攻阶段，配合正面，恢复失地；（六）最迅速最有效地扩大军队；（七）最普遍地发展共产党，每个农村都可组织支部；（八）最普遍地发展民众运动，全体敌后人民，除了敌人的据点以外，都可组织起来；（九）最普遍地建立抗日的民主政权；（十）最普遍地发展抗日的文化教育；（十一）最普遍地改善人民的生活；（十二）最便利于瓦解敌人的军队；（十三）最普遍最持久地影响全国的人心，振奋全国的士气；（十四）最普遍地推动友军友党进步；（十五）适合敌强我弱条件，使自己少受损失，多打胜仗；（十六）适合敌小我大的条件，使敌人多受损失，少打胜仗；（十七）最迅速最有效地创造出大批的领导干部；（十八）最便利解决给养问题。”[③]

关于开展敌后游击战争的战略，毛泽东将其概括为：“（一）主动地、灵活地、有计划地执行防御战中的进攻战，持久战中的速决战和内线作战中的外线作战；（二）和正规战争相配合；（三）建立根据地；（四）战略防御和战略进攻；（五）向运动战发展；（六）正确的指挥关系。”[④]其实质在于全面贯彻和实行持久抗战的战略方针。“这六项，是全部抗日游击战争的战略纲领，是达到保存和发展自己，消灭和驱逐敌人，配合正规战争，争

① 《毛泽东选集》第2卷，人民出版社1991年版，第552页。
② 《朱德选集》，人民出版社1983年版，第35—37页。
③ 《毛泽东选集》第2卷，人民出版社1991年版，第553页。
④ 《毛泽东选集》第2卷，人民出版社1991年版，第407页。

取最后胜利的必要途径”。[①]就其主次轻重来说，第一项无疑是最为重要的，它是游击战争战略原则的最中心的问题，解决了这个问题，游击战争的胜利就有了军事指导上的重要保证。至于具体战术问题，中国共产党认为总的战术应该是“速决的进攻”，其基本原则是“迅速、秘密和坚决”[②]，内容包含“主动性突然性与顽强性”，即采取积极主动的行动，以高度的灵活性和机动性，向敌军发动突然袭击，坚决、干脆地消灭敌人的有生力量。其中，“袭击”构成了敌后游击战争最基本的战术，其余的战术均从属于斯。毛泽东指出，敌后游击战争一般以袭击的形式表现其进攻，“袭击是攻击的一种，游击战争不注重正规的阵地攻击这种形式，而注重突然袭击或名奇袭的这种形式，这是因为游击战争是战略上以少胜多以弱胜强的，非如此不能达到目的”。[③]

中国共产党对于游击战与发动民众的结合尤为重视。彭德怀指出：“只要有群众，就能够发动游击战争。”敌后有广大的抗日群众存在，因此我们有充分的条件在敌后开展广泛的游击战争。敌后是敌人兵力最薄弱的地方，也是游击战争大显身手的地方。“只要认识到发展游击的重要，只要相信群众的力量，并给以相当的推动与帮助，便可以号召起广大的群众加入游击队，进行抗日的武装斗争。”[④]在同敌人作战的过程中要注意把正规部队、地方游击部队及普通民众组成的部队结合起来。群众是一切战争胜利的基础，任何斗争都要团结最广大的人民群众，共产党的这一战略思想即人民战争思想。

中国共产党认为，敌后游击战争有三项基本任务：一是“公开或秘密地发展民众抗战的组织，特别是武装的组织，来繁殖游击战争；同时揭破敌人的欺骗阴谋，铲除汉奸，瓦解敌人的傀儡政权，特别是敌伪的军队，使我国已失的领土和政权，从一切斗争中，主要是武装斗争中，恢复起来”。[⑤]二是建立敌后抗日根据地，这是“游击战争赖以执行自己的战略任

① 《毛泽东选集》第2卷，人民出版社1991年版，第407页。

② 《朱德选集》，人民出版社1983年版，第61页。

③ 《毛泽东文集》第2卷，人民出版社1993年版，第74页。

④ 刘雯编《现代名人抗战言论集》，战时出版社1938年版，第73页。

⑤ 中国人民解放军国防大学党史党建政工教研室编《中共党史教学参考资料》第16册，国防大学出版社1985年版，第74页。

务，达到保存和发展自己、消灭和驱逐敌人之目的的战略基地”[①]；三是“坚持长期战争，驱逐敌人消灭敌人的依托；是生息和壮大革命武装的源泉；是发扬与培植民力，进行各种战时建设，保证战争最后胜利的基地；是与敌伪进行军事、政治、经济、文化各种斗争的堡垒；是维系敌后民心，提高全国人民的自尊心与自信心的灯塔”。

中国共产党要利用可能的条件，使敌后根据地广泛地建立和发展起来，成为敌后游击战争巩固的后方，并逐步扩大抗日根据地和游击区，缩小敌伪占领区。配合正规军队，消耗和消灭敌人的有生力量，取得抗战的最后胜利。为此，中国共产党确定了抗日游击队在战役中的具体活动方针，旨在使敌人的交通迟滞、阻塞，企图暴露，军心动摇，汉奸政权也不稳固，兵力不敷分配，给养断绝，经济资源被破坏，有生力量被削弱。“在军事活动的全时间内，所有的游击队配合主力军一齐动作起来，就和蚂蚁蛀蚀着朽楼一样，可以倾覆敌人存在的基础，影响到全面抗战的结局。”[②]为了实现上述任务，中国共产党主张因地制宜，在山地、平原和河湖港汊全面开展敌后游击战争。

在同日本进行持久作战的过程中，敌后游击战争同国家的总后方是脱离的。这样，根据地能否存在成为游击战争能否继续下去的关键因素。毛泽东在《抗日游击战争的战略问题》一文中对游击战争的根据地作过解释。他指出，游击战争的根据地是必须存在的实实在在的战略基地，它是敌后游击战争得以顺利实现保存自己、消灭敌人目的的必要基础，没有它任何作战任务和战争目的都无法实现，它起到的是依托作用。因此，开展敌后抗日游击战必须建立自己的根据地。[③]从根据地建立的可能性和条件来说，毛泽东认为：以山地建立根据地最为有利。平地较山地为差，但是也能够发展游击战争和建立根据地。河湖港汊也较山地为差，但比平地建立根据地的可能性为大。总之，只要深刻懂得建立根据地的重要性，彻底肃清流寇主义思想，采取较为正确的战略方针，就可以利用一切可能的条件，使敌后根据地广泛地建立起来。在整个战区，经过敌我双方的激斗，逐步扩大抗日根据地和双方争夺的游击区，缩小敌伪占领地区，这就是抗日游击

① 《毛泽东选集》第2卷，人民出版社1991年版，第418页。
② 《朱德选集》，人民出版社1999年版，第68页。
③ 《毛泽东选集》第2卷，人民出版社1991年版，第418页。

战争的基本任务。①

中国共产党的游击战思想具有全体民众参与的广泛性，因为“抗日游击队本身，就是民族英雄、爱国志士的集团，也是他们训练自己的场所”②，抗日游击队离不开民众的支持。在敌后开展游击战争的过程中，必须依靠群众，发动最广泛的人民群众起来抗战，把广大人民培养成革命的战士，不断地壮大抗战队伍。在共产党的组织、发动下，敌后抗日游击力量逐步壮大。中国共产党的游击战思想取得了巨大的成功，最重要的原因是坚持依靠群众、发动群众，因此它也是毛泽东人民战争思想的发展，“因为只有这种抗战，才是群众的战争，才能达到保卫祖国的目的”③，这是中共的游击战思想独具特色之处。人民群众充分发挥自己的聪明才智，在中国共产党的领导下创造了包括地雷战、地道战在内的各种有效抗击敌人的战略战术。

毛泽东在《抗日游击战争战略的问题》一文中，深刻阐述了游击战思想在整个抗战中的重要作用，驳斥了轻视游击战争的错误思想，用理论回击了国民党的错误观点，把全党全军的认识提高到一个新的高度。毛泽东在全面分析抗日战争形势的基础上，揭示了抗日游击战争的重要战略地位。他指出，游击战争的战略问题是在这样的情况下发生的：中国既不是小国，又不像苏联，是一个大而弱的国家。这一个大而弱的国家被另一个小而强的国家所攻击，但是这个大而弱的国家却处于进步的时代，全部问题就从这里发生了。在这样的情况下，敌人占地甚广的现象发生了，战争的长期性发生了。敌人在我们这个大国中占地甚广，但他们的国家是小国，兵力不足，在占领区留了很多空虚的地方，因此抗日游击战争就主要地不是在内线配合正规军的战役作战，而是在外线单独作战；并且由于中国的进步，就是说有共产党领导的坚强的军队和广大的人民群众存在，因此抗日游击战争就不是小规模的，而是大规模的；“于是战略防御和战略进攻等等一全套的东西都发生了。战争的长期性，随之也是残酷性，规定了游击战争不能不做许多异乎寻常的事情，于是根据地的问题、向运动战发展的问题等等也发生了。于是中国抗日的游击战争，就从战术范围跑了出来向战略敲

---

① 魏宏运、左志远主编《华北抗日根据地史》，档案出版社1990年版，第32页。
② 朱德等：《游击战争》，东方出版社1938年版，第8页。
③ 《毛泽东选集》第2卷，人民出版社1991年版，第387–388页。

门，要求把游击战争的问题放在战略的观点上加以考察”。[①]因此，中共的游击战思想在理论上极具科学性。

毛泽东随后更加深入地阐述了游击战争在抗日战争中的战略地位。他说：“没有游击战争，忽视游击队和游击军的建设，忽视游击战的研究和指导，也将不能战胜日本。原因是大半个中国将变为敌人的后方，如果没有最广大的和最坚持的游击战争，而使敌人安稳坐占，毫无后顾之忧，则我正面主力损伤必大，敌之进攻必更猖狂，相持局面难以出现，继续抗战可能动摇，即若不然，则我反攻力量准备不足，反攻之时没有呼应，敌之消耗可能取得补偿等等不利情况，也都要发生。假如这些情况出现，而不及时地发展广大的和坚持的游击战争去克服它，要战胜日本也是不可能的。因此，游击战争虽在战争全体上居于辅助地位，但实占据着极其重要的战略地位。”[②]

四、动员与武装民众思想

中共提出的全面抗战思想的核心是，动员、组织和武装民众。只有动员广大民众参加抗战，才能实现真正的全民族抗战。因此，考察中共的全面抗战思想，必须同时考察中共的民众思想。中共的民众思想，主要包括发动民众、组织民众和武装民众等方面的内容。

中国的抗日战争怎样才能取得最后胜利？中国共产党从抗战之初就提出了一条广泛发动群众、武装群众，依靠群众对日作战，实行人民战争的全面抗战路线。中国共产党在抗战时期所执行的动员全民族一切力量，争取抗战胜利的人民战争路线，也就是宣传、发动、组织、武装各族人民群众反抗日本侵略的路线。中共认为，中国是有力量进行抗战并最后取得胜利的，这种力量最深厚的根源存在于广大民众中。只有动员和组织民众，才能引导抗战取得最后胜利。中国共产党认为：“民族战争而不依靠人民大众，毫无疑义将不能取得胜利。”毛泽东指出，中国人民要取得抗日战争的最后胜利，必须实行“全国军队的总动员”“全国人民总动员”。他在《和英国记者贝特兰的谈话》中说，“反对日本帝国主义侵略的战争而不带群众

① 《毛泽东选集》第2卷，人民出版社1991年版，第405页。
② 《毛泽东选集》第2卷，人民出版社1991年版，第552页。

性，是决然不能胜利的”。毛泽东在《论持久战》中更明确指出“兵民是胜利之本”的论断，指出：“战争的伟力之最深厚的根源，存在于民众之中。日本敢于欺负我们，主要的原因在于中国民众的无组织状态。克服了这一缺点，就把日本侵略者置于我们数万万站起来了的人民之前，使它像一匹野牛冲入火阵，我们一声唤也要把它吓一大跳，这匹野牛就非烧死不可。”[①]

刘少奇指出：“动员中国全民族四万万五千万人的力量成为统一的力量，是战胜强大日本帝国主义最基本的条件。我们要经过统一战线去进行群众工作，直接动员群众，领导群众，扩大民族革命统一战线运动。强调要以共产党为领导来团结一切抗日的势力与阶层，建立抗日民族统一战线的政权，坚持敌后的抗战。”[②]因此，中共确定了联合一切不愿当亡国奴的中国人起来参加民族革命战争，将日本帝国主义赶出中国作为首要任务，以建立新民主主义国家为社会动员目标。正是对民众的重要性有了深刻的认识，中共对民众进行了广泛而深入的动员。

中共提出了全面抗战思想，发动和组织广大工农群众，使其成为抗日战争的群众基础和力量源泉。以全民族的全面抗战为指导思想的社会动员，中共对中国各阶级在抗战中的作用作了深刻分析。第一，承认农民（雇农包括在内）是抗日与生产的基本力量。故党的政策是扶助农民，减轻地主的封建剥削，实行减租减息，保证农民的人权、政权、地权、财权，借以改善农民的生活，提高农民抗日与生产的积极性。第二，承认地主中大多数人是有抗日要求的，一部分开明绅士是赞成民主改革的。因此党的政策仅是扶助农民减轻封建剥削，而不是消灭封建剥削，更不是打击赞成民主改革的开明绅士。故于实行减租减息之后，又须实行交租交息，于保障农民的人权、政权、地权、财权之后，又须保障地主的人权、政权、地权、财权，借以联合地主阶级一致抗日。只是对于绝对坚决不愿改悔的汉奸分子，才采取消灭其封建剥削的政策。第三，承认资本主义生产方式是中国现时比较进步的生产方式，而资产阶级是中国现时比较进步的社会成分与政治力量，不但有抗日要求，而且有民主要求。故党的政策，不是削弱资本主义与资产阶级，不是削弱富农阶级与富农生产，而是在适当的改善工

① 《毛泽东选集》第2卷，人民出版社1991年版，第511—512页。
② 刘少奇：《论组织民众的几个基本原则》，《解放》1939年第70期。

人生活条件之下，同时奖励资本主义生产与联合资产阶级，奖励富农生产与联合富农。但富农有其一部分封建性质的剥削，为中农贫农所不满，故在农村中实行减租减息时，对富农的租息也须照减。在对富农减租减息后，同时须实行交租交息，并保障富农的人权、政权、地权、财权。一部分用资本主义方式经营土地的地主（所谓经营地主），其待遇与富农同。这些具体政策，源自全民族的全面抗战思想指导下最大限度地照顾社会各阶层利益的理念，适当地调节了根据地内的生产关系和阶级关系，团结了各个阶级、阶层，对抗日民族统一战线的巩固和抗日民主根据地的发展起了非常重要的作用，取得了最为有效的动员效果。

中共对民众进行抗战动员，注重灌输民族意识，体现了阶级利益服从民族利益、民族利益优先的原则。抗日战争全面爆发后，民族矛盾成为中国社会的主要矛盾，中华民族处于“亡国灭种大祸迫在眉睫之时”，故中共号召“工农军政商学各界男女同胞”，“为民族生存而战”，“为祖国独立而战”。以抗战优先、民族大义为重，成为中国抗日的主题，故中共把对民众民族意识的灌输放在首位。中共强调“一切阶级斗争的要求都应以民族斗争的需要（为着抗日）为出发点”，“使阶级斗争服从于今天抗日的民族斗争”。中共指出：“不论何种情况，党的基本任务是巩固扩大抗日民族统一战线，坚持国共合作与三民主义。必须坚持这种方针，不能有任何的动摇。”为了动员最广泛的民众一致抗日，共产党改变以往土地政策，即“停止以暴力没收地主土地的政策”；为了团结最广泛的民众共同抗日，尤其是对地主阶级的团结，共产党把抗战时期的土地政策定为地主减租减息农民交租交息，即农民的利益得到很大的满足，但也顾全了民族利益的全局。这是阶级利益服从民族利益的集中体现。中国共产党所进行的民众社会动员，贯彻着抗战优先的指导思想，团结抗日，一致对外，保家卫国，一切抗日活动以打败日本帝国主义为前提。坚决执行抗战优先的思想，成为中共民众社会动员的主题。刘少奇指出发展民众运动，“动员千百万群众上前线是争取抗战胜利的基本条件”。“我们要经过统一战线去进行群众工作，直接动员群众，领导群众，扩大民族革命统一战线运动。”[①]中共始终坚持

① 中共中央党史和文献研究院编《刘少奇年谱（增订本）》第1卷，中央文献出版社2018年版，第224—225页。

以阶级利益服从民族利益的原则进行民众动员。

中共对民众所进行的抗战动员，内容包括政治、经济、文化及军事动员，以政治动员为先导，以经济、军事动员为核心，同时辅以丰富的文化动员。其中最重要的民众动员，集中于政治动员和军事动员。

什么是政治动员？政治动员实际上是精神动员，是指一定的政治主体，如政党、国家或政治集团，运用通俗化、生动化的形式、方法、途径，自上而下地激发本阶级、集团及其他社会成员的积极性和创造性，引起他们自下而上地参与社会活动，以实现特定政治目标的行为和过程。政治动员是动员人民进行革命战争、赢得革命战争胜利的一个根本性的指导方法，是一个使精神变物质的根本方法。毛泽东指出，“今后的任务是‘动员一切力量争取抗战胜利’”，而“如此伟大的民族革命战争，没有普遍和深入的政治动员，是不能胜利的”。“要胜利又忽视政治动员，叫做‘南其辕而北其辙’，结果必然取消了胜利。”[①]中共所进行的政治动员，动员主体是中国共产党及其领导下的边区政府系统、军队、文艺团体等，动员客体是被动员的对象，包括农民、无产阶级、资产阶级、地主阶级、民族资产阶级等。抗战时期的政治动员，是一个从中国共产党到各动员对象的自上而下的动态过程。

首先，中共的政治动员是在保障社会各阶级利益的前提下进行的。毛泽东把保障社会各阶级的利益作为政治动员的前提，意识到利益整合对政治动员的关键作用。从1937年开始，中国共产党在一系列经济政策上开始转变，从保护各阶级阶层的利益着手，最大限度地整合与认同各阶级阶层的利益，以适应抗战时期政治动员的需要。其主要表现在经济上，即制定了有利于各阶级阶层的土地政策、劳动政策和改善民生等一系列政策。这些政策均从群众最切身的生活利益出发，采取各种改善生活的措施，具体包括改善工人、农民、知识分子及抗日军人的待遇，优待抗日军人的家属，废除苛捐杂税，救济失业，赈灾救荒，等等。此外，政治民主建设方面实行了“三三制”政权、普选制等方式，把政治动员引入经济生活，使政治动员成为民众经济生活的重要组成部分。

其次，中共的政治动员是借助组织对民众强有力的控制来进行的，并

① 《毛泽东选集》第2卷，人民出版社1991年版，第480-481页。

把政治动员与对民众进行的广泛的社会教育相结合。“从组织上动员群众”是政治动员中强有力的方式。由于组织所具有的严格的等级制度和权力分配，通过组织化控制进行政治动员是最为有效的方式。毛泽东高度重视组织对民众的控制力及其在民众动员方面的重要作用：“无论是工人、农民、青年、妇女、儿童、商人、自由职业者，都要依据他们的政治觉悟和斗争情绪提高的程度，将其组织在各种必要的抗日团体之内，并逐渐地发展这些团体。民众如没有组织，是不能表现其抗日力量的。”①中共在抗战时期动员民众的组织还呈现出多元的格局，其组织化强大的扩张功能，使得其在中共对民众的政治动员中起到坚定的核心作用，各种组织对民众形成完整的吸附和控制作用，对有力地、迅速地进行动员和汲取资源起到至关重要的作用。

中共的政治动员的另一重要内容，是通过宣传鼓动和国民教育的方式以提高民众的政治认知能力，培养民众有利于抗日民主实践的政治态度、情感和爱国主义的意识，主要以对根据地民众开展广泛的社会教育的方式来实施，把对民众的社会教育和政治动员最大限度地结合起来。社会教育是抗战时期中共在敌后抗日根据地一项重要的社会政策。实施这一政策的方法是以乡村社区为单位，以冬学、夜校、半日校、识字组、读报组、民众教育馆、秧歌队、剧团等为组织形式，目标是在实现扫盲教育的同时，对民众灌输民族意识、国家意识和中共所主张的意识形态、道德观念，激励民众参与政治的热情，其终极目的是最大限度地使民众认可中共及各项政策。抗日根据地的社会教育既是群众性的扫盲运动，也是中共对根据地进行的一场全面深入的政治动员，中共通过社会教育实现了对根据地乡村社会资源的全面控制。

最后，中共的政治动员坚持了经常性和延续性。毛泽东强调政治动员必须经常，必须普遍，必须深入。“不是将政治纲领背诵给老百姓听”，“要联系战争发展的情况，联系士兵和老百姓的生活，把战争的政治动员，变成经常的运动”。他指出，战争的政治动员“不是一次动员就够了”，为此，他要求中共在进行民众动员时要作不疲倦的解释和说服，以便把“党的方针变为群众的方针”，使党的路线、政策深入民心，起到启迪、团结和激励

① 《毛泽东选集》第2卷，人民出版社1991年版，第424页。

人民奋斗的作用。

政治动员是灵魂，经济动员是保障，而军事动员则是战争取得胜利的根本保证。中国共产党对军事动员高度重视。毛泽东在《为动员一切力量争取抗战胜利而斗争》中提出："设立经常的国防会议，讨论和决定国防计划和作战方针。武装人民，发展抗日的游击战争，配合主力军作战……建立全国各地军区，动员全民族参战，以便逐步从雇佣军兵役制转变为义务兵制。"[①]他重视建立军事动员制度，将抗日自卫军制度视为战时民众军事化的优良制度，规定凡16—45岁之青年壮年男女，依自愿原则组织于抗日自卫军内，受某种程度的军事教育和政治教育之训练，成为半军事性质的人民初级武装组织。毛泽东强调建立动员民众参战的组织机构，指出："民众如没有组织，是不能表现其抗日力量的。"[②]中共依据武装动员方式和兵役制度的不断调整、改革和完善，基本保障了敌后战场的兵员补给。同时，中共注重做好军人家属的安抚工作。边区政府在1937年12月制定的《抗日军人优待条例》规定："凡参加抗日战争将士及其家属，均受本条例之优待。"1940年，边区政府又制定了《陕甘宁边区抚恤暂行办法》，具体地规定了对于抗日战士的养老养病抚恤伤亡的办法。1941年5月1日颁布的《陕甘宁边区施政纲领》再次强调加强优待抗日军人家属的工作，彻底实施优抗条例，务使八路军及一切友军在边区的家属得到物质上的保障与精神上的安慰。1943年初，边区政府颁发了《新订陕甘宁边区优待抗日军人家属条例》和《优待抗日工作人员家属暂行办法》。中共的优抚工作做到了实处，得到了民众的广泛拥护。

中共认识到，对已经动员起来的民众在军事上需要有一定的形式加以组织。毛泽东明确提出，正规军、地方部队和民兵相结合的武装力量体制，是动员、组织和武装群众最好的组织形式。他指出："这个军队之所以有力量，还由于它将自己划分为主力兵团和地方兵团两部分，前者可以随时执行超地方的作战任务，后者的任务则固定在协同民兵、自卫军保卫地方和进攻当地敌人方面。这种划分，取得了人民的真心拥护。"同时，"还由于有人民自卫军和民兵这样广大的群众武装组织，和它一道配合作战。在中

① 《毛泽东选集》第2卷，人民出版社1991年版，第354-355页。
② 《毛泽东选集》第2卷，人民出版社1991年版，第424页。

国解放区内，一切青年、壮年的男人和女人，都在自愿的民主的和不脱离生产的原则下，组织在抗日人民自卫军之中。自卫军中的精干分子，除加入军队和游击队者外，则组织在民兵的队伍中，没有这些群众武装力量的配合，要战胜敌人是不可能的”①，这种正规军和群众性武装相结合的体制，是在短期内最大限度地发挥蕴藏在人民之中的战争伟力的最有效的组织形式，能使潜在于人民之中的战争力量得以迅速转化为现实的战争力量，是任何组织形式所无法比拟的。

抗战时期，采取何种宣传方式，使民众能够接受中共的理论和号召，进而从内心与中共的倡导产生共鸣，自愿投身抗日战争，是中共动员民众时最先考虑的问题。1937年8月，洛川会议提出了“全国人民总动员”的主张，要求共产党员及其所领导的武装力量，“应该用极大的力量发展抗日的群众运动”，要“不放松一刻工夫一个机会去宣传群众，组织群众，武装群众”。②这表明了中共对于民众动员中组织、宣传与武装的重视。中共在抗战初期确定了对民众实行宣传的基本政策，其表现在两个方面：一方面坚持抗日第一与抗战到底，坚持抗日民族统一战线与新民主主义政治，坚持真正三民主义与总理遗嘱，并多方揭露国民党反共投降的阴谋与罪行，及其违反三民主义与总理遗嘱的言论行为，以推动国民党进步分子，争取其中间分子，孤立其反动分子。另一方面争取社会的广大同情者和同盟军，来共同反对国民党的反共、投降，反对其反动的复古主义和一党专制主义，在这方面，我们要强调思想、信仰、言论、研究、创作、出版、教育之自由，要赞助广大中间分子自由主义立场，要同情被压迫、被排斥的地方势力。因此，中共采取了多种多样的方式进行民众动员。毛泽东指出：“靠口说，靠传单布告，靠报纸书册，靠戏剧电影，靠学校，靠民众团体，靠干部人员。”③

1939年5月，刘少奇在《论组织民众的几个基本原则》中，对民众运动中的三个基本问题，即组织问题、行动问题（或斗争问题）、宣传教育问题作了深刻的阐述。

---

① 《毛泽东选集》第3卷，人民出版社1991年版，第1040页。

② 中央档案馆编《中共中央文件选集（1936—1938）》第11册，中共中央党校出版社1991年版，第326页。

③ 《毛泽东选集》第2卷，人民出版社1991年版，第481页。

第一，要在民众的自动性上去组织民众。刘少奇指出，要去组织民众，首先就要认识民众，并认识民众运动的规律，然后才有可能引导民众组织起来。因此，我们去组织民众，必须首先去启发民众的自动性，使民众了解他们有互相组织的必要，然后根据民众的这种自动性，给以推动、协助和引导，才能真正地组织民众。为什么说在民众运动中要发扬民众的自动性与创造性呢？因为民众是人群，没有民众的自动性与积极性，就不能使民众组织起来，也不能有民众运动。为什么要在民众团体中实行民主生活、尊重民众的意志呢？因为民众是人群，没有团体内部的民主生活、不尊重民众的意志，就不能使民众真正组织起来，不能使这个团体活跃，也不能有真正的民众运动。为什么民众团体的内部生活不能受外力的干涉，要保持民众团体的独立性呢？因为民众团体是人组织起来的团体，不保持组织生活上的独立性，就要窒息它的自动性与积极性。因为民众是人群，虽然民众今天还由于政治、文化水平的不够，还没有觉悟到他们有组织起来救国与自救的必要，但我们可以去提高民众的政治、文化水准，启发民众的觉悟，使民众了解有组织起来救国、自救的必要，这是一切民众先觉者的责任，所以我们应该去推动和协助民众组织起来，不应该让民众自流地发展，作民众的尾巴，而应该领导民众。因此，“应该教育民众、说服民众、启发民众的要求与自动性，并协助民众组织起来”。他总结说：“总之，民众是有思想、有要求、能动的人群，要组织民众必须依靠民众的自动性，一切民运工作者与领导者的责任，就在于启发与提高民众的这种自动性，并在民众的自动性发扬以后，加以适当的配合、组织与指导。在这里一切的主观主义，都要受到惨酷的失败。”①

第二，要在民众的要求上去组织民众。刘少奇指出，民众是有要求的人群。民众的要求，是民众组织的目标与目的。离开民众自己的要求，就不能组织民众。民众是为了达到他们一定的共同要求，他们才组织起来。民众团体的要求，规定民众团体的性质。由于要求的不同，民众团体也就有各种不同的性质。根据民众要求一般可以分作下列各种不同性质的组织：一是政治组织。主要是在一定的共同政治要求上建立起来的组织，如政党、政派及其他政治性质的组织等。二是经济组织。主要是在一定的共同经济

① 刘少奇：《论组织民众的几个基本原则》，《解放》1939年第70期。

要求上建立起来的组织，如工会、农会、合作社等。三是文化组织。主要是在一定的共同文化要求上建立起来的组织，如研究会、俱乐部、剧团及其他学术团体等。他强调："必须在民众各种要求上组织各种不同性质的民众团体，才能组织民众的多数。"①

第三，要采用各种各样的方式去组织民众。刘少奇指出，民众并不是一样的人，而是各种各样的人，有各种各样的要求，有不同的职业、年龄、性别、地域、阶层和文化觉悟程度等。因此，必须采用不同的方式，才能真正组织民众的多数；并不是主张民众组织的分散不要统一，而是坚决主张民众运动统一的。但是这种统一，必须做到以下三点。其一，要依照民众内部各种复杂的情形，采用各种各样的方式去组织民众的大多数；其二，在民众组织的各部门中，在共同的要求与纲领上求得各部门的统一，如求得工会的统一，农会的、青年的、妇女的各种组织的统一；其三，在抗日救国的共同纲领上联合一切的民众团体，组织统一的救国总联合会，在各地同样建立这种联合会的系统。这样就能把一切的民众组织统一在一个总领导机关之下。也只有这样，才能真正地统一全国民众运动的领导。②

1943年2月20日，邓小平在《根据地建设与群众运动》中总结了群众运动的规律，为中共有效地动员民众找到了可靠的路径。什么是中共指导根据地群众运动应掌握的规律呢？邓小平将其概括为四个方面："第一是发动群众，在发动群众中组织群众、武装群众；第二是在发动群众之后，立即注意整理与健全群众组织生活；第三是在发动与组织群众中注意群众的政治教育，在发动与组织任务完成之后，应将重心转入教育群众，把群众运动提高到民主政治和武装斗争的阶段，使群众形成一个自为的阶级力量，去参加统一战线，去参加群众性的游击战争，以巩固既得的政治经济权利；第四是把群众的经济斗争政治斗争约束于统一战线范围之内。"③

对民众进行政治宣传，是中共对民众动员的重要方式。中共战时政治宣传工作有四个突出特点：一是在不同的战斗阶段，宣传政策和宣传重点因时而异；二是深入细致地研究敌人的个性心理和群体心理及其国情，区分出不同的宣传对象和层次，因人而异地确定我们的宣传方针、政策、战

---

① 刘少奇：《论组织民众的几个基本原则》，《解放》1939年第70期。
② 刘少奇：《论组织民众的几个基本原则》，《解放》1939年第70期。
③ 《邓小平文选》第1卷，人民出版社1994年版，第67—68页。

略、策略、形式和内容等；三是宣传方式方法，口头宣传与文字宣传、直接宣传与间接宣传穿插使用，多管齐下，形成宣传合力；四是始终依靠群众，形成运动，不仅让群众参与到宣传工作中来，还将“敌人”引入宣传队伍。

1941年6月20日，中共中央颁布的《关于党的宣传鼓动工作提纲》，是抗战时期中国共产党在各根据地内进行宣传鼓动工作的指导性文件。在它的指导下，各级党的宣传部门指导边区政府动员委员会采取组织演讲、发放传单、张贴布告、印刷报刊书册等宣传鼓动方式。中共对民众动员采取的宣传方式，首先通过宣传教育激发民众的抗日热情，强化民众的民族心理。为了使抗日宣传达到“民众化宣传”的目的，中共先后成立了宣传队、动员宣传团、战动剧团和战动青年团等。他们深入矿山、工厂、学校、车站、街道、农村，奔赴前线，通过召开宣传大会、公演抗日话剧、教唱抗日歌曲等进行广泛的宣传鼓动工作；出版了《战地通讯》《老百姓周刊》《红旗》《战斗》《抗战》等数十种刊物以及其他宣传品，包括用日文印发的大量传单、标语和火线喊话材料等，形成了抵抗日本侵略的巨大声势。中国共产党的宣传口号是极具鼓动性的，在宣传的口号中经常出现如父老兄弟、兄弟姐妹、炎黄子孙、同胞们等称呼，并提出“寇深矣！势亟矣！同胞们！起来，一致的团结呀！我们伟大悠久的中华民族是不可屈服的”“打倒日本帝国主义！中华民族解放万岁！”“只有抗战才是出路！”等感染力极强的口号。①

同时，中共通过同各地人民喜闻乐见的各种形式相结合的、通俗、形象的政治宣传，来激发人民的抗日热情，唤醒民众、组织群众、提高人民的觉悟，使人民自愿地支援和参加抗战。中共的宣传内容有日军在中国的暴行，也有中国人民反抗日本侵略的先进事迹。中共在宣传过程中指出当前的困难并解说克服困难的方针，号召团结，坚定胜利信心，粉碎敌人的进攻，保卫根据地，反对悲观失望。中共在开展宣传鼓动工作时，注意研究宣传鼓动工作的一般方法，以及宣传鼓动工作所应特别注意的方法，以便宣传鼓动工作能够更顺利地进行和收到更大的效果。在具体工作中，基本遵循以下步骤。第一，明白要讲什么。第二，知道对什么人讲。第三，

---

① 刘颖：《论抗日战争时期中国共产党的社会动员方法》，《兰州学刊》2006年第4期。

明确要达到什么目的。第四，知道怎样讲。第五，随时留心群众的反应，讲话中及讲话后应注意听众的反应，以便随时改变宣传鼓动的内容与方法。第六，宣传的内容必须是充实的，而不是空洞的；宣传的语句应当是简单、明了、清楚、透彻；宣传的事实应当是真实的、生动的、恳切而带有说服性的；由具体到抽象、由近到远、由中国到外国。第七，在进行宣传鼓动工作时，应抓住为广大群众所熟悉的事实，抓住为广大群众最切身的、最迫切的、最易感动的事实；讲话要生动，富于情感，富于煽动性；时间要短。中共通过这些基本步骤，全方面揭露日本帝国主义的侵略、压迫、残暴行径，唤起人民的民族觉悟、参加抗战的热情以及对抗战胜利的信心。

中共的社会动员的内容包括具有长远考虑的实际目标，“在抗日根据地里，应该开展多方面的、广泛而深入的群众鼓动工作。群众鼓动工作的展开，应该不只是为了拥护与实现党的主张与号召，而同时也是为了揭破与攻击敌人的欺骗与迫害；不只是为了动员人力、物力、财力，而同时也为了积蓄人力、物力、财力；不只是为了战争动员，而同时也为了建设事业；不只是为了临时工作，而同时也为了经常工作。应该使党的全部政策和政府施政纲领，经过各种具体的鼓动工作变成群众的实际行动”。[①]对于具体实施动员的干部工作人员，告诫其在具体的工作中要对民众贯彻中共长远的奋斗目标，而非只顾眼前的局部利益。“应把眼前利益与将来利益联系起来，把局部利益与全民族利益联系起来。必须劝告农民，在实行减租减息与保障农民的人权、政权、地权、财权之后，同时实行交租交息与保障地主的人权、政权、地权、财权。正如在减租减息与保障农民的人权、政权、地权、财权的问题上，必须劝告地主不应该限制于眼前的狭隘的利益，而要顾及将来与全民族的利益，是一样的。”[②]

考察抗战时期中共对民众动员的过程，其民众动员理念的确定，政治、经济、文化等动员内容的具体实施，在宣传方式上所表现的灵活且脚踏实地，都使得中共对民众动员朝着既定的动员目标迈进。中共对民众的动员，其双赢目标体现在两个方面。一方面，反映在政治、经济、文化上具体的

① 中共中央文献研究室、中央档案馆编《建党以来重要文献选编（1921—1949）》第18册，中央文献出版社2011年版，第493页。

② 中共中央文献研究室、中央档案馆编《建党以来重要文献选编（1921—1949）》第19册，中央文献出版社2011年版，第23页。

动员，充分调动民众力量，加强抗日力量，以抗战到底，并取得抗战胜利为目标。另一方面，民众动员的过程，亦是中共以满足民众的物质利益为前提，推动民众对民主政治的认识与参与，提高民众的教育文化素质，全面提升民众的整体素质的过程，这是中共的民众动员目标潜在及深远的意义所在。

中共在对民众动员中采取适合各阶层民众的宣传方式及训练方式，表现出严密的自下而上的组织特点，在民众动员方面，建立了较为完整的民众动员体系。中共在政权组织系统下，利用正式组织的功能，建立了自上而下的垂直动员体系。根据抗日民族统一战线的策略方针，在各抗日革命根据地建立了边区、县、乡三级抗日民主政权组织。抗日民主政权吸纳并代表了一切赞成抗日的人民大众，具有广泛的社会基础。抗日民主政权的建立，为依靠政权的力量和争取民众的信任、支持，从纵向上进行垂直动员提供了可靠的组织保障，在民众动员方面发挥了主导作用。为了有效组织和动员民众，从边区到乡、村建立了各种类型的群众组织，并形成了一个完整的组织系统。在这一系统内，广大人民群众既是被动员的对象，也是动员他人的动员者，从而形成了边区抗战时期民众动员的基本模式。史沫特莱在《伟大的道路：朱德的生平和时代》一书中写道："八路军一向是在沦陷区内活动的，因此能够按照当年内战时在华南一带证明极为有效的作法，进行组织、训练和武装人民的工作。农民、工人、商人、妇女、青年和儿童组织都成立了……作为八路军的辅助部队，进行战斗。"[①]中共的民众动员体系的形成，使民众动员既有组织上的依托和保障，也使民众动员的深度、广度和效果达到可控状态。

中共通过各种途径和方法动员乡村中的一切资源，通过庞大、深入、细致的党组织网络和政权组织网络，把边区的广大民众都统辖在一个严密的组织系统中，党的基层组织的触须一直延伸到乡支部、村支部，政权的基层组织也一直延伸到村，中共对各抗日根据地的民众组织以设立支部和分支部以及乡村行政组织等形式作出了具体而严密的规定。中共设立的行政组织有着细致明确的分工，基本上把对边区的各项民众动员工作纳入其

---

① 艾格妮丝·史沫特莱：《伟大的道路：朱德的生平和时代》，梅念译，胡其安、李新校注，东方出版社2005年版，第423页。

中。刘少奇指出："必须建立工会、农会、民族解放先锋队及妇女抗日救国会等整个系统的组织，使之成为群众运动的直接领导机关。"[①]群众团体是政府系统以外的非政权性质的、群众自己建立的组织，它不仅具有广泛的代表性，而且直接与群众接触，党的政策和政府的决定通过它去落实更容易为群众所接受，也更方便迅速。群众组织还能把分散的群众力量聚集在一起，更好地开展生产运动，如生产型组织互助组、代耕队在农业生产中发挥了非常重要的作用。一方面，群众团体代表本团体成员的利益，反映他们的要求，帮助他们解决各种困难和问题，增强了自身的凝聚力、吸引力；另一方面，群众团体利用自身优势，在成员中积极宣传贯彻党和政府的方针政策，动员群众踊跃参军参战，积极参政议政，努力生产，为抗战作出了重要贡献。

刘少奇撰写《民众运动讲话大纲》和《论组织民众的几个基本原则》，总结了民众动员、组织的方式及组织原则，成为民众动员、组织问题的指导性文件。刘少奇认为，第一，民众是有思想有要求与能动的人类，而不是别的。所以民众只能自动地组织起来，而不能被动地组织起来。第二，要公开合法地组织民众，要尊重民众团体的独立性。要在民众自己的要求上去组织民众。"在中国今天抗日救国已成为广大民众迫切要求，抗日救国组织就成为民众组织的广泛形式。"我们的任务是："组织真正有广大群众的公开的统一战线的群众团体，并在保护民众切身利益的工作中引导广大群众去积极参加抗战中一切工作。"[②]在组织民众过程中必须遵循三个基本原则。第一，"要在民众的自动性上去组织民众"，"必须首先去启发民众的自动性……给以推动、协助和引导，才能真正的组织民众"。同时，还要保护民众团体的独立性。第二，"要在民众的要求上去组织民众"，"民众是有要求的人群。民众的要求，是民众组织的目标与目的。离开民众自己的要求，就不能组织民众"。民众团体的要求，规定民众团体的性质。"必须在民众各种要求上组织各种不同性质的民众团体，才能组织民众的多数。""一切民运工作者与领导者，必须经常的、积极的去启发与提高民众的要

① 中共中央党史和文献研究院编《刘少奇年谱（增订本）》第1卷，中共文献出版社2018年版，第222页。

② 中共中央党史和文献研究院编《刘少奇年谱（增订本）》第1卷，中共文献出版社2018年版，第270页。

求，从低级的提到高级的，从经济的提到政治的，从部分的、暂时的提到全体的、永久的，从地方的提到国家的、民族的。只有这样，然后才能在被启发与提高了的民众要求之上，去组织广大的民众。”第三，“要采用各种各样的方式去组织民众”。“民众并不是一样的人，而是各种各样的人，有各种各样的不同的要求，有不同的职业、不同的年龄、性别、地域、阶层和文化觉悟程度等。因此，要组织民众，就必须采用各种各样不同的方式去组织，才能真正组织民众的多数。”[①]

这些群众团体组织，使得中共对民众的动员实现了组织化。中国共产党领导的抗日动员工作是非常普遍和广泛的，男女老少都有自己的组织归属。在此基础上，为了动员民众广泛地参加抗日事业，中国共产党领导建立了多种形式的抗日救亡组织，如工会、农会、中华民族解放先锋队、妇救会、抗日儿童团等。每个组织都有自己的工作重点。比如妇救会，主要负责动员青年参军参战和解决军属的困难；抗日儿童团，负责沿村传递信件送情报，同时，还手执红缨枪在村头路口站岗放哨，盘查过路行人。各抗日根据地的民众，80%以上都加入了这些组织，另外还按照工作性质组织了救护队、担架队、宣传队、侦察队、战地服务团等，真正实现了全民抗日，各显其能。抗战时期中国共产党的组织创新工作，极大地推动了中国政治发展的组织化进程，奠定了政治动员的组织基础。

中共通过各种动员方式，激发了民众的抗战和生产热忱，最大限度地把广大群众动员起来投身抗战。中共对民众的社会动员以抗日民族统一战线为基础，针对不同阶层采取不同的动员方式，最大限度地使民众接受中共的动员理念及动员内容，从而达到中共预期的动员目标。

五、政治理念转变中的理论调整

在中共建立抗日民族统一战线、逐渐从国内战争转向民族战争过程中，党的各种方针政策进行了必要的转变，这种转变必然带来一些理论上的困惑，这些理论问题需要中共予以正视和解决，借以统一全党思想。这些理论问题有阶级矛盾与民族矛盾的关系，阶级斗争与民族斗争的关系，爱国

---

① 中共中央党史和文献研究院编《刘少奇年谱（增订本）》第1卷，中共文献出版社2018年版，第278-279页。

主义与国际主义的关系，抗日与民主的关系，共产主义与三民主义的关系，展示权力集中与保障民主权利的关系，高度集中的要求与严守纪律规则的关系，集体利益与个人利益的关系，党的组织纪律与个人自由主义之间的关系，等等。

大体说来，抗战初期面临的核心问题是如何处理民族矛盾与阶级矛盾的关系，必须强调以民族矛盾为主要矛盾，而阶级矛盾服从于民族矛盾。但这种服从绝不意味着放弃阶级斗争，否则就有可能走向阶级投降主义，犯右倾错误。抗战相持阶段面临的核心问题是如何处理抗日与民主的关系，是权力集中与开放政权的问题。中日民族矛盾相对缓和后，国内阶级矛盾日益激化，体现为国共之间的矛盾冲突，阶级矛盾逐渐成为主要方面，而这种矛盾主要是由国民党决定的，国民党决定着这对阶级矛盾的性质，因为它采取了限共和反共政策，中共在处理阶级矛盾时不能忘却民族矛盾，否则就有可能犯“左”倾错误。抗战后期面临的核心问题是民主宪政与专制独裁之争，是腐败与廉政之对比，是战后中国命运之选择。

中共在阐述国际主义与民族主义时指出，共产主义是和民族主义相对立的，“全世界无产者联合起来”才是共产主义追求的国际主义路线。但民族敌人入侵国土的现实却告诉共产党人：共产主义必须与民族国家利益相结合。国际主义固然是共产党人的重要原则和共同追求，但离开国家主义或民族主义路线的纯粹国际主义，即使存在，也难以持久，它必然会向带有国家主义或民族主义的路线转变。针对这种现实，抗战时期，以毛泽东为代表的中共领导人在反对“俄化”倾向的同时，提出了国际主义与民族利益相结合，并着力促使民族主义与民主政治相结合。这集中体现在毛泽东在中共六届六中全会报告《论新阶段》中。

关于民族斗争和阶级斗争的关系问题。抗日民族统一战线对推动中国革命的进程和打败日本帝国主义有着决定性作用，但参加抗战的各个党派和各阶级成分极其复杂，政治力量不平衡，其抗日的坚定性各不相同，这就使得抗日民族统一战线中不可避免地存在着复杂的阶级关系和阶级矛盾。面对民族斗争与阶级斗争相互交错的复杂情况，中共中央从理论上深入剖析了民族斗争与阶级斗争的辩证关系，并在中共六届六中全会上明确提出了“民族斗争与阶级斗争一致性”的命题。毛泽东指出：“在民族斗争中，阶级斗争是以民族斗争的形式出现的，这种形式，表现了两者的一致性。”[1]亦即民族斗争中包含有阶级斗争的内容，二者密切联系，不可分割。

近代中国社会的两大基本矛盾是民族矛盾和阶级矛盾，中国民主革命的主要任务是反帝反封建斗争。九一八事变以后，日本帝国主义的入侵，严重地威胁着中华民族的生存，民族矛盾上升为中国社会的主要矛盾，各阶级的共同任务是打倒日本帝国主义，而各抗日阶级之间所存在的阶级矛盾降到了次要的服从地位。这种政治形势决定了中共应把民族斗争放在第一位，以实现民族解放和国家独立为主要目标，以反对日本帝国主义侵略为主要斗争目标，一切阶级斗争都应以抗日战争的需要为出发点，应以国共合作不破裂、统一战线不破裂为先决条件，“这是统一战线的根本原则”。如果不使阶级斗争服从于民族斗争，就不可能建立和巩固广泛的抗日民族统一战线，就无法坚持长期抗战，就会犯“左”倾错误。但将民族斗争置于主要地位，并不意味着要完全放弃阶级斗争。相反，在坚持以民族斗争为主的同时，还必须“保存党派和阶级的独立性，保存统一战线中的独立自主”。这是因为，必要的阶级斗争不仅不会妨碍民族解放，反而能够推动民族解放的顺利进行。假如放弃阶级斗争，就会失去工农群众对抗日民族统一战线的拥护，就会失去抗战的巨大力量，就无法阻止国民党顽固派的妥协和反共，就会犯右倾错误，就会失去中共的独立地位。

所以，在抗日民族统一战线中，阶级的政治、经济要求在一定的历史时期内应以合作不破裂为条件，同时，一切阶级斗争的要求都应以抗日民族斗争的需要为出发点。也就是说，既不能因阶级斗争破裂统一战线，又不能因民族斗争束缚自己的手脚，丧失独立自主地位，抹杀阶级斗争的存在。亦即“统一不忘斗争，斗争不忘统一，二者不可偏废，但以统一为主”。[2]中共正是根据民族斗争与阶级斗争一致性的原理，处理抗日民族统一战线中的统一与独立、斗争与合作、妥协与进攻等关系，既联合国民党坚持抗战到底，又坚持了独立自主原则，巩固并发展了抗日民族统一战线，从而为抗战的胜利奠定了基础。

在抗日民族统一战线中坚持独立自主，实际上涉及民族斗争和阶级斗

① 《毛泽东选集》第2卷，人民出版社1991年版，第539页。

② 中共中央文献研究室编《毛泽东年谱（1893—1949）》中卷，中央文献出版社2013年版，第143页。

争的关系问题。民族斗争需要抗日民族统一战线，需要联合和团结；阶级斗争要求独立自主，要讲斗争。如何处理两者之间的关系，涉及抗日民族统一战线中路线方针的重大理论问题。在这个重大问题上，中共内部存在两种意见：一是毛泽东等人提出的“民族斗争与阶级斗争一致性”，二是王明等人主张的“阶级斗争服从民族斗争”论。毛泽东认为，在抗日战争中，“阶级和阶级斗争的存在是一个事实”，若否认这种事实，“是完全错误的”。[①]“在民族斗争中，阶级斗争是以民族斗争的形式出现的，这种形式，表现了两者的一致性”。即一方面，“阶级的政治经济要求在一定的历史时期内以不破裂合作为条件”；另一方面，“一切阶级斗争的要求都应以民族斗争的需要（为着抗日）为出发点的”。[②]

抗日民族统一战线中的独立自主，不能把民族斗争和阶级斗争完全对立或割裂开来，必须坚持民族斗争和阶级斗争的一致性，把统一战线中的统一性和独立性、民族斗争和阶级斗争一致起来。在抗日战争中，一切必须服从抗日的利益，要用长期合作支持长期战争，使阶级斗争的利益服从于抗日的民族斗争的利益，这是统一战线的根本原则。在此原则之下，保持党派和阶级的独立性，保持统一战线中的独立自主，保持党派和阶级的一定限度的权利，这才有利于合作，也才有所谓合作，否则就是将合作变成了混一，必然牺牲统一战线。[③]这样，中共高屋建瓴地解决了民族斗争与阶级斗争的互动关系。

中共在民族主义旗帜下，以国共两党合作为基础，团结各界各族人民、各民主党派、抗日团体、社会各阶层爱国人士和海外侨胞，实现了空前的民族大团结，这是抗日战争胜利的重要阶级基础和群众基础。这个民族的大团结，除了极少数的汉奸和卖国贼，几乎包括整个中华民族的各阶级各阶层，不仅包括工人、农民、城市小资产阶级和民族资产阶级，还包括以蒋介石集团为代表的英美派大地主大资产阶级。中共高举民族主义旗帜，团结民主党派和进步人士，调动一切积极因素，发展了抗日民族统一战线。如何在民族解放战争中体现阶级斗争的内容？即如何在抗战中将民族斗争与阶级斗争统一起来？中共在抗战时期提出并实施的许多政策，如“减租

① 《毛泽东选集》第2卷，人民出版社1991年版，第525页。

② 《毛泽东选集》第2卷，人民出版社1991年版，第539页。

③ 《毛泽东选集》第2卷，人民出版社1991年版，第538—539页。

减息”“三三制”等，就是具体的体现。中共中央停止没收地主阶级的土地，改为“地主减租减息，农民交租交息”政策。既稳住地主阶级的爱国立场，又发动广大农民参加抗日斗争；既巩固了“工农”这个最可靠的联盟，又联合地主阶级中的爱国分子共同抗日。它体现了民族斗争与阶级斗争的统一，体现了民族利益和阶级利益的结合，体现了眼前利益与长远利益兼顾。“地主减租减息，农民交租交息”政策是抗战期间中共中央根据中国的国情制定的正确方针，增强了抗日民族统一战线内部各阶级民众在抗日目标下的团结，是符合抗战实际的发展生产的民生政策，对克服经济困难、争取抗战胜利起了积极作用。

1939年9月，毛泽东同美国记者斯诺进行谈话时，斯诺问：“因为共产党放弃了强调阶级矛盾冲突的宣传，取消了苏维埃，服从于国民党和国民党政府的领导，采行了三民主义，停止没收地主的土地，以及停止在国民党区域的组织活动和宣传工作，许多人在说，中国共产党人已不是社会革命者，而仅仅是改良主义者——目的和方法都是资产阶级的了。你对这种攻击如何答复？你是否还主张中国革命仍然是反帝反封建的，在一定阶段上，有转变为社会主义革命的可能，而共产党的责任就是领导这个社会主义革命？”毛泽东回答这个问题时，集中阐述了社会革命与民族革命的关系，阶级斗争与民族斗争的关系。他说：“我们永远是社会革命论者，永远不是改良主义者。中国革命，有两篇文章，上篇和下篇。无产阶级同资产阶级一道，进行民族民主革命，这是文章的上篇，我们现在正在做这一篇文章，并且一定要做好这一篇文章。但是，文章还有一篇，就是它的下篇，就是无产阶级领导农民，进行社会主义革命。这一篇文章，我们也是一定要做的，并且也一定要做好的。目前是民族民主革命，发展到一定的阶段，就会转变为社会主义革命。这种可能性是会要变为现实性的。不过，文章的上篇如果不做好，下篇是没有法子着手做的。”①

斯诺问：“抗战是削弱还是加强了中国的封建因素？在今天，共产党的纲领中哪些是革命的反封建的纲领？边区以外任何地方，曾经认识到它吗？除非同时在全国范围实现革命的反封建的一面，抗战能够获胜吗？当农民甚至为了抵抗日本来组织自己都不可能——更不必提农村改革的要求——

① 《毛泽东文集》第2卷，人民出版社1993年版，第243—244页。

在战争当中能实现革命的反封建任务吗?”①

毛泽东坚定地回答:“中国革命的目前阶段的首要问题是抵抗日本,反封建的任务要服从于第一位的目的——抗日。共产党提出的实现民主政治,废除苛捐杂税,实行减租减息,以及改良人民生活,这些都是反封建的纲领。现在全国各地,不但工人农民,而且在小资产阶级,如广大的知识分子、学生青年、文化人,前进的思想家、政治家、科学家、军人中间,酝酿着一个很大的民主运动,问题是由于受国家的旧的政治机构所束缚,因而没有发展生长,所以,改革旧的政治机构,是一件重要的工作。毫无疑义,抗日而没有民主,是不能胜利的,抗日与民主是一件事的两方面。有一些人,赞成抗日,而反对民主,这种人,实际上是不愿意抗日胜利的,是要引导抗日到失败的人。”②

在毛泽东看来,抗日是民族主义之体现,民主是反封建的呈现,抗日与民主的关系,体现了民族斗争与阶级斗争的关系。故两者关系是“抗日第一,民主第二”。国共之间发生摩擦,进行阶级斗争,但以统一战线不破裂为前提,强调阶级矛盾和阶级斗争时不忘记民族斗争,强调抗日时不放弃阶级斗争和国共分歧。正因如此,1940年7月6日,毛泽东在杨家岭中央大礼堂召开的延安高级干部会议上作报告,讲述《中共中央关于目前形势与党的政策的决定》,在谈到全党应加强统一战线教育时指出:“必须了解,阶级斗争与阶级联合(统一战线)的教育都是阶级教育,二者不可缺一。以前一时期强调斗争教育是必要的,否则不能达到反磨擦的胜利。现在只知团结不知斗争的现象尚有,但现在主要的问题是放松了统一战线的策略教育。决不能把复杂的问题简单化,有理有利有节的原则是重要的。国民党一打一拉的政策我们应该学习。”③

在抗日与民主的关系问题上,中共坚持抗日与民主密切相连,抗日需要民主,必须保障民众权利的民主宪政思想。1937年5月,中共中央在延安召开中国共产党全国代表会议。毛泽东在这次会议上分析了当时民族矛盾和国内矛盾发展的状况,提出了中国无产阶级和中国共产党的领导责任,

① 《毛泽东文集》第2卷,人民出版社1993年版,第245页。
② 《毛泽东文集》第2卷,人民出版社1993年版,第245页。
③ 中共中央文献研究室编《毛泽东年谱(1893—1949)》中卷,中央文献出版社2013年版,第198页。

并且着重指出："争取民主，是目前发展阶段中革命任务的中心一环。"他说："抗战需要全国的和平与团结，没有民主自由，便不能巩固已经取得的和平，不能增强国内的团结。抗战需要人民的动员，没有民主自由，便无从进行动员。没有巩固的和平与团结，没有人民的动员，抗战的前途便会蹈袭阿比西尼亚的覆辙。"①

1937年4月15日，中共中央发布的《中共中央告全党同志书——为巩固国内和平，争取民主权利，实现对日抗战而斗争》对"抗日与民主的关系"作了专门阐述。"中央认为国民党开放全国党禁，发展民主运动，在扩大抗日救亡运动上说，在适当解决中国内部矛盾上说，都是必要的方法。因为只有民主运动的发展，抗日救亡运动才能成为广大群众的运动，民气乃能发扬，敌人才能战胜。也只有民主运动的发展，中国内部的矛盾才能用民主的方法求得适当的解决，在目前新阶段内，我党工作中心的一环，应该是抗日的民主运动的发展。应该指出：目前政治制度的民主改革与人民自由权利的取得，是迫切地为了全国抗日救亡运动的发展和抗战的发动与胜利。也只有为了这一目的，中国民主运动才能顺利的发展起来，以至走到彻底的胜利。把民主与抗日分开或成对立起来的企图，是完全错误的，也是不会成功的。"②

抗战初期，毛泽东集中阐述了抗日与民主的关系，强调了中共为民主主义而奋斗的努力，集中体现了中共的民主观。毛泽东在与英国记者贝特兰谈话时，解释"民主"与"战时政府"的关系时说：两者一点也不冲突。中共提出的"民主共和国"口号，"政治上组织上的含义包括如下三点：(一）不是一个阶级的国家和政府，而是排除汉奸卖国贼在外的一切抗日阶级互相联盟的国家和政府，其中必须包括工人、农民及其他小资产阶级在内。(二）政府的组织形式是民主集中制，它是民主的，又是集中的，将民主和集中两个似乎相冲突的东西，在一定形式上统一起来。(三）政府给予人民以全部必需的政治自由，特别是组织、训练和武装自卫的自由。从这三方面看来，它和所谓'战时政府'并没有任何的冲突，这正是一个利于

---

① 《毛泽东选集》第1卷，人民出版社1991年版，第255-256页。

② 中共中央文献研究室、中央档案馆编《建党以来重要文献选编（1921—1949）》第14册，中央文献出版社2011年版，第168页。

抗日战争的国家制度和政府制度”。[①]

如何理解中共提出的“民主集中”概念？究竟如何处理民主与集中的关系？为什么要采取民主集中制？毛泽东解释说：“民主和集中之间，并没有不可越过的深沟，对于中国，二者都是必需的。一方面，我们所要求的政府，必须是能够真正代表民意的政府；这个政府一定要有全中国广大人民群众的支持和拥护，人民也一定要能够自由地去支持政府，和有一切机会去影响政府的政策。这就是民主制的意义。另一方面，行政权力的集中化是必要的；当人民要求的政策一经通过民意机关而交付与自己选举的政府的时候，即由政府去执行，只要执行时不违背曾经民意通过的方针，其执行必能顺利无阻。这就是集中制的意义。只有采取民主集中制，政府的力量才特别强大，抗日战争中国防性质的政府必定要采取这种民主集中制。”[②]

毛泽东详细解释说：“战时的政治制度大体上可以分为两类，一是民主集中的，一是绝对集中的，由战争的性质所决定。历史上的一切战争，依其性质可以分为两类，一是正义的战争，一是非正义的战争。……政府和人民在战争中的不一致，就产生了只要集中不要民主的绝对集中主义的政府。可是历史上还有革命的战争，例如法国的革命战争、俄国的革命战争、目前西班牙的革命战争。在这一类的战争中，政府不怕人民不赞成战争，因为人民极愿意进行这种战争；政府的基础建设在人民的自愿支持之上，所以政府不但不惧怕人民，而且必须唤起人民，引导人民发表意见，以便积极地参加战争。中国的民族解放战争是人民完全同意的，战争的进行没有人民参加又是不能胜利的，因此民主集中制成为必要。”[③]

1939年1月17日，毛泽东在陕甘宁边区第一届参议会开幕会上指出：“抗战一定要有民权主义与民生主义。孙中山先生的三民主义——民族、民权、民生是互相配合的。没有民权主义、民生主义就不能实现民族主义，抗战就不会胜利。边区的进步主要表现在民主，而这民主又是苏维埃在现阶段的发展物，现在各阶级、工农商学兵各界都可参加参议会。”[④]

---

① 《毛泽东选集》第2卷，人民出版社1991年版，第382–383页。

② 《毛泽东选集》第2卷，人民出版社1991年版，第383页。

③ 《毛泽东选集》第2卷，人民出版社1991年版，第383–384页。

④ 中共中央文献研究室编《毛泽东年谱（1893—1949）》中卷，中央文献出版社2013年版，第116–117页。

1939年2月上旬，毛泽东会见美国合众社记者罗伯特·马丁时说："中国需要民主才能坚持抗战，不单需要一个民选的议会，并且需要一个民选的政府。"他解释说："共产党今日的纲领与三民主义没有基本上的冲突，但有不同点。废除私有财产制，是国共两党纲领的基本异点。到中国走上社会主义，如果那时英、美、法等国仍然是资本主义国家，如果这些国家不来打中国的话，那末，中国政府将对外来投资及外人在中国财产给以保障（付以代价）。中共在中国实行的纲领，是根据中国的需要，而不是共产国际对中共的统治。"①

1939年9月24日，毛泽东会见再次访问延安的美国记者斯诺，回答他提出的问题。在探讨抗日与民主问题时，毛泽东指出："现在的中国，是一个不民主的国家。自抗战开始以来，国民党政府在民主民生政策方面，至今还没有什么变化。抗日而没有民主，是不能胜利的，抗日与民主是一件事的两方面。"②11月14日，毛泽东在中共陕甘宁边区第二次代表大会上强调："中国缺少两样东西，一是独立，一是民主。而要独立又必须首先要民主，离开民主就不能独立。陕甘宁边区应该成为全国的一个民主的样本。"③毛泽东反复论证抗日与民主的关系，提出："没有民主，抗日是要失败的。没有民主，抗日就抗不下去。有了民主，则抗他十年八年，我们也一定会胜利。"④他强调的都是民主对于抗战的极端重要性，实现民主政治成为争取抗战胜利的最基本条件，也是实现全民族团结持久抗战的根本保障。中共在对民众进行社会动员的过程中，以实现民主政治作为其最终目标，极其有力地推动了中共抗日民族统一战线的建立和巩固。

中共认识到抗战动员的根本在于民众动员，民众动员的要领在于激发民众在战争中的主动性，而要做到这一点，就必须推行民主政治。因此，中共把实现民主政治作为社会动员的重要目标。实现民主政治成为争取抗战胜利的必要条件，正如毛泽东所说，民主政治是发动全民族一切生动力

---

① 中共中央文献研究室编《毛泽东年谱（1893—1949）》中卷，中央文献出版社2013年版，第112页。

② 中共中央文献研究室编《毛泽东年谱（1893—1949）》中卷，中央文献出版社2013年版，第141页。

③ 中共中央文献研究室编《毛泽东年谱（1893—1949）》中卷，中央文献出版社2013年版，第145-146页。

④ 《毛泽东选集》第2卷，人民出版社1991年版，第732页。

量的推进机，有了这种制度，全国人民的抗日积极性就将成为取之不尽用之不竭的深厚渊源。毛泽东说："一切政治的关键在民众，不解决要不要民众的问题，什么都无从谈起。"①他还强调："抗战需要全国的和平与团结，没有民主自由，便不能巩固已经取得的和平，不能增强国内的团结。抗战需要人民的动员，没有民主自由，便无从进行动员。"②因此，中共强调指出，实现民主政治，动员全民参加民族解放战争，才能获得民族的独立与解放。章汉夫指出："如果民主政治实现，全民参加抗战，就能早日获得民族解放，也就是及早肃清中国工业化的障碍。因此，绝对不是完全工业化后才能实现民主，而是一定要民主，然后才能实行全民总动员，抗战到底，扫清工业化发展的障碍。"③

① 《毛泽东文集》第3卷，人民出版社1996年版，第202页。
② 《毛泽东选集》第1卷，人民出版社1991年版，第256页。
③ 章汉夫：《批判两种错误理论》，《群众周刊》1937年第1卷第2期。

第四章

中间党派的民主宪政思想

抗战初期，中国各中间党派拥护国民党抗日，提出了动员全民族参加抗战、坚持持久抗战、开放党禁及民主建国等思想主张。面对国民党坚持借抗战之机强化独裁集权、坚持一党专制的现实，中间党派发出了结束训政、实行宪政的呼声，形成了以政治民主化推动抗战的政治思想，先后两次发起了民主宪政运动，形成了丰富的民主宪政思想。正是在两次民主宪政运动中，中间党派对战后中国政治走向作了精心设计。以中国民主政团同盟为代表的各中间党派，围绕着建设一个什么样的国家、如何保障个人的自由权利、怎样制定宪法、政府应有的职责和权限以及如何实行政党政治等重大问题，在民主建国问题上提出了一系列思想主张。

一、中间党派的“拥蒋抗日”思想

九一八事变后，中日民族矛盾尖锐，各中间党派及其代表人物纷纷主张抗日救国。中间党派面对中国历史的中心任务时，顺应了历史发展的潮流，主张团结、抗日、民主，但无力联合各派政治力量结成抗日联合战线。1931年10月17日，中国青年党领袖之一陈启天在《民声周报》上发表《我们主张对日作战的理由》一文，说：“值此国家危急存亡之时，只有自救，实行抵抗主义，积极对日作战。摆在我们眼前的对日方略只有两条：一条是主和不抵抗，依靠国联，出卖满蒙，出卖中国；一条是主战，可以保全国土和主权，改造国民精神，提高民族意识，也可以消除内战，实行全国统一。我们应坚决的反对直接交涉到底。我们赶快实行对日作战。”[①]中国

① 陈启天：《我们主张对日作战的理由（续）》，《民声周报》1931年第3期。

青年党在《我们的主张》中明确提出：第一，对日应断绝国交，立即宣战。第二，废除一党专政，组织国防政府。只有这样才能使四万万国民在精神上团结起来。[①]

九一八事变刚刚爆发，罗隆基就刊发题为《沈阳事件》的小册子，提出“在目前内忧外患的环境下，具体的救急办法，是根本改组现在的政府”，仿照1870年的法国组织国防政府以抵抗侵略。10月，王造时刊发名为《救亡两大政策》的小册子，提出两大救亡政策：一是“对外准备殊死战争，与日拼命到底，促成日本革命”；二是“对内取消一党专政，集中全国人才，组织国防政府”。当时的《社会与教育》刊登了大量主张抗日的文章，并出版了《反日专号》，在当时社会上产生较大影响。1931年9月26日，陶希圣在《反日专号》上发表《我们应当觉悟的是什么》，说：“中国处金融资本主义的次殖民地地位。广大民众是民族的支持者，买办阶级是不会抗日的，只有工农大众才能担当排除日本侵略的任务。”他又指出：“民众要坚决反对所谓地方解决，即政府为本身利益而接受类似二十一条的行为。”此外，《社会与教育》还发表了《五四、五卅的精神到哪里去了》《奇哉，所谓不抵抗主义》《不抵抗主义就是亡国主义》等主张抗日的文章。

1933年4月8日，章乃器在《申报》上发表《农村破产中之安内问题》，公开批评国民党的“攘外必先安内”政策，指出：“自九一八事变以还，一般人之主张曰，抗日与‘剿赤’并重，又曰攘外必先安内，因循以至今日……则三省沦亡之后，继以热河，寇氛所及，冀察复告紧张。以言对内则驻赣大军，屡折主将，迭丧名城……事急矣，抗日与剿赤能并重乎。攘外能先安内乎？……吾人认为安内之工作决非军事之所能为进攻之功，夫政治上之成功为利用环境与顺应大势。目下农村之破产既为长时期剥削后革命客观条件之完成，则舍破釜沉舟。领导人民向日本帝国主义作民族革命殊死战外实无其他途径。作战贵有目标，牺牲须有意义，倘能移剿共之师以抗日则其意远矣。”[②]1933年10月20日，章乃器在《申报》上发表《民族前途如何，吾人将何以自处》，反对国民党消极抗日，主张攘外先于安内。

总之，中间党派及其代表人物在九一八事变后的基本态度是，积极主

---

① 《我们的主张》，《民声周报》1931年第1期。

② 章乃器：《农村破产中之安内问题》，《申报》1933年4月8日。

张抗日，实现民主团结，实现国内和平，并提出了建立国防政府的政治主张。他们面向了历史发展的主流，顺应了中国历史的中心任务。客观地看，中间党派是最早倡导团结抗日的，是抗日联合战线的始倡者。但因为中间党派力量弱小而不直接掌握武装力量，所以其主张不为国共双方所重视，难以产生太大实际影响，反而因其政治主张与国民党当局和中共政治主张都不合。

中共《八一宣言》发表后，国社党首领张东荪在《自由评论（北平）》上发表《评共产党宣言并论全国大合作》，敏感地意识到中共政策的转变，赞同并支持中共提出的抗日民族统一战线方针。他根据自己对中共政策转向的理解，站在民族资产阶级右翼立场上对中共的政策转变原因及意义作了评述。他认定《八一宣言》是中共由阶级斗争“转向”民族革命的标志。他说：“一个向来主张废除私产的党现在居然说保护财产和营业的自由了。以一个向来主张无产阶级专政的党现在居然说实行民主自由了。以一个向来主张完成世界革命使命的党现在居然说为国家独立与祖国生命而战了。以一个向来受命于第三国际的党现在居然说中国人的事应由中国人自己解决了。以一个向来主张用阶级斗争为推动力对于一切不妥协的党现在居然说愿意与各党派不问已往仇怨都合作起来，这是何等转向，这个转向是何等光明！我们对于这样勇敢的转向又应得作何等佩服！其实这十年来我们就是为了国家主义与民主主义而呼吁。到了现在，我们不愿带些刺激感情的口调，说民族主义已征服国际主义，民主主义已征服了共产主义。但在事实上即此却可作一个极大的证明，即证明中国今天所需要的只是对外为民族独立与对内为民主自由。至于阶级斗争与一党专政都是一些治丝益紊的东西。”①

这里，张东荪十分明确地断定中国目前所需要的是“民族独立”与“民主自由”，反对中共此前提出的阶级斗争、无产阶级专政理论。也正是在这样的认识基础上，他欢迎中共政策的转变，赞同抗日民族统一战线方针。但中共所谓政策的转变，只是暂时的政策、策略的改变，并不是对中国革命性质、基本革命任务的根本转变，更不是放弃了阶级斗争、无产阶级专政理论，这一点是张东荪没有能够认识到的。

1936年9月，《自由评论（北平）》上发表的题为《我们需要更进一步

① 张东荪：《评共产党宣言并论全国大合作》，《自由评论（北平）》1936年第10期。

的统一》的文章，赞同中共提出的抗日民族统一战线，呼吁国民党政府“反省”，尽快改变自己的政策。其中值得注意的有以下三点。第一，提出“攘外”是中国目前压倒一切的首要问题。它说：“我认为现在中国存亡的转机，并不在于采取何种制度，实行何种主义，而在于如何攘外，如何图存。……目前的问题，是中国人如何在中国境界之内，实行中国人自己的主张。如何排除一切直接或间接外来的障碍。换言之，就是攘外问题。我相信无论是在朝在野，何党何派，‘攘外’的主张，总是一致的。”第二，主张国内各政治力量在“攘外”的旗帜下联合起来。“假如我们认为‘攘外’是解决中国一切问题的先决条件，则大家应该能以‘攘外’为中心，联合成统一的阵容。”它又说，国民党没有什么理由不能在“攘外”旗帜之下与其他党派联合。第三，国民党应当开放党禁、容纳异党异派。“开放党禁，容纳异党异派，并无损于政府的威信和政府的‘面子’。”最后该文呼吁：“中国目前的问题，是保持其领土完整和主权独立的问题。凡是拥护这个大原则者，都应该联合起来，团结起来。其他政见的不同，以及如何的调整，都是以后事，都可姑置不论。我们期望中央如此，期望其他各党各派也是如此。”①

如果说以张东荪为代表的国社党的言论体现了中间集团右翼势力的政治主张的话，那么，以沈钧儒等人为代表的救国会的抗日言论，更多体现了中间集团左翼力量的抗日民主思想。

1936年7月15日，沈钧儒、陶行知、章乃器、邹韬奋等人联名发表了《团结御侮的几个基本条件与最低要求》，集中反映了以救国会为代表的中间集团左翼力量关于抗日民主问题的见解。该文总结了一二·九运动以来全国抗日救亡运动不断发展的形势，详细阐述了救国会关于建立救国联合战线的主张，指出抗日救国的大事业，绝不是任何党派任何个人所能包办，而必须集合一切人力、财力、智力、物力，实行全面总动员，才能获得胜利。文章严厉批评了蒋介石“先安内后攘外”政策，指出这个政策并不能促成真正的内部统一，只能使敌人获利，故要求蒋介石立即与红军停战议和，共同抗日。文章赞扬了中共《八一宣言》提出的“停止内战，联合各党派共同抗日”主张。这个纲领性文件值得注意的有以下三点。

---

① 奕绳：《我们需要更进一步的统一》，《自由评论（北平）》1936年第42期。

第一，对以蒋介石为代表的国民党政府既提出了尖锐的批评，又表明了诚恳的希望和拥护态度。他们在批评国民党的误国政策以后说：“我们更希望蒋先生亲率国民政府统辖下的二百余万常备军，动员全国一切人力财力智力物力，发动神圣民族解放战争。这民族解放战争达到完全胜利之后，蒋先生不仅是中华民国的最高领袖，而且将成为中国历史上最伟大的民族英雄。这是我们十二分诚意盼望的。”同时他们又指出：“我们所希望的，有民族革命的光荣历史的国民党，握有中国统治权的国民党，应该赶快起来促成救亡联合战线的建立，应该赶快消灭过去的成见，联合各党各派，为抗日救国而共同奋斗。”

第二，在响应中共《八一宣言》的同时，也对中共提出了希望和委婉批评，促使中共彻底改变“左”倾方针，把主要任务集中到抗日民主上来。他们说：“我们所希望的，中国共产党要在具体行动上，表现出他主张联合各党各派抗日救国的一片真诚。因此在红军方面，应该立即停止攻击中央军，以谋和议进行的便利。在红军占领区域内，对富农、地主、商人，应该采取宽容态度。在各大城市内，应该竭力避免有些足以削弱抗日力量的劳资冲突。这样，救亡联合战线的展开，才不致受到阻碍。”他婉转地批评说：“就我们个人参加抗日救亡运动的经验来说，救国会和其他群众团体中间，往往发现有些思想幼稚的青年，在抗日救国的集会或游行中间故意提出阶级对阶级的口号，以及反对国民党和国民政府的口号。以破坏联合战线。还有少数青年，在抗日运动中，依然采取宗派主义的包办方式。这种行动，我们相信决不是出于中国共产党的指示，因为这是违反中国共产党最近的主张的。”

第三，极力倡导建立抗日救国的联合战线。他们认为：“抗日救国这一件大事业，决不是任何党派任何个人所能包办的。脱离了民众，单是政府，抗日必然失败；但是没有一个政府的领导，单靠民众自动作战，也决不会有胜利的前途。”抗日救国要依靠全民族的一致参加，所以各党派有结成救亡联合战线的必要。“联合战线应该结合各党各派的力量以达到抗日救国的目的，但不能为任何党任何派所利用。”①

救国会提出的这些见解，集中体现了中间党派的抗日救国主张。从总体上看，他们反对国民党的独裁和内战政策，要求实现抗日民主，与中共

---

① 沈钧儒等：《团结御侮的几个基本条件与最低要求》，《生活知识》1936年第2卷第6期。

建立抗日民族统一战线的方针是一致的。他们对中共“左”倾错误的批评是正确的，对国民党和蒋介石的批评、忠告和期望也是中肯的。因此，民主进步人士和中间党派的主张以及为实现其主张而进行的活动，推进了团结抗日的实现和中国政治的进步。

1937年7月10日，全国各界救国联合会发表《为保卫北方紧急宣言》，提出了更明确的抗战要求：“在人民方面，他们是抗敌御侮最基本最伟大的力量，他们应该经过组织，而且应该获得最彻底的自由，才能够发抒其潜在的伟力，来拥护政府实施抗战的国策，以保证最后的胜利。因此，我们要求中央政府，除了迅即动员全国给敌人以迎头痛击之外，一面应该严令各地方当局，给予国民以各种御侮活动的自由，最少也要给予一个最低的范围，使国民得在这个范围之内进行他们的工作；一面迅速完成国防上（政治和经济的）最速和最低限度的准备，集中一切的人才，解放人民的枷锁，使我们的政治和社会都成为一个胜利的能够发挥最大力量的机构，以保障民族复兴大业之完成。”他们呼吁，作为国民中最勇敢最爱国的全国各地救国会和会友，应随时随地准备着以他们所有的一切贡献给他们的民族，也随时随地准备着以他们的经验和能力去帮助一切非汉奸的团体和国民，应该尽量运用他们从救国阵线中所获得的理论和认识、组织能力和其他的工作技能等，为当时当地最大限度地努力。领导参加各地各阶层各派别的组织，从事组织、宣传、慰劳、募捐、救护、防空、防毒等工作，竭诚拥护政府并随时随地贡献意见给当地政府，这是每个救国会会员以及每个中国人当前的绝对义务。①

全国抗战爆发后，中间党派极力主张国内各政党团结起来，共赴国难。陈铭枢、李济深等在香港成立的中华民族革命同盟，在卢沟桥事变后迅速由反蒋抗日转向拥蒋抗日，李济深、陈铭枢、蒋光鼐、蔡廷锴等人纷纷参加南京国民政府，接受蒋介石的领导，并于1937年10月决定解散中华民族革命同盟，以表示对蒋介石的合作诚意。他们在解散宣言中说：“吾人应本公诚之态度，共求民族统一之巩固，促进全民抗战之成功。”陈铭枢在《抗战中三党派问题》中表示，“国民党已经居于唯一领导抗日的地位”，他们甚至向蒋介石忏悔说，“一度离开国民党和多年的长官蒋委员长”，“这一段

① 周天度编《救国会》，中国社会科学出版社1981年版，第346页。

历史无论在个人、在国家都是一件不幸的事”[①]。他们明确表达了拥蒋抗日的政治态度。

救国会“七君子”之一的章乃器，刚刚从国民党监狱被释放后，就在《申报》上发表《少号召多建议》的文章，将国民党比喻为“舵师”，要求其他各党派充分相信国民党的“国策”，“少作政治号召，多作积极建议”。他说：“国家到了生死存亡的时候，政府既然已经有确定的国策，有点心肝的人，谁还愿标新立异以鸣高。”他建议各党派要信任“舵师”：“我们反对‘民可使由之不可使知之’的专制观念，然而也绝对不能主张船客可以去干涉舵师的职务。”他非常明确地表达了“拥蒋抗日”思想：“我们为民族的利益打算，不能不多信托一些政府，使他能够运用较大的权力，同时保守较多的秘密，所以，我们要求民主，但是决不能马上梦想一个典型的民主，时代和环境是必须顾到的。”[②]大体看来，救国会以抗日救国为宗旨，其抗战思想可概括为四个方面：一是要求国内各党停止内战，建立全国统一的抗敌政权，共同抗日；二是要求国民党放弃一党专政，在全国实行民主制度；三是实行联苏等抗日外交，彻底改变妥协外交；四是主张实行抗日的经济政策和社会政策，联合世界反日和反战力量，共同对付日本帝国主义。

全民族抗战爆发后，中国青年党提倡“政党休战”，要求各中间党派共同抗日。1938年9月公布的青年党六条抗日主张，其基本精神是“拥护政府抗战”。该党代表左舜生致函蒋介石、汪精卫，赞同国民党发表的《中国国民党临时全国代表大会宣言》及《抗战建国纲领》，明确表示：“国民政府为今日举国共认之政府，亦即抗战唯一之中心力量，同人等必本爱国赤诚，始终拥护。”同时，青年党声明：“仅有与国民党与共患难之一念，此外都非所计及，仅知国家不能不团结以求共保，此外亦无所企图。”[③]中国青年党机关报《新中国日报》发表社评，表示各党派或非党派需要一个“共同信仰主义”，即“鹦鹉主义”，并解释说，“鹦鹉主义就是爱国主义，救国主义及最有效率之救亡主义”。“唯有鹦鹉主义使各方面共同接受，也唯有接受鹦鹉主义以救灭中国今日之大火。”[④]故中国青年党表示赞同国民党提出的

---

① 《中华民族革命同盟解散宣言》，《抗战文选》1938年第2辑。

② 章乃器：《少号召多建议》，《申报》1937年9月1日。

③ 李义彬编《中国青年党》，中国社会科学出版社1982年版，第264页。

④ 《救国如救火》，《新中国日报》1938年12月8日。

“一个主义”口号。

1938年4月13日，国民党《抗战建国纲领》公布后，张君劢代表国社党致函蒋介石和汪精卫，认为国社党的三项政纲——国家民族本位、修正的民主政治、社会主义，与孙中山的三民主义“措词容有不同，而精神则并无二致”。他明确表示：“同人等更愿本精诚团结共赴国难之意旨，与国民党领导政局之事实，遇事商承，以期抗战中言行之一致，此同人等愿为公等确实声明者也。更有进者，方今民族存亡，间不容发，除万众一心，对于国民政府一致拥护而外，别无起死回生之途。”[①]张君劢及其所代表的国社党的基本态度，是拥蒋抗日，“对于国民政府一致拥护”。正是基于这种基本政治态度，张君劢不赞同中共保留军队和边区政府。1938年底，张君劢在国社党机关刊物《再生》重庆版创刊号上，发表了一封致共产党领导人毛泽东的公开信，反对毛泽东不久前提出的在抗日统一战线中既统一又独立的独立自主原则，认为共产党“自有军队，自有特区，自标马克思主义”，这有碍于在国民党蒋介石领导下举国的真诚团结、共同抗战。因此，他要求中共将“八路军之训练任务与指挥权”完全交给蒋介石，取消陕甘宁边区政府，“将马克思主义暂搁一边”。[②]

张君劢的这封公开信发表后，当时正想方设法削弱共产党、八路军、新四军和陕甘宁边区的国民党顽固派如获至宝，“利用他这篇文章到处翻印散发”，产生了很大的政治影响。这种主张自然受到中国共产党的严厉驳斥和激烈批判。1940年2月1日，毛泽东在延安民众举行的声讨汪精卫叛国投敌大会上发表《团结一切抗日力量，反对反共顽固派》的演讲，指出“玄学鬼张君劢提出取消共产党，取消陕甘宁边区，取消八路军新四军的反动主张”，与国民党顽固派制造的湖南平江惨案、河南确山惨案、山西旧军打新军、河北张荫梧打八路军、山东秦启荣打游击队等事件一样，“无非是要破坏抗日的局面，使全国人民都当亡国奴”。[③]随着国民党加强一党独裁统治和对中间党派的打击迫害，张君劢逐渐改变了对中国共产党的敌视态度，转而同情中共并对国民党独裁统治进行批评。用董必武的话说就是：“他现在不但不反对我们扩充军队成立边区，他还怕军队的力量不够强大和边区

① 中国第二历史档案馆编《中国民主社会党》，档案出版社1988年版，第82页。

② 张君劢：《致毛泽东先生一封公开信》，《再生》1938年第110期。

③ 《毛泽东选集》第2卷，人民出版社1991年版，第716页。

遭受袭击呢！张已认我党为在中国实现民主中一支必要的友军。”①

1937年7月10日，中华民族解放行动委员会（第三党）对国民党政府提出了抗日救国八项政治主张。第一，提前召集国民代表大会，制定全国上下一致遵守之政治纲领，俾全国各阶层力量，能迅速集中，各方政治意见能彻底融洽，以树立政府之坚实抗战基础。第二，实现最低限度之民主政治，以增强人民对政府之信赖，并使人民得以自由发挥其抗战能力。第三，建立特殊机关，统一各党派所领导之民众活动，俾全国宣传与组织与训练，完全趋于一致。第四，成立武装民众指导之机关，指挥全国义勇军之活动，使其与正式军队之动作，有适当配合，借收指臂之效果。第五，在全国各地成立在乡抗日志愿军，以备征兵制未完成前之调动。第六，成立战时经济计划机关，计划战时必须之生产与分配，并分设于各省市以促成战时计划经济之实现。第七，对广大战区中之劳苦人民、自由职业者、失业公务人员等须有妥善之救济方法。第八，除汉奸外，宜从速开释全国政治犯，并取消以前有碍民众运动之各项特殊条例。

1938年3月1日，第三党公布《中华民族解放行动委员会抗战时期的政治主张》。其内容要点为：建立全民救国代表大会，作为战时国家最高权力机关；保障人民的言论、出版、集会、结社和武装自由；实行国内各民族一律平等；尊重海外侨胞权利；废除封建保甲制度；注重民生，改善人民生活；解决战时财政困难，没收敌人汉奸财产；改革战时教育，加强民族意识；扩大军事训练，坚持持久运动战；实行抗日外交政策。②这十方面内容，比较全面阐述了第三党的抗战主张和改革要求。第三党还将较激进的土地革命政策改为减租减息，反映了社会各阶层的愿望和利益，与中共的抗战主张有相近之处，故受到较广泛的关注。

1938年3月初，中华民族解放行动委员会在汉口召开了第三次全国干部会议，讨论了抗战以来的政治军事形势及党的任务，通过了党在抗战时期的政治主张，章伯钧被推举为党的总联络人。会议分析了抗战以来中国的政治形势，中日双方在政治、经济、军事力量的对比情况，提出集中一切人力物力，实行持久抗战，只有进行持久战才能取得胜利，接受了毛泽

---

① 俞荣根主编《董必武与抗战大后方——思想资料辑录》上册，重庆出版社2016年版，第245页。

② 《中华民族解放运动行动委员会抗战时期的政治主张》，《抗战行动》1938年第6期。

东和中共提出的持久战思想，认为争取抗战最后胜利的关键在于国民党政府必须进行政治大改革，实行民主抗战。会议严正指出，当前中国正开展着伟大的民族解放事业，但国民党统治集团对全国人民进行压迫，因而使国家政治、经济、社会危机十分严重，这种政治、军事上不能配合的情况，恰恰是抗战前途的重大危机。故提出当前头等的重要任务就是实行彻底的政治改革，整个扫除官僚主义的腐败。会议进而对政治、经济、军事、文化教育、外交等方面提出了十五项改革主张，并宣布：我们是忠实我们历来的主张，效忠于民族解放战争，保障抗战胜利的前途，达到民族独立、自由平等的目的。这次会议及其通过的文件对于发动群众、反对国民党的独裁统治、争取民主、坚持团结抗战具有积极的意义。会议修改了过去部分不适宜的口号，如把彻底的土地革命改为减租减息、废除高利贷、废止苛捐杂税、改善人民生活等，表现出第三党组织在参加抗日统一战线中坚持团结抗战进步的基本政治立场。但在究竟依靠什么力量来结束国民党的一党专政，依靠谁才能坚持统一战线，才能争取中华民族的解放，争取抗战最后胜利这个关键问题上，第三党仍然寄希望于蒋介石及国民党。这次会议后，第三党有组织的群众爱国活动开展起来，并在武汉直接组织领导了两个群众团体：一是黎明剧团，二是青年抗战工作团。他们在武汉创办机关刊物《前进报》《抗战行动》，集中宣传对日抗战可以完成国家的统一，实现民主可以保障抗战胜利的基本观点。

国民党临时全国代表大会制定并通过《抗战建国纲领》后，第三党公开发表《我们对于抗战建国纲领的意见书》，肯定这个纲领是中国民主政治改革的起点，同时要求国民党忠实执行这个纲领。国民党临时全国代表大会宣布设立包括第三党在内的各党派参加的国民参政会，以便集中力量共同抗战。章伯钧接受国民党的邀请，与各党派代表一起参加了国民参政会。这样，第三党便取得政治合法地位。1938年4月26日，章伯钧发表《对国民参政会的意见》，肯定设立国民参政会是中国走向民主政治道路的开始，同时也对国民参政会提出了自己的要求：参政会代表应该由各党自己推选，而不是由国民党来指定；参政会由自己召集会议而不是由国民党来包办，参政会有权制定法律，以团结全国力量共同抗战。这些要求无疑是正当合理的，但也在某种程度上反映了第三党对国民党抱有较大期望。1938年7月，章伯钧与其他党派代表出席了国民参政会第一次大会；黄琪翔担任了国民政府军事委员会政治部副部长。第三党在抗日的旗帜下正式与国民党政府合作，将“拥蒋抗日”思想付诸政治实践。

抗战初期，中间党派主张全国各党派都要一致拥护国民党政府领导，一致承认国民党政权对于抗战之最高军事统率权，要求“在野的各党派应该心口如一的援助政府抗战，不应该有保存实力趁火打劫的企图”，因而主张国共两党应该实现合作抗日。民主屈从于统一，自由让步于权力，多数中间党派从反蒋向拥蒋立场的转变，动机是纯洁的，愿望是真诚的，故对国民党的抗战态度多加褒扬。但国民党专制政体并未根本改变，民主只是暂时屈从于统一，自由只是暂时让步于权力。故多数中间党派并没有打消对蒋介石专制统治的顾虑，对蒋介石的态度既拥戴又批评，处于若即若离的观望彷徨之中。他们表示拥护政府领导抗战，同时希望政府改革政治，实施民主宪政，保障基本人权。因此，随着国民党五届五中全会开始实施防共限共政策并压制各中间党派的活动，原本“拥蒋抗日”的中间党派开始转变其政治立场，转而反对国民党一党专政，要求实施民主宪政。

1939年11月，以章伯钧、丘哲为代表的第三党，以沈钧儒、邹韬奋、张申府、章乃器等为代表的救国会，以黄炎培为代表的中华职业教育社，以梁漱溟为代表的乡村建设派，以曾琦、李璜、左舜生等为代表的中国青年党，以张君劢、罗隆基为代表的国社党及张澜等人，在重庆联合组织了统一建国同志会。他们的宗旨，是要集合各个方面热心于国事的上层人士，共求国是，探讨国事政策，以求意见之统一，促成行动之团结。尽管他们签署的《十二条信约》明确写有三民主义为抗战建国最高原则、拥护蒋先生为中华民国领袖并力促其领袖地位之法律化等，但同时对国民党提出了明确要求：在宪法颁布之后立即实施宪政，成立宪政政府；各党派以平等地位公开存在；尊重思想学术之自由；严格反对一切内战；等等。他们表达了对国民党一党专政的不满和要求实现民主政治的愿望。张君劢等人在国民参政会第一届第四次会议上提出的提案更明确地指出，“国家者，全国国民之国家，而非一党一派之国家，政府者，全国国民之政府，而非一党一派之政府”，所以必须“立即结束党治，实行宪政”，“立即成立举国一致之战时行政院”。[①]

---

① 张君劢等：《改革政治以应付非常局面案》，载《国民参政会纪实》上卷，重庆出版社1985年版，第586页。

这样看来，统一建国同志会的成立，标志着中间党派从“拥蒋抗日”的政治立场，开始转向追求民主宪政。

二、动员民众抗日的思想

全民族抗战爆发以后，动员各界民众投入抗日是最为重要的历史任务，各抗日党派、抗日团体、从事各种不同职业的知识分子从不同角度提出了各自的主张。卢沟桥事变爆发后，各界民众纷纷组织抗日团体，开展募捐劳军、战地服务、宣传组织民众等一系列活动。各党派、各团体、各阶层、各少数民族和海外侨胞纷纷向国民党中央和抗战前线发表通电，谴责日寇暴行，声援前方将士，号召全国团结，为保卫祖国、争取民族生存而战。国内各报刊则不断揭露日本侵华阴谋，呼吁动员民众实现全国抗战。举国一致、共赴国难，成为全国社会各界的共识。晏阳初致函友人说：“以前那些与中国政府对立的或者只是在口头上支持政府的团体，现在都全心全意地支持政府，把他们所有的人力物力都毫无保留地提供政府使用。中国终于取得了统一。”[①]汉口《大公报》载文说，“自卢沟桥事变发生以来，全国上下坚强团结的局面是空前未有的”，不但引起全世界的同情，而且使敌人也为之丧胆。除去极少数的汉奸以外，“全国民众，不分党派，不分老幼，不分男女”，都在“不屈不挠，再接再厉的从事神圣伟大的抗战工作，我们四万（万）五千万颗心，已经变成一颗心，我们的精神团结已经和铁一般的坚固”。[②]汉口《大公报》指出，中国“虽在极端危难之中，但就内部而言，党派思想之纷纠，业已消灭，统一大定，全国齐心”。[③]

全国各界以各种方式表达了坚持抗战到底的信念。《大公报》提出，中国民族今天对日本军阀只有两句话：“或者你们全占了去，或者全吐出来！”同时，《大公报》指出：“中国已决心不容再零碎分割，要么全征服，要么全解放。所有九一八以来日本所用的一切辱华欺华名辞，‘特殊化’，‘明朗化’，‘局部化’，‘自治化’一类话头，中国决心再不听不理。”[④]正是在全

---

① 宋恩荣主编《晏阳初全集》第4卷，天津教育出版社2013年版，第534页。

② 宋恩荣主编《晏阳初全集》第3卷，湖南教育出版社1992年版。

③ 《送民国二十六年》，汉口《大公报》1937年12月31日。

④ 《九一八纪念日论抗战前途》，汉口《大公报》1937年9月18日。

国各界坚持抗战到底呼声的鞭策下，国民政府始终不敢放弃抗日旗帜，直到抗战取得最后胜利。

全民族抗战开始后，越来越多的学人认识到乡村在抗战中的重要性，并由此开始了对广大农民的抗战教育与战时动员。有人指出，文化工作者“大部工作的方向必须转变到乡村”①；知识分子对于乡村教育与农民动员的重视，使得抗战初期文化下乡活动异常热烈，而学生又是其中热情最高的群体。从前深居学府的青年学生热烈地“跑到乡间做唤醒群众、教育群众的工作”。②平民教育会认为，全民族中最具坚韧性、最充满着潜伏力、“足以负起长期抗战的伟大使命者，厥惟三万万的农民”，无论从量上说，还是从质上说，农民在全面抗战中的地位“实居一绝对的重心”，中华民族生死存亡的“险机”，“亦实取决于农民抗战底有无办法”。③因此，平民教育会组建了农民抗战教育团，“分发巡回各地”，对农民进行国防精神教育，战时经济指导和战时经济训练工作。④

坚持抗战到底，反对妥协投降是社会各界民众的共同要求，也是抗日战争进入战略相持阶段后各界抗日救亡思想的重要内容。日寇加强对国民党的劝降活动，汪精卫集团始而通电主和，继而公开叛变投敌，建立伪国民政府。全国各界掀起了声讨汪精卫投降卖国的运动，各中间党派纷纷发表通电，要求国民党政府“通缉汪兆铭，归案严办”。张一麐、胡景伊、陶行知等国民参政会参政员致电林森与蒋介石，抨击汪精卫“屈膝讲和，动摇军心，危害民国，请将其所有职务一律开除，并勒令回国，以安人心，而正视听”。何香凝发表《斥汪精卫》，痛斥汪氏主张并请求国民党中央开除汪精卫党籍。香港各报对于汪精卫的“艳电”一致猛烈抨击。随着汪精卫集团投降活动的升级，各界对于汪精卫的声讨全面展开。张君劢痛斥汪精卫逆主和谬说，劝告国人在中央政府领导之下，一致拥护抗战国策。黄炎培、张澜、梁漱溟等通电，指斥汪精卫“身被敌人庇护，受敌人豢养，而尚倡言法治，可谓滑稽之尤”。汪精卫试图拉拢的广东军事将领陈济棠、余汉谋、许崇智等发表通电，指责“汪氏所倡和平，不啻投降卖国”，他们

① 万梅子：《抗战到底三原则和三运动》，汉口《大公报》1938年1月13日。

② 瘦岑：《救亡运动应当大众化》，汉口《大公报》1937年9月23日。

③ 晏阳初：《农民抗战底发动》，汉口《大公报》1937年10月1日。

④ 宋恩荣主编《晏阳初全集》第3卷，湖南教育出版社1992年版，第577页。

发誓要“与倭抗战到底，以卫乡邦”。[1]在声讨汪逆的大潮中，各界人士集中批驳了汪精卫的投降理论，借以坚定民众抗战到底的信心。如《大公报》指出，汪精卫的“艳电”是响应日本“近卫声明”的，而“近卫声明”则“是要中国投降，是要中国为奴。‘投降’就是‘投降’，绝不是‘和’”。汪精卫把降敌说成是“主和”，是“颠倒非是，淆惑听闻”。汪精卫的“主和”完全是“降敌卖国的大阴谋”。重庆《大公报》明确提出，在与暴日抗战之时，“战就是胜，主和者奸”，在“我们的胜利未完成以前，我们与暴日之间没有和平”。[2]

坚持和维护抗日民族统一战线内部团结，是各界民众抗日救亡思想的重要内容。在抗战初期，全国各党各派、各个团体和各界人士共赴国难，其团结合作之盛况是空前的。1937年7月12日，国民参政会表决《拥护政府实施抗战建国纲领案》时，“全体参政员一致起立，掌声雷动，历数分钟不止”。抗战进入战略相持阶段后，加强内部团结成为中国争取抗日胜利的重要保证。在坚持抗战的阵营中，国共两党时常发生摩擦，而以1941年皖南事变尤为显著。因而坚持团结、反对分裂，坚持抗战、反对投降，坚持进步、反对倒退，成为各界民众抗日救亡的重要任务。面对国民党政策的转变和国共关系的紧张，各党派及各界民众痛陈统一战线内部分裂的后果，坚决主张团结进步，给蒋介石和国民党顽固派以巨大压力，迫使国民党答应政治解决国共矛盾。各界民众对于团结抗战的呼声，始终回响在抗日阵营内，维系着抗日阵营的团结合作。

要团结抗战，需要实行民主；要团结建国，同样需要实现民主。全民族抗战爆发后，国共两党再度合作，携手走进抗战阵营。新的政治形势向国内各党派提出了新问题：要不要在对外抗战的同时进行政治改革，即要不要实行民主的问题。中间党派逐渐认识到“没有民主，抗战就不能胜利”，“民主是抗日的保证，抗日能给予民主运动发展以有利条件”。他们认识到：“中国如不实行民主，任何政治问题，党派问题、经济问题、抗战问题、军事问题以及一切教育文化问题，都无法圆满解决。”强调抗战的同时必须实行民主，推动中国政治民主化进程。

---

① 《余汉谋广播》，重庆《大公报》1939年8月18日。

② 《战就是胜，主和者奸》，重庆《大公报》1939年8月14日。

中间党派要求的民主政治，涉及的内容非常广泛。首要的问题是要求基本的自由权利，主张民众要有救国言论的自由、救国组织的自由和进行救国活动的自由。如第三党就指出："在抗日期中，人民绝对地承认政府的权力应当强化，但同样地否认应该有官僚群压迫和剥削人民的权力……人民认定抗日救国是人民的义务，但同时认定过问政治是人民的权力。"要统一人民的意志，使人民积极拥护政府，强化政府，"唯有实现民主政治，使人民有过问政治的权利，政治能保障人民，人民的代表能直接处理国事"。这就是说，人民可以同意政府集权，但政府必须给人民以民主，而获得民主是承认集权并监督集权的基础和条件。随着抗战形势的发展，中间党派认识到国民党一党专制的本质，逐渐从一般的民主要求上升为改造政治的高度，纷纷要求结束国民党一党专政，实现民主政治，建立各党派的民主联合政权。他们进而提出了以抗日的"国防政府"代替现行专制政府的主张，使其成为容纳和组织各抗日党派和抗日力量的具体组织形式。

抗日战争对于中华民族来说，是一场迫不得已的民族自卫战争。而中日两国的国力相较，显然过于悬殊。在这种情况下，人们对抗战前途便特别关注，故"抗战必胜"便成为社会各界抗日宣传的重点。1937年10月，曾琦在成都广播电台播讲《抗日必胜论》，就中日在财政、粮食、封锁、武器、战斗经验、指挥人才、人力动员、死亡率和轰炸、民族意识及国家观念、国际情势、精神等各方面进行对比，认为我方在武器、国际情势等方面暂时处于劣势，但在财政、粮食、战斗经验、指挥人才、人力动员、精神等方面却具有优势，只要我们抱定焦土政策，与敌作长期战、全面战，就能使中国处于劣势的方面转为优势，至少也会将劣势抵消，这样，"从各方面看来，我们都有胜利的把握"。[①]他分析说：在物质财力方面，日本的军费开支远高于中国，而负担军费的人数反少于中国，经不起全面战、持久战；在军事方面，日本虽然有现代化的飞机、大炮和坦克，但我们可从外国购买先进武器，可从西北、西南通道向苏、英、法等国购得，交通便利，运输时间短；在精神力量方面，中国则全国一致，士气高昂；在国际关系方面，随着日本对中国侵略的扩大，必然要引起苏联的干涉。曾琦还

---

① 曾琦：《抗日必胜论》，载《曾慕韩先生遗著》，中国青年党中央执行委员会1954年版，第199页。

认为，中国抗战要取得最后胜利，必须进行长期战、持久战。他认为对日战争对国家有“许多益处”：一是“可以消弭内争”，二是可以促成国内统一，三是可以锻炼国民意志，四是可以增强国力。故中国应将持久抗战作为最根本的战略，“以时间之长短，决战争之胜负”，从而实现中国“抗日必胜”的结果。

汉口《大公报》及社会各界纷纷发表关于抗战前途的论文，论证“抗日必胜”之理。第一，承认中国暂时在物质力量方面，主要在军事上的劣势，强调中国在经济生活以及人力、物力、财力等方面的优势，只要中国长期抗战，最后胜利一定属于中国。第二，在精神力量方面，充分宣传中国在道义上和团结方面的优势。人们指出，中国是“为生存、公理、正义、和平而战，为民族解放的神圣伟大使命而战，我们是死里求生，不抗战只有亡国，并且还要灭种”，因而我们的精神团结得像铁一般坚固。而日本违反了国际公法，撕毁了保障国际和平的一切条约，是为“毁灭公理、正义，人道而战”，故胜利必定属于中国。第三，强调自力更生，坚持抗战。人们普遍认为，中国必将得到世界各国的支援，但“必须我们自己努力，方可成功”。汉口《大公报》明确指出，“抗战胜利之道，在不将国际形势，写在自己账上”，即“应当假想国际永无参战之国，而求我们自己单独长期抗战之道”。[①]第四，强调以全面抗战，尤其是长期抗战求取抗战胜利。各界人士提出了许多取得抗战胜利的意见，如主张“山地战”“焦土抗战”“全面抗战”“长期抗战”等；他们认为现代战争之最后胜负取决于“两国经济力之对比”。“必须长期抗战，而后它才能崩溃不支，由我夺得最后的胜利。”[②]

中间党派对当时流行的抗战“速胜”论作了批评，提出“要抵抗当前穷凶极恶的日本帝国主义者，要战胜它并驱逐它出境，绝不是一个轻而易举的任务”，这是因为“日本帝国主义在东方是一个强速度发展起来的近代国家，其物质的建设特别是军事方面的力量，无疑是优越于中国”。基于这种认识，中国打败日本帝国主义入侵，必须“忍受长期的痛苦，集中全国物力、人力，运用自己的优长，攻击别人的弱点”。只有进行长期抗战，才能最后取得胜利。

---

① 《对于今后军事的正确认识》，汉口《大公报》1937年11月24日。

② 郭世珍：《长期抗战何以胜利必属于我》，汉口《大公报》1937年11月14日。

三、实施宪政的政治诉求

全民族抗战初期，中间势力多持“拥蒋抗日”的政治态度，把抗战胜利的希望寄托于蒋介石及国民党政府。1939年后，国民党政治上日益倒退，中间势力逐渐改变了以往“拥蒋抗日”的态度，将重点放在通过民主宪政结束国民党一党专政的局面，实现团结抗日、民主建国的目的。

在日本全面深入中国国土、企图变中国为其独占殖民地的形势下，摆在全中国人民面前的首要任务，无疑是全力抗击日本的侵略，争取中华民族的完全解放。但怎样才能有效地把全国人民充分发动起来，同心协力驱逐日本帝国主义出中国？抗日是否需要民主？中共及中间党派坚定地主张，民族主义的实现有赖于民主主义的发挥。中国要战胜日本帝国主义，必须集中全国人民的意志和力量，实现全体人民的政治参与，这就必须实行民主政治。

各中间党派因具有互不相同的历史渊源，加上阶级成分颇为复杂，故其政治主张并不完全相同。但在抗战的严峻形势下，它们在民主团结等根本问题上的看法颇为一致，这就是它们都主张“民主、团结、抗战三层。而其中尤以民主一层为中心的中心”。[①]因此，抗战时期中间党派的政治主张，主要是围绕着如何在中国实现民主这个中心问题展开的。

把抗日与民主结合起来进行考察，是战时中间党派的基本政治思路。中华民族解放行动委员会在全民族抗战爆发后发表的政治主张，认为抗战是“一个实际的政治问题”，并非空喊“抗日高于一切”“人民应当牺牲一切”所能得到的；现存的官僚体制远离人民，不能满足人民的政治经济要求，从而引起人民对政府的不满，使人民难以“情愿”地去牺牲一切。因此“目前第一等的重要任务，乃是政治上的大改革”，而改革内容“绝非对过去政治方针加以局部的修改，而是整个的扫除官僚主义的毒素，切实实现民主政治”。他们强调：只有彻底地改革政治，方能消除现时人民对政府的不满情绪，方能使人民“情愿”为国家牺牲一切，方能集中使用全国物力人力，政治上方能配合军事上的新战略，最后达到战胜暴日的目的。

中国青年党和国社党虽然属于中间党派右翼势力，但它们并不否认实

---

① 《中国民主同盟主席张澜在招待外国记者会上的谈话》，载《中国民主同盟历史文献》，文史资料出版社1983年版，第53页。

行民主政治的必要。青年党认为：战时中国所应付的是一个空前的难局，所要缔造的是一个艰难险阻的新邦，非合全国亿万人一德一心不能完成抗战建国之大业，非使国家基础建设于全民之上不能举亿万人一德一心之实。故该党强调："民主政治的完成，实为刻不容缓之事。"国社党也认为，虽然国家在处于紧急情况下容不得发言盈庭、日中不决的事情出现，而普通的民主政治却有效率迟缓与分散力量的弊病，但是"政权的集中，换言之，即行政效率的加高，实在与民主政治根本上不相冲突"，"民主政治的原则是不能动摇的"。他们痛斥那种认为中国人民知识能力低劣不能够实行民主的论点，指出民主主义根本上是一种原则，十全十美的民主固然只是理想，但90%以至于50%或40%的民主也比完全的专制要强。国社党对民主必要性的认识及对国民党拒绝实行民主借口之反驳，是颇有说服力的。

中国各中间党派在调停战时国共冲突的过程中，逐渐认识到不加强自身团结并组织一个大党，真正形成国共之间的第三大政治势力，是难以有所作为的。1939年10月7日，梁漱溟、晏阳初、黄炎培、李璜等人遂提出建立联合组织的问题。经过多次聚会商讨，各党派就时局、组织与纲领等问题逐渐达成共识。11月23日，各中间党派在重庆成立统一建国同志会，通过《统一建国同志会简章》和《统一建国同志会信约》(简称《信约》)。《信约》提出，"中国今后须为有方针有计划之建设。此建设包括新政治、新经济乃至整个新社会文化之建设而言，且彼此间须为有机的配合"，"吾人主张宪法颁布后，立即实施宪政，成立宪政政府。凡一切抵触宪法之设施，应即中止；一切抵触宪法之法令，应即宣布无效"，"凡遵守宪法之各党派，一律以平等地位公开存在"。《信约》涉及对国共两党均有所牵制之内容："中国今后唯需以建设完成革命，从进步达到平等；一切国内之暴力斗争及破坏行动，无复必要，在所反对"，"一切军队属于国家，统一指挥，统一编制"，"吾人不赞成以政权或武力推行党务，并严格反对一切内战"，"吾人主张现役军人宜专心国防，一般事务官吏宜尽瘁职务，在学青年宜笃志学业，均不宜令其参与政党活动"。[①]从《信约》内容来看，统一建国同志会近期目标主要关注党派关系、党派所领导的军队归属问题，远期目标则是在中国实施宪政问题。

---

① 《统一建国同志会信约》，载《中国民主同盟历史文献》，文史资料出版社1983年版，第2-3页。

1940年12月，国民政府公布第二届国民参政会参政员名单，总人数由200人增加到240人，但增加者多为国民党人及其拥护者，在野各党派比例显著下降，甚至达不到提出议案所需要的法定人数。不仅第一届国民参政会中的那些敢言之士被排除在新名单之外，而且第二届国民参政会在野各党派参政员名单完全改为由国民政府圈定。此举令各中间党派颇为不满，促发了他们团结行动的迫切需要。1941年3月19日，中国青年党、国社党、第三党、中华职业教育社、乡村建设派的领导人以及部分无党派人士，在重庆上清寺特园召开秘密会议，决定将统一建国同志会改组为中国民主政团同盟。会议通过了政团同盟的政纲、简章及宣言，选举13人组成的中央执行委员会，推选黄炎培、左舜生、梁漱溟、张君劢、章伯钧等5人为中央常务委员，黄炎培任主席，左舜生任总书记，章伯钧任组织委员会主任，罗隆基任宣传委员会主任。后来救国会也正式加入，遂在国共两党之外形成由“三党三派”组成的具有政党性质的政治集团。

因国民党反对成立新政党，故中国民主政团同盟是在秘密状态下成立的，因而难以在国民党统治的政治舞台上发挥重要影响，故其成立后立即决定派梁漱溟赴香港创办机关报，在海外公开中国民主政团同盟的组织和纲领，宣传自己的政治主张。1941年9月18日，《光明报》在香港创刊。10月10日，《光明报》在免检的广告栏中发表启事，正式宣告中国民主政团同盟已经在重庆成立，同时刊出了《中国民主政团同盟对时局主张纲领》（简称《纲领》）和《成立宣言》。《纲领》集中体现了中国民主政团同盟的政治主张，要求“实践民主精神，结束党治，在宪政实施以前，设置各党派国事协议机关”，“厉行法治，保障人民生命财产及身体之自由，反对一切非法之特殊处置”。在结束党治方面，要求严格避免任何党派利用政权在学校中及其他文化机关推行党务；政府一切机关，实行选贤与能的原则，严行避免一党垄断及利用政权吸收党员；不得以国家收入或地方收入支付党费。其要求于国共双方者，有“确立国权统一，反对地方分裂，但中央与地方须为权限适当之划分”，“军队属于国家，军人忠于国家，反对军队中之党团组织，并反对以武力从事党争”。[①]

---

① 《中国民主政团同盟对时局主张纲领》，载《中国民主同盟历史文献》，文史资料出版社1983年版，第8–9页。

中国民主政团同盟成立后，集中关注民主问题，称实行民主是一切问题“中心的中心”，断言：“中国如不实行民主，任何政治问题、党派问题、经济问题、物价问题、抗战问题、军事问题以及一切社会教育文化问题，必都不能圆满解决。”[①]1941年11月16日，中国民主政团同盟主席张澜及左舜生、章伯钧、罗隆基等人，邀请国共两党代表和国民参政会中的部分参政员在重庆召开茶话会，公开通报中国民主政团同盟成立的经过及其政治主张。在随后开幕的国民参政会第二届第二次会议上，张澜、张君劢、左舜生、罗隆基等人以中国民主政团同盟参政员的名义，提出了《实现民主以加强抗战力量树立建国基础案》，要求“政府明令于最短时期间结束训政，实施宪政”，“成立战时正式中央民意机关，其职权必具备现代民主国家民意机关最基本之实质”，“任何党派不得以国库供给党费”，政府一切机关应实行选贤与能原则，“不得歧视无党、异党之分子，及利用政权吸收党员，并强迫公务人员入党”，“政府明令保障人民身体、信仰、思想、言论、集会、结社入党、看报、旅行等等之自由”，“明令停止特务机关对内之一切活动，并禁止一切非法特殊处置”，“军队国家化，停止军队中任何党派之党团组织，藉以防止以武力从事党争”。[②]

张澜于1943年7月6日在《致蒋介石书》中明确写道，“年来盱衡时局，审度内外，觉国际战事，虽胜利可期，而国内政治情形，则忧危未已”，“察其症结，皆在政治之未能实行民主”，“现在政府之用人，既以一党为其范围，尤偏重特殊关系，使国内无数才智贤能之士，皆遭排弃……乃现在一切民意机关的代表都是由党部和政府指定和圈定，于是只有党意、官意，而无真正民意之表现”。“必须实行民主，一本天下为公，选贤与能，只问才不才，不问党籍，举全国之才智贤能，共同尽力于国事，而后可以挽救危局，复兴国家”，因此，他警告国民党和蒋介石：“如能及此时机，加强实行民主，则人才可以集中，民意可以伸展，竞争可以消弭，上下一心，团结奋斗。目前艰危之局势，固可以支持，即战争结束之后，国内统一，国际平等，亦可以顺至。如或昧于大势，迁延不决，徒貌民主之名，

---

① 《中国民主同盟主席张澜在招待外国记者会上的谈话》，载《中国民主同盟历史文献》，文史资料出版社1983年版，第53页。

② 张澜等：《实现民主以加强抗战力量树立建国基础案》，载《张澜文集》，四川教育出版社1991年版，第136-137页。

而不践民主之实，内不见信于国人，外不见重于盟邦，则国家前途，必更有陷于不幸之境者。”[①]张澜的这些警告切中时弊，表达了中间党派对实行民主的强烈要求。

以中国民主政团同盟为代表的中间党派关于民主政治的主张，主要集中于政权问题，即继续实行党治，还是实行宪政的核心问题上。国民党自1927年建立南京国民政府以来，始终以“训政”为旗号，坚持一党专政，拒绝实行宪政、还政于民，因而一直遭到包括中共在内的各党派的强烈反对。全民族抗战爆发后，为着动员全国力量一致抗日，中共主张结束国民党一党专政，实行民主政治；中间党派以民主政治为鹄的，也自然而然地赞同中共主张，将矛头指向国民党一党专政的政治制度，并将它与宪政主张结合起来，发起了两次宪政运动。1939年国民参政会第一届第四次会议上各中间党派参政员的众多提案，也多以此为讨论主题。如左舜生、张君劢、章伯钧等36人的提案，围绕“请结束党治，实施宪政”，且明言政治改革“以结束党治立施宪政为第一义”。他们指出，“环顾当世各国，并无借口战争而脱离宪政常轨者”，何况我国参加抗战效忠国家者有各党各派，“并不限于在朝之一党”。因此，“借口抗战而谓宪政未可立即施行者”，是没有道理的。同时，张君劢、左舜生、章伯钧等55人在另一份提案中强调，“立即结束党治，实行宪政”是“政治改革”的第一任务。他们争辩说：“国家者，全国国民之国家，而非一党一派之国家；政府者，全国国民之政府，而非一党一派之政府。国家政权，国人能共有共享；而后国事危急，国人当更感休戚相关。”故今日中国之政治改革，应从结束党治、实行宪政开始。正因为各中间党派具有共同要求，所以它们在结成统一建国同志会及其以后的中国民主政团同盟时，都重点强调“结束党治”，“实施宪政，成立宪政政府”，并严肃地指出：实行民主制度为当务之急，此事“已刻不容缓，万万不可向战后推宕”。[②]

中国主张宪政的各中间党派对于人民享有之基本自由与权利问题给予充分关注。中国民主政团同盟发布的一系列政治纲领、政治主张中，几乎都强烈要求“保障人民身体、行动、居住、迁徙、思想、信仰、言论、出

① 张澜：《致蒋介石书》，载《张澜文集》，四川教育出版社1991年版，第183-184页。

② 《中国民主政团同盟对目前时局的看法与主张》，载《中国民主同盟历史文献》，文史资料出版社1983年版，第18页。

版、通讯、集会、结社之基本自由"，"尊重思想学术之自由，保护合法之言论出版集会结社"，"废除现行一切有妨害上列自由权利之法令与条例"等，他们将此视为实行民主的首要条件并反复加以论证。张澜指出："实行民主，首先废除言论、思想、出版的统治与检查，使人民各本所欲所恶，对政治可以自由批评讨论，舆论有监督之力，然后政治修明，人心悦服，然后民力始能发挥。"[①]"实现民主的起码条件，在无保留无犹豫给予人民以各项基本的自由。"他们还尖锐地指出："假定一个国家，其国民不能自由发表负责的言论与主张，不能合理的批评政治的措施与人事，其新闻的记载只能限于好的一面，而绝不许暴露坏的一面，这个国家便不是民主国家。""更假定一个国家，其人民的身体自由毫无切实的保障，可以由若干秘密的或来历不明的机关非法拘捕，非法幽禁，非法处死，甚至不知拘捕于何地，幽禁于何所，处死于何时，被害者的家属无从接见，其亲友亦无从援救，这便不仅不是一个民主国家，而且是一个十足的反民主的国家！"[②]这些论述，既表现了中国民主政团同盟对民主原则的高度认同，也鞭挞了国民党违反民主的恶劣行径。

国社党发表的宣言表达了与中国民主政团同盟近似的观点，但更关注思想自由和言论自由。他们把思想自由视作"国家的灵魂""人民的根本"加以强调。针对有人认为思想与言论过于开放会导致国论纷纭而降低行政效率的说法，国社党指出：政治上效率的提高与社会上自由的开放并不矛盾，而是相辅相成的，"因为真正民治的政府，他的基础是坐在产生政府的大多数公民的同情上，其政治的设施又适合大多数人民生活实际的需要；所以言论愈自由政府愈能得到舆论的赞助"。纵使两者之间有冲突，也"断乎不可牺牲自由而迁就效率"。因为无政治的效率至多使行政失其意义，而无思想的自由则会使国家失去灵魂。基于这样的理由，国社党公开宣布："我们虽则很爱护政治的效率，但我们却更爱护思想的自由。"其核心政治理念是："政权务求其统一，行政务求其集中，而社会务使其自由，思想务听其解放。"国社党要求政权统一与行政集中，反映了其在政治上拥护国民党政权的立场，但其关于思想自由的主张，则是完全符合现代民主的基本精神。

---

① 张澜：《致蒋介石书》，载《张澜文集》，四川教育出版社1991年版，第183-184页。

② 《中国民主政团同盟对目前时局的看法与主张》，载《中国民主同盟历史文献》，文史资料出版社1983年版，第18页。

中间党派在国家政权问题上的要求，是结束一党专政，建立宪政政府。宪政政府与政党政治实际上是不可分离的。因此，中间党派凡是涉及宪政问题的，都会把矛头对准国民党的“党治”即一党专政，必然强调实行党派平等的必要性。显然，他们这样做的目的，是为了给政党政治和实现宪政铺平道路。抗战进入战略相持阶段后，中间党派为实现宪政不遗余力，并为此发起了宪政运动。1939年发起的第一次宪政运动虽未能达到目的，但他们为实现宪政奋斗的信心并未稍减，并于1944年掀起了第二次宪政运动，继续将一党专政的政治制度作为抨击对象并强调：“国家应实行宪政，厉行法治，任何人或任何政党不得处于超法律之地位。”中间党派所坚守的核心政治理念，仍然是西方式民主的政治原则。但这时国内政治军事形势发生了重大变化：共产党领导的解放区已经渡过严重困难，步入恢复和再度发展的新阶段；而国民党无论在军事上、政治上、经济上都出现了严重的统治危机。在这种情况下，为了将中间党派在民主宪政运动中形成的政治要求集中到更明确、更为现实的斗争目标上，林伯渠于1944年9月15日在国民参政会上代表中共正式提出：“立即结束一党统治的局面，由国民政府召开各党各派，各抗日部队，各地方政府，各人民团体代表，开国事会议，组织各抗日党派联合政府。”10月10日，周恩来发表《如何解决》的讲演，进一步阐述了建立各抗日党派联合政府的主张。

中国共产党建立民主联合政府的主张，迅速得到中间党派的赞同。1944年9月，中国民主政团同盟改名为中国民主同盟。1944年10月，中国民主同盟发表的《对抗战最后阶段的政治主张》，就军事、政治、外交、经济等问题提出了一系列改革意见，其中政治方面明确要求：“立即结束一党专政，建立各党派之联合政权，实行民主政治”，并“迅速筹备实施宪政，立即召开全国宪法会议，制颁宪法”。此后，民盟多次发表宣言、谈话或对时局主张，反复阐明关于召开党派会议、成立联合政府的见解。他们强调：“今后打开政治僵局，谋取团结实现之关键，只视各党派及无党无派人士之政治性的会议，能否重开。”[①]他们提出：“由国民政府召集一各党派及无党派之领袖会议，各本互让之情绪，运用现代政治家之常识，快刀斩乱麻，

① 《中国民主同盟对时局宣言》，载《中国民主同盟历史文献》，文史资料出版社1983年版，第50页。

折衷至当，就军事与政治求得一理论与事实两俱可通之切实办法，则不惟国人厌乱之心理可得到确实之安慰，友邦对中国观感可因而不变，即政府所欲于最近期间结束党治实施宪政之伟大工作，亦可因以奠定其良好之基石也。”[①]他们以急迫心情呼吁尽快举行“由政府召集各党派及无党派人士的政治会议，解决当前一切紧急和重大的问题，包括产生在宪法政府成立以前的一个举国一致的民主政府”，认为在“此紧迫时期，此项会议，实以万难再缓”。

为了促成党派会议的召开、联合政府的成立以及民主政治的实现，中国民主同盟设想所要采取的具体步骤为：第一，召集中国国民党、中国共产党及中国民主同盟三大政团的圆桌会议；第二，由三大政团共同推定国内无党派代表人士，请其前来参加圆桌会议；第三，由这种圆桌会议产生包括各党派及无党无派代表人士在内的举国一致的政府；第四，由联合政府再拟定人民代表，组织宪法起草委员会，重新起草宪法；第五，由联合政府重新起草国民大会组织法与选举法，依据这种新的法律，重新选举真正代表民意的国民大会；第六，由联合政府召集新选的国民大会代表制定宪法，实施宪法，并实行真正的还政于民。很明显，中国民主同盟的这些设想，将中共建立联合政府的主张加以具体化，表明建立联合政府不仅仅是中共的政治主张，也是各中间党派的共同诉求。

四、第一次宪政运动中的民主构想

1939年2月，周览等51名参政员在国民参政会第一届第三次会议上，提出了《请确立民主法治制度以奠定建国基础案》。该案提出确立民主法治制度的理由之一，便是近年来中国日趋统一，政府权力日益扩大，有许多以往并不属政府管理范围的事情今统归政府处理，带来了严重影响。“如人民参政之权力，不能与政府权力之扩张亦步亦趋，势必造成一个极权国家，与整个民族之前途有异常不良之影响。故此事不能不急求逐渐增加人民参政之权力。”因此，该案提出三方面建议：一是政府行为应法律化；二是政府设施应制度化；三是政府体制应民主化。政府一切行动须以法律为准绳，

① 《中国民主同盟发言人对最近国内民主与团结问题发表谈话》，载《中国民主同盟历史文献》，文史资料出版社1983年版，第39页。

不可以一时人事之方便，而违反、忽略或曲解法律；必须建立选用贤才的吏治制度，公务人员权责必须分明，机关系统必须清楚。该案表示：它并不谋求改变目前政府由国民党指导和组织这一现实，“然由党所组织，且受党所指导之政府，仍应向国民负责。国民如依法对政府表示不满，政府仍不能设法满人意时，党应分别轻重，加以改正或改组”。[①]该案强烈要求加强国民参政会的职权，使之成为最高民意机关，拥有依法监督行政的权力。同时，董必武等所提《加强民权主义的实施，发扬民气以利抗战案》、张澜等所提《抗战建国之后方政治必须选任人才案》、罗文干等所提《请政府实行选贤与能以澄清吏治案》等，主旨均为要求改善政治、推进民主。面对参政员发起的实行民主宪政的强烈要求，蒋介石被迫表态：本会的历史使命是要建立民主政治的基础，“世界上最有力最巩固的政治，一定是建筑在民意之上，一定以人民之利害为利害，人民的视听为视听”。[②]

1939年9月9日，国民参政会第一届第四次会议在重庆开幕，社会各界对会议给予很大期望。毛泽东、王明等中共参政员会前发表《我们对于过去参政会工作和目前时局的意见》（简称《意见》），提出：加强战时政府，容纳各派人才；实行战时民主，保障人民各项权利；取消各种所谓限制异党活动办法等多项要求。会议开幕后，王明等人根据《意见》基本精神正式提出《请政府明令保障各抗日党派合法地位案》，在陈述各党派精诚团结的重要意义和《限制异党活动办法》等法令的巨大危害后，强调指出：“为巩固民族团结，以利坚持抗战国策，必须使抗日各党派间之关系，得到公平合理之解决。”故要求国民党必须做到以下要求：（一）明令保障各抗日党派之合法权利；（二）明令取消各种所谓防制异党活动办法，严令禁止借口所谓“异党”党员或思想问题，而对人民和青年施行非法压迫之行为；（三）在各种抗战工作中，各抗日党派之党员，一律有服务之权利，严禁因党派私见而摒弃国家有用之人才。[③]

继中共参政员提案之后，各中间党派参政员相继提出了许多要求结束党治、实行宪政、改革现行政府的提案。这些提案，要求授权国民参政会

---

① 《请确立民主法治制度以奠定建国基础案》，重庆《中央日报》1939年2月24日。

② 韬奋基金会等编《韬奋全集（增补本）》9，上海人民出版社2015年版，第44页。

③ 陈绍禹（王明）等：《请政府明令保障各抗日党派合法地位案》，载《国民参政会纪实》上卷，重庆出版社1985年版，第582页。

组织宪政起草委员会，制定全国共同遵守的宪法，并于最短期内予以颁布，以结束国民党的党治，使各党派一律公开活动；在国民大会召集之前，暂由国民政府行政院对国民参政会负责等。左舜生、张君劢、章伯钧等36人所提《请结束党治立施宪政以安定人心发扬民力而利抗战案》，首先对“党治”所造成的国内政治的不合理现象提出批评，认为“抗战两年，所流者全国国民之赤血，所竭者全国国民之脂膏，在现行党治之下，政府仅能对党负责，对全国国民几无责任之可言。名不正，则言不顺，以此而求国民之效死恐后，于义终有未安”。只有政府对人民负责，才能从根本上落实民众的政治参与权。这个批评，抓住了当时政治参与难的根本症结。该案接着指出，当世其他宪政国家“并无借口战争而脱离宪政常规者……甚且变更政党政治之常态，其加入政府以效忠国家者，初不限于在朝之一党”。该案提出的解决办法为：第一，“由政府授权国民参政会本届大会，推选若干人，组织宪法起草委员会，以制定一可使全国共同遵守之宪法”；第二，“在国民大会未召集以前，行政院暂对国民参政会负责，省市县政府，分别暂对各级临时民意机构负责”；第三，“于最短期内，颁布宪法，结束党治，全国各党各派，一律公开活动，平流并进，永杜纠纷，共维国命”。[①]从该案所列举的理由、所提出的解决办法可以看出，该案要求实行自上而下的政治变革，目标是实现宪政，从根本上解决民众的政治参与问题。

张君劢等55人提出的《改革政治以应付非常局面案》，首先对当时的国内外形势进行了分析，认为“处此非常局面之中，唯有非常之步骤，方足以资应付”。该案所提出的非常之步骤是：第一，“立即结束党治，实行宪政，以求全国政治上之彻底开放”；第二，“立即成立举国一致之战时行政院，以求全国行政上之全盘改革”。该案就这两种步骤实施的原因，作了大篇幅的阐述。采取第一种办法，目的在于“收拾人心”与“集中人才”，在“收拾人心”的基础上才能“集中人才”。故强调：“今日中国惟政治上彻底开放，人才始有集中之可能，亦惟政治上彻底开放，人人为国，胜于为党，人人爱国，胜于爱党，而后国家各真才始能为国用”。采取第二种办法，旨在提高行政效率以发挥国力：“征诸世界各强国历史，国家每遇对外

① 左舜生等：《请结束党治立施宪政以安定人心发扬民力而利抗战案》，载《国民参政会纪实》上卷，重庆出版社1985年版，第584—585页。

作战，辄成立举国一致之战时内阁，此无他，必如此始能提高行政效率，发挥整个国力。”[①]王造时等37人所提《为加强精诚团结以增强抗战力量而保证最后胜利案》则告诫说：“我全国人民，深知非团结不足以抗战，非抗战不足以图存，自不至堕入敌人之奸计。惟杜渐防微，不可不慎。”故提出两种政治参与途径：第一，“为集中人才起见，政府用人行政，不宜因党派关系而有所歧视”，此为行政层级上的参与；第二，“从速完成地方自治，实行宪政，纳政党政治于民主法治之常轨”，此为政治层面的参与。[②]张申府等21人所提《建议集中人才办法案》认为，“国家遭遇大难，必须集中人才，团结一致，合力对外”，其提出的五项集中人才办法为：第一，“用人但问其才不才，不问其党不党”；第二，“表扬大公无私之立场”；第三，“承认各党派之合法存在”；第四，“限制兼差，使人当其职”；第五，“推进民权主义，实施民主制度”。这五项方法仅涉及政府管理制度，并未要突破现有体制框架，即使在“推进民权主义，实施民主制度”项下，也只是要求“凡百机构，尽力发扬民主精神，使人人均得贡献其意见，发挥其才能”，最终要“集中于一个领导之下”。[③]故该案只是向执政的国民党当局争取行政层面的参与权利，在体制内寻求改善。

对于国民参政会第一届第四次会议有关宪政的七个提案，王明将其内容归纳为四个要点：“（一）结束党治，实行宪政；（二）保障各抗日党派合法权利；（三）不分党派，集中人才参加抗战建国工作；（四）改革战时行政机构。”[④]邹韬奋则对在野党派的六个提案综合研究后认为：“在大目标方面虽然都是有关于宪政，但仍可分为两大部分，一部分是直接与宪政有关的，是属于最近将来的，即尚略须经过筹备时间的，还有一部分是间接与宪政有关而重要性却并不轻的，是属于当前的，是有立刻执行必要的。”第一部分可称为“结束党治，实行宪政”，有五个提案明确提到这件事。第

① 张君劢等：《改革政治以应付非常局面案》，载《国民参政会纪实》上卷，重庆出版社1985年版，第586–587页。

② 王造时等：《为加强精诚团结以增强抗战力量而保证最后胜利案》，载《国民参政会纪实》上卷，重庆出版社1985年版，第590页。

③ 张申府等：《建议集中人才办法案》，载《国民参政会纪实》上卷，重庆出版社1985年版，第591–592页。

④《参政会第四次大会的成绩和意义》，载《国民参政会纪实》上卷，重庆出版社1985年版，第632页。

二部分是在正式宪法尚未制定公布以前须切实执行的事情，主要包括的问题：一是“因党派私见”而摒弃、排斥、歧视、压迫“国家有用之人才”；二是“抗日各党派应得到合法保障的问题”；三是“在正式的民意机关未成立的过渡时间，立即成立举国一致的战时行政院，行政院暂时对国民参政会负责”。[①]沈钧儒认为：“国民党以外的党派，主张结束党治，承认各党派在法律上的合法地位，以及因实施宪政而产生的中央政府机构改革问题。处于领导地位的国民党参政员怎样呢？他们有一点是和其他各党各派的意见一致的：即结束训政，实施宪政。”[②]

蒋介石在国民参政会第一届第四次会议开幕时，提出会议主要讨论解决“集中人才，建设后方”“加强军事，争取胜利”“注意国际形势，推进战时外交”等三个问题。当中共和各中间党派参政员的提案提出后，要求结束党治，实行宪政，改革现行政府，便成为这次会议讨论的主题，并引起国民党参政员与中间党派参政员之间的激烈争论。两者争论的焦点集中于两个问题：一是“关于抗日各党派的合法保障问题”，这是中间党派提案集中提出的问题；二是“结束党治”问题。会议经过激烈辩论，通过了《召集国民大会实行宪政决议案》（简称《决议案》），提出了治本和治标办法各两条。治本方法：请政府明令定期召集国民大会，制定宪法，实行宪政；由议长指定参政员若干人，组织国民参政会宪政期成会，协助政府促进宪政。治标方法：请政府明令宣布，全国人民，除汉奸外，在法律上，其政治地位一律平等；为应战时需要，政府行政机构应加充实并改进，借以集中全国各方人才，从事抗战建国工作，争取最后胜利。[③]《决议案》要求国民政府“明令定期召集国民大会，制定宪法，实行宪政”，这些无疑是中共和各中间党派及无党派参政员的胜利，但《决议案》抽调一些具体要求：“把具体的事实或问题尽量抽象化，变为八面玲珑、不着边际的东西。”[④]尽管《决议案》讳言“结束党治”而只提“实行宪政”，但毕竟反映

---

① 邹韬奋：《一个综合的研究》，载《抗战以来》，韬奋出版社1946年版，第125—126页。

② 沈钧儒：《关于宪政的几件事（节录）》，载《抗日战争》卷3，四川大学出版社1997年版，第1227页。

③ 黄炎培：《国民参政会日记》，载《国民参政会纪实》续编，重庆出版社1987年版，第541页。

④ 邹韬奋：《抗战以来》，载《国民参政会纪实》续编，重庆出版社1987年版，第441—444页。

了各中间党派要求建立西方民主政治制度的政治理想。故黄炎培肯定地说："各党代表争论虽烈，而卒获圆满结果。"[①]蒋介石根据《决议案》规定，指定张君劢、张澜、周炳琳等19人为国民参政会宪政期成会委员，具体商讨宪政问题。

各中间党派在国民参政会内部为争取政治参与权而努力时，认识到中国所迫切需要的宪政，"是要能够充分反映全国最大多数民众的要求"，要想"宪政的实施真能获得实际的功效和真正的成功，绝对不能坐等国民大会的自然到来和宪法的自然产生，必须推动最大多数的民众参加宪政运动"。因此，"希望每一个民众团体及学术团体，每个茶馆，每个民众教育馆，每个大大小小的事业机关，都能举行宪政座谈会，使一般民众都能明白宪政究竟是什么一回事，宪政和抗战建国究竟有什么关系，宪政和他们的切身利害究竟有什么关系，他们所希望的宪政内容究竟怎样"。[②]这样，伴随着国民参政会内部围绕宪政问题的争论，各地纷纷组织各种宪政团体，开展宪政座谈、发表谈话及文章，掀起了大规模的宪政运动。

1939年9月20日，黄炎培、张君劢、周览召集国民参政会宪政期成会召开第一次会议，根据国民参政会第一届第四次会议授予的"协助政府促成宪政"的使命，与会者达成三点协议：（一）希望最高国防会议提前通过参政会的立宪案，并望在今年的双十节政府能公布实施宪政时期；（二）打算在双十节后有长时间的集会，研究讨论关于宪法本身以及国民大会组织法、选举法等问题；（三）希望宪政的实施时间有大致的决定，不能将时间太拉长，暂时拟定至迟不能迟过九个月，就要召开国民大会，完成宪政。[③]10月1日，张君劢联合在重庆的其他中间党派参政员沈钧儒（救国会）、左舜生（青年党）、李璜（青年党）、胡石青（国社党）、江恒源（职教社）、王造时（救国会）、章伯钧（第三党）、张申府（救国会）以及无党派参政员张澜、褚辅成等人，发起召开宪政座谈会，对推进宪政运动、宪政与抗战、宪法草案等问题进行过广泛讨论，对国民大会组织法、选举法提出不少修改意见，并请与《五五宪草》最有关系的立法院院长孙科和立法院委员张知本分别到会报告。宪政座谈会开了几次会后，有人建议在宪政座谈

① 《黄炎培日记》，载《国民参政会纪实》续编，重庆出版社1987年版，第542页。
② 邹韬奋：《苦命的宪政运动》，载《抗战以来》，韬奋出版社1946年版，第144页。
③ 方直：《怎样推进宪政运动》，《全民抗战》1931年第91号。

会的基础上发起成立宪政促进会。11月30日，宪政促进会召开筹备会。

在各方的推动下，要求国民党颁布宪法、实行民主政治的宪政运动迅速兴起且颇具声势。1939年11月，国民党在重庆召开五届六中全会，表示接受国民参政会第一届第四次会议通过的《召集国民大会实行宪政决议案》，并决议于1940年11月12日召集国民大会，“以期早日制定宪法，俾于抗战胜利接近之日，竟建国工作未完之功”。1939年12月，沈钧儒发表的《实行宪政对我国政治前途发展之重要性》提出，只有实行宪政，“然后才能唤起民众，使国民能自选择，而达到国民革命的完成”。他详细阐述了实行宪政对中国政治前途的重要性：第一，大家都知道所谓全民抗战的内容，就是要全国民众把智能财力都能自动发挥，贡献政府；非如此，不足以谈最后胜利。所以从抗战方面说，实施宪政的确有极重要的关系不能否认。第二，从国民政府建国大纲上看，宪政的实行，一定要以地方自治为其基础。但现在我们看所谓能完成地方自治，就是具备各县人口调查清楚，土地测量完竣等等条件的地区究有多少。事实上我们若要等待全国地方自治完成，再实行宪政，是非常困难的。尤其抗战需要的迫切，更难容许迟缓下去。我们需要迅速的由推行宪政来促进地方自治，这也是实施宪政的重要性之一。第三，我以为只要宪政实施，民主政治精神见诸事实，各方面都能走上法律的和平的轨道，共同建设新中国。第四，我向来主张不论个人或国家在政治上都应采取积极的态度。要建设新中国，宪法仿佛是打一个全部具体的图样，将各方面从中央以至地方，政府到每一个人民应有的权利与义务，有了共同规定。于是那时候尽管大家积极努力，也不会有抵触摩擦的事情发生。所以我深深觉得在中国，若走上了宪政的路，就是走上了发展整个政治和平的积极的最正确的道路。①

1940年3月20日，国民参政会宪政期成会举行第三次全体会议，对《五五宪草》进行修改并拟成修正案，以供行将召开的国民参政会第一届第五次会议讨论。该会随后向国民参政会正式提出《中华民国宪法草案〈五五宪草〉之修正草案》（简称《修正草案》），并附以“对于实施宪政之建议两条”。

---

① 沈钧儒：《青年与宪政：实行宪政对我国政治前途发展之重要性》，《战时青年》1939年第2卷第4期。

1940年4月1日，国民参政会第一届第五次会议在重庆召开，立法院院长孙科报告《五五宪草》起草经过并对《五五宪草》的内容进行说明，继由会议宣读蒋介石以国民参政会议长身份交议的宪政期成会所拟《中华民国宪法草案〈五五宪草〉之修正草案》，最后由张君劢以宪政期成会召集人身份说明该会开会经过和修正各点的理由。

张君劢依据《修正草案》的章节顺序，分六个方面对这次修改内容作了说明。他首先说明了增设国民大会议政会的理由，指出国民主要是通过审议预算、决算，质询行政方针，参与和战大计以及提出对政府的信任或不信任案来监督政府的。此等事项，亦就是欧美各国所说的政权，“若此等政权人民不能行使，虽谓民国之政权完全落空，固无不可”。而《五五宪草》的最大缺陷，就是人民政权运用不灵。立法院既非政权机关，而国民大会又三年才集会一次，因此政权无从行使。为了补救《五五宪草》的这个缺陷，宪政期成会经过认真讨论，决定在国民大会休会期间增设国民大会议政会。为了争取国民党同意，张君劢强调设置国民大会议政会与孙中山的遗训并不违背。张君劢接着对比较敏感的国民大会议政会与国民大会和立法院的关系作了说明。他指出：“依理言之，议政会既为在国民大会闭会时行使权力之机关，则议政会之职权应出于国民大会之委托，且其权力不应超出于国民大会权力之外。”就《修正草案》的有关规定来看，立法院职权比之《五五宪草》中有了较大变更，不仅本来属于立法院行使的决议大赦案、戒严案、宣战案、媾和案和条约案一律移给了议政会，而且议政会对法律案和预算、决算案拥有复决之权。

国民大会议政会的设立，其实是加强了代议机构对政府的制衡。“期成宪草”如获通过，各在野党派的精英人士将有很大机会进入国民大会，并进而进入议政会；六个月集会一次的机构将比三年集会一次的机构更容易经常性地介入政治事务；且这个机构拥有上述各项重要的政治权力，将会对中央政府产生重大的制衡力量。因此，“期成宪草”的提出，寄托了在野各方寻求政治体制变革的迫切期望，也反映出中间党派和无党派人士对于执政当局实行宪政改革的许诺是相信的。邹韬奋回忆说：“大家虽在宪政运动走上苦命的途程中，仍不消极，仍对民主政治作最后的挣扎。”[①]《黄炎

① 邹韬奋：《对宪政的最后挣扎》，载《抗战以来》，韬奋出版社1946年版，第153页。

培日记》有类似记载："国民参政会第五届大会开会式，参政员到者一百四十五人，超过历届。"[①]

正因《修正草案》中的政府行政部门权力受到较多限制，而国民大会及其休会期间的议政会职权有了较大扩大，故不能为蒋介石和国民党所接受。蒋介石发言说：第一，中国行宪一定要实行"治权与政权"分开，"民元以来，宪政行不通就是不能切实分开的原故"；第二，希望不要忘记"权与能的划分"，是孙中山的"特别发明"，并力言宪法须富于弹性，"使其能推行无阻"。因此，国民党参政员与中间党派参政员围绕"国民大会闭会期间内"是否需要"设立常设机构问题"，展开了激烈辩论。蒋介石随后作长篇演说，力斥宪政期成会提出的《修正草案》有关增设国民大会议政会的主张，为袭取欧西之议会政治，与孙中山的遗教（指《五权宪法》）完全不合。在他看来，宪政期成会提出的《修正草案》对执政之束缚太甚，是不能实行之制度。如果强行必遭破坏。[②]1940年9月，国民政府以交通阻塞、原定当年11月12日召开国民大会实有困难为由，宣布国民大会延期召开。这样，中间党派发起的第一次宪政运动无果而终。

五、第二次宪政运动中的民主宪政思想

第一次宪政运动流产不久，为了形成介于国共之间的第三种力量，以便调停国共争端，维护抗日民族统一战线内部团结，中间党派发起成立了中国民主政团同盟。该同盟成立后，把"实践民主精神，结束党治，在宪政实施之前，设置各党派国事协议机关"，作为"十大纲领"之第二条提了出来；接着在1941年11月召开的国民参政会第二届第二次会议上提出《实现民主以加强抗战力量树立建国基础案》，集中表达了民主宪政要求：第一，结束训政；第二，成立战时正式民意机关；第三，不以国库供党费；第四，勿强迫入党；第五，勿在文化机关推行党务；第六，保障人民种种自由；第七，停止特务机关活动；第八，取消县镇乡代表考试制；第九，禁官吏垄断投机；第十，军队中停止党团组织。[③]

---

① 黄炎培：《国民参政会日记》，载《国民参政会纪实》续编，重庆出版社1987年版，第544页。

② 《梁漱溟全集》第6卷，山东人民出版社1993年版，第553页。

③ 崔宗复编《张澜先生年谱》，重庆出版社1985年版，第94页。

1943年9月，蒋介石在国民党召开五届十一中全会训词里，提出建国工作在政治建设方面应以促进宪政之实施为目的。大会通过的《关于实施宪政总报告之决议案》提出："国民政府应于战事结束后一年内召集国民大会，制定宪法而颁布之，并由国民大会决定施行日期。"并具体规定："关于筹备国民大会及开始实施宪政各项应有之准备，由政府督饬主管机关负责办理。"

蒋介石的讲话和大会决议重新燃起了中间党派对实行宪政的希望。9月25日，蒋介石到国民参政会第三届第二次会议上作《内政和外交的方针和实施经过》报告，建议由国民参政会设置宪政实施筹备会和经济建设期成会两机构。[①]而宪政实施筹备会"可以参政会为主体，并延揽全国贤达共同参加，对于完成地方自治，健全省级民意机关，召集国民大会等事项，凡足以促成宪政之顺利实施者，咸望集思广益，协助政府，领导人民，俾宪治得有确实之准备。"[②]此次大会根据蒋介石的讲话精神，决议组织宪政实施协进会。10月20日，国民政府公布了《宪政实施协进会组织规则》，宪政实施协进会正式宣告成立。该会直属于国防最高委员会，以国防最高委员会委员长为会长，其会员分为当然会员和由国防最高委员会委员长指定会员两种。国民党力图通过成立御用议宪机构，使此次宪政讨论严格控制在官方主办的范围内。但宪政实施协进会成立后，中国共产党和中国民主政团同盟为代表的中间党派则巧妙利用了其合法性，很快就突破官方主办的范围，并再次掀起了要求实行民主政治、反对国民党一党独裁的民主宪政运动。

1943年11月，左舜生将自己主编的《民宪》杂志交由中国民主政团同盟接办。张澜、沈钧儒、张君劢、李璜、罗隆基、章伯钧、张申府、梁漱溟、左舜生等组成编辑委员会，积极撰稿，要求国民党放弃党治、实行宪政，该刊很快就成为宣传民主宪政的主要阵地。1944年元旦，以"促进民主、宪政、抗战、团结"为宗旨的《宪政月刊》在重庆创刊，由黄炎培发行、张志让主编，在宣传民主宪政方面发挥了重要的桥梁作用。

1943年12月，立法院院长孙科在《中央日报》上发表《实施宪政的几

---

① 《会议日志》，载《国民参政会纪实》下卷，重庆出版社1985年版，第1216页。

② 《蒋主席设置有关宪政机构之宣示及参政会之决议》，《宪政月刊》1944年第1卷第1期（创刊号）。

个问题》，公开提出："抗战的首要任务就是实行民族主义，民族主义完成后首须加速实行民权主义。如果我们把宪政实施一天天耽搁下来，不能完成国家的建设，那就不但违背了建国大纲，而且是很危险的一件事。"他赞成学习西方多党制，表示对国民党以外的政党"也不妨加以承认"。[①]他此后到处演讲并发表文章，呼吁不应再维持国民党一党主政。1944年元旦，孙科在中央广播电台播讲《认识宪政与研究宪政》，直率地批评国民党内某些人在宪政问题上的错误观点，说这些人"忽视抗战建国同时并进的最高国策，不明白宪政运动就是我们政治建设的根本"，指责国民党内所谓"训政未完成就不能实施宪政"说法是"太呆板、太机械"，认为宪政的实施"是人类生活和国家组织的进步"，故必须"迅速完成我们民主宪政的建设"。[②]

1944年元旦，宪政实施协进会发表的《为发动研讨宪草告全国人民书》指出："我们已被称为四强之一"，为了名副其实，"除了发达科学以外，唯有加紧政治建设，而政治建设唯一途径，实以促进宪政的实施为第一要务"；宪法是国家的百年大计，宪草创制于抗战之前，各方面情况现在都有显著变化，协进会希望对此进行普遍而郑重的检讨，"使全国人民皆以其学识思虑及对宪政之研究，提供具体意见，以供将来国民大会讨论宪法时之参考，而使国家根本大法达于至善之境"。1月3日，张君劢、左舜生、沈钧儒、章伯钧等26人在重庆再次发起民主宪政座谈会，呼吁开放党禁，实施宪政，保障人权，改革政治。2月13日，张澜、邵从恩联名发起的民主宪政促进会召开成立大会，决定该会从成立起就积极进行倡导民主、实行民主、促进宪政、研究宪草的工作。[③]关心民主宪政的各界民众纷纷加入该会，在成都引起热烈反响。该会举办的宪政座谈会不仅关心国家层面的宪政问题，还把关注的焦点放在中央与省的关系以及地方制度建设上。如在其主办的第二次宪政座谈会上，不仅讨论国会两院制和总统及内阁制问题，还讨论了省的地位问题和边区制度问题。[④]

1944年5月，中国民主政团同盟发表《对目前时局的看法和主张》（简

---

① 孙科：《实施宪政的几个问题》，《中央日报》1943年12月5日。

② 孙科：《宪政要义》，商务印书馆1944年版，第103—107页。

③ 《蓉民主宪政促进会昨日举行成立大会》，《新华日报》1944年2月24日。

④ 《呼吁政府实施约法，实现人民基本自由》，《新华日报》1944年4月23日。

称《主张》)，系统地表达了国民党统治区内民主力量要求进行政治改革的强烈愿望。《主张》揭露了国民党以“训政”为名实行一党专政的恶果：“国民党训政十余年，国民的组织未见加密，国民的道德未见提高，贪污土劣只有增加，并无减少，糜烂腐败只更见普遍，并未减轻。”它尖锐地指出：“假定一个国家，其国民不能自由发表负责的言论与主张，不能合理地批评政治的措施与人事，其新闻的记载只能限于好的一面，而绝不许暴露坏的一面，这个国家便不是民主的国家。又假定一个国家除掉一个在朝的执政党而外，绝对不许其他在野的党派合法的存在……这便更不是民主国家。更假定一个国家，其人民的身体自由毫无切实的保障，可以由若干秘密的或来历不明的机关非法拘捕，非法幽禁，非法处死，甚至不知拘捕于何地，幽禁于何所，处死于何时……这便不仅不是一个民主国家，而且是一个十足的反民主的国家。”它认为必须立即进入宪政的实施阶段，而不能再有任何拖延：“中国必须成为一个道地的民主国家，这已经超过了理论的阶段，而须从事实上予以切实的表现，并且民主体系的形成已刻不容缓，万万不可向战后推宕。”①它强烈要求国民党立即结束训政，“放弃十余年的特殊地位”，无保留地将各项自由归还给人民。

1944年日军发起“一号作战”后，国民党军在中原战场的惨败暴露了国民党政府的腐败和无能，人们要求政治改革以挽救时局的呼声更加强烈。6月20日，成都民主宪政促进会提出10项主张，认为“非立即实行民主，不足以团结各方，争取胜利”。其10项主张为：第一，切实施行约法；第二，举凡训练群众、组织民众，均应以国家立场出之，不再以党的立场出之；第三，尊重人民言论之自由；第四，尊重人民人身之自由；第五，尊重人民思想信仰及一切集会之自由；第六，公教人员、学生士兵入党入团，须基于自愿，并不得以党员团员资格，为铨叙考核之标准，及享受其他特权；第七，给予各级民意机关以必要的权力；第八，政府用人，应一本天下为公之旨，选贤与能；第九，切实改革征兵、征实、征税等之弊端，严惩贪污，杜绝中饱，革除苛扰，以减轻人民痛苦；第十，实施全民动员，组织人民，武装人民，以保国家复兴之基地。②此后，更多的社会民众投身

---

① 《中国民主同盟历史文献》，文史资料出版社1983年版，第18–19页。

② 达生：《大后方民主运动消息》，《新华日报》1944年7月3日。

到争取民主的宪政运动中，从而使这个运动声势更为浩大。

9月1日，黄炎培与工商界、文教界人士共30人联名在《国讯》和《宪政月刊》上发表《民主与胜利献言》（简称《献言》），要求国民党政府在此国难危重之际，“与民更始”，“一新气象”，加速改革，以期“迎最后胜利”。《献言》提出了9项主张，要求及早实施“人民渴望之民主制度”；对于约法所规定的人民的各项权利，“如身体与财产之保护、言论出版集会结社之自由等，亦须予以实际的充分的享受与保障”，“切实开放言论”，“必须给产业界以一切解放，简化各项法令与手续，维护其一线生机”，“行政机构，自中央以迄基层，一切法令，皆须绝对公开与民更始”。[①]国民党内部分民主人士对最高当局实行独裁、压制民主的行径极为不满，支持甚至加入了民主宪政运动。1944年底，李济深致信蒋介石：“你现在这样抗战不行，无民主，无人民拥护。现在只有实行民主，发动人民，抗战才有前途。”[②]他们在桂林发起成立抗战动员宣传工作委员会和桂林文化界抗战工作协会，开展各种宣传民主的活动。

这次宪政运动不再停留在泛泛地要求结束党治、实行宪政的政治诉求上，而是提出了具体实施的宪政方案。宪法的产生就是人权的法律化，西方各民主国家宪法均以人权保障作为立宪的基石和行宪的目的，宪政的内容和最终目标指向保障人权，它包括言论自由、人身自由、集会结社自由等方面。因此，在宪政实施协进会成立后的首次会议上，针对国民党对新闻和书籍的严格审查，张志让提出了《关于改善新闻检查及书籍审查办法案》。1943年11月1日，黄炎培以宪政实施协进会召集人名义邀请孔祥熙、吴铁城、熊式辉、张厉生等商量进行事项时，所谈三事中其一即言论开放。

1944年1月初，成都《新中国日报》连载张君劢的《人民基本权利三项之保障——人身自由、结社集会自由、言论出版自由》一文。该文开宗明义：“吾国之语曰：民为邦本。西方之语曰：国之主权在民。然民之所以为民之地位，苟在国中一无保障，而期其成为邦本，期其行使主权，盖亦难矣。”这就是说，要使人民能作为邦本而行使主权，必须先对其地位——人权予以切实的保障。而所谓“人权”，张君劢认为它包括信仰思想自由、

① 达生：《国民党统治区民主运动消息》，载《中共党史参考资料》第9册，人民出版社1979年版，第470—471页。

② 姜平、罗克祥：《李济深传》，档案出版社1993年版，第163页。

结社集会自由、迁徙居住自由、通信秘密自由、人身安全自由，以及享有选举权和任公职权等方面，而在这种种人权中，人身自由、结社集会自由和言论出版自由是最基本的三项人权。张君劢认为，这三项权利的保障问题，“不宜待诸宪法颁布之后，而应着手于宪法未颁布之前”。因为只有使“这三项自由得到切实保障，而后宪政才有基础”，这就犹如造屋之应先有石基、治水之应究其源头一样。①

张君劢这篇文章发表后，立即引起了极大的社会反响。他随后将该文作为提案交给宪政实施协进会讨论。《黄炎培日记》1944年2月4日记载：“第四次常务会员会，孙科主席，讨论关于第二次全体会交议各案，对余所提实行约法案，当场修正通过；对张君劢人民之基本权利案讨论颇多。”

1944年4月，重庆发生稽查处误拘律师温代荣案，温宅内的信函亦遭查抄。此案立即激起社会各界公愤。为此，沈钧儒等80位律师联名向宪政实施协进会呈上《关于保障人权意见》，提出“请政府明令提审法实行日期”“被损害人得依法向国家请求赔偿”等四项建议。黄炎培随即提出四条要求：首先，请求政府将有逮捕权之机关名称早日公布；其次，要求逮捕拘禁在手续上时间上，应纠正与“保障人民身体自由办法令所不许者”；再者，希望严惩故意违法者；最后，要求“遇有贫苦无力者请求辩护”时，应予以无条件之接受。②6月14日，宪政实施协进会第三次全体会议通过黄炎培所提《关于滥用职权捕押久禁情事整肃改善办法案》，宪政实施协进会据此起草了保障人民身体自由的八条办法。7月15日，国民政府迫于各方压力，颁布了《保障人民身体自由办法》。

1944年9月15日，中共参政员林伯渠在国民参政会第三届第三次会议上提出：“希望国民党立即结束一党统治的局面，由国民政府召集各党各派、各抗日部队、各地方政府、各人民团体的代表，开国事会议，组织各抗日党派联合政府。”10月10日，周恩来在延安各界举行的双十节庆祝大会上发表题为《如何解决》的演说，进一步提出了成立联合政府的具体步骤。第一，各方代表由各方自己推选，人数应按各方所代表的实际力量比

---

① 张君劢：《人民基本权利三项之保障——人身自由、结社集会自由、言论出版自由》，成都《新中国日报》1944年1月3日。

② 黄炎培：《因八十律师发表关于保障人权意见为进一步之建议》，《宪政月刊》1944年第9期。

例规定。第二，国事会议应于近期召开。第三，国事会议根据革命三民主义的原则，必须通过切合时要、挽救危机的施政纲领以彻底改变国民党所执行的错误政策。第四，在共同施政纲领的基础上，成立各党派的联合政府，以代替目前的一党专政政府。第五，联合政府有权改组统帅部，成立联合统帅部。第六，联合政府成立后，立即准备于最短时间内召开真正人民普选的国民大会，以保证宪政的实施。这样，中共就把宪政运动集中到建立民主联合政府的目标上。[①]

中共建立民主联合政府的主张，迅速得到中间党派和民主人士的热烈响应以及国民党统治区各界的支持，建立统一的民主联合政府成了第二次宪政运动的主要诉求。刚刚由中国民主政团同盟改组而成的中国民主同盟，不久即发表《对抗战最后阶段的政治主张》，响应中共号召。他们要求立即结束一党统治，建立各党派联合政府，迅速筹备实施宪政，召开全国宪政会议，颁布宪法；释放一切政治犯，切实保障人民的各项自由权利；废除一切妨害上述内容的法律法令，开放党禁，承认各党各派的公开合法地位；等等。其他党派和民主人士也纷纷发表宣言、文章或谈话，表示拥护中国共产党提出的建立统一的民主联合政府的主张。

面对中共及中间党派发起的民主宪政运动，国民党不得不作出让步，同意与共产党谈判成立联合政府问题。但蒋介石于1945年元旦广播讲话中，根本不提联合政府之事，只是许诺不久将召开国民大会，制定宪法，国民党还政于民。所以，中共及中间党派继续推进宪政运动。1945年2月，史良、李德全等代表重庆妇女界发表《对时局的主张》，重庆文化界著名人士300余人联名发表《对时局进言》，昆明文化界数百人随后联名发表《关于挽救当前时局的主张》，要求迅速召开有各党派参加的国事会议，作为“战事过渡的最高民意机关”，由它产生举国一致的民主政府，决定战时政治纲领，筹备召开真能代表民意的国民大会。

面对如此高涨的宪政运动的潮流和要求成立民主联合政府的呼声，国民党仍然一意孤行。1945年3月1日，蒋介石在宪政实施促进会上发表讲话，宣称国民党“只能还政于全国民众代表的国民大会，不能还政于各党

---

① 中央档案馆编《中共中央文件选集》第14册，中共中央党校出版社1987年版，第364—365页。

各派的党派会议，或其他联合政府”。他再次公开拒绝了中国共产党、各中间党派、广大民主人士和全国人民的民主要求。

六、中国式民主的理论探索

抗战时期的两次民主宪政运动，推动了人们对民主宪政问题的关注和讨论，张澜、张君劢、罗隆基、张申府等人都对中国实行民主的问题进行了深入探讨，逐渐形成了“中国的民主”思想。

1941年6月，张友渔发表《我们需要怎样的民主政治》一文，提出中国需要的民主政治，原则上是汉奸、亲日派除外的全民政治。“它应该是汉奸、亲日派除外，包括一切阶级，一切党派的统一战线的、民主集中的抗日政权。”

张申府像中国民主政团同盟同仁那样认定民主与抗战有着密切关联，抗日救亡必须实行民主政治。在本应集权的“战时”宣扬和实践民主、宪政，并能形成小小的“高潮”，恰恰说明中国的民主、宪政观念理论与近代以来的“救亡”紧密相连。张申府认为，实行民主是联合抗战的先决条件：“现在的中国需要联合，需要团结。但联合团结，没有民主是必不行的。”“实行民主政治的第一步，自在切实保障人民的信仰、思想、言论、出版、集会、结社、爱国救国的自由。因此，要实行民主，争取这种种自由，便是今日的一个最当务之急。没有这种种自由，人民不得发挥独立的意趣，各方力量必然难得集中，国家整个必然难有切实的力量，国基必然难以稳固，对于文明文化尤其必然难有广大深至的贡献，就是科学的研究也必然难得进步。这样说来，争取这种种信仰思想言论出版集会结社爱国救国的自由，显然就是提倡科学，实行民主，联合抗战的先决条件。”①

他对民主问题研究后，将民主范畴归纳为政治民主、经济民主、思想民主、社会民主、国际民主等五个方面。②

“英美政治，苏联经济”，是当时中国自由主义知识分子中颇为流行的观点。部分“左”倾知识分子则进一步认为苏联体制不仅经济民主，政治也是民主的，甚至更为民主，张申府无疑持后一种观点。他认为，民主与

---

① 张申府：《科学与民主》，《民声报》1936年12月13日。

② 张申府：《民主大纲》，《民主与宪政》1945年1月15日。

资本主义并无必然的、不可分离的关系，民主政治并非资本主义的产物，民主与所谓自由主义也并非不可分离，而“社会主义是进步民主的一方面”。[①]但他又强调，民主“必须是中国的”，也就是他提倡的“中国化”。他说：“如果在中国，对于中国事，而不由中国人以中国为第一位；所采取的办法不扎根在中国本土，对于大多数中国人必都不免多少隔阂。”而且，民主必须与中国的优良传统相结合才是中国的。但他又承认，中国的优良传统是什么还未厘清，中国不符合时代要求的传统“也不容不即行努力矫而正之”。同时要“消纳世界一切有价值的东西，利用世界一切利用的利器”。[②]为此，张申府将世界民主分为“英美的民主”、“苏联的民主”与未来的“中国的民主”三个类型。英美社会是资产阶级、无产阶级两个阶级组成的；苏联社会是“只有工农与主要由工农生成的知识分子，合成唯一的阶级”的；中国社会是多阶级（农民、小地主、小资产阶级、小商人、手艺人、知识分子占多数，大地主、现代工人、现代资本家占少数）组成的。“中国社会的构成与英美，与苏联，这样不同，彼此的政治经济，彼此的民主，又怎能一样？”所以英美民主是“一个主要阶级在上，一个主要阶级在下的民主”；苏联的民主是“一个唯一阶级构成社会的民主”；中国民主则“应是多阶级平等，多阶级融洽，多阶级合作的民主。这是中国民主的可能，这也是中国民主的理想”。[③]

当时中国社会上对民主类型的看法，主要有三种基本观点：一是将民主分为英美与苏联两种模式；二是认为英美是“假民主”苏联才是真民主；三是认为苏联并非民主而是“专政”，只有英美体制才是民主。只有张申府别出心裁，将中国民主作为与前二者并列的第三种类型，主张中国实行不同于英美和苏联的第三种民主。张申府提出的所谓“中国民主”，实际上就是英美的政治民主加上苏联的经济民主。将西方民主与社会主义统一起来，带有浓厚的民主社会主义色彩，这不是张申府一人的主张，实际上是当时中国自由主义者普遍流行的观点。周鲸文公开提出，“中国需要民主的，社会主义的前途”，需要“彻底的民主政治，经济自由平等的制度，和平前进的正常方法”。罗隆基也主张将政治民主与经济民主结合起来，探寻中国式

① 张申府：《民主大纲》，《民主与宪政》1945年1月15日。
② 张申府：《民主原则》，《新华日报》1943年10月8日。
③ 张申府：《民主的三种类型》，《华声》第1卷第5-6期。

民主道路："在中国，民主运动与工业化为同时并进的运动，这是不可避免的事实。我的看法是这样：假使中国能做到极大多数人民驾驶国家，由国家来开发工业，这或者能够避免资本主义的过程，走上真民主的道路。这里，我说的还是先有政治的民主，进到经济的民主。用政治的民主，来保证经济的民主。"他还强调："换句话说，不走英美苏的旧路，却在英美与苏联的道路中寻找一条新路。"[①]

① 罗隆基：《政治的民主与经济的民主》，《民主周刊》1944年第1卷第2期。

第五章

国民党独裁思想的演变

抗战进入相持阶段后，国民党逐渐建立了高度集权的政治体制，将军事决策权、指挥权、党权、政权集中于蒋介石一人，实行集中化、军事化的管理制度。1939年，国民党五届五中全会决定设置国防最高委员会，统一党政军的指挥，由蒋介石担任委员长，并发动了国民精神总动员运动，强调“国家至上、民族至上”“军事第一，胜利第一”“意志集中，力量集中”。为了达到一党独裁的目的，国民党对中共采取了“防共、限共、溶共”方针，设立了“防共委员会”，秘密通过《整理党务决议案》《防制异党活动办法》《异党问题处理办法》等文件，并颁布维持治安、集会演说、人民团体、社会运动及战时动员的一系列管理方法，利用抗战的借口，加强专制独裁。

一、“限共”与“防共”政策

全民族抗战爆发后，面对日本帝国主义全面侵略中国和全国民众民族抗战情绪的高涨，国民政府对战前“攘外必先安内”政策作了重大调整，在政治、外交及动员民众等方面开始确立抵御外敌的决心，并树立一种正义的政府形象。但因蒋介石和国民党在卢沟桥事变前长期执行“攘外必先安内”政策，该政策已经形成了根深蒂固的理论基础并成为国民政府各项政策的指导原则，故其对国内问题尤其是中共及其领导的军队及根据地问题非常敏感。抗日民族统一战线建立起来后，国民党并没有放弃“溶化”中共的企图。蒋介石在国共两党合作组织形式问题的谈判中，企图凭借国民党的优势地位，组成一个大党，把共产党和国内其他党派“合并”“溶化”到国民党中，以和平“溶共”的方式达到取消共产党的目的。

1937年9月23日，蒋介石在《对中国共产党宣言的谈话》中表示：“余以为吾人革命，所争者不在个人之意气与私见，而为三民主义之实行。在存亡危急之秋，更不应计较过去之一切，而当使全国国民彻底更始，力谋团结，以共保国家之生命与生存。今日凡为中国国民，但能信奉三民主义而努力救国者，政府当不问其过去如何，而咸使有效忠国家之机会。对于国内任何党派，只要诚意救国，愿在国民革命抗敌御侮之旗帜下共同奋斗者，政府自无不诚接纳，咸使集中于本党领导之下，而一致努力。”①国民党以接纳中共的方式，承认了中共的合法地位。

1938年3月，国民党临时全国代表大会通过的宣言及有关文件特别强调，中国立国的基本精神以三民主义为“最高之信仰”和“最高指导原理”，决不允许“曲意诡随，以自丧失所守”，强调各党派必须摒除成见，统一于“一个信仰、一个领袖、一个政府”之下，并“以民族斗争之意识消灭政治斗争之意识”。②其矛头显然是指向中共的。蒋介石在闭幕词中解释说，“本党是创造民国领导革命的唯一大党”，“不仅共产党要尊重本党，服从领导，国内现存一切党派都必须消融于三民主义之下”。③这实际上是要取消中共及各党派的独立性。随后，国民党发布的《关于对党外各种政治团体及其分子之态度的决议》，明令国民党要对其他党派团体及其分子严加约束和防范，必要时可以“严予取缔”。

1938年6月，蒋介石在关于组织三青团的一份文告中称：抗战时期断不须“任多种不同之政治信仰与行动，并存而发展”，训示全国青年克服散漫分歧、各行其是的现象，“在三民主义的思想体系之中，受严格的组织与训练”。7月，国民政府行政院发出指令：宣传共产主义仍按《危害民国紧急治罪法》严予取缔和治罪。国民党内反共顽固分子在各地从事反共活动，离间国共关系：“或伪造所谓共产党领导机关及所谓共产党领导人的文章言论，在各地印发；或故意翻印共产党领导机关在过去国内战争时代的文件

① 时事问题研究会编《“九一八”以来国内政治形势的演变》，抗战书店1941年版，第166页。

② 《统一革命理论肃清政治斗争之意识案》，载荣孟源主编《中国国民党历次代表大会及中央全会资料》（下册），光明日报出版社1985年版，第488–489页。

③ 荣孟源主编《中国国民党历次代表大会及中央全会资料》（下册），光明日报出版社1985年版，第511–512页。

及共产党领导人在过去国内战争时代的文章言论，在各地散发”[①]；或假冒中共和八路军名义在外招摇撞骗，挑拨国共两党两军的关系及其与抗日党派的团结。在武汉、长沙、西安、开封等各大中城市及陕甘宁边区，“都发生没收抗战救亡的刊物与书籍……同时又到处发现一类专门利用造谣污蔑挑拨离间的卑鄙下流手段，向共产党攻击的杂志、小册子与口头宣传。甚至用种种威吓利诱的办法，企图封闭或瓦解救国团体，用秘密恶毒的手段，逮捕积极救国分子”。[②]1938年8月，蒋介石密令杀害八路军高级参议、中共陕西省委重要负责人宣侠父，同时授意国民党控制的《扫荡报》《血路》《民意》等以“统一”的名义进行“溶共”宣传。他们指责中国共产党领导的八路军是“反动势力”，“游而不击”；鼓吹“一个主义、一个政党、一个领袖、一个政府、一个军队”等口号，要共产党“尊重国民党的惟一性，拥护国民党的领导权”；宣扬中国必须“统一”，用“以大并小的方法，溶化小的单位，合而为一”，合并于国民党后的单位“不能在国民党内成立党团，在国民党外保存组织”。[③]

全民族抗战初期，尽管中日民族矛盾与阶级矛盾交错复杂，但因国民党积极抗日，能把对外的一致性置于对内的矛盾性之上，故国共两党关系总体上是和平相安的，能够团结御敌，共赴国难。但抗战进入战略相持阶段后，日本开始改变其侵华方针，对蒋介石集团实行政治诱降为主、军事进攻为辅的新政策，把主要兵力用于进攻中共领导的敌后根据地。这样，国民党便有了军事喘息之机，可以腾出力量对付共产党。中共先后开辟了陕甘宁、晋察冀、晋绥、晋冀鲁豫、山东、华中和华南等数块抗日根据地，以八路军、新四军为主体的抗日力量由原来的9万余人发展到近20万人，国民党惊呼“以目前情势而论，大有失地愈多该党发展愈速之趋势”[④]，其仇共、惧共心理日益加剧。蒋介石对共产党的态度日益强硬。1938年12月12日，蒋介石与中共代表王明、周恩来等人约谈时明确提出“共产党员退出共产党加入国民党，或共产党取消名义，整个加入国民党”，并强调：

---

① 《中国共产党中央委员会启事》，汉口《新华日报》1938年4月6日。

② 《抗战巨潮中的逆流》，《解放》1938年第41期。

③ 任弼时：《中国抗日战争的形势与中国共产党的工作和任务》，载《中国现代史资料选辑》第5册补编，中国人民大学出版社1989年版，第35页。

④ 《沦陷区防范共党活动办法草案》，载重庆市政协文史资料研究委员会、中共重庆市委党校、红岩革命纪念馆编《抗战时期国共合作纪实》上卷，重庆出版社1992年版，第671页。

“我的责任就是要将两党合成一个组织。过去，我打你们也是为保存共产党革命分子合于国民党，此目的如达不到，我死了心也不安，抗战胜利了也没有什么意义……所以，我这个意见至死也不变的。”[①]

1939年初国民党召开的五届五中全会，是国民党对内政策转变的重要标志。加强国民党自身力量、巩固对国家的统治、抑制共产党发展，成为这次全会的主题。蒋介石作了《唤醒党魂、发扬党德与巩固党基》和《整理党务之要点》的演讲。这次全会着重研究了“如何与共产党作积极之斗争”问题。部分顽固分子认为国民党“领导全国从事抗战已届年半，乃异党假借抗战之名，阴分壁垒，分化统一，破坏团结，谋夺政权，已造成党国莫大隐忧”。国民党力图在组织上“溶解”共产党。蒋介石指出：“对中共是要斗争的，现在要溶共，不是容共，它如能取消共产主义我们就容纳它。”他还申明：“我们对中共不好像十五、十六年那样，而应采取不打它但也不迁就它，现在对它要严正、管束、教训、保育，现在要溶共，不是容共。它如能取消共产主义，我们就容纳它。”[②]

这次全会通过了《整理党务决议案》，规定国民党要以“防共”“反共”为中心任务，加紧发展组织，扩充势力，尤应要注重“革命理论之领导”，以“端正全国思想之趋向”，“使违反主义之思想无从流布于社会，而于战区及敌人后方，尤应特别注意”。[③]这次全会发布的宣言强调，在被占区域或邻近战区军民的“一切思想行动”，“严加反省，严加检举，严加改正，以其能力自由生命完全贡献于国家”，还声称“我全国同胞当此生死关头，惟有以成仁取义之决心，实行三民主义之大道，人人誓死，奋勇效忠”，方可“立国家亿万年永生之根基”。[④]这次全会正式确定了“防共、限共、溶共”方针，并决定设立“防共委员会”专门对付共产党。

国民党五届五中全会以后，其政策明显呈现出两面性：一方面，国民党继续坚持抗战，为“争取国家独立、民族生存”而奋斗；另一方面，打

---

① 李勇、张仲田编《蒋介石年谱》，中共党史出版社1995年版，第270页。

② 《国民党五届五中全会纪录》，载严如平、郑则民《蒋介石传稿》，中华书局1992年版，第30页。

③ 《对于党务报告之决议案》，载荣孟源主编《中国国民党历次代表大会及中央全会资料》（下册），光明日报出版社1985年版，第554页。

④ 《第五届中央执行委员会第五次全体会议宣告》，载荣孟源主编《中国国民党历次代表大会及中央全会资料》（下册），光明日报出版社1985年版，第547—549页。

着“溶共”旗号进行反共军事摩擦，接连发动了三次反共高潮。蒋介石意识到，要解决共产党问题，除了运用政治、军事等手段，必须从思想上、精神上采取行动，加强对全国民众的思想控制，从根本上消除共产主义影响。1939年发布的《国民精神总动员纲领》，提出了纠正所谓“分歧错杂之思想”的基本原则：“（一）不违反国民革命最高原则之三民主义；（二）不鼓吹逾越民族之理想与损害国家绝对性之言论；（三）不破坏军政军令及行政系统之统一；（四）不利用抗战形势以达成国家民族利益以外之任何企图。”具体做法是：第一，“整饬民众团体之组织及其训练”；第二，“统一文化团体之组织及工作方针”；第三，“取缔有碍抗战之论争及非法活动”；第四，“纠正各种报章刊物之言论倾向”。①

国民党五届五中全会后，制定了《防制异党活动办法》《异党问题处理办法》《共党问题处置办法》《沦陷区防范共党活动办法草案》《处理异党实施方案》《第八路军在华北陕北之自由行动应如何处置》《陕甘两省防止异党活动联络办法》等文件，攻击中共自抗战以来“贡献于国家民族者少，谋一党之私利发展者多”，且日益放肆，气焰日益嚣张，提出要用政治、军事、经济和党务等一切力量，限制和打击中共力量。

1939年4月，国民党密订《防制异党活动办法》，其内容分为积极和消极两个方面。该办法强化对民众组织的领导管理十条具体措施为：第一，加强民众组织建设。凡各界民众均应尽量加入一种法定人民团体，如工会、农会、同业公会、学生自治会、妇女会等，接受本党领导。第二，各地各种法定人民团体如迄未成立者，应限半年内组织成立。已成立而组织松懈徒具虚名者，应即切实整理务使健全。第三，对无所归属之人民，如失业失学青年及闲散群众等，应即依据时地之需要成立各种团体，如战时工作团、战地服务团或某某工作队等，务使此种组织领导工作均由本党先发动，勿予异党以可乘之机，待其发起组织后始又忙于对付。第四，各种民众团体应即成立本党党团，或派遣党同志居中发挥党的领导作用。已派有同志而不负责者应即撤换，务使所有参加各种民众团体之分子，均能接受党的训练、党的指导、党的监督而不为外界所诱惑。第五，各级教育行政机关工作人员及公立大中学校教职员，应多派本党党员充任各公私立大中学校，

---

① 《国民精神总动员纲领》，《时事半月刊》1939年第29卷第9期。

尤应有党的组织，加强党的领导与活动，以坚强本党在教育界及学生界之壁垒。第六，地方党政机关应经常派员至各级学校及各民众团体，实行精神讲话，或乘党部举行纪念活动时，命令各学校与民众团体负责人全体参加，不断予以党的训练，并提示防范异党活动之必要与方法，以资启迪。第七，各地党部对于富有爱国思想及革命性之青年，应尽量吸收加入本党或青年团，并为信奉本党主义而努力，倘当地尚无青年团组织或一时尚不能加入本党或青年团者，则应组织各种外围团体以罗致之，务使所有革命爱国青年均在本党领导之下从事活动。第八，地方政府机关对于保甲之编制，应多选择本党党员及思想纯正之青年担任保甲长，并经授以各种政治常识及防制异党活动之训练与指导，使每一保甲长均能兼尽政治警察之任务，并能领导所属人民一致防制异党之活动。第九，如异党活动最烈之区域，应实行联保连坐法，使人民不敢与异党分子接近而受其利用，必要时在保甲组织中建立保甲通信网，指定乡村中纯良知识分子担任，调查异党活动之通信工作，以辅助保甲长力量之不逮。第十，各地党部应即发展乡村中之本党组织，并经常进行乡村中之宣传工作，提高人民对于本党之信仰，并晓示参加异党组织之利害以及防制其活动方法。[①]

《防制异党活动办法》对中共及民众组织所采取的具体限制方法如下：第一，各地党部及军政机关对于异党之非法活动，应采取严格防制政策，不可放弃职守，纵因此而发生摩擦，设非出于本党之过分与不是，亦应无所避忌。第二，无论在战区与非战区，凡未经事前呈准有案而假借共产党或八路军与新四军等名义擅自组织武装队伍者，当地驻军得随时派兵解散，不得有误。第三，如发现有宣传阶级斗争、鼓动抗租抗税罢课罢工、破坏保甲扰乱治安者，无论其假借任何名义，应一律依法从严制裁。第四，无论任何社团应先办理立案手续后方准活动，目前各地各种灰色社团如青年文化救亡流亡等团体，凡未立案而擅自活动者，各地党政机关应即依照整理民众团体办法切实取缔，勿稍宽纵。第五，已准立案之各种灰色社团地方党政机关，应切实办理登记严格考核其活动，并指派本党忠实积极之同志经常参加指导，不听者依法限制其活动。第六，对请求立案或备案之各

① 中共中央党校中共党史教研室编《中国国民党史文献选编（1894年—1949年）》，中共中央党校科研办公室1985年版，第285-286页。

种新组织社会团体及报社，如发现有异党分子在内，或其动机不明，且无本党党员参加者，应经过切实调查确保无他后，始予照准。第七，对已立案之各种社会团体中，如发现有行为不轨之异党分子主管党政机关，应令饬所隶属之社团取消其团员资格，并强制其服务之机关学校或工厂等开除其职务，借以警戒其他分子。第八，各级军政机关与学校等，非有特殊情形并经呈准者，一概不准擅自聘用异党分子，对于已用人员该机关负责人应随时监督考查，倘发现有异党或"左"倾分子应立即撤销其职务，否则一经检举应负渎职之责。第九，各地党部及警察局新闻邮电检查所等机关，对内容反动及违反抗战建国纲领之各种宣传刊物，如图书、杂志、报纸、小册子、壁报等，应随时查禁，若经一再查禁而仍秘密发行者，应从严制裁，以儆刁顽。第十，各地党部对于目前异党之活动及其阴谋野心，应密谕全体党员注意，以启迪其警觉性，并饬令经常调查异党之组织活动情形报告党部，以作随时应付之根据。第十一，各地印刷业、派报业、运输业、机器工业等公会，应先健全其组织与领导，一面防止异党之渗入活动，一面领导其积极抵制异党宣传刊物之印刷与发行。第十二，为使防制异党工作易收实效起见，各级党政机关应于每星期定期经常会商进行办法，并互相交换情报。第十三，各地党政军机关对于防制异党活动工作，除经常联络进行外，并应将进行防制情形随时分别呈报中央。①

1940年6月，国民党密订《共党问题处置办法》，对共产党各种活动进行了严格限制，规定了具体的实施办法，密令各省党政军高级长官遵照执行。该办法从军事、党务、行政三个方面提出了具体的限制措施，集中体现了抗战进入战略相持阶段后国民党"限共""防共"的思想。

首先，该办法规定的军事方面的限制措施如下：（1）八路军与新四军之军政军令，必须统一于中央，旧八路军之番号，即应饬令取消，并通报全国。（2）正规军只有驻地，并无防区，八路军与新四军自应服从上级司令部之指挥调遣，不得要求划给区域。（3）游击部队可划定游击区域，但非得军事委员会之命令不得脱离驻区，尤不得越出其活动范围，八路军与新四军派遣游击部队，事先须请示中央，规定其位置与动向，与各友军取

① 中共中央党校中共党史教研室编《中国国民党史文献选编（1894年—1949年）》，中共中央党校科研办公室1985年版，第286-287页。

得联系，配合整个战略部署，否则即以违抗军令处置。（4）八路军与新四军既经改编为国民革命军，必须完全造成国家武力，故其编制与补给办法，必须遵照军政部统筹规定，绝对不准自由招募，尤其不准就地征粮或收缴民枪，乘机扩充私有武力。（5）陕北河防警备区改派其他部队接防，十八集团军另调第二战区防务。（6）游击根据地之规定及当地政权之建立，应由主管战区司令长官协同战地党政委员会决定，而委派地方官吏及征收赋税，则仍归各所隶省府办理。（7）共产党军队政训工作，应照军委会政治部所颁布之宣传纲领及其他规定之政训工作办法行之，而政工人员之编制与人事，亦应悉依政治部命令行之。（8）在八路军与新四军之驻区，军事委员会得指定中央与之互派联络员，监视其整个活动。（9）共产党不得以其军队或他种名义，随地设立后方办事处，以为秘密工作与通信之掩护，嗣后所有各地办事处，非经呈准中央者，一律封闭。

其次，该办法规定的党务方面的限制措施如下：（1）党内党外均应一致遵奉抗战建国纲领，以实行三民主义为最高原则，任何纠纷皆当取决于领袖。（2）共产党在各地不得有任何公开或秘密之组织，如个别共产党员在各地公私机关团体服务者必须开列名单，呈报中央，否则一经发现，即以战时非法活动论罪。（3）共产党外围组织“民先队”与“救国会”应即令取消，其分子一律由中央指定机关接收训练。（4）共产党员非经中央特许，绝对不准服务于各部队机关及军事性质之学校，交通及产业机构中。上述各部门尤应严格防范共产党潜入活动，发展其秘密组织。（5）共产党应即停止违反本党政策之种种宣传及共产主义思想之传播，关于“统一战线”“新阶段”“拉丁化运动”“新启蒙运动”“民主政治问题”“少数民族问题”等宣传活动，即应取缔。（6）共产党不得单独设立机关报与杂志，及印刷前述种种反宣传品之书店，违则即行封闭，至于共党言论，在可能范围内准其发表于本党外围刊物。（7）对付共产党员之态度，可分为两种，上层注重“理性之折服”，以“严正”对之，中下层当予以事实上之“打击”，以“严厉”对之，然对于思想不正之青年，各级负责同志尤宜开诚感格，善为诱导，使之悔悟。

最后，该办法规定的行政方面的限制措施如下：（1）绝对否认共产党所谓“陕甘宁边区”之组织，中央应决定认此为地方问题，授意各省政府自动以种种必要手段，恢复管辖权力。（2）共产党在华北各省游击区内组织之地方政权，应即令移交冀察战区党政委员会分会。（3）教育与训练机关，必须绝对统一于中央，“陕北公学”与“抗大”应令停办，或归中央接收，至少其教员应由中央派遣。课程应呈请教育部核定。（4）任何地方，不得建立违反本党立场及中央法令之经济制度。（5）根据重庆财政会议，战地省政府得发行以法币为基金之省钞及辅币（军用流通券）；但各省发行之数量应先呈准，不得滥用滥发，以防流弊。

国民党以“军令和政令的统一”为名，严格限制中共力量。所谓“军令和政令的统一”，就是在军令统一和政令统一的名义之下，将中共领导的武装力量和抗日根据地统一到国民党及其国民政府领导之下，实际上就是取消中共独立领导军队和抗日根据地，进而取消八路军及边区政府。蒋介石及国民党发布的众多文件，都反复阐述了这种思想。

针对有人将皖南事变视为战时“剿共”行为，蒋介石加以辩护并申明国民政府的抗日立场，表示愿意在所谓“军令和政令的统一”前提下与中共谈判，政治解决两党分歧。

1945年5月17日，国民党六全大会通过的《对于中共问题之决议案》指出，大会听取中央关于中共问题之总报告，指责中共“坚持其武装割据之局，不奉中央之军令政令”，决定积极“寻求政治解决之道”，并警告说：“所愿中共党员，亦能懔于民国缔造原非易事，抗战胜利犹待争取，共体时艰，实践宿诺，在不妨碍抗战，危害国家之范围内，一切问题可以商谈解决。”①

总之，抗战进入战略相持阶段后，国民党反共倾向明显增强。国民党五届五中全会确立了“防共、限共、溶共”方针，其内外政策重点由抗日逐渐转向“防共”，“安内”再次成为其政策的核心。国民党主张“以民族斗争之意识消灭政治斗争之意识”，认为处在抗日战争时期“阶级斗争更不容有其发生”。②在他们看来，如果“思想为之混乱，意志为之散漫，情绪为之薄弱，其团结因以不能坚固，行动因以不能统一，外侮一至，内溃之

---

① 荣孟源主编《中国国民党历次代表大会及中央全会资料》（下册），光明日报出版社1985年版，第922页。

② 《临时全国代表大会宣言》，载荣孟源主编《中国国民党历次代表大会及中央全会资料》（下册），光明日报出版社1985年版，第471页。

象，立时呈现”[①]，只有“保持中国民族真诚统一之精神，而后国家之基础始能永固”[②]。他们认为三民主义内容完备，具体可行，为一般抗战行动之最高准绳，故包括中共在内的全国抗战力量必须集中在三民主义旗帜之下，受中国国民党统一领导。这是国民党反复强调的限制和反对中共的理论基础。

二、一党专政的政治理念

抗战时期，国民党反复宣传“一个党、一个主义、一个领袖”，这种持续而强烈的宣传，体现了国民党顽固坚持一党专政和领袖独裁的核心政治理念。全民族抗战爆发后，由于正面战场的失利和日寇的扶植，中国沦陷区出现了与以蒋介石为首的国民政府相对峙的汪伪政府。这个汪伪政府尽管是日寇的傀儡，但仍然以国民党“正统”自居，以中华民国“中央政府”为旗号。面对这种新情况，蒋介石及迁都重庆的国民政府必须加以正面回应，证明“蒋记”国民政府的政治合法性，说明蒋介石领导的重庆国民政府才是中华民国唯一合法的中央政府。这个合法的“蒋记”国民政府，对外代表中华民国行使主权，对内代表各民族各阶级民众行使统治权。在蒋介石领导的中国国民党看来，中华民国统一合法的中央政府是“蒋记”国民政府，而不是“汪记”国民政府，更不是中共领导的陕甘宁边区政府及抗日根据地民主政府，中华民国的政令、军令应该统一于“蒋记”国民政府。

为什么“蒋记”国民政府是中华民国合法的统一的中央政府？这是需要加以从理论上阐释的。因为“蒋记”国民政府统掌中华民国的全国政权，同样面临着执政的合法性问题。中华民国国民政府的所谓合法性，来自其一贯标榜的所谓“革命性”与“人民性”。但所谓“革命性”，是“蒋记”国民政府与“汪记”国民政府共同拥有的政治资源，并非为“蒋记”国民政府所独有。从某种意义上，汪精卫作为辛亥革命元老和国民党资深领袖，更具有鲜明的“革命性”色彩，并不逊于作为国民党总裁的蒋介石。而中共领导的中华苏维埃政府及全民族抗战后改组的陕甘宁边区政府，同样是

① 《临时全国代表大会宣言》，载荣孟源主编《中国国民党历次代表大会及中央全会资料》(下册)，光明日报出版社1985年版，第467页。

② 《第五届中央执行委员会第五次全体会议宣言》，载荣孟源主编《中国国民党历次代表大会及中央全会资料》(下册)，光明日报出版社1985年版，第547页。

致力于反帝反封建的革命政府，其“革命性”远胜于“蒋记”国民政府和“汪记”国民政府。因此，“革命性”并非“蒋记”国民政府之特色，不足以支撑其战时执政的合法性。

既然“革命性”不足以支撑“蒋记”国民政府代表国家行使统一的中央政令之合法性，那么，支撑中华民国中央政府合法性的关键，就只能是“人民性”，看谁能代表中国人民的民意，即对内代表广大民众意志与要求，对外代表国家主权与意志。对内就要实行民主，给予民众以自由平等的基本权利；对外就需要抗拒暴日侵略，保持国家独立与自由，使民众免受外族奴役。只有这样的政府，才能得到广大民众的支持，才算真正代表了所谓“民意”。只有代表“民意”的中华民国中央政府，才是真正合法的国民政府。在蒋介石及国民党看来，“蒋记”国民政府比“汪记”国民政府具有合法性，需要政令的统一，其理论依据就是能够代表“民意”——内而实行民主以保障民众权利，外而实行抗战以实现国家独立。“汪记”国民政府之所以不具有合法性，就是因为它是中华民国的敌人——日本帝国主义扶植的傀儡政权，难以代表中国民众争取国家独立、民族自由之公意。

因此，抗日以实现国家独立、民族自由，是抗战时期“蒋记”国民政府合法性的最有力保障。据《蒋介石日记》披露：1937年12月底，面临南京沦陷后军事溃败及日本诱降，蒋介石在国防会议后对汪精卫、孔祥熙说，国民党及国民政府“只有为中国求自由与平等，而不能降服于敌，接受各种不堪忍受之条件，以增加我国家与民族永远之束缚；若果不幸全归失败，则革命失败不足为奇耻，只要我国民政府不落黑字于敌手，则敌（无）所凭藉，我国随时可以有复主权之机也”。[①]如果求和降日，不仅国民党和国民政府将失去执政的合法性，而且蒋介石及其国民政府将成为中华民族的罪人。1938年3月，蒋介石在国民党临时全国代表大会上演讲和战问题时说：“降不如战，败不如亡，若我不降则我无义务，而责任在敌，否则敌得全权，而我全责，民不成民，国不成国，则存不如亡也。”坚持抗战到底，是“蒋记”国民政府合法性的最大依据，当然也是抗战时期各党派及广大民众支持“蒋记”国民政府合法性的最大理由。

尽管抗战时期“蒋记”国民政府在实行民主方面做得并不到位，但它

---

① 《蒋介石日记》，1937年12月27、28日，斯坦福大学胡佛研究所藏。

坚持抗战到底，始终没有放弃抗日的旗帜，符合中国民众的根本利益，因此取得了执政的最大合法性。同时，尽管它坚持一党专政和领袖独裁，实行独裁统治，但始终不敢正面否定民主宪政，极力标榜自己要实行民主宪政，要还政于民，以取得民众的理解和支持，证明自己是愿意代表“民意”的。因此，“蒋记”国民政府坚持抗战到底、保障实现民族独立与国家自由，是其政权合法性的根本保障。但拖延实行民主宪政，不能保障民众的民主权利与个人自由，则说明它并不能真正代表“民意”，不仅减弱了其执政的合法性，而且其必然受到中共和一切民主进步力量的猛烈抨击。

蒋介石领导的国民政府是抗战时期代表中华民国唯一合法的中央政府，标榜着代表“民意”执掌国家统治权。但蒋介石和国民党执掌政权的方式，是通过国民党一党专政的方式实现的，并自认为有其合法性与充足的理由。但原定六年的训政时期一再延长，实行宪政、还政于民的国民大会一次次延迟召开，并将中共及其他党派排斥于中央政权之外，国民党一党执政理念及党国体制必将受到各党派的猛烈抨击。为什么中共及其他党派不能参与中央政府及国家管理？为什么国民党要坚持一党专政而不能开放政权？为什么国民政府只能为国民党一党所独揽而不容其他党派参与？这样，国民党同样必须从理论上解决其一党专政的合法性问题。

抗战时期，国民党以抗战需要统一党政军权力、统一军令政令为名，标榜“国家至上、民族至上”“军事第一、胜利第一”，鼓吹“一个政党”，坚持一党专政，强化党国体制，建立了权力高度集中的战时体制。国民党五届五中全会通过的《对于党务报告之决议案》明确指出：“抗战以来，国民革命已转入第二期。前一期革命，在消灭军阀之势力，而奠定国家之统一；第二期革命，则在打倒日本帝国主义之侵略，争取国家民族之自由平等。”国民党将“打倒日本帝国主义之侵略，争取国家民族之自由平等”作为抗战时期的主要任务，而对实行宪政、还政于民的国民大会则极力推延与敷衍，旨在维护其一党专政的局面。

尽管国民党实行一党专政的合法性始终受到质疑，但国民党并未在理论上对其一党专政的合法性给予有力的阐释，因而在政治上必然处于被动地位。在中共及其他党派推动下，尤其是抗战时期的两次民主宪政运动，迫使国民党承诺尽快结束训政，召开制定宪法、实行宪政之国民大会。然而，国民党既一再宣布要召开还政于民的国民大会，又一再寻找借口延期，继续坚持一党专政和威权统治，整个抗战时期也未将召开国民大会的许诺予以兑现。

1935年国民党五届一中全会确定1936年11月12日召开国民大会，但因故延期召开。1937年初，国民党五届三中全会确定1937年11月12日召开国民大会，但因抗战全面爆发而再次延期。1939年11月，国民党五届六中全会通过《定期召集国民大会并限期办竣选举案》，确定1940年11月12日召开国民大会，以期早日制定宪法，完成建国任务。1940年9月18日国民党中常会以“各地交通因受战事影响颇多不便”为由第三次延期。1943年国民党五届十一中全会决定：“务于抗战结束后之一年内，召开国民大会，制颁宪法，实行总理所主张之民权政治。”1945年3月1日，蒋介石宣布将于1945年11月12日召开国民大会，国民党六全大会再次通过决议，决定1945年11月12日召开国民大会，制颁宪法，以实施宪政。但这次国民大会仍然没有如期召开，而是第四次延期。直到1946年11月，国民党才在没有中共与民盟参加的情况下，非法召开了所谓“国民大会”。

从国民大会一再延期的情况看，国民党对结束训政、实行宪政、还政于民并不热心，也缺乏诚意，人们骂其为“宪政骗局”并非没有道理，其维护一党专政的意图甚为明显。实施一党专政而缺乏必要的理论支撑，这样的专政是难以为人所接受和持久下去的，故国民党一党专政的合法性始终受到人们的怀疑。既然一党专政的合法性不足，国民党就只能靠不断宣传欺骗和武力高压手段来维持其统治，由此采取建立特务组织、强化保甲制度、实施特种教育等统治手段，就是很自然的事情。

国民党强化一党专政，推行“全国党化”。国民党的一党专政体制反对把中共以及其他民主党派政治力量纳入政治决策系统，始终把异己力量排斥在权力圈之外，反而利用“国民党是中国最大的一个政党，而且向来是一个统治的党”的事实，利诱甚至威逼民众加入国民党和三青团。“集体入党入团”和“举手入党入团”，成为国民党对民众动员的一种特殊形式。

国民党控制基层方面最具有代表性的政策，就是保甲制度，以所谓“以组织对组织”的形式，使民众处于国民政府的严格控制之下。国民党为了控制民众，提出了“以组织对组织”口号，借以消解中共对民众动员的影响力，与中共争夺民众力量。中共对抗日根据地的民众动员所取得的成功，中共日益壮大的革命力量，使国民党在检讨其民众动员方面失败原因时，得出这样的结论："查共产党在本党权利所及之区，犹能猖獗活动，长足发展，考其原因，虽非一端，而本党组织工作之不健全而予人以可乘之机，实为主要因素。"[①]因此，国民党着力健全组织，将保甲制度作为加强对乡村控制的基层组织，构建了一套较完整的地方社会控制系统。保甲制度以清查户口、编组保甲、制定保甲规约、实行联保连坐制度和组织壮丁队等为主要内容，体现了国民党控制民众、实行国民党专制的目的。清查户口不是为了改善民众的生计，而是把民众严格地限制在各保各甲，纳入组织体系，这一做法成为严密监视民众的重要手段。为防范和控制民众，实行联保连坐制度，国民党明确规定，各户户长"应联合甲内他户户长至少五人，共具联保连坐切结"，声明结内各户，互相劝勉监视，不为匪、通匪、纵匪，如有违反者，他户应即密报，倘瞻徇隐匿，联保各户实行连坐。[②]对于训练民众，则要求"拿军队组织的方法来部勒民众，以军队训练的精神来训练民众"。故保甲制度成为服务于国民党独裁专制的工具，其实质是以专制的手段将民众牢牢地控制在国民政府组织中，重建乡村基层管理体系。

建立特务组织，是国民党强化独裁政治的具体表现。抗战期间，国民党推行"全国党化"政策和强化特务统治，以维系一党专政和个人独裁统治。国民党在"以组织对组织"的形式之外，还提出"以秘密对秘密"，即以强化的特务组织（主要是中统和军统两大特务组织）来破坏中共对民众的发动和削弱中共对民众的动员。国民党发展和强化特务组织，除去发挥其在对日情报以及掌控党内动态方面的功能外，对中共的民众动员起到极大破坏作用。

国民党明确规定其所设立的特务组织，主要任务表现在以下几个方面：第一，策动沦陷区本党党员，打入共产党各级组织，从事内线工作，刺探其内情，并分化其力量。策动本党党员及"优秀青年"，打入共产党所领导之各种民众团体及游击部队，起党团作用，分化其组织，并夺取其领导权。第二，策动全体党员，从事共产党活动防范之调查监视等工作，打破过去一般党员对共产党之放任态度。第三，对共产党在沦陷区之各种活动情形，

---

① 《皖南事变资料选》编选组编《皖南事变资料选》，上海人民出版社1988年版，第75页。

② 上海市档案馆编《日伪上海市政府》，档案出版社1986年版，第259页。

应经常收集材料，具报中央。第四，对共产党各种组织活动，应运用公开与秘密等方法及本党组织力量，予以打击与破坏，以阻止其发展等。因此，国民党控制的中统和军统，成为维护国民党专政和打击中共的反动工具。

三、“一个主义”的理论误区

抗战时期，国民党标榜“抗战建国”，将抗战与建国并重。其所要建设的国家目标是什么？国民党五届八中全会宣言曰：“抗战建国，同时并进，此为我抗战以来决定之国策。吾人今日所欲努力建成的之国家，乃为三民主义之共和国。”在国民党看来，三民主义不仅是国民党人必须遵循的中心理论，而且是抗战建国之最高原则与指导思想，也是“端正全国思想之趋向”“纠正分歧错杂之思想”的最高思想原则，全国民众必须信奉三民主义。1939年3月通过的《国民精神总动员纲领》提出的目标是：国家至上，民族至上；军事第一，胜利第一；意志集中，力量集中，不准违背三民主义最高信仰及原则；不准鼓吹超越民族之理想与损害国家绝对性之言论。否则“一体纠绳，共同摈绝”。[①]

为什么三民主义能够成为抗战建国的最高原则和指导思想？为什么共产主义、自由主义等理论就不适合中国国情？国民党一方面对共产主义与自由主义进行批评、批判和责难，另一方面则论证三民主义的正当性、合理性和正确性。但从总体上看，国民党对中共的新民主主义理论正面回应较少，缺乏理论上的有力“反击”，更多的是污蔑和谩骂；其对民主党派的自由主义和民主主义理论同样回应乏力，难以为人认同；其对国社党的国家社会主义、中国青年党的国家社会主义，以及中华民族社会党标榜的新民主主义，则基本不予回应。国民党对三民主义之外的各种思想难以从理论上驳倒，其三民主义理论是空洞的、教条的，不能从理论上阐释三民主义的科学性与正确性，更难以说明为什么抗战建国只需要信仰“一个主义”——三民主义。因此，尽管国民党宣传“一个主义”，并高唱“意志集中”，要将全国人民的思想集中于“蒋记”三民主义，但其理论的贫乏决定了其实践的无效。

① 中国人民解放军政治学院党史教研室编印《中共党史参考资料》第8册，人民出版社1979年版，第317页。

蒋介石及国民党在处理民族利益与政党利益时，往往把民族利益与国民党的党派利益混同起来，甚至直接将蒋介石及国民党等同于国家，忽略或回避了对民族和国家的主体——中国广大民众的关注。蒋介石片面强调国家和民族的神圣性，高调鼓吹“国家至上、民族至上”口号，要求民众无条件听从国家指挥，放弃个人所享有的自由权利，把一切交给国家。在民族危急存亡的非常时期，中国各派政治势力对这种带有极权主义色彩的民族主义尚能暂时性地有限度地忍耐，但这种剥夺民众自由权利的极权主义，毕竟与民族独立和保障人民民主权利的潮流相背离的，故当民族危机减轻后必然受到中国各派政治力量及广大民众的抵制。

国民党构建的战时体制，既是其强化独裁统治的措施，也是其威权统治的体现。国民党通过不断向民众灌输“一个党、一个主义、一个领袖”的理念，来维护其威权统治。国民党临时全国代表大会通过的《抗战建国纲领》，确定三民主义暨总理遗教为一般抗战行动及建国之最高准绳，并成为国民党强化思想文化控制的理论依据。国民党反复强调：“全国抗战力量，应在本党及蒋委员长领导之下，集中全力，奋勉迈进”；“积极加强并统一本党之民众运动，使各阶层民众，皆在本党领导之下，努力实行三民主义”。蒋介石反复强调：“当兹强邻压境，国家民族生命存亡绝续之秋，各界人士，不问其派别如何，尤应捐除成见，在一个信仰、一个领袖、一个政府之下。”[①]国民党把一个信仰、一个领袖、一个政府的政治理念，作为抗战时期国民政府制定各项政策的总原则。国民党在包括动员方面在内的各项法规中，总是规定民众活动必须“在不违反三民主义的最高原则下”进行。这显然是利用民众对三民主义的尊崇，对民众进行思想文化控制。

国民党鼓吹“一个主义”，就是要将全国民众的思想集中于三民主义。但国民党所强调的“三民主义”，并非孙中山三民主义之原意，而是蒋介石重新阐释的带有明显“蒋记”特征的“三民主义”。孙中山在革命实践中所创建的三民主义，是马克思主义在中国生根之前最重要的学说。如何对待孙中山的政治思想遗产，不仅是单纯的学术问题，而且具有相当复杂的现实内容。

---

① 荣孟源主编《中国国民党历次代表大会及中央全会资料》（下册），光明日报出版社1985年版，第488页。

中国共产党人对孙中山的政治思想遗产持积极态度，自觉成为孙中山政治思想遗产的继承者，愿意按照孙中山指引的革命道路继续前进。中共对孙中山思想的解释，虽因各个历史时期政治环境的不同而侧重点不同，但始终是重视和尊重的。毛泽东在中共七大的“口头政治报告”中指出：“关于孙中山。在我的报告里很说了几句好话。孙中山这位先生，要把他讲完全。我们是马克思主义者，是讲历史辩证法的。孙中山的确做过些好事，说过些好话，我在报告里尽量把这些好东西抓出来了。这是我们应该抓住死也不放的，就是我们死了，还要交给我们的儿子、孙子。但是我们和孙中山还有区别，孙中山的三民主义比我们的新民主主义差，新民主主义的确比三民主义更进步，更发展，更完整。”①

基于这样的认识，毛泽东在抗战之初就提出：“只有全面的民族抗战才能彻底地战胜日寇。然而要实现全面的民族抗战，必须国民党政策有全部的和彻底的转变，必须全国上下共同实行一个彻底抗日的纲领，这就是根据第一次国共合作时孙中山先生所手订的革命的三民主义和三大政策的精神而提出的救国纲领。”②中国共产党之所以同意以孙中山的革命的三民主义及其遗嘱作为抗日民族统一战线的共同纲领，主要是因为孙中山的这些思想反映了抗战初期中国的需要。

国民党自始至终地打着孙中山三民主义的旗帜，以孙中山思想和事业继承者自居，故利用三民主义统一全国民众的思想。问题的复杂性在于，孙中山的三民主义虽有既定的内涵，但随着历史条件的变化，毕竟要有不同的解释，也就相应突出了不同的内容，具有不同的特色。就国民党内部对三民主义的解释而论，不仅有蒋介石对三民主义的解释，还有胡汉民对三民主义的解释，更有汪精卫对三民主义的解释。在国民党之外，既有邓演达对三民主义的解释，也有宋庆龄对三民主义的解释，还有李济深等人对三民主义的解释，当然，更有中国共产党对三民主义的解释。因此，人们在认识和研究三民主义时，必然加上他自己的理解，其内容及重点自然要有所改变。蒋介石对三民主义的解释是：“民族主义本乎情，民权主义本乎法，民生主义本乎理。我们以提高民族感情，求得民族独立，以确立法

---

① 《毛泽东文集》第3卷，人民出版社1996年版，第321页。

② 《毛泽东选集》第2卷，人民出版社1991年版，第354页。

治为实行民权的基础，再以公平划一的条理调剂公私经济的盈虚，以解决民生问题，如此情、理、法三者皆能厘然得当，所以三民主义比其他主义完备，而且比其他主义伟大悠久，亦比其他任何主义容易实行，亦就在这里。”[①]这种对三民主义的解释，显然带有明显的蒋氏特色。

抗战时期，蒋介石和国民党之所以抓住孙中山三民主义的旗帜不放，鼓吹“一个主义”，主要是要利用这面旗帜统一民众思想，用三民主义对抗中共的共产主义和中间党派的自由主义思想。蒋介石出于维护一党专制及强化威权统治的现实需要，用了很大精力阐释孙中山的三民主义，将三民主义体系化。他对孙中山思想的解释，虽然主观目的是“发展”，但客观效果却是引申了孙中山思想中的消极方面，形成了蒋介石三民主义思想体系。对此，周恩来严厉批评说：“从蒋介石这一切思想体系中，我们只能看出中国法西斯主义，决看不出孙中山的革命的三民主义。孙中山的思想中的唯心观点、消极因素，被蒋介石拿来发展成为他今天的思想体系；但孙中山的思想中还有某些合理的因素，更多的革命观点，尤其是在他晚年接近了共产党，采取了俄国革命的某些办法后，他的三民主义便成为革命的三民主义了。而蒋介石主义，却是另有一套东西，只能称其为中国的法西斯主义。”[②]

中共对蒋介石三民主义理论的最大不满是，蒋介石仅凭孙中山思想中的唯心观点和消极因素，作为其建立独裁统治的意识形态支撑，而无视乃至放弃孙中山思想中的革命因素和进步因素，尤其是放弃了孙中山晚年所提出的“联俄、联共、扶助农工”的三大政策。这样解释的“蒋记”三民主义，显然带有法西斯主义毒素，不仅受到中共的严厉批判，而且同样不为各中间党派所接受，因而也难以达到其“一个主义”的目的。

抗战时期国共之间的冲突，从表面上看是现实的各种利害冲突，但其深层原因则是“主义之争”。蒋介石之所以抓住孙中山的三民主义旗帜不放，之所以贬低包括共产主义在内的其他主义；中国共产党之所以对三民主义进行革命性的解释：说到底都是为了在道义上赢得民众的同情和支持，并为抗战胜利后中国问题的根本解决提供理论支撑。因此，国共两党必然围绕着三民主义进行激烈争夺。毛泽东于1940年发表《新民主主义论》，

---

① 蒋介石：《三民主义之体系及其实行程序》，《中国青年》1939年第1卷第1期（创刊号）。

② 《周恩来选集》上卷，人民出版社1980年版，第150页。

蒋介石于1943年出版《中国之命运》，两者之间的根本分歧，集中体现在如何解释孙中山的三民主义，典型地体现了国共两党之间的“主义之争”。

为了用“一个主义”控制民众思想，蒋介石和国民党一方面宣传三民主义的优越性，另一方面攻击三民主义之外的各种思想，尤其对共产主义和自由主义进行猛烈攻击，认为它们均不适合中国国情。1939年5月7日，蒋介石在中央训练团发表的《三民主义之体系及其实行程序》的演讲中，坚持认为孙中山的基本思想，渊源于中国正统的政治思想和伦理思想。为了从理论上说明“三民主义是最完美的主义”，他比较民主主义、共产主义和法西斯主义，认为这三种主义皆有缺点，而且内容很不完备。蒋介石说：共产主义固是重于经济，近于民生主义，却不重视民族和民权主义，而且共产党人倡导民生，亦只重视一个阶级的利益，而不兼顾全民的利益；法西斯主义注重民族主义，却不重视民权和民生主义，而且法西斯主义者的民族主义，只注重自己民族的利益，忽视其他民族的利益；至于倡导民主主义的政党，虽然注重民权，而以全民利益相号召，但实际上资本主义的气味太重，不能给民生问题以完满的解决，而且现在所谓民主主义，对于选举方法极不平等，不能算是真正的民权主义。他认为，唯有三民主义“博大精深”，以“公”字为出发点，能涵盖一切，“把各方面皆行均衡顾到，无丝毫偏颇之弊”，是“完满无缺的革命建国的最高指导原则”，所以“三民主义比其他主义完备，而且比其他主义伟大悠久，亦比其他任何主义容易实行”。

蒋介石分析说：“总理为主张中国民族乃至世界各民族的国际地位平等，因而倡导民族主义；为主张各个国民的政治地位平等，因而倡导民权主义；为主张各个国民的经济地位平等，因而倡导民生主义。”[①]他把孙中山的遗教“贯串起来”，制作了一张“三民主义之体系及其实行程序表”，声称只要按照他所制作的体系及程序表去“努力奉行三民主义”，就可以战胜敌人，也可以立即建设一个新中国。蒋介石打着“革命建国”的旗号，公开鼓吹国民党一党专政，强调其三民主义的唯一性，排斥共产主义和民主主义，提出要“以党治国”“以党建国”，由国民党来“管理一切”。[②]显

① 蒋介石：《三民主义之体系及其实行程序》，《中国青年》1939年第1卷第1期（创刊号）。
② 蒋介石：《三民主义之体系及其实行程序》，《中国青年》1939年第1卷第1期（创刊号）。

然，蒋介石的根本目的是要消除共产主义、民主主义在中国的影响，给自己的独裁统治披上三民主义的外衣。

1940年7月，蒋介石在《三民主义青年团成立二周年纪念告全国青年书》中，对共产主义与民主主义作了分析，坚持认为两者均不符合中国国情。他指出："今日所谓民主主义者，本为资本主义国家之产物，历史环境已经变迁，决不能如三民主义之民权主义之彻底，与民权问题以真实圆满的解决；共产主义偏重经济，且其理论出发于一个阶级之利益，亦不能对整个民生问题为完善合理之解决；至于法西斯主义只注重自己民族之利益，而忽视其他民族之利益，更非吾人理想进步之民族主义所可比拟。凡此皆偏而不全，各有缺点；惟我总理所手创之三民主义则不然，发之于至诚，行之于至公，以民生哲学博爱济众为原理，以世界大同互助共享为目的，内容完备，具体可行，足以解决今日世界所有之民族民权民生三大问题，而毫无偏颇不全本末颠倒之弊。"

蒋介石在《中国之命运》中，继续抨击自由主义和共产主义。该书认为，"五四以后，自由主义与共产主义的思想，流行国内"，"其流风所至，一般人以为西洋的一切都是的"。该书认为，"个人本位的自由主义与阶级斗争的共产主义"，"不外英美思想与苏俄思想的抄袭和附会"。自由主义与共产主义之争，不外是英美思想与苏俄思想的对立；其实这两种思想都不合乎中国国情，"不仅不切于中国的国计民生，违反了中国固有的文化精神，而且根本上忘记了他是一个中国人，失去了要为中国而学亦要为中国而用的立场"。他们"以某一外国的立场为立场，以帝国主义者的利益为利益"，"甚至为帝国主义作爪牙"，"这真是文化侵略最大的危机和民族精神最大的隐患"。该书认为，自由主义在中国的传播，给社会和学术风气带来了很大危害，"以个人的私欲为前提，而自以为'自由'；以个人的私利为中心，而自以为'民主'。以守法为耻辱，以抗令为清高。利用青年的弱点而自以为'青年导师'，妄肆浅薄的宣传而自以为'先进学者'。极其所至，使国家为之纷乱，民族因而衰亡"。为使"中华民国渡过阽危，趋于巩固"，必须"以国家观念为中心，以民族思想为第一"，"完全扫除"自由主义"浮躁夸诞的积弊"。

这样，蒋介石自然得出这样的结论："惟有三民主义为汇萃我整个民族意识的思想，更可证明中国国民党为代表我全体国民的要求和各阶级国民的利益而组织，为革命的惟一政党。任何思想离开了三民主义，即不能长存于民族意识之中。所以抗战的最高指挥原则，惟有三民主义。抗战的最高指导组织，惟有中国国民党。我们可以说，没有三民主义就没有抗战，没有中国国民党就没有革命。即任何党派，任何力量，离开了三民主义与中国国民党，决不能有助于抗战，有利于民族的复兴事业。”所以，“三民主义是国家的灵魂”，“中国国民党是国家的动脉，而三民主义青年团是动脉里面的新血液”。由此可见，蒋介石完全不顾抗战期间国内政治形势已经发生的变化，完全无视中国共产党的存在和巨大力量，依然念念不忘坚持一党专政，依然期待着用三民主义统一中国。

蒋介石和国民党因其阶级本性和政党立场，对中共信仰的共产主义进行猛烈抨击还比较容易理解，但为什么他们对民主主义和自由主义也进行猛烈抨击并反复强调其不合乎中国国情呢？除了阶级本性和党派利益，这与蒋介石和国民党在民主自由问题上存在认识上的误区密切相关。蒋介石和国民党在认识上的最大误区是，坚持强调国家自由而抹杀个人自由。

《中国国民党临时全国代表大会宣言》（简称《宣言》）对共产主义和自由主义进行了批驳，认为国民党的民权主义与自由主义对个人自由的强调有根本区别。这个根本区别在于：民权主义重视国家自由而反对个人自由。《宣言》指出：“盖此次抗战为国家民族存亡所系，国家民族之利益，大于个人之利益，必当以国家民族之利益，为共同之目的，即使平日因其地位或其职业利害感情各有不同，然覆巢之下，断无完卵，惟有向共同之目的，而共同迈进，乃可以救国家，救民族，且即以自救。”[①]《宣言》表示，正因国家民族利益大于个人利益，故应强调国家民族之自由而取消乃至牺牲个人之自由：“盖民权主义与自由主义固相为因缘，然在革命已告功成之国家，政治之自由，犹当存在于不妨害国体政体之范围内，至于革命期间……则政治之统一，较政治之自由为急，军政训政实为势之所不容已，而当对外抗战，则虽在宪政时间之国家，亦必授权政府，俾得集中人民之力量。统一人民之言论与行动，以同赴于国家至上之目的。”因此，《宣言》阐述了国家自由高于个人自由的核心思想：“抗战期间政府对于人民之自

① 《中国国民党临时全国代表大会宣言》，载中国第二历史档案馆编《中华民国史档案资料汇编》第五辑第二编政治（一），江苏古籍出版社 1998 年版，第 411 页。

由，必加以尊重。同时亦必加以约束，使得自由于一定限度之中。约束既定，政府人民共同努力，见之实行，庶几自由与统一，乃能兼顾。”[①]此处所谓“统一人民之言论与行动”、“约束”人民之自由，实际上就是变相取消个人所拥有之自由权利。

国民党将国家民族利益置于个人利益之上，进而将两者对立起来，以强调国家民族利益来取消民众个人自由权利。约束民众的个人自由，甚至牺牲个人自由以保障国家民族自由，是国民党战时民权主义的核心理念。国民党在随后的国民精神总动员运动中，将“国家至上、民族至上”作为战时国民精神动员之最高原则加以推崇。在国民党看来，在民族生存受威胁情形下，任何个人及其事业都将失去保障，故巩固民族生存应先于一切；又因民族生存之最高政治形式为国家，故巩固国家尤应先于一切。这样，国家民族的利益高于一切，民众在国家民族之前应牺牲个人自由便是顺理成章的事情。国民党之经典阐述为：“巩固国家尤应先于一切，是以吾人今日必须认定国家至上民族至上，国家民族之利益应高于一切，在国家民族之前，应牺牲一切私见、私心、私利、私益，乃至于牺牲个人之自由与生命亦非所恤。”[②]蒋介石反复强调国民党必须“牺牲其个人之自由平等”，为革命建国而奋斗。

蒋介石的《中国之命运》出版后，罗刚不仅吹捧《中国之命运》是“我民族领袖蒋委员长的告国民书”，而且进一步发挥了蒋氏在书中对自由主义的批评。他说：“自由主义在一个混乱时期的发展，只有造成分崩离析的局面，对于国家前途，弊多利少，五四运动后自由主义对国家的影响如何，在书中已经分析得很详细，我们何能自蹈覆辙。英美各国社会政治一切已经有秩序有组织，原可让自由主义自由发展，他们的国情与中国不同，何能以彼例此。而且我们反对自由主义，并不是盲目的极端的排斥自由主义或个人自由。”他强调：“我们要求是有限度的自由，所反对的是无限度的自由。在我们的建国的途程中，需要统一的信仰与集中的意志，凡是不破坏这两个条件的思想自由，中国国民党是从来不主张干涉的。西洋的革命，因为没有自由而争自由，争得自由以后就觉得宝贵，所以崇尚自由主

① 《中国国民党临时全国代表大会宣言》，载中国第二历史档案馆编《中华民国史档案资料汇编》第五辑第二编政治（一），江苏古籍出版社1998年版，第409-410页。

② 《国民精神总动员纲领》，重庆《新华日报》1939年3月12日。

义，我们历来太自由了，国民如一片散沙，将国家民族的自由亦断送了。所以我们不能再崇尚自由主义。”①

在民族危亡的严峻形势下，适当强调国家自由及民族生存之优先是必要的。但在“国家至上、民族至上”口号下，完全取消个人之民主自由权利，将个人正当权利一概斥为“自私自利”“个人主义”而予以革除，显然不利于民众抗战自主性之发挥，是有很大偏颇的。它过分强调国家自由而忽视个人自由，强调国家独立和民族自由而漠视民众享有之个人自由权利，强调民族主义而忽视民权主义及民生主义，甚至以民族主义压制民权主义及民生主义，更是有很大问题的。国民党将国家民族独立与个人自由权利对立起来，抬高前者而贬低后者，包含着以民族主义压制民主主义、以民族救亡压制个人自由之政治诉求。正因如此，国民党不仅坚决反对共产主义，而且坚决反对自由主义；不仅回避民权主义问题，而且压制战时民主宪政运动，拒绝结束训政、实施宪政。国民党强化个人独裁与一党专制之威权统治，难以满足全国社会各界之保障民权自由要求，也难以完成其所标榜的为建立三民主义新中国奠定基础之任务。

四、“服从领袖”的个人独裁理论

蒋介石和国民党在宣传“一个政党”“一个主义”的同时，还鼓吹“一个领袖”。这个领袖集党政军诸种权力于一身，是真正的个人独裁者。

国民党不仅通过建立战时集中体制，确立了蒋介石的独裁地位，把蒋介石的个人独裁合法化，而且鼓吹“一个领袖”，力图把蒋介石个人独裁合理化。1938年7月，陈诚发表《服从领袖的真谛》，不仅公开倡议全国民众要服从国民党领袖蒋介石，而且系统阐述了服从领袖的意义，为什么要服从领袖，如何服从领袖。陈诚将领袖作为国家的象征、国民党的代表和三民主义的化身，从理论上说明了信仰主义就是服从领袖，服从领袖就是信仰主义。这篇文章是为蒋介石独裁及国民党威权统治进行理论化阐述的代表作。

作为三民主义青年团干事长，陈诚在阐述三民主义青年团宗旨及团务推进方针时，仍然鼓吹“一个主义”和“一个领袖”，力图将服从领袖理论灌输到三民主义青年团团员及其活动中。他指出，三民主义青年团团员应

---

① 罗刚：《读〈中国之命运〉》，重庆《中央日报》1943年4月27日。

有的新精神是："我们能牺牲小我以完成大我，就能使我们生命的空间扩大；我们能牺牲现在，以创造将来，就能使我们生命的时间延长，以至于'永远不朽'。"他提出，在做事方面必须无条件地服从团长蒋介石的命令："故今后本团团员，要绝对服从团长的命令，执行本团的决议，推行国家的政令，负责任，守纪律，以身作则。"三民主义青年团发表的《三青团第一次全国代表大会宣言》，鼓吹蒋介石为"崇高伟大彻底革命的领袖"，吹捧《中国之命运》"为我们指示出正确明白的途径"①，显然继承并发挥了陈诚的服从领袖理论，借以维护蒋介石的独裁地位和国民党的专制统治。

五、唯生论与力行哲学

陈立夫的唯生论最早是在1933年提出的，但在思想界真正发挥影响力则主要是在抗战时期，其代表作便是1944年修订出版的《唯生论》一书。在《唯生论》中，陈立夫不时引用中国传统哲学术语和孙中山的某些言论，再三声明自己的思想体系"既不主张唯心一元论，亦不主张唯物一元论，而主张唯生一元论"，但究其本质，表现形式虽是心物二元论，但实则是唯心论。陈立夫认为：宇宙现象是一变化之大流，宇宙的本体是原子（生元），原子又是物质与精神的配合体；宇宙间的一切事物都是由精神、物质二者配合而来，有物质必有物质的能力、精神，有精神必有精神的本体、物质，所以宇宙没有一个绝对附属于物质的精神，也没有一个绝对精神的物质，宇宙是定量的不可分的精神和物质之和谐的一切配合。

心物二元论在本质上就是唯心论，它的反对目标当然就是唯物论。对此，陈立夫说得非常明白和直露，并未隐讳自己反对唯物论的目的。他在《唯生论》的导言中说："近几年来，唯物论之论调日见嚣张，唯心论的论调又失之空寞，结果举世滔滔，既沉沦于物质的追求，更忧伤于心灵的桎梏。在这唯物与唯心两种偏见戕贼下的中国人，尤其是一般思想未熟的青年学生，我们不可不有一种新的正确的理论，把他们从断潢绝港中唤回。"陈立夫所反对的唯物论，其实就是马克思主义，尤其是马克思主义的辩证唯物论。

---

① 中国第二历史档案馆编《中华民国史档案资料汇编》第五辑第二编政治（三），江苏古籍出版社1998年版，第736页。

唯生论的主要目的，并不在于纯哲学的理论建构和形而上的本体论探讨。陈立夫一方面借用中国传统哲学的术语曲解孙中山的思想，具有相当强烈的反民主倾向；另一方面借用这种曲解后的孙中山思想去反对马克思主义，反对中国共产党的政治主张。唯生论作为一种政治学说，是国民党试图重建一党独裁的意识形态依据。《唯生论》说："我们要救国家，必须先从自己救起，只有首先把自己建设起来，健全起来，然后才能进而完成我们现在所负复兴国族的重大使命！但是怎样才能成就自己并进而挽救国家呢？唯一的办法就是诚。所谓'诚者不勉而中，不思而得，从容中道。'所以我希望大家无论读书做事为人，都要以《大学》《中庸》上的道理为最高法则，彻底地做到一个'诚'字。必须这样，我们个人以及我们的国家和我们的民族才有挽救的办法，才有复兴的出路，才不辜负了东方人所发明伟大的生命之动力！"

就哲学抽象概念而言，"诚"字在中国历史上被赋予多种含义，如果不加以具体限制而盲目提倡，其结果可能正如胡绳当年所指出的那样，"不外乎是消灭人民大众的自觉"，"所以在长期的东方专制主义政治之下，'诚'这一概念，本是因企图说明人的合理关系而产生，却在神秘的外衣下被抬上神圣的殿堂，使人顶礼膜拜，作为欺蒙与麻醉奴隶人民的思想工具"，"由此，在东方专制主义下的'诚'的神秘性，就和近代最反动倒退的、反对人民大众的法西斯思想一脉相通，那正是我们更不能不加以揭穿的。严格否定这种专制主义的神秘主义的内容，在实践的生活中发扬'诚信'与'真诚'的精神，那才是我们对于民族的文化遗产所应有的态度"。①艾思奇指出："陈立夫先生的唯生论，是在抗战以前很久就发表了的哲学思想。这种思想代表着十多年来当权的大资产阶级、大地主的世界观，并且是这些年来在中国与辩证法唯物论相对抗的最主要的思想之一。这种思想不像辩证法唯物论那样，在中国的青年中受到真实的关心，然而因为是与政权的力量相结合的缘故，在中国十年左右的思想战线上，却能够保持了相当的影响。特别是在抗战以后，在武汉失守以后，国内政治思想斗争随着反投降妥协的政治斗争一同高涨，国民党的一切刊物杂志是用了极大的力量来

① 胡绳：《论"诚"》，载《胡绳文集（1935—1948）》，重庆出版社1990年版，第171-185页。

对唯生哲学加以宣扬和阐述，并且在蒋介石先生的‘力行哲学’的名义下，给予了某些新的发展。力行哲学和唯生哲学，在基本思想和社会基础上说是一致的。”①

力行哲学是蒋介石思想理论的重要组成部分。蒋介石所谓“力行哲学”，也叫“行的哲学”，或“行的道理”。蒋介石把这个学说视为自己的一大发明，到处演讲宣传。蒋介石的力行哲学，是将王阳明“知行合一”说与孙中山“知难行易”说相互配合而杂凑的所谓“革命学说”。从这个意义上说，蒋介石的力行哲学和陈立夫的唯生哲学一样，在本质上仍是唯心论，仍是以精神的原理、以“诚”作为创造一切的动力。

1939年5月，蒋介石在中央训练团发表的《三民主义之体系及其实行程序》的演讲，对三民主义哲学基础进行解说，详细阐述了力行哲学。蒋氏研究三民主义，拟定“三民主义之体系及其实行程序表”。这张表分为六部分：一是三民主义的原理——就是总理思想的出发点，亦是三民主义的哲学基础；二是主义的本身；三是革命的原动力；四是革命的方略；五是革命实行的程序；六是最后的目的——三民主义的实现与国民革命的完成。②

蒋介石在《中国之命运》中，把“力行哲学”视为“国民今后努力方向及建国工作之重点”加以重点阐述。他认为：所谓理性与致知，必须出于至诚，不能有一点伪言妄行的卑劣行动，亦不能存一点取巧投机的侥幸心理。所谓诚，就是无伪无妄，精益求精的力行。所以不诚则天下无能成之事，至诚则天下无不成之事。那么诚是从什么地方发出来的呢？蒋介石说：“能公必能诚。”国民革命的宗旨就是要打破个人利己主义，而要救最痛苦的人民、最危急的国家，就是以利他为目的。所以，现在要完成主义，要尽人类一分子的责任，求得人生最完满的境界，人们的所作所为皆要本乎至诚。如此，我们所贡献的劳力、所贡献的智慧，乃能创造、能进取、能建设，而真正能有益于国家民族，亦真正能尽人生的意义。蒋介石号召人们应以“天下为公”的三民主义、民生哲学来确定自己的思想，认清革命方向，发挥良知良能，决心力行，一往直前，充其行之极致，就是杀身

① 艾思奇：《抗战以来的几种主要哲学思想评述》，《中国文化》1941年第3卷第2、3期合刊。

② 蒋介石：《三民主义之体系及其实行程序》，《中国青年》1939年第1卷第1期（创刊号）。

成仁，舍生取义，亦是甘之如饴，无所畏惧。这样的力行，就是革命。亦唯有其真正革命的行为，方能表现力行的意义。这就是革命者为实行三民主义救国救世的唯一精神。总之，在蒋介石看来，“诚”是“行”的原动力。有了诚，就只知有公，不知有私；有了诚，就只是一心不乱地去行仁，不知有什么艰难危险，很平易地去做，做到成功为止。

《中国之命运》着力阐释“力行”哲学和“诚”的哲学，其目的就是要人们对蒋介石、对国民党、对三民主义要“诚”，要“至诚”，要顶礼膜拜，无条件地去迷信盲从，去“力行”，做到舍生取义、杀身成仁，只有这样才是“革命的行为”。这实际上是继续宣传服从领袖及个人独裁。

六、《中国之命运》及其思想论争

太平洋战争爆发后，蒋介石领导的重庆国民政府与美英两国一起参加反法西斯战争，并力谋废除近代以来签订的不平等条约。1942年10月10日，蒋介石在重庆各界庆祝会上，宣布美英两国同意放弃在中国的一切特权，并将与中国政府商订平等新约。他说，这是中国上百年所获得的最大胜利，孙中山废除不平等条约的遗嘱至此完全实现。全国同胞从此应该格外奋勉，自立自强，人人做一个真正独立自由的国民，始能建立一个真正独立自由的国家，以期无愧于同盟国之一员。1943年1月11日，中美、中英平等新约正式签订。蒋介石发布告全国同胞书，强调这是中国百年奋斗的结果，是中华民族历史上起死回生最重要的一页，亦是英美各友邦为世界人类的平等自由建立了一座最光明的灯塔。

蒋介石及国民党认为，平等新约的签订意味着“国民革命已取得初步的成功”，革命建国进入了新阶段，内政问题益显突出。为了记录以往百年中国人的奋斗历史，并进一步展示中国人应该奋斗的新方向，蒋介石授意陶希圣代笔撰写了题为《中国之命运》一书，于1943年3月公开发表。

《中国之命运》全书约10万字，以所谓的“革命建国”问题为中心，通过对“中华民族的成长与发达”“国耻的由来与革命的起源”“不平等条约影响之深刻化”“由北伐到抗战”“平等互惠新约的内容及今后建国工作之重心”“革命建国的根本问题”“中国革命建国的动脉及其命运决定的关头”“中国的命运与世界的前途”等八章问题的论述，系统地阐述了战时国民党的政治思想。从该书八章标题可以看到，蒋介石的撰述要旨是：让世人知道中国的命运与前途完全系于国民党，而不是其他党派；中国之命运完全系于中国现在最高领导人蒋介石，而不是其他什么人；中国国民党领导全国人民实现了与英美各国和解，压在中国人头上百年的不平等条约得以解除，展现了国民党的领导力、行动力，未来建国任务也只有蒋介石及国民党有资格和能力领导实现，中国不存在其他的新路。“中国国民党乃是全国国民共有共享的一个建国的总机关。中国国民党如能存在一天，则中国国家亦必能存在一天。如果今日的中国，没有中国国民党，那就是没有了中国。”这是蒋介石撰写该书的最后落脚点。《中国之命运》所要阐述之要点，主要体现在以下方面：

首先，回顾中华民族和中国近代历史，阐述了蒋介石的民族观和历史观。该书无视中华民族是由多民族所组成的历史特点，否定中国各少数民族的存在，曲解了“中华民族”的本质含义。该书认为，“就我们民族成长的历史来说，我们中华民族是多数宗族融和而成的”，“这多数的宗族，本是一个种族和一个体系的分支”。“融和于中华民族的宗族”，可以说是“同一血统”的“大小宗支”。早在“秦汉时代”，这些“同一血统”的“大小宗支”，“由于生活的互赖，与文化的交流”，就已经融和为“中华大民族”。

在阐述“中华大民族”的形成方式时，该书指出：“汉族对各宗族从没有经济侵略的企图”，也没有“乘人之危以吞并其领土的政策”，各宗族之所以能够融和成“中华大民族”，就在于“融合的动力是文化，而不是武力，融合的方法是扶持，而不是征服”；“由于我们中国固有的德性，足以维系各宗族内向的感情，足以协和各宗族固有的德性”，从而造成了各宗族历史上共同命运。这里所谓“固有道德”，就是中国固有的伦理道德，包括“礼义廉耻”的所谓“四维”和“忠孝仁爱信义和平”的所谓“八德”。该书解释说，“在这八德和四维熏陶之下，中华民族，立己则尽分而不渝，爱人则推己而不争。……积五千年治乱兴亡，以成就我民族明廉知耻、忍辱负重的德性”，“由此种德性的推演，故中华民族的各宗派及其国民皆能为大群牺牲小群，为他人牺牲自我，而养成其自卫则坚忍，处世则和平，更进而以‘存亡继绝，济弱扶倾’的仁爱之心，行‘己立立人，己达达人’的忠恕之道”。蒋氏所要表达的意思是，中华民族并非由多民族所组成，而是由各宗族借助“文化”和“道德”融合而成的。这实质上是用血统论来解释中华民族的成长与发展的历史，明显带有大汉族主义倾向。

在阐述近代中国的历史发展时，该书认为，近代中国落后是由不平等条约所致："我们中国百年来国势的陵夷，民气的消沉，大抵以不平等条约为造因。"因此，蒋介石大肆渲染1942年国民政府"依平等互惠的原则"改订新约，将重订新约视为中华民族在历史上起死回生最重要的一页，是国民革命的初步成功和建国工作的真正开始，而且"使我们的国家卒能成为独立自由的国家，使我们的国民亦能重新做了独立的国民"，把自己打扮成废除不平等条约的"民族英雄"。

其次，提出所谓"建国方略"，重点解释其"革命建国"的"原则与程序"及其"要目"。该书写道："革命建国的程序，为三个时期——军政时期，训政时期，宪政时期。"他重申在1939年所说教育、军事、经济三项并重原则，强调三者在本质上是合一而不可分的，三者并举则国家富强，三者偏废则民族衰败。[①]中国现在要建设三民主义国家，以求生存于世界，并要进而尽我们对于世界的责任，故而必须先求教育、军事与经济的合一，方得完成国家的整个建设。在教育方面，蒋介石强调必须本于中国固有六艺教育精义，以自卫实力与求生本能训练国民，使每一国民都能致力生产，献身国防，手脑并用，智德双行，一改过去萎靡文弱虚伪浮夸的弊病。论及经济，蒋介石认为必须本于中国获得的独立自由，使国民经济平均发展，以为国计民生的基础，而纠正过去破碎偏枯而有害于国防、民生的错误。对于军事，蒋介石认为我们的国防与文化必期于合一，而国防与民生亦必凝为一体。只有这样，中国才能成为坚强的民族国防组织，以自存于世界，并尽其保障世界和平共求人类解放的责任。

建国的基本工作在于教育、军事与经济的合一，那么怎样推动基本工作的完成呢？蒋介石在《中国之命运》中沿用《三民主义之体系及其实行程序》中的说法，认为必须就心理建设、伦理建设、社会建设、政治建设与经济建设五个建设制定周详的方案，而使之实践力行。这五项建设之间存在着密切的关联："我们要政治建设健全而有效，则必须社会建设，能为政治设施作切实的基础。至于社会建设的成功，又必须改变国民过去消极和被动的心理，与提高国民对国家和民族的道德。故心理建设与伦理建设，实为各项建设的起点。"只有"五项建设有效，方能使教育、军事与经济合

① 蒋介石：《三民主义之体系及其实行程序》，《中国青年》1939年第1卷第1期（创刊号）。

一的建国工作成功”。《中国之命运》用了较大篇幅阐述了训政时期五项建设的内容。

最后，继续鼓吹“一个党、一个主义、一个领袖”，对中共进行猛烈攻击。《中国之命运》以大量篇幅鼓吹只有国民党才能决定中国的命运，只有三民主义才是抗战和建国的最高指导原则。该书认为，中国国民党是“代表我全体国民的要求，和各阶级国民的利益而组织，为革命的惟一政党”，是“革命的最高指导组织”，也是全国国民共有共享的建国的总机关、总枢纽、大动脉。它宣称：“如果今日的中国，没有了中国国民党，那就是没有了中国。简单地说，中国的命运，完全寄托于中国国民党。”三民主义则荟萃整个民族意识的思想，“不独是中国悠久的文化和民族崇高的德性之结晶，亦且为现代世界潮流必然的趋势”。“没有了三民主义，中国的建国工作，就失去了指导的原理，所以三民主义是国家的灵魂。”

蒋介石一方面阐述只有国民党和三民主义才能救中国，另一方面猛烈攻击共产主义和自由主义，对中国共产党大加诋毁。他指责中共“用机巧权术，或残忍阴谋，而以利害自私为结合的本能”，“对国民党内部，在各种事实上，挑起了左右派系的冲突；对于一般国民与社会之间，则煽动社会革命的阶级斗争”。他攻击共产党“组织武力、割据地方”，“破坏抗战、妨碍统一”，是“新式封建和变相军阀”，甚至是“反革命”。他声称“如果这样武力割据和封建军阀的反革命势力存留一日，国家政治就一日不能上轨道，军政时期，亦一日不能终结，不惟宪政无法开始，就是训政亦无从推行。这样于国家于革命的前途之妨碍和损失之大，真是不知伊于胡底”。

由此可见，《中国之命运》全面反映了战时国民党的政治思想，是蒋介石对战后中国前途的规划，集中阐述了其在《三民主义之体系及其实行程序》中的说法，标志着其“革命建国”思想呈现出系统化和理论化的形态。《中国之命运》发表后，国民党组织力量进行宣传。有人吹捧说：此书“以继往开来勉同胞，内足以灭萎靡之人心”；“以和平国策昭世界，外足以增盟国之协助”。①

陶希圣为《中国之命运》出力甚多，但毕竟此书的署名为蒋介石，因而此书正式出版后，国民党为此展开了极具声势的宣传活动，陶希圣为此

---

① 高君仁：《〈中国之命运〉读后感》，《大公报》1943年5月9日。

又写了许多文章。他继续鼓吹"一个领袖"的政治理念，对蒋介石大加吹捧："总裁以一身系国家民族的安危存亡。换句话说，今日国家民族的命运，实决定于总裁之手。……总裁的新著，不啻一部近百年史论，尤不啻一部中国民族史论。这部新著，把中国五千年立国之道，百年来衰落之由，和五十年来国民革命的奋斗，五年半抗战的牺牲，无不指出其详明确切的意义。"[①]他接着吹捧《中国之命运》指点了"中国今后的前途和我们今后的作法"，该书"集国父《建国方略》《建国大纲》和《三民主义》于十万言中，贯之以总裁的力行哲学，张之以抗战的时代精神，达之于日用寻常之微末，出之以宽猛相济之气度，兼继往开来之伟大，与耳提面命之亲切，而摆在每一读者的面前，指示其解决中国问题的答案"。[②]张治中也在阅读体会中赞美《中国之命运》，刻意强调蒋介石在这部书中对青年一代的期望，呼吁全国青年不应辜负总裁期许："在青年团的组织下，共同踏上救国的大道，为国家树立百年的基础。"[③]

蒋介石的《中国之命运》为战后中国指明了一个发展方向，不过这个方向以反对中国共产党和共产主义为前提，这不能不引起一场极端严重的意识形态纷争。

中共对《中国之命运》的批判，是毛泽东直接策动并主持的。在《解放日报》发表陈伯达文章的同一天（7月21日），毛泽东致电重庆的董必武，发布指示说："此次反共高潮之近因，一由于国际解散，二由于相信日将攻苏，故蒋企图以宣传攻势动摇我党，以军事压迫逼我就范。乃事机不密，为我党揭穿，通电全国，迎头痛击，于是不能不竭力否认（如胡、徐等复电），尽量敷衍（如对周、林），并稍示和缓（边境已有两个师后撤）。但实际上目前军事准备决不会放松，政治压迫亦必会加紧（如七七封锁新华，日前检查渝办）。我为彻底揭穿其阴谋并回答自皖变以来的宣传攻势计，除已发之通电及解放社论外，并于本日公布陈伯达驳斥蒋著《中国之命运》一书，以便在中国人民面前从思想上理论上揭露蒋之封建的买办的中国法西斯体系，并巩固我党自己和影响美英各国、各小党派、各地方乃至文化界各方面。为此目的，望注意执行下列数事：一、收到此文广播后，

① 陶希圣：《读〈中国之命运〉》，《中央周刊》1943年第5卷第33期。
② 陶希圣：《读〈中国之命运〉》，《中央周刊》1943年第5卷第33期。
③ 张治中：《读〈中国之命运〉》，《中央周刊》1943年第5卷第32期。

设法秘密印译成中英文小册子，在中外人士中散布。二、在渝办、报馆中，以此文作为课本，进行解释讨论。三、搜集此文发表后的各方面影响，并将国民党回驳此文的文章择要电告，并全部寄来。四、新华尤其群众，可用其他迂回办法揭露中国法西斯的罪恶（思想、制度、特点和行为）。”①

中共中央宣传部随即向各中央局、中央分局发出通知：“陈伯达同志《评〈中国之命运〉》一文，本日在《解放日报》上发表，并广播两次。各地收到后，除在当地报纸发表外应即印成小册子（校对勿错），使党政军民干部一切能读者每人得一本（陕甘宁边区印一万七千本），并公开发卖。一切干部均须细读，加以讨论。一切学校定为必修之教本。南方局应设法在重庆、桂林等地密印密发。华中局应在上海密印密发。其他各根据地应散发到沦陷区人们中去。一切地方应注意发到国民党的军队中去。应乘此机会做一次对党内对外党外的广大宣传，切勿放过这个机会。”②

中共中央之所以作出这样的指示，除了国共合作此次面临破裂的危险外，主要是因为在共产党看来，蒋介石这部《中国之命运》毫不掩饰地攻击共产党，反对共产主义。7月13日，中共中央政治局召开会议，讨论国民党可能对边区发动的进攻，以及应该如何准备。刘少奇在发言中主张采取宣传新方针，不怕蒋介石投降分裂，要抓住蒋介石的“流氓政治”，对蒋介石的《中国之命运》要痛驳。会后，刘少奇受中共中央委托主持召开干部会议，部署写文章批判《中国之命运》。8月5日，中共中央总学委在部署“关于进行一次国民党的本质及对待国民党的正确政策的教育问题”时，仍然要求批判蒋介石的《中国之命运》，并将陈伯达的文章列为五个学习文件之一。③

根据中共中央统一部署，延安、重庆以及各根据地组织力量对《中国之命运》进行严厉批判。自1943年5月5日《解放日报》发表《中国思想界现在的中心任务》，至10月12日，仅《解放日报》就为此发表多达百万字批判文章及资料。除了陈伯达，延安重量级学者范文澜、吕振羽、艾思

① 《毛泽东文集》第3卷，人民出版社1996年版，第49—50页。

② 《中共中央宣传部关于广泛印发〈评“中国之命运”〉的通知》，载中央档案馆编《中共中央文件选集》第14册，中共中央党校出版社1992年版，第79页。

③ 《中央总学委关于进行一次国民党的本质及对待国民党的正确政策的教育问题的通知》，载中央档案馆编《中共中央文件选集》第14册，中共中央党校出版社1992年版，第86页。

奇等都有专论发表，系统批判《中国之命运》的历史观、哲学思想、法西斯主义，批判“一个党、一个主义、一个领袖”的专制独裁思想。

中国共产党对《中国之命运》的批判，涉及的主要内容如下：

第一，全面系统地批判了蒋介石的思想体系。中共组织的批判者指出，蒋介石的民族观完全是一种赤裸裸的法西斯主义，完全阉割和抛弃了孙中山重新解释过的新民族主义。它“以血统立论”，捏造单一民族论，否认“中国是多民族的国家”，鼓吹所谓中华“大民族主义”，其实质“就在于提倡大汉族主义，欺压国内弱小民族”。蒋介石的所谓“国家至上、民族至上”，在于“盗窃‘民族’为私有”，为其“民族即朕，朕即民族”的观点作注脚，因而实际上就是大地主大资产阶级至上，国民党反动派至上。在中共看来，劳苦大众是民族的主体，“只有劳动人民至上才是民族至上国家至上”。[①]批判者指出，蒋介石“伪托民族国家或全民政治之名，行大地主大资产阶级一党专政之实”，“是新专制主义的个人独裁，是法西斯主义的特务统治”。其国家观的中心思想，实质上就是“一个党、一个主义、一个领袖”，“就是国民党即中国，中国即国民党”。换言之，《中国之命运》使法国专制暴君路易十四“朕即国家”的思想完全复活了。[②]批判者还指出，蒋介石公然学着希特勒的口吻，提倡全民政治、全民经济、全民战争、盲从领袖，反对民主政治，说“宪政时期谈不到”，“军政时期不能停止”，一句话，“中国必须实行法西斯主义”。[③]中共警告蒋介石，在现时的中国实行“新专制主义”是没有前途的。

关于蒋介石的哲学思想。批判者指出，蒋介石提倡的力行哲学是极端唯心论的愚民哲学，“其中心是要人民于不识不知之中，盲目地服从他，盲目地去行”；在《中国之命运》里，“并没有真正的三民主义和知难行易的思想，而只有关于这些思想的一些空洞的名词，以及在这些名词装饰下的中国式的买办封建性的法西斯主义的政治学和反对科学唯物主义、提倡迷信盲从的法西斯主义的唯心论哲学”。批判者重点揭露和批判了蒋介石力行哲学的核心——“诚”的哲学。艾思奇指出，“诚”是在“真知的名义下要

① 陈伯达：《评〈中国之命运〉》，《解放日报》1943年7月21日。

② 艾思奇：《〈中国之命运〉——极端唯心论的愚民哲学》，《解放日报》1943年8月11日。

③ 《周恩来选集》上卷，人民出版社1980年版，第146页。

求人民无知，在力行的名义下要求人民盲从”。[1]胡绳认为，“诚”是“在神秘的外衣下被抬上了神圣的殿堂，使人顶礼膜拜，作为欺蒙与麻痹奴隶人民的思想工具”。[2]在中共看来，蒋介石所说的“诚”是“没有物质客观基础的”，其所谓的“诚”，所谓的“至诚”，“并不是他们自己真正有什么为国家为民族的诚意，而只是为着要求民众和青年们诚心诚意地像羊一样受他们愚弄，只是为着要得到受骗者的‘至诚’”。

关于蒋介石的伦理观。批判者指出，蒋介石宣扬所谓“四维”“八德”，目的是“要人民对蒋介石国民党实行忠孝仁爱信义和平，好便利他的压迫和进攻”。针对蒋介石的所谓“伦理建设”，艾思奇批判说，在蒋介石所厘定的五项“建国工作”中，把心理建设与伦理建设视为各项建设的起点，而把政治与经济建设放在程序的最后一步，“这一个唯心史观的颠倒程序的意义，就是要把物质的诺言推到渺茫的将来，同时又梦想用这空洞诺言换取国民今天的愚忠”。[3]艾思奇认为：“现在首先要解决的问题，恰恰不在于‘心理建设’，‘伦理建设’，而在于怎样打破大后方那种大地主大资产阶级垄断下的破产经济和腐败政治，建立新民主主义的经济和政治。”[4]

关于蒋介石的政党观。批判者指出，蒋介石的政党观，“是要全国各党各派都统一溶化于蒋记国民党，蒋记三青团之内”，这是最露骨的“一个党、一个主义、一个领袖”的思想[5]；蒋介石的三民主义背叛了真正革命的三大政策的新三民主义，成为一种“变质冒牌的三民主义”。其民族主义无视“当前的大问题是日本帝国主义强盗还在我们的国土上横行”这一严重事实，却本末倒置地去胡诌什么“今后的命运，则全在内政”；其民权主义只字不提要给全国人民以民主权利，“却公然主张‘民可使由之，不可使知之’的愚民政策”；其民生主义也只字不提“耕者有其田”这个一直为孙中山所关心的中国最大的民生问题以及眼前迫切需要改善工农劳动人民生活的问题，却舍近求远地“长篇大论地侈谈着三十年五十年以后的‘实业计划’”。[6]

① 艾思奇：《〈中国之命运〉——极端唯心论的愚民哲学》，《解放日报》1943年8月11日。
② 胡绳：《论“诚”》，载《胡绳文集（1935—1948）》，重庆出版社1990年版，第183页。
③ 艾思奇：《〈中国之命运〉——极端唯心论的愚民哲学》，《解放日报》1943年8月11日。
④ 艾思奇：《〈中国之命运〉——极端唯心论的愚民哲学》，《解放日报》1943年8月11日。
⑤ 《周恩来选集》上卷，人民出版社1980年版，第146页。
⑥ 艾思奇：《〈中国之命运〉——极端唯心论的愚民哲学》，《解放日报》1943年8月11日。

关于蒋介石的历史观。批判者指出，蒋介石的历史观是“唯心主义的历史观”，是“一套复古的封建思想，反映着浓厚的传统的剥削阶级意识”。他们着重驳斥了《中国之命运》歪曲中国历史特别是中国近代历史、曲解中国革命起因的论调，《中国之命运》把海禁开放之前的中国描写成“黄金世界”“极乐世界”“一切都几乎是全世界第一”，事实却是中国“打不过外国侵略者，而且要时常与当时的敌人作城下之盟，订立那么多的不平等条约”。《中国之命运》之所以不顾这个事实，进行“自相矛盾”的颂扬，其用意是因为蒋介石与日本法西斯一样，看上了封建社会的那一套东西，而那一套东西“是绞杀中国历史发展的工具，是绞杀中国人民反抗的工具，是绞杀中国人民自觉的工具”。关于中国近代历史进程，批判者强调，清代中叶以来，中华民族遇到了一种和过去完全不同的新的民族侵略者，即资本主义与帝国主义国家。这种新的民族侵略者挟持其资本主义的优越经济力量，打开了中国的长城。但中国人民并不是不能抵抗这种新的民族侵略者的。中国抵抗力的软弱，是由于清朝廷一方面在国内各民族之间所造成的民族牢狱，另一方面在人民之间所造成的专制主义牢狱。而蒋介石却把“百年来国势的陵夷，民气的消沉”，说成是“以不平等条约为造因”，“这是倒果为因的说法”。这种说法既歪曲了历史，也遗弃了孙中山民权学说。“要救中国，必须发挥民权，必须把旧中国重新改造”，这是“天经地义”的。①中共认为《中国之命运》所反映的是法西斯主义思想，从其整个思想体系看，“只能看出中国法西斯主义，决看不出孙中山的革命的三民主义。孙中山的思想中的唯心观点、消极因素，被蒋介石拿来发展成为他今天的思想体系”，即“中国的法西斯主义”，或“戴着三民主义帽子”的法西斯主义。②

第二，剖析了《中国之命运》的法西斯主义特点及危害。中共组织的批判者指出，蒋介石法西斯主义的特点是继承了中国传统的封建糟粕和外国法西斯主义的混合物，是买办的封建的法西斯主义，“又名新专制主义”。其买办性表现为“依赖外力，最不独立的”，挟洋人以自重，“挟国家以祸国家，挟民族以叛民族”，“专心致志于反共，至于驱逐日寇，收复失地，

---

① 陈伯达：《评〈中国之命运〉》，《解放日报》1943年7月21日。

② 《周恩来选集》上卷，人民出版社1980年版，第147页。

他们只在梦想英美的代劳"。其封建性表现为实行封建专制主义，"要把假造历史、曲解历史的东西和叶德辉那套什么中国伦理圣教是世界第一的衣钵，强迫灌输到青年们孩子们的头脑中去"，"所以当同盟国家渐渐重视中国民族抗战的时候，他又回到复古的排外的思想上去，起着反动的作用"。[①]概言之，它是一种"继承中外文化中一切丑恶方面的大成，排斥中外文化中一切优良的成分"，尤其是排斥"共产主义与自由主义等进步的思想"的极端反动思想。

关于蒋介石法西斯主义的来源，中共组织的批判者指出，它不过是"祖述孔、孟、秦始皇以至西太后的传统的老式封建，是承袭中国近代军阀开山祖曾国藩、胡林翼以至袁世凯、张宗昌……的衣钵的道地军阀"，并找来了外国的法西斯主义充实一番，变成了"中国式买办封建的法西斯主义"。中共方面揭露了蒋介石法西斯主义的实质，指出它是"中国大地主大资产阶级——实际上就是国民党蒋介石和官僚资本公开的恐怖的专政，亦即特务统治"。[②]在蒋介石身上，则是"军阀、交易所老板和流氓头子的结合，他是集古今中外反动之大成的"。其政纲绝不是三民主义的抗战建国纲领，而是"反全面抗战、反共、反民主"；其策略是"依其纲领的方向"，虽然时软时硬，但却不离开消灭中国共产党这个中心；其组织与活动"也是最反动、最野蛮、最黑暗、最残暴的"，它的组织"寄生在国民党内而篡夺了党，寄生在三青团内而统治了团，寄生在军队中而管制了军队"，使"国民党统治下的中国已成一特务统治的世界"。[③]正因如此，在《中国之命运》中，"对于全国国民和青年，字里行间，充满了威胁和利诱，要他们都一致加入国民党和三青团。对于共产党则充满了杀机"，蒋介石"已经给一切不相信买办的封建的法西斯主义即新专制主义的人们发出信号了"，这"就是一个'诛'字"。[④]批判者指出，这种法西斯主义危害极大，"如果在抗战以后，我们民众仍然还要继续受专制的压迫，则中国仍将不能转弱为强，仍将不能达到解放，一切建设都会无望"。[⑤]因此，"法西斯主义不但不

① 《周恩来选集》上卷，人民出版社1980年版，第147页。
② 《周恩来选集》上卷，人民出版社1980年版，第147页。
③ 《周恩来选集》上卷，人民出版社1980年版，第147页。
④ 陈伯达:《评〈中国之命运〉》,《解放日报》1943年7月21日。
⑤ 陈伯达:《评〈中国之命运〉》,《解放日报》1943年7月21日。

是‘国家至上民族至上’主义，而且正是‘国家至下民族至下’主义；他们只知道极少数大资产阶级的私利至上淫威至上，因此法西斯主义不但不能‘复兴’国家民族，而且只能毁灭国家民族”，它是“祸国叛国亡国的主义”。批判者进而严肃指出，“中国的法西斯主义，决不能决定中国之命运”，它必将走向破产和覆灭。[①]

第三，批驳其攻击中共的种种不实之词，揭示了“没有共产党，就没有中国”。批判者指出，《中国之命运》在国共关系上充满着“绝大挑拨性的文字，想由此煽动人民对于中国共产党的仇恨。这一页重大的历史，关系中国的命运太大了，不可以不表而出之”。实际上，在两次国共合作中，“用机巧权术，或残忍阴谋，而以利害自私为结合的本能”的，不是共产党，恰恰是国民党蒋介石集团。在抗战中，“中国共产党人的忠心为国，是天下共见的”，而蒋介石却“以怨报德”“过河拆桥”，“极尽其造谣诬蔑之能事”，甚至武力进攻共产党领导的抗日部队，企图加以消灭。可见，蒋介石满口“仁义道德”，骨子里却是“男盗女娼”。[②]

批判者强调指出，国民党宣称“共产主义不适合中国国情”，诬蔑共产党及其领导的抗日武装八路军、新四军和各抗日民主根据地是“变相军阀”“新式封建”等，完全是在颠倒黑白，混淆视听，拨弄是非，也是别有用心的。他们攻击共产主义，是因为他们“最怕我们用马列主义的照妖镜，在中国人民面前，照出他们第五纵队的原形”，“最怕我们用马列主义的世界观，在中国人民面前，解释中国政治经济社会诸现象，指出中国革命的真正道理”；他们咒骂共产党，就在于他们害怕共产党日益成为抗日战争的中流砥柱，成为“领导真正革命建国的伟大政党”；他们诬蔑在敌后英勇抗战的八路军、新四军，就在于他们害怕八路军、新四军是抗日战争的主力军，“是史无前例的最勇敢的民族先锋队”[③]。范文澜指出，他们诋毁抗日民主根据地，就在于他们害怕根据地实行民主改革，真正实现孙中山新三民主义的革命理想，“积极进行新民主主义建设”，奠定“新中国的基础”。[④]为此，中国共产党人尖锐指出，真正的“军阀”、真正的“封建”不是共产

---

① 《法西斯主义就是祸国叛国亡国的主义》，《解放日报》1943年9月13日。
② 陈伯达：《评〈中国之命运〉》，《解放日报》1943年7月21日。
③ 陈伯达：《评〈中国之命运〉》，《解放日报》1943年7月21日。
④ 范文澜：《谁革命？革谁的命？》，《解放日报》1943年8月1日。

党，而是蒋介石和国民党。因为他们“在自己统治的区域中，实行一党专政，一个领袖，一个主义，一个政党的新专制主义”，“政治是一党政治、特务政治、专制政治。士兵是捆绑来的，军队是用以铲除异己、镇压人民的，对抗战是不游不击的，是完全消极的”。如此说来，“真正的军阀在中国境内横行无忌，跋扈已极，却敢于辱骂共产党人为‘变相军阀’，真不知人间有羞耻事”；骂人家是所谓“新式封建”，自己却在其统治区域内公然实行“残酷的惨无人道的压迫与剥削，比秦始皇还厉害百倍的寡头专制政治”之类的“中国式的买办的封建的法西斯政治”即“旧式封建”，实在让人汗颜。[①]

在中共方面看来，《中国之命运》是“对中国人民中国共产党公开宣战”，“企图发动反共反人民的内战”。他们指出，反共反人民绝对是没有出路的。“如果有人拿出所谓‘合理方法’以外的‘方法’来，人民就会把他踢得粉碎；如果拿出‘封建割据’、‘变相军阀’、‘障碍革命’、‘破坏统一’、‘妨碍建设’等缺乏政治常识的谰言来，人民就会嗤之以鼻。”[②]因此，对于国民党蒋介石而言，为了抗战，为了国家民族，也为了自己的存亡问题，只有收回《中国之命运》，迅速改弦易张，做真正三民主义的信徒而不是叛徒，做中华民族的功臣而不是千古罪人，方为明智的也是唯一正确的选择。在此基础上，中国共产党人阐述了共产党在中国民族民主革命中的伟大作用，指出“中国共产党是领导中国人民争取民族独立、民主自由、民生幸福的伟大政党”，“只有共产党已经实践的团结抗战民主建设才是革命建国的正确道路”。[③]

《解放日报》还通过列举大量事实的方式说明：共产党领导的装备落后的抗日部队抗击着58%的侵华日军和几乎全部伪军，支撑着祖国半壁河山，而国民党装备精良的正规军仅抗击42%的侵华日军，且其内部“叛将如毛，降官如潮”，投降逆流此起彼伏。这说明蒋介石鼓吹的所谓“没有三民主义，就没有抗战；没有中国国民党，就没有革命”“没有国民党，就没有中国”之类的论调完全没有根据。事实应当是：“没有中国共产党，则三民主义就没有新的内容……没有中国共产党，就没有大革命以来直至今天的中

---

① 陈伯达：《评〈中国之命运〉》，《解放日报》1943年7月21日。
② 范文澜：《谁革命？革谁的命？》，《解放日报》1943年8月1日。
③ 范文澜：《谁革命？革谁的命？》，《解放日报》1943年8月1日。

国国民党；没有中国共产党，则不但大革命的局面不可设想。”[1]为此，中国共产党人庄严宣告：“如果今日的中国，没有中国共产党，那就没有了中国”，“中国的命运完全寄托在共产党”。[2]

总之，中国共产党组织和发动的这场批判运动，全面揭露和鞭挞了《中国之命运》的思想体系及其反动本质，给蒋介石反共反人民的专制主义统治以前所未有的清算，也给中国的法西斯主义——新专制主义以沉重打击，使全国民众受到了一次空前深刻的思想政治教育，提高了分辨是非的能力，认识到什么是真善美，什么是假丑恶，充分认识到法西斯主义、专制主义不适合于中国国情，只有中国共产党及其信仰的共产主义才能掌握中国之命运，打败日本侵略者，建设一个新中国。

蒋介石发表《中国之命运》，是力图向全国人民灌输其所谓“革命建国”思想，让全国民众完全服膺其三民主义，明白中国之命运完全寄托在国民党身上，从而消除日益扩大的中国共产党和共产主义的影响，进而趁共产国际解散之机彻底消灭共产党，以实现其所谓“军令”“政令”的统一，达到维护和巩固其专制独裁统治之政治目的。中国共产党针锋相对，以“坚持抗战，反对内战”，“坚持团结，反对分裂”，“坚持孙中山的三民主义，反对买办的封建的法西斯主义”相号召，掀起了一场批判法西斯主义的思想运动。中共批判《中国之命运》的目的，是要让全国民众和国际进步势力识破蒋介石专制独裁和反共反人民的内战阴谋，争取获得广大民众的同情和支持。

《中国之命运》不仅受到中共的严厉批判，而且在国际社会的处境也与蒋介石的初衷相反。蒋介石发表的《中国之命运》，除了重申三民主义统一中国和抗战建国，还有一个用意是利用美英两国政府宣布废除不平等条约的机会，宣扬国民党在民族主义方面的胜利，由此振奋国民精神。但这种宣传必然引起英美人士的反感。美英两国宣布废除不平等条约，而与重庆国民政府重订新约，固然有中国外交努力的因素，但更重要的是英美两国此举出于世界反法西斯联盟团结的现实需要，出于东方战争需要中国强力支撑的政治考量。蒋介石没有看到这些因素，仅仅出于感情将美英两国政

---

① 陈伯达：《评〈中国之命运〉》，《解放日报》1943年7月21日。

② 《没有共产党，就没有中国》，《解放日报》1943年8月25日。

府宣布废除不平等条约视为自己的外交胜利，而且用通过发表《中国之命运》，建构了一个“国耻的由来与革命的起源”叙事框架，抨击英美帝国主义列强，将美英两国宣布废除不平等条约视作国民党的功劳。蒋介石将上述观点以中国最高领袖的名义在国际上大肆宣传，势必引起国际社会对中国日趋高涨的民族主义之反感。张治中说：“《中国之命运》一书，在发表以前，不仅外国友人，即干部中亦多持不必发表之意见，及今检查此书发表以后之影响，当了然当时认为期期不可者实非无见。一般人认为此书充分流露钧座保守思想之所在，而钧座只注意当时对国民教育之意义，未注意其可能引起之政治反响。此为儒家思想与时代思潮不尽能融会贯通之症结所在，似不容忽略者。”①这种观点是有道理的。

七、三民主义建国方案

全民族抗战初期，蒋介石和国民党确立了抗战建国的基本方针，但着力点在抗日问题上，并没有认真考虑建国问题。全民族抗战进入战略相持阶段，尤其是太平洋战争爆发后，中国抗战最危难时期已经度过，国民党开始重点考虑建国问题。1943年初，国民政府与美英两国废除了不平等条约，并且签订了“平等互惠新约”。蒋介石觉得外敌已非大患，建国问题迫在眉睫。为了从理论上统一思想，他授意陶希圣代笔撰写了《中国之命运》一书，系统阐述了其所谓“三民主义新中国”思想。该书可被视为国民党所谓“革命建国”的纲领性文献，规划了所谓“三民主义新中国”方案。

1945年5月，国民党第六次全国代表大会在重庆召开。国民党召开六大是为了对各个党派所提出的要求作出回应，对抗日战争胜利后的中国前途进行设计，用蒋介石的话说就是“针对当前抗战的需要，确定今后建国的方针，为本党负荷新的责任，为国家开辟新的机运”。②为此，国民党六大按照蒋介石《中国之命运》中规划的三民主义建国蓝图，系统地提出了所谓“三民主义共和国”的建国方案。

---

① 中国人民政治协商会议全国委员会文史资料研究委员会编《张治中回忆录》，文史资料出版社1985年版，第408页。

② 蒋介石：《开幕词》，载荣孟源主编《中国国民党历次代表大会及中央全会资料》（下册），光明日报出版社1985年版，第900页。

首先，关于民族主义政纲。孙中山对三民主义的解释中，民族主义有两种内涵：一是中国民族自求解放；二是中国境内各民族一律平等。国民党六大在《本党政纲政策案》中重提该原则，认为“现阶段之中心要求，在于加速胜利，巩固国基，扶助边疆民族，以造成独立自由之统一国家，加强国际合作，而分担维护世界和平之责任”。

关于对日作战问题。国民党六大提出，要加紧争取对日作战的胜利，联合盟邦，加强互助合作，以力谋国家领土、主权与行政之完整，维护世界和平与繁荣。自对外方面言，争取抗战胜利，“迫使敌人无条件投降，并彻底解除敌人军事经济之武装，消灭其侵略思想”，仍是国民党六大所强调的当前最大而最紧要的任务。国民党六大指出，为了争取抗战胜利，“不能只是依靠前线的将士，而是要我们在政治、经济、社会各方面的努力都能配合得上”，如“要及早召集国民大会，提前实施宪政”。蒋介石宣称：“这固然为了完成建国大业，也同时为了争取我们抗战的胜利。”

关于对外与友邦加强合作问题。国民党六大提出：要“联合盟邦，建立国际安全机构，以维护世界永久和平”，“与各盟邦订立互助协定，建立永久友好关系，尤致力于经济、文化之合作，以共策世界之安全与繁荣”，“本平等互惠之原则，与有关各国订定通商条约并促进侨胞地位之平等”。战时国民党政府在利用有利的国际环境，积极参与国际事务方面，作出过一定努力。在对内问题上，国民党六大承认“中国境内各民族一律平等”，要“维护并巩固国家之统一”。国民党六大主张：中国境内各民族在地位上一律平等；在政策上，实现蒙、藏各民族之高度自治，并扶助各民族经济、文化之平衡发展，以奠定自由统一的中华民国之基础。国民党六大对于民族主义所作的这个阐释，在一定程度上恢复了国民党一大、国民党临时全国代表大会关于民族问题及民族主义的主张，重新恢复了国内各民族的地位，与1943年蒋介石发表《中国之命运》时否认中国是一个多民族国家，谓中国各民族是不同宗族相比，有了较大改变。

关于民族主义的政策。国民党专门提到了关于国家统一问题。国民党六大规定：“维护并巩固国家之统一，绝对禁止违背政府法令，及在外交、军事、财政、交通、币制上有任何破坏统一之设施与行动。”这主要是针对中共而提出的，是蒋介石1945年3月1日演讲所述思想之继续。蒋介石明确指出：“到现在除了共产党与他们的军队不受中央命令而外，还是一个完整统一国家；此外，并没有不奉中央军令的军队，亦并没有不奉中央政令的地方政府。”[①]为了解决这个问题，国民党六大声称：“在不妨碍抗战危害国家之范围内，一切问题可以商谈解决。”国民党寻求以政治方法解决与中共的分歧是正确的，但关键在于是否以民主的方式，通过实施民主政治来实现统一。实际上，中国共产党主张在联合政府的基础上实现全国的团结统一，而反对国民党“召集国民党当局一手包办的所谓国民大会，决定坚持独裁的反人民的‘统一’”。而国民党方面却并没有以政治方式解决分歧的诚意。国民党六大通过的《对于中共问题的决议案》虽然不提动用军事方法解决分歧，但埋下了用军事方法解决分歧的伏笔，因为它可以“随时以所谓‘妨碍抗战危害国家’的帽子戴在共产党头上，一切问题实行武力解决”。[②]

其次，关于民权主义的政纲。国民党六大指出，民权主义的原则是“于间接民权之外，复行直接民权”。而“现阶段之中心要求，在于提早实施宪政，完成地方自治，普及国民教育，保障妇女地位，使全体人民都能行使民权。并建立文官制度，以提高政治效能，保障司法独立，以维护人民权益”。国民党六大对于民权主义原则的阐释，与孙中山民权主义的原则是存在着差距的。孙中山除了将直接民权与间接民权结合，还强调以人民的公民权制约政府权的原则，但国民党六大对此原则予以回避，片面强调政府之“能”而忽视人民之“权”，维护其一党专政而不愿开放政权，不愿实行真正的政党政治。国民党六大关于“民权主义”的具体内容如下：

其一，召开国民大会，制定五权宪法，实施宪政。国民党在抗战以前决定以1934年10月10日为宪政开始日期，但后来拖延到1935年4月，再拖延到1936年11月12日，又拖至1937年11月。抗日战争全面爆发后，国民党再次使宪政的实施延期。抗战期间，中国共产党、各民主党派、国民党内的民主分子（人士）主张在抗日战争期间召开国民大会，实施宪政。国民党五届六中全会决定于1940年11月12日召开国民大会制宪，但旋以国民大会堂被日机所炸，交通困难为由，未能召开。国民党五届十一中全

---

① 蒋介石：《在宪政促进会上的讲话》，载中国人民解放军政治学院党史教研室编《中共党史参考资料》第9册，人民出版社1979年版，第487页。

② 《新华社评论国民党第六次全国代表大会》，《解放日报》1945年5月30日。

会决定“务于抗战结束之一年内召开国民大会”。1944年10月10日，中共呼吁“由国民政府立即召集全国各方代表，开紧急国事会议，取消一党专政，成立联合政府”，得到了社会各界的响应和赞同。1945年3月1日，蒋介石在宪政促进会上的讲话，回答了中国共产党和各民主党派关于联合政府的主张，表明其实施宪政的态度。国民党六大将蒋介石对宪政问题的主张，以党的决议的形式予以确认。

国民党急于召开国民大会，实施宪政，主要是为了应付中共所提出之“联合政府”主张所造成的政治压力。蒋介石认为，实施宪政的标志就是召开国民大会，在国民大会上通过宪法，然后实施宪政。他说：“在国民大会召集以前，政府不能……结束训政，将政治上的责任和最后的决定权，移交给各党各派。”其理由主要有三：一是如果没有召开国民大会而实施宪政，就是“违反建国大纲”，就会对不起“国父与先烈”；二是客观环境不允许，因为“现在战事仍极严重，前途尚有不少的艰险，国民政府如将一切政权或责任交给于各党各派，则中央政权势必日日在风雨飘摇之中，其结果必使抗战崩溃革命失败，将使国家引起可怖的变乱，而陷民族于万劫不复的境地”；三是在国民大会召开以前，“我国便无一个可以代表全国人民，使政府可以征询民意之负责团体。所以吾人能只还政于全国民众代表的国民大会，不能还政于各党各派的党派会议，或其他联合政府”。①而中国共产党则认为，应该召开一个国事会议，国事会议由各抗日党派、各抗日军队、各地方政府、各民众团体自己推选代表组成，国事会议应根据孙中山革命的三民主义的原则，通过切合时要、挽救危机的施政纲领，在众所公认的共同施政纲领的基础上成立各党派的联合政府，在联合政府成立后，“重新着手筹备真正人民普选的国民大会，准备于最短期间召开，以保证宪政的实施”。②

国共两党主张的分歧似乎不在目标上，而在于达成这些目标的方法上，实际上两党所说的宪政有本质上的差异。国民党所要召开的国民大会，代表人选和职权都是国民党一党专政的产物和体现。此前国民大会之选举，是由国民党一党包办的，而且“其成份又都属于有钱有势的阶级，不能代

---

① 蒋介石：《在宪政促进会上的讲话》，载中国人民解放军政治学院党史研究室编《中共党史参考资料》第9册，人民出版社1979年版，第488页。

② 周恩来：《如何解决》，《解放日报》1944年10月12日。

表广大的工农平民。加以其中有大批人已叛变投敌，应予通缉惩处，再无代表资格”，故中共主张“彻底修正”国民大会的组织法和选举法，实行普遍、直接、平等和不记名投票的选举原则，重选国民大会代表。国民党五届十一中全会对于其原有的关于国民大会的规定中明显不合情理之处作了一些修正，决议认为：“凡前次依法产生之国民大会代表，除因背叛国家或死亡及因他故而丧失其资格者外，一律有效。前次选举未竣或未及举办选举之各区与各职业团体，均应依法补选。”[①]但国民大会代表仍然不具有真正的民意基础。

此外，在国民大会的职权问题上，一般舆论界存在着是单纯制定宪法，还是既制宪又行宪，即“限于制宪，抑兼及行宪”的分歧，国民党六大只规定了国民大会召开日期，而对国民大会的代表人选、职权等核心问题未作规定，只是决议“在令党内党外一般意见得于7月初间国民参政会时，充分提出讨论，以供国民党作最后决定时之考虑”。随后召开的没有中共参加的“国民参政会”则“含混其事，不作结论”，其所作决议“内容是如此空虚，而在形式上，则不啻政府把这问题推给参政会，参政会又把这问题推还政府，推过来，又推回去”。1946年11月，国民党甩开中共和民盟而召开的国民大会，才是国民党对于国民大会问题的真正主张。

其二，国民大会开会时，仍应以国民政府公布之《五五宪草》为讨论基础。宪法草案是实现宪政的关键。关于宪法草案，国民党六大以“大会会期短促，宪草范围甚广，且关系重要，势难作详尽周密之讨论，而作硬性之规定”为由，决议规定“国民大会开会时，仍应以国民政府公布之五五宪法草案为讨论基础”。1936年5月5日国民大会通过的《中华民国宪法草案》（简称《草案》），是由1933年国民党立法院成立的宪法起草委员会经过3年讨论研究而起草的，1937年5月18日作过修正后仍称为《草案》。《草案》共8章148条，在形式上采用了孙中山五权宪法原则，在“总纲”中规定“中华民国为三民主义共和国”，关于政体的设置采取五院制。但《草案》条文实际上不仅限制了民众的权利和自由，而且规定政体是中央集权制。其基本精神是限制民权，片面伸张政府之“能”，因而是反民权的。

---

① 《关于实施宪政总报告之决议案》，载荣孟源主编《中国国民党历次代表大会及中央全会资料》（下册），光明日报出版社1985年版，第844页。

《大公报》列举“五五宪草的缺点：（一）对人民的自由都拖着可以法律‘限制’的尾巴。（二）国民大会形同虚设，人民代表之权极不充分。（三）选举法不订在宪法内，人民的选举权不明确。（四）宪草上的五院制，集一切权力于政府，而本身职权关系不清，难求政效。（五）地方制度，省的地位太含糊，地方自治权利也欠明确。”在以《大公报》为代表的民主主义者看来，《草案》最大的病症是不够民主，“五五宪草若成为正式的宪法，将是世界上最不民主的宪法”，因而它不宜作为国民大会讨论制宪之蓝本。①

其三，促进宪政实施之各种必要措施。国民党六大决议规定“各种措施，凡可为未来宪政预立规模，而可提前实行者，宜于本届代表大会闭会后，分别予以实施”。决议规定的措施主要包括：国民党党部退出军队与学校，“在军队中原设之党部，一律于三个月内取消”，“各级学校以内不设党部”；“制定政治结社法，俾其他各政治团体得依法取得合法地位”。这些规定有一定的进步意义。但国民党六大决议又规定：“三民主义青年团改属于政府，担任训练青年之任务”；国民党“党部在训政时期所办理有国家行政性质之工作，应于本届代表大会闭会后，陆续移政府办理”；后方各县市临时参议会在六个月内依法选举，俾成为各县市正式民意机关；后方各省临时参议会于所属各县市参议会有过半数已经成立时，立即依法选举，俾成为各省正式民意机关。这些规定反映出国民党仍然试图坚持一党专政。正如新华社评论所说：“国民党当局决定如同把它的政权交给它所制造的国民大会一样，把它的军队青年团及其他行政工作（包括他的特务工作）交给实质上毫无变更的国民党政府；使它所制造的各省县市参议会由临时变为正式……国民党统治集团现在实际上是把国民党的各种反民主的活动‘国家化’。”从国民党六大关于民权主义的决议看出，国民党在当时各种社会政治势力提出广泛的政治参与要求，将目光聚焦在国家政权上时，依然没有认清形势。无论在原则上还是在具体主张上，国民党并无意真正开放政权，试图维护其一党专政的地位。故国民党受到自由主义者的严厉批评，认为“单靠消极的政治控制维护不了既得的政权；这条路走不通，越走越近死路”。②

---

① 《论宪草审议——五五宪草不宜作蓝本》，天津《大公报》1946年2月26日。

② 储安平：《失败的统治》，《观察》1946年第1卷第3期。

最后，关于民生主义的政纲。国民党六大决议认为，民生主义其重要之原则有二，一曰平均地权，二曰节制资本。“而现阶段之中心要求，在于增进战时生产，制定战后经济建设计划，扶助民营企业，欢迎国际资本与技术之合作，并保护农工之利益，均衡市乡之发展，筹划战后官兵及残疾军人之就业，以保障社会安全，而提高人民生活水准。”[①]国民党六大对于“节制资本”只有抽象原则，并没有涉及民众关注的官僚资本问题。国民党六大决议规定，对于天然富源中“规模较大者，归中央政府经营，其规模较次者，归地方自治团体经营”。决议还规定，制定战后经济建设计划时，“凡有独占性之企业及为私人之力所不能办者，均归国营或公营。其他工业概奖助私人经营之”。但在其后制定的《工业建设纲领》中，不仅注重计划经济，而且把国营范围扩大，对管理民营事业更加严格。这样必然导致所谓“国家资本越来发达，民族资本则受到限制和压迫”。

依靠国民党政权而形成的官僚资本，是民族资本发展的障碍。时人抨击说：“我国工业资本之所以不发达，实由于官僚资本之猖獗，坐使工业资本无抬头之希望。”[②]而国民党六大决议只是规定“登记并限制各级官吏及公营事业从业人员之资产，并彻底执行各级官吏不得经营商业之规定”，根本无力解决严重存在的官僚资本问题。国民党六大召开的当天，《大公报》社论就指出：“民生主义要节制资本，而国难财主和一些官僚资本在恣肆横生；民生主义要平均地权，政府非但未办，甚至连减租也未曾实行。率直的说，民生主义根本就未曾实行。”[③]国民党六大宣言也承认：“本大会检讨往事，深感过去对民生主义之经济建设与平均地权，节制资本两大政策，因种种障碍，未克实施，实为革命建国之最大缺憾。”[④]

由此可见，国民党六大所确立的建立“三民主义共和国”政治纲领和具体政策只为维护其威权统治。其民权主义坚持一党专政，违背民主潮流，

---

① 《本党政纲政策案》，载荣孟源主编《中国国民党历次代表大会及中央全会资料》（下册），光明日报出版社1985年版，第935—936页。

② 赵遒（乃）抟：《铲除官僚资本三大理由》，重庆《大公报》1945年11月25日。

③ 《祝国民党六全代会》，重庆《大公报》1945年5月5日。

④ 《第六次全国代表大会宣言》，载荣孟源主编《中国国民党历次代表大会及中央全会资料》（下册），光明日报出版社1985年版，第912—913页。

其民生主义未能照顾到民族资产阶级的利益，而改善民生的部分未能得到落实，由于国民党在民权问题上不能开放政权，通过实现真正的民主，以满足各种政治势力参与政治的要求，加上不能切实实施民生主义，因而国民党的威权统治陷入严重危机。

第六章

中共新民主主义革命思想

中国共产党成立之初，只是笼统地照搬马克思主义理论，认为中国是资本主义国家，党的革命目标是推翻资产阶级在中国的统治。中共二大正确提出了党的最低革命纲领，将反帝反封建作为民主革命阶段的主要任务；中共三大以后决定与中国国民党进行合作，进行打倒军阀、打倒帝国主义列强的国民革命，这样的革命属于资产阶级性质的民权革命。这样的方针和政策是正确的。然而，大革命失败后中共内部连续出现了以瞿秋白、李立三、王明为代表的三次“左”倾错误，给中国革命带来了巨大灾难。延安时期的毛泽东对其进行了严厉批判，并在总结历史经验的基础上，将马克思主义普遍真理与中国革命具体实践相结合，提出了新民主主义革命理论，并在回击蒋介石出版《中国之命运》、国民党提出“三民主义共和国”方案的斗争中，形成了以成立民主联合政府为核心内容的“新民主主义共和国”方案。

一、三民主义问题的争论

三民主义是孙中山创立的革命理论和革命纲领，在很长时期内是中国革命的政治符号和话语表征。全民族抗战爆发后，中国共产党在1937年7月15日交付国民党的《中共中央为公布国共合作宣言》中郑重表示：“孙中山先生的三民主义为中国今日之必需，本党愿为其彻底的实现而奋斗。”[①]由此，国共两党以三民主义为政治基础建立起抗日民族统一战线。

① 中共中央文献研究室、中央档案馆编《建党以来重要文献选编（1921—1949）》第14册，中央文献出版社2011年版，第370页。

随后，毛泽东和中共一再表达了这种政治诺言。

1938年3月12日，毛泽东出席延安各界举行的纪念孙中山逝世13周年和追悼抗日阵亡将士大会。毛泽东在大会上说：孙中山的伟大在于他的三民主义的纲领，统一战线的政策，艰苦奋斗的精神。在孙中山的一生中，他是坚持自己的主义的，三民主义只有发展而无弃置；对统一战线也是不但坚持了而且发展了；他经过了许多艰难曲折，然而总是愈挫愈奋，不屈不挠，再接再厉。这三项是留给中国人民的最中心、最本质、最伟大的遗产，应当继承并发扬光大。3月20日，毛泽东在抗大讲话时指出："三民主义的第一个口号是民族独立，第二个口号是民权自由，马克思主义与三民主义结合的地方就在这里。所以说今天中国的马克思主义者就是三民主义者。"①5月3日，毛泽东在抗大作关于共产党对三民主义的态度问题的讲话时再次强调，1937年9月22日发表的《中共中央为公布国共合作宣言》，表明了中共对三民主义的态度："孙中山先生的三民主义为中国今日之必需，本党愿为其彻底的实现而奋斗。"中共提出的《抗日救国十大纲领》本质上是三民主义的。他再次表示："中共愿同国民党一道，在统一战线、抗日第一的原则下实行三民主义。三民主义是实现社会主义和共产主义的必经之路。"②

然而，随着汪精卫的叛逃和国民党"防共、限共、溶共"方针的强化，国共两党围绕三民主义问题展开了激烈论争。1938年12月19日，国民党副总裁汪精卫出逃越南，公开发电响应"近卫声明"，主张"和平救国"。12月29日，汪精卫在越南河内发出"艳电"称："三民主义为中华民国立国之最高原则，一切违背此最高原则之组织与宣传，吾人必自动的积极的加以制裁，以尽其维护中华民国之责任。"他还以"三民主义"附和日本的"共同防共"，主张："中国共产党人既声明愿为三民主义之实现而奋斗，则应即彻底抛弃其组织及宣传，并取消其边区政府及军队之特殊组织，完全遵守中华民国之法律制度。"很显然，汪精卫不仅把自己打扮成国民党的正统代表、国民政府的合法体现以及孙中山思想的继承与实践者，而且将三

① 中共中央文献研究室编《毛泽东年谱（1893—1949）》中卷，中央文献出版社2002年版，第59页。

② 中共中央文献研究室编《毛泽东年谱（1893—1949）》中卷，中央文献出版社2002年版，第68页。

民主义变成其叛国投敌的护身符和反共的话语武器。

对于汪精卫等人的出逃，国民党方面很快作出决定。国民党临时中央常会决定将汪精卫开除出党并撤除一切职务，同时着力加强对三民主义的阐释宣传，以捍卫国民党的道统与法统地位。但国民党宣传三民主义之主要目的，一方面是要反汪，另一方面则是要反共。蒋介石在1938年12月31日的日记中记述："共党乘机扩张势力，实为内在之殷忧"，"共党祸乱成性，叛迹日著，明年惟对此为最大问题之一，倭寇实已不能再为深患矣"。1939年初，蒋介石在国民党五届五中全会上一面大讲维护三民主义为"党魂"之重要性，一面在谈到对中共政策时强调："今日对共党不用兵、不利用、严管教，应以为不二之律条"，"要以领导党的立场，纠正其错误，反对其妄为，指正其趋向。总之，应以保育的态度相待。久之，共产党必将融化于本党，始有其存在之余地"。所谓"严管教"即以三民主义发动政治攻势，解决中共这个"内在之殷忧"。1939年3月，国民政府发起国民精神总动员运动，在《国民精神总动员纲领及其实施办法》中，规定了国民精神改造的标准规范："（一）不违反国民革命最高原则之三民主义；（二）不鼓吹超越民族之理想与损害国家绝对性之言论；（三）不破坏军政军令及行政系统之统一；（四）不利用抗战形势以达成国家民族利益以外之任何企图。"一切思想言论，悉以此为准绳，有违此义，一体纠绳，共同摒绝。这些规定显然主要是针对中共及其共产主义思想的。

1939年5月，蒋介石发表《三民主义之体系及其实行程序》的讲演："我最近研究三民主义，荟萃总理关于革命建国的各种方略和遗教，贯穿拟定起来一个《三民主义的体系及其实行程序表》，我认为这一张表，可以把三民主义的原理和内容，以及实现主义所必需的革命原动力，和革命方略，乃至达成最终目的所必经的国民革命程序，包括无遗，很清楚明白地摆在我们面前。"蒋介石强调，现在世界各政党的主义最主要者为是民主主义、共产主义和法西斯主义，但这三个主义皆有缺点，都不能与三民主义相比。唯有三民主义，以所谓"天下为公"为出发点，能涵盖一切而无丝毫偏颇。他说："共产主义，他固是重视经济，近于民生主义，却不重视民族和民权主义，而且共产党人倡导民生，亦只重视一个阶级的利益，而不兼顾全民的利益。……惟有我们总理所创造的三民主义则不然。它以'公'字为出发点，所以能涵盖一切，把各方面皆行均衡顾到，无丝毫偏颇之弊。"他还强调三民主义只有依靠国民党专政才能实现。可见，蒋介石通过重释三民主义，继续宣扬“一个主义、一个政党、一个领袖”的独裁思想，以溶化中国共产党和共产主义。

作为中国民主革命先驱孙中山的政治理论，三民主义成为其革命事业的政治话语。从1938年底开始，国民党内各派别根据自身需要纷纷对三民主义进行再诠释，各种声音一时层出不穷。本来中共已经把自己的纲领、三民主义与共产主义的关系讲清楚了，但仍有党外不少人要求中共明确宣布放弃共产主义理论。张君劢声言：“窃以为目前阶段中，先生等既努力于对外民族战争，不如将马克思主义暂搁一边。”[①]国民党理论家叶青著书立说，大讲三民主义完全能够解决中国社会的根本问题，能满足中国现在和将来的一切需要，共产主义“没有存在的必要了”。所以“中国是三民主义底世界，共产主义应该离开中国”。[②]有的人劝告中共更改党名，永远放弃共产主义的主张。据毛泽东回忆：“不但蒋委员长来电报要我们改名称，中间派也劝我们改名称。像左舜生就说过，‘你们的纲领实在好，如果你们不叫共产党，我就加入。’前年七、八、九三个月的反共高潮中，我们有很多东西搞出去了。他们看到之后，非常高兴，说纲领很好，就是名称不好。很多美国人也要我们改名称，我们若是改了名称，他们就喜欢了。”[③]

这些人对三民主义的解释尽管体现了不同的利益诉求，但都以服膺三民主义为由要求中国共产党取消组织活动，放弃共产主义信仰。面对这种情形，中共亟须掌握三民主义的话语权，驳斥打着“三民主义”旗号对共产主义发起的诘难。1939年6月，毛泽东在延安高级干部会议上指出：“在思想斗争问题上，两年来，尤其是半年来，代表国民党写文章的人包括托派叶青等在内，发表了许多不但反对共产主义而且也是反对真三民主义的‘纷岐错杂的思想’，亦即假三民主义或中间三民主义的思想，应该加以严正的批驳。”[④]这样，毛泽东、张闻天、王稼祥、吴黎平、陈伯达、艾思奇等人相继发表文章，对三民主义进行阐释，回击国民党的理论挑战。

---

① 张君劢：《致毛泽东先生一封公开信》，《再生》1938年第110期。

② 叶青：《怎样研究三民主义》下编，江西省文化运动委员会1943刊印本。

③ 《毛泽东文集》第3卷，人民出版社1996年版，第324页。

④ 中共重庆市委等编《中国共产党关于抗战大后方工作文献选编》第1册，重庆出版社2019年版，第141页。

国民党以三民主义反对共产主义，主要依据是中共承认“三民主义为中国今日之必需，本党愿为其彻底的实现而奋斗”的宣言，以此混淆三民主义与共产主义的关系。因此，共产党人首先需要说明的，是“中国今日之必需”的三民主义究竟是什么，以及为什么在接受三民主义之时，还要坚持共产主义信仰。在回答这些问题的过程中，中共阐明了三民主义与共产主义的联系和区别，在把三民主义解构为真假三民主义的同时，又以联俄、联共、扶助农工三大政策为依据，提出新旧三民主义的概念并实现对三民主义之重构，明确了愿意为之彻底实现而奋斗的三民主义，是真三民主义和新三民主义。

1939年4月26日，中共中央发出《为开展国民精神总动员告全党同志书》的指示，在论及对三民主义的态度问题时提出：“抗日战线中各党各派的任何人究竟信仰三民主义与否，不在其口头之自称，而在其行为之表现，只有言行相符，才可称为孙中山先生的忠实信徒。……必须广泛的动员全国同胞，切切实实的实行三民主义，揭穿汉奸汪精卫辈的假三民主义，为具体实施民族独立民权自由民生幸福的真三民主义而斗争。”①这是中共在文献中首次明确提出真假三民主义的问题。在中共看来，言行是否一致乃是信仰三民主义与否，从而判断真假三民主义的基本依据。这里的假三民主义，主要是指叛国投敌的汪精卫集团对三民主义的曲解。5月17日，中共中央对宣传教育工作发出指示，提出要注意发扬和运用国民党当局讲演、命令、谈话与出版物中“各种积极的东西”，“力争以革命的言行相符的真正三民主义去对抗曲解的与言不顾行的假三民主义，以真正三民主义的姿态，去反对假三民主义者，即顽固分子”②。质言之，歪曲解释的与言行不一致的三民主义，都被归为“假三民主义”。这样，假三民主义就不仅仅指汪精卫集团对三民主义的曲解，也将国民党顽固分子的解说囊括其中了。

6月10日，毛泽东在《反投降提纲》中将三民主义和国民党分为三类：第一类是“日本人的三民主义与国民党”，就是汪精卫的“假三民主义与假国民党”；第二类是“中间性的三民主义与国民党”，也就是“半真半假的

① 中共中央文献研究室、中央档案馆编《建党以来重要文献选编（1921—1949）》第16册，中央文献出版社2011年版，第184页。

② 中共中央文献研究室、中央档案馆编《建党以来重要文献选编（1921—1949）》第16册，中央文献出版社2011年版，第306页。

三民主义与国民党”；第三类是“中国人民的三民主义与国民党”，这才是真三民主义与真国民党。而近期那些代表国民党写文章的人，他们“不但反对共产主义而且也是反对真三民主义”，是“假三民主义”或“中间三民主义”。面对并存的几种三民主义，共产党人的政策是“用真三民主义反对假三民主义，争取中间性的三民主义”。毛泽东还专门谈及三民主义与共产主义的关系，认为二者在相互区别的同时，在抗日过程中也有共同点，“即在把三民主义照着国民党第一次全国代表大会那样解释时，二者在资产阶级民主革命阶段的政纲上基本是不相冲突的”。[①]

1939年8月4日，周恩来在《三民主义与共产主义（提纲）》中，对共产主义与三民主义的异同作了精辟的阐述。他指出：第一，“共产主义是我们的信仰，三民主义是统一战线的政治纲领”。第二，“三民主义与共产主义不仅在世界观、人生观、社会观及哲学方法论上有基本的不同，即在民族、民主及社会政策上也有许多差异”。第三，“真正的三民主义是孙中山的三民主义，既不是汪精卫的伪三民主义，也不是戴季陶的修正三民主义，当然也不能是我们某些同志企图马克思主义化的三民主义，因为这只能使三民主义混乱起来，而不能还它真正的革命面目”。第四，“我们的态度，应该赞助真正了解和实行孙中山真正的革命之三民主义的人去发展三民主义，同时我们自己也应将孙中山三民主义的革命政策实行和发展起来，使它能与我们的民族解放政纲配合起来前进”。第五，“假使不将三民主义与共产主义的差别分别清楚，不仅国民党人可以有两种看法，即一种是共产主义与三民主义既没有分别，共产党大可不必再相信共产主义；另一种是三民主义既可包括共产主义，则共产主义在中国便无存在的必要。便连非国民党人也要这样想，共产主义、三民主义既是没有分别，至少是现在没有分别，共产党人何不先将三民主义做好，而不必再说什么共产主义，至少是现在可以不谈。甚至共产党人也会这样想，共产主义是将来的事，现在做的完全是三民主义的事，或者想将三民主义解释成为共产党的东西来符合我们民族、民主的乃至社会主义的纲领。这都是不妥的，只能模糊社会视听”。[②]

---

① 《毛泽东文集》第2卷，人民出版社1993年版，第219页。

② 中共中央文献研究室编《周恩来统一战线文选》，人民出版社1984年版，第46-47页。

1939年8月24日，毛泽东在中共中央政治局会议上对三民主义与中共革命纲领的关系作了进一步阐述。他在强调要认清两者既有相同又有不同之处的同时，明确表示，中共目前对三民主义的态度，“一是理论上承认它，承认三民主义为中国今日之必需，是抗日统一战线的政治基础。二是实践上实行它，八路军、新四军、边区和党的工作，都是执行三民主义这一共同纲领”。[①]为了扶持左派和争取群众，毛泽东提出要公开号召、宣传解释三民主义。这里提出要公开号召、宣传解释的三民主义，无疑是中国共产党所讲的“真三民主义”。

这样，从1939年下半年开始，中共主要领导人和理论工作者集中发表了一系列文章。如张闻天的《拥护真三民主义反对假三民主义》、周恩来的《三民主义与共产主义（提纲）》、王稼祥的《关于三民主义与共产主义》、陈伯达的《论共产主义者对三民主义关系的几个问题》、吴黎平（即吴亮平）的《叶青的三民主义就是取消三民主义》、艾思奇的《关于三民主义的认识》等，还将之汇编成册，公开发行以扩大影响。

中国共产党人发表的这些文章，从不同角度对真假三民主义以及三民主义与共产主义的关系作了分析论述。张闻天揭露假三民主义者“把三民主义实际上阉割为不彻底的一民主义，而同时保存与发展三民主义中某些消极的与保守的因素，使之成为‘反共防共’的思想武器”。他强调要“真正的拥护三民主义”，就必须严格分别孙中山的真三民主义与汪精卫的伪三民主义，必须纠正不彻底的一民主义，必须在实际行动上实行三民主义，还必须坚持联俄、联共、扶助农工三大政策。关于三民主义与共产主义的关系，张闻天说：“马列主义的立场，不但不妨碍我们在现阶段革命中拥护真三民主义，而且正是使我们所以能够拥护真三民主义的基本原因。”[②]周恩来在文章中提出：“真正的三民主义是孙中山的三民主义，既不是汪精卫的伪三民主义，也不是戴季陶的修正三民主义，当然也不能是我们某些同志企图马克思主义化的三民主义，因为这只能使三民主义混乱起来，而不

---

① 中共中央文献研究室编《毛泽东年谱（1893—1949）》中卷，中央文献出版社2002年版，第136页。

② 中共中央文献研究室、中央档案馆编《建党以来重要文献选编（1921—1949）》第16册，中央文献出版社2011年版，第546、549页。

能还它真正的革命面目。”[1]所以，究竟如何科学看待三民主义，辨明三民主义与共产主义的关系，这是当时共产党要着力思考和阐明的问题。

中国共产党人重申，他们真诚地相信“孙中山的三民主义是半殖民地的中国的民族解放的与民主主义的政治纲领，它要求推翻帝国主义在中国的统治，实行民族之独立与解放，这就是它的民族主义，它要推翻封建制度实行民主政治，这就是它的民权主义，它要求节制资本和平均地权，这就是它的民生主义”。因此可以说：“三民主义是中国民族革命与民主革命中的纲领，三民主义当作纲领与马列主义在民族民主革命中的纲领（共产党的最低限度纲领）在其主要的基本的口号与要求上没有冲突，而是一般的一致，正因为如此，所以中国的马列主义者认为实现三民主义，为中国今日所必需，认为三民主义是民族统一战线中的共同纲领，和国共合作的政治基础，正因为如此，所以号召全中国人民为实现三民主义共和国奋斗。”[2]

中国共产党人同时声明，他们鄙视把他们的立场与意见隐蔽起来。作为共产主义的信徒，他们在同意、拥护并遵守三民主义原则的同时，他们也绝不会因为任何原因而一时一刻放弃共产主义的理想与马列主义原则。他们认为：“马列主义是现代社会内最进步阶级的革命的科学，它正确的把握住了社会运动的规律及其改造的方法，以保证共产主义理想的最后胜利。在阶级性上，在科学性上，在革命的彻底性上，它同三民主义显然是不相同的。”他们强调这不仅不会妨碍他们去拥护三民主义，“而且正是马列主义使我们共产党人这样坚决的拥护真三民主义，而且能坚决的为真三民主义的彻底实现而奋斗”。这是因为“我们共产党人所拥护的三民主义历来同我们根据马列主义立场而提出的现阶段中国革命的政治纲领是不相违反的。我们共产党人所拥护的三民主义，均明确的、具体的规定于一定的革命的共同政治纲领上。我们共产党人为三民主义而奋斗，即是为这类共同的政治纲领而奋斗”。[3]中国共产党人拥护三民主义的唯一条件，就是承认它在现阶段一定时期的合理性和有用性，而不是承认它的所谓永久有效性。

---

① 中共中央文献研究室编《周恩来统一战线文选》，人民出版社1984年版，第46页。

② 王稼祥：《关于三民主义与共产主义》，《解放》1939年第5卷第86期。

③ 中共中央文献研究室、中央档案馆编《建党以来重要文献选编（1921—1949）》第16册，中央文献出版社2021年版，第547、549页。

中国共产党的这些基本原则在抗战时期是公开宣示于天下的，中共的态度不仅坦然，而且在理论上并不矛盾。但是当时许多人对于共产党愿意实行国民党的三民主义觉得奇怪，以为共产主义和三民主义是不能并存的。对此，毛泽东指出："这是一种形式主义的观察。共产主义是在革命发展的将来阶段实行的，共产主义者在现在阶段并不梦想实行共产主义，而是要实行历史规定的民族革命主义和民主革命主义，这是共产党提出抗日民族统一战线和统一的民主共和国的根本理由。"①

面对全民族抗战爆发后严重的民族危机，中共不宜以直接宣传马列主义、共产主义作为抗日民族统一战线的政治基础，也要纠正过去党内所犯教条主义地对待马列主义、共产主义的错误，所以中国共产党的务实选择，就是宣言"三民主义为中国今日之必需，愿为其彻底实现而奋斗"。这一主张的本意，是为实现国共两党合作抗日确定政治基础，利用三民主义的现实合理性来宣传共产党的民主革命主张。但三民主义作为国民党的根本思想理论，是其正统与法统之命脉，而对中国共产党来说，仅以三民主义来阐述中国民主革命的政纲是远远不够的。即便共产党利用"新三民主义"进行党的民主革命政纲的宣传，也会存在一定的局限和弊端。因为从根本上来说，三民主义与共产主义毕竟是不同阶级的意识形态，利用三民主义话语不仅不能很好地表达中国共产党的民主革命目的和行动纲领，还有可能造成自身阶级性和革命目的性的模糊，并给反共分子攻击共产党和共产主义以话柄。

所以，毛泽东在1939年8月召开的中共中央政治局会议上特别告诫："孙中山的三民主义是小资产阶级性的三民主义，资产阶级民主革命阶段主要政纲与我党相同，但整个革命全部纲领与我党纲领则不相同。"②1940年3月，毛泽东在党的高级干部会议上再次强调："在资产阶级民主革命阶段上，国民党的这些纲领，同我们的纲领是基本上相同的；但国民党的思想体系，则和共产党的思想体系绝不相同。我们所应该实行的，仅仅是这些民主革命的共同纲领，而绝不是国民党的思想体系。"③

---

① 《毛泽东选集》第2卷，人民出版社1991年版，第367–368页。

② 中共中央文献研究室编《毛泽东年谱（1893—1949）》中卷，中央文献出版社2002年版，第134页。

③ 《毛泽东选集》第2卷，人民出版社1991年版，第752页。

正是国共两党围绕三民主义问题的思想论争，使毛泽东和中国共产党人意识到，必须摆脱国民党的三民主义话语，构建自己独立的民主革命话语体系。在这种情况下，毛泽东在1939年至1940年先后撰写了《〈共产党人〉发刊词》《中国革命和中国共产党》《新民主主义论》等重要著作，提出一系列新概念、新范畴，科学回答了中国革命的性质、任务、步骤、前途等重大问题，建构起新民主主义革命理论。

1939年12月，毛泽东发表《中国革命和中国共产党》，明确提出“旧民主主义”和“新民主主义”的概念，从而将三民主义区分为“旧民主主义的三民主义”和“新民主主义的三民主义”。毛泽东认为孙中山在国民党一大宣言和遗嘱中对三民主义进行了重新诠释，“把适应于旧的国际国内环境的旧民主主义的三民主义，改造成了适应于新的国际国内环境的新民主主义的三民主义”。中国共产党在1937年所宣言的“中国今日之必需，本党愿为其彻底的实现而奋斗”的三民主义，就是这种三民主义，“即是孙中山的三大政策，即联俄、联共和扶助农工政策的三民主义”。毛泽东同时强调：“在新的国际国内条件下，离开三大政策的三民主义，就不是革命的三民主义。”这样，就把三大政策与三民主义结合起来，将是否包含三大政策作为判断三民主义革命与否的重要标准。

1940年1月，毛泽东在《新民主主义的政治与新民主主义的文化》的讲演中，辨析了三民主义与共产主义的区别和联系，并将三民主义明确区分为旧三民主义和新三民主义。他指出，三民主义同共产主义在中国民主革命阶段的政纲基本上是相同的，这是国共两党合作的基础；但在民主革命阶段上的部分纲领、有无社会主义革命阶段、宇宙观以及革命彻底性等方面，又存在区别。毛泽东进一步指出，孙中山在国民党第一次全国代表大会宣言中对三民主义的重新解释，是划分新旧三民主义的重要标志。新三民主义或真三民主义“是联俄、联共、扶助农工三大政策的三民主义。没有三大政策，或三大政策缺一，在新时期中，就都是伪三民主义，或半三民主义”。对于各种重新解释三民主义的话语，毛泽东认为“归根结底，没有‘中立’的三民主义，只有革命的或反革命的三民主义”①。唯有新三民主义，即三大政策的三民主义才是真正革命的三民主义。只有这种三民

① 《毛泽东选集》第2卷，人民出版社1991年版，第690页。

主义，中国共产党才称之为“中国今日之必需”，才宣布“愿为其彻底的实现而奋斗”。毛泽东对“新三民主义”的阐发，是对中国民主革命理论具有重要意义的创新性贡献。

从真假三民主义到新旧三民主义，从新三民主义到新民主主义，中国共产党完成了对孙中山三民主义话语的解构与重构。根据言行是否相符、内容是否完整、是否被曲解，三民主义被解构为真与伪、革命与反革命的三民主义；而以国民党一大宣言为标志，将三大政策与三民主义相关联，进一步将其解构为新旧三民主义；在此基础上，明确阐释了中国共产党人的新三民主义观，从而又实现了对三民主义的重构。随后，中共出于摆脱国民党的三民主义话语，构建自己独立的民主革命话语的政治考量，从新三民主义进至新民主主义，用“新民主主义”一词，指代自己所理解的不同于国民党三民主义的新革命理论。新民主主义革命理论，是在继承孙中山三民主义精髓的基础上对三民主义的超越，是根据中国革命的经验教训而提出的新概念、新范畴和新理论。毛泽东和中共中央科学地回答了中国革命的性质、任务、步骤、前途等重大问题，初步建构了新民主主义革命理论。

二、新民主主义革命理论

中国共产党成立之初，只是笼统地照搬马克思主义理论，认为中国是资本主义国家，党的革命目标是推翻资产阶级在中国的统治。中共一大通过的《中国共产党第一个纲领》明确提出“推翻资本家阶级的政权”，将“资本家阶级”作为革命对象，试图通过反对资产阶级的社会革命走上社会主义道路，这显然是不切实际的。中共二大正确提出了党的最低革命纲领，将反帝反封建作为民主革命阶段的主要任务；中共三大以后决定与中国国民党进行合作，进行打倒军阀、打倒帝国主义列强的国民革命，这样的革命属于资产阶级性质的民权革命。这样的方针和政策是正确的。然而，国民革命失败后中共内部连续出现了三次“左”倾错误，在中国革命发展阶段问题上混淆了资产阶级民主革命与社会主义革命的界限，过早地采取社会主义革命的步骤。这种思想倾向给中国革命带来了巨大灾难，延安时期的毛泽东对其进行了严厉批判，并在总结历史经验的基础上，将马克思主义普遍真理与中国革命具体实践相结合，提出了新民主主义革命理论。

新民主主义理论经历了长期酝酿的过程。毛泽东一贯反对教条主义，强调理论联系实际，把马克思主义与中国革命实际相结合，着力解决中国的实际问题。在抗日民族统一战线初步形成时，毛泽东就说过，“共产党人决不放弃其社会主义和共产主义理想”，但认为必须“经过资产阶级民主革命的阶段而达到社会主义和共产主义的阶段”。共产党的民主革命纲领，与国民党一大解释的三民主义纲领，“基本上是不相冲突的”，所以，我们不仅不拒绝三民主义，而且愿意坚决实行三民主义。“我们认为，共产党、国民党、全国人民，应当共同一致为民族独立、民权自由、民主幸福这三大目标而奋斗。”[①]他还形象地指出：“两篇文章，上篇与下篇，只有上篇做好，下篇才能做好。坚决地领导民主革命，是争取社会主义胜利的条件。”[②]毛泽东准确阐明了资产阶级民主革命与社会主义革命的区别和联系。

毛泽东在中共六届六中全会上作的《论新阶段》报告说：“我们所谓民主共和国就是三民主义共和国，它的性质是三民主义的。”这个“真正三民主义的中华民国，不是苏维埃，也不是社会主义”。[③]当时还没有出现“新民主主义”这个词，但提出“真正三民主义共和国”口号，意味着新民主主义的框架和内涵基本形成。

1939年5月1日，毛泽东在《五四运动》一文中提出，五四运动以后，中国的民族民主革命“发展到了一个新阶段”，革命性质亦随之发生了变化。这种民主是为了建立一个在中国历史上所没有过的社会制度，即民主主义的社会制度，这个社会的前身是封建主义的社会（近百年来沦为半殖民地半封建的社会），它的后身是社会主义的社会。[④]三天后，毛泽东在《青年运动的方向》中强调：我们现在干的是资产阶级性的民主主义的革命，我们所做的一切，不超过资产阶级民主革命的范围。现在还不应该破坏一般资产阶级的私有财产制，要破坏的是帝国主义和封建主义，这叫作资产阶级性的民主主义革命。但是这个革命，资产阶级已经无力完成，必须靠无产阶级和广大人民的努力才能完成。[⑤]这也就是说，资产阶级革命分

---

① 《毛泽东选集》第1卷，人民出版社1991年版，第259页。

② 《毛泽东选集》第1卷，人民出版社1991年版，第276页。

③ 中共中央文献研究室、中央档案馆编《建党以来重要文献选编（1921—1949）》第15册，中央文献出版社2011年版，第632-633页。

④ 《毛泽东选集》第2卷，人民出版社1991年版，第559页。

⑤ 《毛泽东选集》第2卷，人民出版社1991年版，第562-563页。

为两个阶段，以五四运动为界。前一个阶段由资产阶级自己干，只是在资产阶级干不下的情况下，才由无产阶级接着干，而且这“干”的性质依然是“资产阶级性”的，只不过革命的领导权必须掌握在无产阶级手中。

明确地将中国民主革命分为新旧两大阶段，且第一次正式提出“新民主主义”概念，是在毛泽东于1939年12月所写的《中国革命与中国共产党》中。他说：“现时中国的资产阶级民主主义的革命，已不是旧式的一般的资产阶级民主主义的革命，这种革命已经过时了，而是新式的特殊的资产阶级的民主主义的革命。这种革命正在中国和一切殖民地半殖民地国家发展起来，我们称这种革命为新民主主义的革命。”①

《新民主主义论》是毛泽东1940年1月9日在陕甘宁边区文化协会第一次代表大会上的讲演，原题为《新民主主义的政治与新民主主义的文化》。2月15日，《中国文化》在延安创刊，这篇演讲稿第一次公开发表。五天后，《解放周刊》第98、99期也发表了这篇演讲稿，但将题目改为《新民主主义论》，并给各节添加了标题。《新民主主义论》是一部重要作品，不仅深刻影响了抗战时期中国的思想和政治，而且在1949年后长期发挥影响力。《新民主主义论》之所以引起持久反响，主要是因为它具有极强的原创性，科学回答了当时中国所面临的许多重大理论问题。

1940年初，毛泽东描述当时国内情况说：“抗战以来，全国人民有一种欣欣向荣的气象，大家以为有了出路，愁眉锁眼的姿态为之一扫。但是近来的妥协空气，反共声浪，忽又甚嚣尘上，又把全国人民打入闷葫芦里了。特别是文化人和青年学生，感觉敏锐，首当其冲。于是怎么办，中国向何处去，又成为问题了。”②就是在这种状况下，毛泽东根据中国革命的丰富经验，将马克思主义理论与中国革命实践相结合，提出了新民主主义革命理论，阐明了中国革命现阶段的任务、政策和未来发展，回答了对中共的各种非难，从政治上、思想上和文化上指明了中国应向何处去。他谦虚而自信地指出：“我们的东西，只当作引玉之砖，千虑之一得，希望共同讨论，得出正确结论，来适应我们民族的需要。科学的态度是‘实事求是’，‘自以为是’和‘好为人师’那样狂妄的态度是决不能解决问题的。我们民

① 《毛泽东选集》第2卷，人民出版社1991年版，第647页。
② 《毛泽东选集》第2卷，人民出版社1991年版，第662页。

族的灾难深重极了，惟有科学的态度和负责的精神，能够引导我们民族到解放之路。”①

毛泽东在讲演中开门见山，提出了“中国向何处去”问题，期望在“愁眉锁眼”的失望情绪中提出一个科学方案，“能够引导我们民族到解放之路”。他毫不含糊地说，这条解放之路的政治诉求非常简单，就是要建立一个新中国。“我们共产党人，多年以来，不但为中国的政治革命和经济革命而奋斗，而且为中国的文化革命而奋斗；一切这些的目的，在于建设一个中华民族的新社会和新国家。在这个新社会和新国家中，不但有新政治、新经济，而且有新文化。这就是说，我们不但要把一个政治上受压迫、经济上受剥削的中国，变为一个政治上自由和经济上繁荣的中国，而且要把一个被旧文化统治因而愚昧落后的中国，变为一个被新文化统治因而文明先进的中国。一句话，我们要建立一个新中国。建立中华民族的新文化，这就是我们在文化领域中的目的。”②

毛泽东这段话，展示了中国共产党人所要建构的前所未有的新中国蓝图：政治上自由、经济上繁荣、文化上先进，这就是新民主主义理论的三个部分。这三部分与孙中山的三民主义显然有相通之处。毛泽东的新民主主义之所谓“新”，主要是与孙中山三民主义相比较而言的。孙中山在《民报发刊词》中说：“余维欧美之进化，凡以三大主义：曰民族，曰民权，曰民生。……今者中国以千年专制之毒而不解，异种残之，外邦逼之，民族主义、民权主义殆不可以须臾缓。而民生主义，欧美所虑积重难返者，中国独受病未深，而去之易。是故或于人为既往之陈迹，或于我为方来之大患，要为缮吾群所有事，则不可不并时而弛张之。”③这是孙中山将民族、民权、民生之三民主义第一次公之于世。1906年12月2日，孙中山在东京《民报》创刊周年庆祝大会上发表演说：“兄弟想《民报》发刊以来已经一年，所讲的是三大主义：第一是民族主义，第二是民权主义，第三是民生主义。”他详细阐释了三民主义的内涵、特征以及与三民主义相关联的五权宪法构想，认为三民主义、五权分立这些构想“不但是各国制度上所未有，便是学说上也不多见，可谓破天荒的政体。兄弟如今发明这基础，至于那

① 《毛泽东选集》第2卷，人民出版社1991年版，第662—663页。
② 《毛泽东选集》第2卷，人民出版社1991年版，第663页。
③ 《孙中山全集》第2卷，人民出版社2015年版，第69页。

详细的条例、完全的结构，要望大众同志尽力研究，匡所不逮，以成将来中华民国的宪法。这便是民族的国家，国民的国家，社会的国家皆得完全无缺的治理，这是我汉族四万万人最大的幸福了”。[①]三民主义、五权宪法为中国描绘出一幅全新的未来图景，这是孙中山的划时代贡献，也是国共两党后来均奉孙中山为领袖的重要原因。

毛泽东的新民主主义，就是要继续为抗战之中国指明一个历史新方向。这个新方向就是新民主主义的“新中国”。这个“新中国”的标志，就是在政治、经济、文化上与前此“旧中国”完全不同。毛泽东强调，这并不是刻意立异，故作不同，而是认真研究了中国历史后得出的结论。中国数千年历史可以分成两大段。前一段：“自周秦以来，中国是一个封建社会，其政治是封建的政治，其经济是封建的经济。而为这种政治和经济之反映的占统治地位的文化，则是封建的文化。”后一段：“自外国资本主义侵略中国，中国社会又逐渐地生长了资本主义因素以来，中国已逐渐地变成了一个殖民地、半殖民地、半封建社会。现在的中国，在日本占领区，是殖民地社会；在国民党统治区，基本上也还是一个半殖民地社会；而不论在日本占领区和国民党统治区，都是封建半封建制度占优势的社会。这就是现时中国社会的性质，这就是现时中国的国情。作为统治的东西来说，这种社会的政治是殖民地、半殖民地、半封建的政治，其经济是殖民地、半殖民地、半封建的经济，而为这种政治和经济之反映的占统治地位的文化，则是殖民地、半殖民地、半封建的文化。”[②]毛泽东所说的新认识，是中共过去20多年依据马克思东方社会理论不断深化出来的。对毛泽东关于古代中国、近代中国这两段文字贡献最大的，是范文澜。范文澜在延安时期相继出版了《中国通史简编》《中国近代史》，前者将古代中国界定为“封建社会”，后者认为1840年后的中国开始沦为“半殖民地半封建”社会。

然而仅此还远远不够，还不足以说明新民主主义之合理性。因为把当时中国看作“殖民地、半殖民地、半封建”社会，只能说明资产阶级革命的任务没有完成，不能说明社会主义革命的必然性。因此，毛泽东在将本土的中国历史作了纵向梳理之后，马上转到人类大历史的视域中，断定

① 《孙中山选集》（上），人民出版社2015年版，第94页。

② 《毛泽东选集》第2卷，人民出版社1991年版，第664—665页。

“中国革命是世界革命的一部分”，因为第一次世界大战和俄国十月革命，“改变了整个世界历史的方向，划分了整个世界历史的时代”。在毛泽东看来，现在的资本主义世界处在即将崩溃的边缘，世界各地反殖民主义斗争风起云涌，社会主义浪潮在世界各地汹涌澎湃，世界革命已由为资本主义发展扫除障碍而变为推翻资本主义统治。在世界革命的大潮中，任何民族的革命都不是孤立的事业，而是世界革命的一部分。中国亦不例外。世界革命的趋势是社会主义革命，中国亦要走上这条道路。只是我们现在的社会还是“殖民地、半殖民地、半封建”社会，才使得必须分两步走，先进行新民主主义革命，然后进行社会主义革命，但革命的前途必然是社会主义，新民主主义革命的奋斗目标，便是要建立一个新中国。在这个新中国里，不仅有新政治、新经济，还有新文化。他说：“我们不但要把一个政治上受压迫、经济上受剥削的中国，变为一个政治上自由和经济上繁荣的中国，而且要把一个被旧文化统治因而愚昧落后的中国，变为一个被新文化统治因而文明先进的中国。”[①]这可以说既是中国新民主主义革命的纲领，也是新民主主义革命的总路线。

但目的和手段并非完全合一。把“旧中国”变为“新中国”固然是共产党人的奋斗目标，但并不意味着忽视客观条件、忽视中国国情，一下子就能够解决中国所有问题，一下子就可以进行社会主义革命。因为中国当时的革命任务是反帝反封建的任务，这个任务没有完成之前，社会主义是谈不到的。《新民主主义论》明确提出中国革命必须分两步走，即第一步是民主主义革命，第二步是社会主义革命。这是性质不同的两个革命过程。之所以如此，主要是由中国的社会性质所决定的。中国近代自外国资本主义入侵以来，逐渐变成一个半殖民地半封建的社会，所以，革命的对象是帝国主义和封建势力。第一步就是要进行反帝反封建的民主主义革命，改变这个半殖民地半封建的社会形态，使之成为一个独立的民主主义的国家；第二步是使革命向前发展，建立一个社会主义的国家。

关于未来社会主义问题，毛泽东认为，此时尚不具有讨论的迫切性。他此时所关注的问题，即新民主主义理论所要解决的现实问题，只是如何将民主主义革命彻底完成。在谈到民主主义革命阶段时，毛泽东认为，至

---

① 《毛泽东选集》第2卷，人民出版社1991年版，第663页。

少要分为两个时期，其区别标志就是五四运动和中国共产党的成立。在这之前，中国的民主革命是资产阶级领导的民主主义革命。在这之后，由于无产阶级登上政治舞台，民主革命成为无产阶级领导的新民主主义革命了。在这个阶段“决不是也不能建立中国资产阶级专政的资本主义的社会，而是要建立以中国无产阶级为首领的中国各个革命阶级联合专政的新民主主义的社会，以完结其第一阶段。然后，再使之发展到第二阶段，以建立中国社会主义的社会”。①

在毛泽东看来，近代中国历史叙事必须重构。从鸦片战争开始，中国人就为建构一个独立的民主主义社会而斗争，辛亥革命是这一系列斗争中最具典型意义的事件。但是就其性质而言，这些革命均属于“旧民主主义”范畴，属于旧的世界资产阶级民主主义革命的一部分。十月革命后世界历史前进的方向发生巨变，无产阶级社会主义成为世界革命的一部分。“中国革命是世界革命的一部分”，意味着从十月革命、五四运动开始，中国革命的性质不再是旧民主主义革命，而是新民主主义革命。在毛泽东发表《新民主主义论》之前很长时间，中共的政治诉求就是要在中国建构一个苏联式的社会主义国家，这是中共屡次产生“左”倾错误的根源。毛泽东《新民主主义论》的意义就在于暂时放弃了不切实际的空想，将共产主义作为革命理想，将新民主主义作为现实的奋斗目标。

暂时放弃社会主义而实行新民主主义，并不意味着中共放弃对中国民主革命的领导权。在新民主主义阶段，必须坚持无产阶级的领导权。这是因为，中国民族资产阶级在一定时期中和一定程度上虽然具有革命性，“但同时，也即是由于他们是殖民地半殖民地的资产阶级，他们在经济上和政治上是异常软弱的，他们又保存了另一种性质，即对于革命敌人的妥协性。中国的民族资产阶级，即使在革命时，也不愿意同帝国主义完全分裂，并且他们同农村中的地租剥削有密切联系，因此，他们就不愿和不能彻底推翻帝国主义，更加不愿和更加不能彻底推翻封建势力”。②这样，中国民族资产阶级便无法担当中国革命的领导责任，这个责任就不得不落在无产阶级及其代表——中国共产党身上。

---

① 《毛泽东选集》第2卷，人民出版社1991年版，第672页。

② 《毛泽东选集》第2卷，人民出版社1991年版，第673页。

既然是无产阶级领导的民主主义革命，那么他们所要建立的政权必然是民主共和国。毛泽东所说的民主共和国，就是新民主主义共和国，也就是真正具有革命意义的包含三大政策在内的新民主主义共和国。他阐述道："这种新民主主义共和国，一方面和旧形式的、欧美式的、资产阶级专政的、资本主义的共和国相区别，那是旧民主主义的共和国，那种共和国已经过时了；另一方面，也和苏联式的、无产阶级专政的、社会主义的共和国相区别，那种社会主义的共和国已经在苏联兴盛起来，并且还要在各资本主义国家建立起来，无疑将成为一切工业先进国家的国家构成和政权构成的统治形式；但是那种共和国，在一定的历史时期中，还不适用于殖民地半殖民地国家的革命。因此，一切殖民地半殖民地国家的革命，在一定历史时期中所采取的国家的形式，只能是第三种形式，这就是所谓新民主主义共和国。这是一定历史时期的形式，因而是过渡的形式，但是不可移易的必要的形式。"①毛泽东相信社会主义一定要在中国实现，但他采取冷静和科学的态度，坚守比较现实的新民主主义共和国原则。将中国革命分两步走，将社会主义推向未来，对于中共来说，既化解了压力又赢得了民主，确实是非常务实而高明的理论构思。

正是基于中国社会历史的客观现实，毛泽东明确提出中国新民主主义革命的基本纲领，即在政治上打倒帝国主义和封建势力的反动统治，建立无产阶级领导的、以工农联盟为基础的，各革命阶级的联合专政的国家体制，而政治体制则是实行民主集中制，采取人民代表大会制度，实行无男女和信仰、财产、教育等差别的真正平等、普遍平等的选举制，这样才能充分发挥人民的意志，才能最有力量地去反对革命的敌人。在对新民主主义的历史的和理论的合理性作了高屋建瓴的阐述之后，毛泽东对这种新形势下的革命内涵，从政治、经济和文化三个方面作了系统分析。

首先，关于新民主主义的政治。既然新民主主义革命的对象是"殖民地、半殖民地、半封建"的社会，那么此种革命在政治上的任务也就是终结"殖民地、半殖民地、半封建"的政治形态，建立一个新民主主义共和国。那么，什么是新民主主义共和国呢？国体——各革命阶级联合专政，政体——民主集中制，这就是新民主主义的政治，这就是新民主主义的共

---

① 《毛泽东选集》第2卷，人民出版社1991年版，第675页。

和国。[1]

所谓国体，就是国家政权的性质，亦即国家权力的归属问题。按照其本义，共和国的国体便是主权在民，所有具有公民权的国民都是国家的主权者。所谓公民权，也就是国家主权。这样理解国体，是从抽象的意义上而言的。但在马克思主义看来，在阶级社会，没有抽象的人性，没有抽象的权利，一切都是阶级性的，因而国体的问题同样是阶级斗争的题中之义，是由哪一个阶级专政的问题。毛泽东也是按照这种思路而看待国体问题的。他虽然定国体为“各革命阶级联合专政”，但同时又认为，在此国体里，无产阶级是领导力量。中国无产阶级、农民、知识分子或其他小资产阶级，乃是决定国家命运的基本势力。这些阶级，或者已经觉悟，或者正在觉悟起来，他们必然要成为中华民主共和国的国家构成和政权构成的基本部分，而无产阶级则是领导的力量。[2]

至于与国体相应的政体，在毛泽东看来，既然国体为无产阶级领导下的各革命阶级的联合专政，那么政体便要将这两方面的内涵都要体现出来，即一方面须强调无产阶级的领导，另一方面又要注重“各革命阶级联合专制”，所以他主张，新民主主义共和国的政体应是民主集中制的人民代表大会制。既有民主，又有集中。在民主基础上的集中，在集中指导下的民主。对此，毛泽东在后来的《论联合政府》中说得十分明确：“新民主主义的政权组织，应该采取民主集中制，由各级人民代表大会决定大政方针，选举政府。它是民主的，又是集中的，就是说，在民主基础上的集中，在集中指导下的民主。只有这个制度，才既能表现广泛的民主，使各级人民代表大会有高度的权力；又能集中处理国事，使各级政府能集中地处理被各级人民代表大会所委托的一切事务，并保障人民的一切必要的民主活动。”[3]

其次，关于新民主主义的经济。在毛泽东看来，经济是一切上层建筑的基础。没有新民主主义的经济，就不可能有新民主主义的政治。那么，新民主主义经济究竟应该是一种什么样的经济形态呢？毛泽东回答说：它既不同于资本主义经济，也不同于社会主义经济，而是二者的过渡形态。但是由于无产阶级在新民主主义共和国居于领导地位，故此种过渡形态的

---

① 《毛泽东选集》第2卷，人民出版社1991年版，第677页。

② 《毛泽东选集》第2卷，人民出版社1991年版，第674-675页。

③ 《毛泽东选集》第3卷，人民出版社1991年版，第1057页。

经济亦需体现这一点，即带有社会主义经济因素的国营经济和合作经济在整个国家的经济中处于主导地位。至于新民主主义经济的具体政策，毛泽东将其概括为两个方面，亦即孙中山所说的“节制资本”和“平均地权”。第一，“大银行、大工业、大商业，归这个共和国的国家所有”，但“并不没收其他资本主义的私有财产”，不禁止“不能操纵国计民生”的资本主义生产的发展。第二，采取必要的方法，“没收地主的土地，分配给无地和少地的农民，实行中山先生‘耕者有其田’的口号，扫除农村中的封建关系，把土地变为农民的私产。农村的富农经济，也是容许其存在的”。①

毛泽东提出，没收帝国主义和买办阶级的“大银行、大工业、大商业，归这个共和国的国家所有”，以建立国营经济。在无产阶级领导下的新民主主义共和国的国营经济是社会主义性质的，是整个国民经济的领导力量。没收地主阶级的土地，分配给无地和少地的农民，实行耕者有其田。并在此基础上，发展各种合作的、具有社会主义因素的经济。实行节制资本，允许不操纵国民生计的资本主义生产的发展，允许富农经济的存在和发展。但绝不允许建立欧美式的资本主义社会，更不允许倒退到半殖民地半封建的社会去。可以看出，毛泽东对西方经典资本主义的防范，与孙中山的看法相似，都是要防止经典资本主义过度竞争、财富不均的弊端。这样的看法自然容易获得中产阶级、穷人的普遍欢迎，毕竟大资本所有者总是少数。

最后，关于新民主主义的文化。《新民主主义论》全文共十五节，专谈新民主主义政治、经济的各一节，而专谈新民主主义文化的则为五节，足见毛泽东对新民主主义文化的重视。在毛泽东看来，一百年来的中国历史应分为两大阶段。第一个阶段为八十年，即从鸦片战争到五四运动；第二个阶段为五四运动以后的二十年。而且在他看来，这第二个阶段的起点，真正具有意义的尚不在五四运动，而在1921年中国共产党的成立。因为五四运动以后，“中国产生了完全崭新的文化生力军，这就是中国共产党人所领导的共产主义的文化思想，即共产主义的宇宙观和社会革命论”，而“中国共产党的成立和劳动运动的真正开始是在一九二一年”。②

毛泽东在大体上作了这样的历史分期之后，便对这两个时期的文化作

① 《毛泽东选集》第2卷，人民出版社1991年版，第678页。
② 《毛泽东选集》第2卷，人民出版社1991年版，第697页。

了定性的结论。在五四运动之前，中国文化战线上的斗争，是资产阶级的新文化和封建阶级的旧文化的斗争。当时，学校与科举之争，新学与旧学之争，西学与中学之争，都带有这种性质。由于此时的所谓学校、新学、西学，基本都是资产阶级代表们所需要的自然科学和社会哲学、政治哲学，因而它的斗争对象是中国的封建思想，目的是为中国的资产阶级民主革命服务的。可是，由于中国的资产阶级的软弱无力，再加上世界已经进入帝国主义时代，因此此种资本主义文化“只能上阵打几个回合”，便被帝国主义的奴化思想和中国复古主义思潮打退了。于是，所谓的“新学”便只能“偃旗息鼓，宣告退却，失了灵魂，而只剩下它的躯壳了”。然而五四运动以后则不一样，形势发生了根本的变化。中国共产党人作为一种文化生力军拔地而起，一下子便体现出了它的文化优越性。这是一种新文化，是“人民大众反帝反封建的文化”。“由于中国政治生力军即中国无产阶级和中国共产党登上了中国的政治舞台，这个文化生力军，就以新的装束和新的武器，联合一切可能的同盟军，摆开了自己的阵势，向着帝国主义文化和封建主义文化展开了英勇的进攻。这支生力军在社会科学领域和文学艺术领域中，不论在哲学方面，在经济学方面，在政治学方面，在军事学方面，在历史学方面，在文学方面，在艺术方面（又不论是戏剧，是电影，是音乐，是雕刻，是绘画），都有了极大的发展。二十年来，这个文化新军的锋芒所向，从思想到形式（文字等），无不起了极大的革命。其声势之浩大，威力之猛烈，简直是所向无敌的。其动员之广大，超过中国任何历史时代。”①

毛泽东为了充分说明五四运动以后中国共产党人是文化生力军，其成就之大，影响之广，“所向无敌”和“超过中国任何历史时代”，把鲁迅视为这支生力军的代表人物，认为鲁迅是“这个文化新军的最伟大和最英勇的旗手”“中国文化革命的主将”“伟大的文学家”“伟大的思想家和伟大的革命家”，并高度称赞说：“鲁迅是在文化战线上，代表全民族的大多数，向着敌人冲锋陷阵的最正确、最勇敢、最坚决、最忠实、最热忱的空前的民族英雄。鲁迅的方向，就是中华民族新文化的方向。”②

---

① 《毛泽东选集》第2卷，人民出版社1991年版，第697-698页。

② 《毛泽东选集》第2卷，人民出版社1991年版，第698页。

毛泽东在《新民主主义论》中总结近代中国文化发展及其经验教训，批评了国民党的文化“剿共”和文化专制主义，也批评了“文化复古”论和“全盘西化”论，阐明了新民主主义文化的方向，提出建设“民族的科学的大众的文化”。民族的，即反对帝国主义压迫，主张中华民族的独立尊严，带有我们民族的特性，同时努力吸收外国的进步文化，作为自己文化粮食的养料。科学的，即反对一切封建思想和迷信思想，主张实事求是，理论和实际相一致；要清理古代文化，“剔除其封建性的糟粕，吸收其民主性的精华”，这是发展民族新文化提高民族自信心的必要条件，但是决不能无限制地兼收并蓄，特别是对人民群众和青年学生，主要是引导他们向前看。大众的，即是民主的，要为广大“工农劳苦大众服务，并逐渐成为他们的文化”。[①]这就是新民主主义文化，就是中华民族的新文化。

在毛泽东看来，从鸦片战争到五四运动这八十年的文化运动虽有成绩，但却是为资本主义服务的。真正为无产阶级和人民大众服务的是五四运动以后的二十年，而且这二十年里文化运动经过了“三个曲折”发展演变。他认为真正健康的新文化是“新民主主义文化”。在此之前，有由资产阶级文化转变过来的帝国主义文化，即一味地称赞西方文化，或曰“言必称希腊”的文化；有“文化专制主义”的封建文化。而“新民主主义文化”则是以这两种文化为革命对象，并在斗争中成长壮大的且“属于世界无产阶级的社会主义的文化革命的一部分”的新文化。此种文化之显著的特点就在于它是“民族的科学的大众的”。

毛泽东阐述了对中国文化传统尤其是儒学的基本立场，指出建设中华民族的新文化是中国共产党人在文化领域的目的。他说，中国共产党人所要建立的新文化，是新民主主义文化。“所谓新民主主义的文化，就是人民大众反帝反封建的文化；在今日，就是抗日统一战线的文化。这种文化，只能由无产阶级的文化思想即共产主义思想去领导，任何别的阶级的文化思想都是不能领导了的。所谓新民主主义的文化，一句话，就是无产阶级领导的人民大众的反帝反封建的文化。”[②]但必须注意，不能把共产主义思想体系的宣传，当作当前行动纲领的实践；把用共产主义的立场和方法去

① 《毛泽东选集》第2卷，人民出版社1991年版，第707–708页。

② 《毛泽东选集》第2卷，人民出版社1991年版，第698页。

观察问题、研究学问、处理工作、训练干部，当作中国民主革命阶段上整个的国民教育和国民文化的方针。应当把两者区分开。“现在整个新的国民文化的内容还是新民主主义的。”[①]这种新民主主义文化具有三方面特点。

一是民族的。它是反对帝国主义压迫，主张中华民族的尊严和独立的。它是我们这个民族的，带有我们民族的特性。它同一切别的民族的社会主义和新民主主义文化相联合，建立互相吸收和互相发展的关系，共同形成世界的新文化。但是绝不能和任何别的民族的帝国主义反动文化相联合，因为我们的文化是革命的民族文化。中国应当大量地吸收外国的进步文化，作为自己文化食粮的原料，这种工作过去还做得很不够。这不但是当前的社会主义文化和新民主主义文化，还有外国的古代文化，例如各资本主义国家的启蒙时代的文化，凡属我们今天用得着的东西，都应该吸收。外国任何好的东西，都要和民族的特点相结合，经过一定的民族形式才有用处，决不能主观地公式地应用它。毛泽东的“民族的”文化观，在当时的情境中，是有三方面功用的。其一是为了抗日救亡；其二是为了批判当时文化界的两个极端化的倾向，即文化保守主义和西化论者的文化自由主义；其三是为了说明马克思主义中国化的合理性，以之批判当时党内许多人的本本主义或教条主义。“公式的马克思主义者，只是对于马克思主义和中国革命开玩笑，在中国革命队伍中是没有他们的位置的。中国文化应有自己的形式，这就是民族形式。民族的形式，新民主主义的内容——这就是我们今天的新文化。”[②]

对于民族文化遗产，毛泽东主张批判继承。他在另一篇文章中说：“学习我们的历史遗产，用马克思主义的方法给以批判的总结，是我们学习的另一任务。我们这个民族有数千年的历史，有它的特点，有它的许多珍贵品。对于这些，我们还是小学生。今天的中国是历史的中国的一个发展；我们是马克思主义的历史主义者，我们不应当割断历史。从孔夫子到孙中山，我们应当给以总结，承继这一份珍贵的遗产。这对于指导当前的伟大的运动，是有重要的帮助的。”[③]这样的说法，既不激进，也不保守，是五四运动后最适宜的适度保守中的革新。

---

① 《毛泽东选集》第2卷，人民出版社1991年版，第705页。
② 《毛泽东选集》第2卷，人民出版社1991年版，第707页。
③ 《毛泽东选集》第2卷，人民出版社1991年版，第533–534页。

二是科学的。新民主主义文化是反对一切封建思想和迷信思想，主张实事求是，主张客观真理，主张理论和实践一致的。对于中国传统文化，毛泽东认为，中国在长期的封建社会中，创造了灿烂的古代文化。在梳理古代文化的发展过程时，剔除古代文化中封建性的糟粕，吸收古代文化中民主性的精华，是发展民族新文化、提高民族自信心的必要条件，但是决不能无批判地兼收并蓄。必须将古代封建统治阶级的一切腐朽的东西和古代优秀的人民文化即多少带有民主性和革命性的东西区别开来。中国现时的新政治、新经济是从古代的旧政治旧经济发展而来的，中国现时的新文化也是从古代旧文化发展而来的，因此，我们必须尊重自己的历史，决不能割断历史。但是这种尊重，是科学地给予历史一定的地位，是尊重历史的辩证法的发展，而不是颂古非今，不是赞扬任何封建的毒素。在毛泽东看来，新民主主义文化是反封建的，反对一切封建思想和迷信思想，主张客观真理，主张实事求是，主张理论和实际相结合。至于对于那些资产阶级的唯心论或宗教神学，无产阶级的态度是，为了统一战线，为了民族国家之利益，无产阶级可以同唯心论者和宗教信徒结成盟军，但对他们的世界观和宗教观则是不可以接受的。

三是大众的，因而是民主的。新民主主义文化应当是为全民族中百分之九十以上的工农劳苦民众服务的，并逐渐成为他们的文化。新民主主义文化之所以为“大众的”，就是说新民主主义文化不是为少数精英阶层服务的，不是为“高贵者”服务的。既然新民主主义的主体和领导力量是无产阶级，那么其文化亦是为之而服务的。它既要源于大众，赞美大众，又是为大众所喜闻乐见的。如此，它才是革命的文化，无产阶级的文化。“一切进步的文化工作者，在抗日战争中，应有自己的文化军队。这个军队就是人民大众。革命的文化人而不接近民众，就是‘无兵司令’，他的火力就打不倒敌人。为达此目的，文字必须在一定条件下加以改革，言语必须接近民众，须知民众就是革命文化的无限丰富的源泉。”①

毛泽东强调，新民主主义文化是无产阶级领导的，所以和其政治、经济一样，都具有社会主义因素，并且不是普通的因素，而是起决定作用的因素。但是就整个政治情况、整个经济情况和整个文化情况来说，却还不

---

① 《毛泽东选集》第2卷，人民出版社1991年版，第708页。

是社会主义的，而是新民主主义的。“如果以为现在的整个国民文化就是或应该是社会主义的国民文化，这是不对的。这是把共产主义思想体系的宣传，当作了当前行动纲领的实践；把用共产主义的立场和方法去观察问题、研究学问、处理工作、训练干部，当作了中国民主革命阶段上整个的国民教育和国民文化的方针。以社会主义为内容的国民文化必须是反映社会主义的政治和经济的。我们在政治上经济上有社会主义的因素，反映到我们的国民文化也有社会主义的因素；但就整个社会来说，我们现在还没有形成这种整个的社会主义的政治和经济，所以还不能有这种整个的社会主义的国民文化。”[①]新民主主义文化并不是纯粹的社会主义，而是允许其他非社会主义文化适当存在。这种文化主张自然容易获得一般民众认同。毛泽东区分旧文化与新文化，阐明在文化建设上应取批判继承的立场，拒斥其糟粕，吸收其精华；对外来文化，有选择地吸收，但必须通过民族形式的转化，使之成为民族文化一个有机组成部分。这种文化观要比文化复古主义、保守主义，以及历来统治者利用传统文化维护独裁统治都更有道理，更有说服力。

张闻天随后对新民主主义文化问题作了进一步阐明。所谓民族的，即主张民族独立解放，提高民族自信心，正确把握民族的特点；所谓民主的，即反对专制压迫，主张民主自由、民主政治、民主生活和民主作风；所谓科学的，即反对主观武断迷信愚昧无知，把握科学思想，坚持科学态度和科学方法；所谓大众的，即反对少数特权者压迫愚弄欺骗大多数人，主张代表大多数人民利益的大众的平民的文化，主张文化为大众所有，普及于大众又提高于大众。他还指出，这四个要求是有机联系着的，应该以这些要求建设抗日的广泛的“文化统一战线”。[②]很明显，这种民族的民主的科学的大众的新文化，也正是中国新文化的方向。张闻天把“民主的”单列一项，显然比把“大众的即是民主的”连在一起表达的意义更为明确。

《新民主主义论》总结了中国近百年资产阶级民主革命的历史经验，特别是中国共产党所领导的新民主主义革命的经验，全面阐述了新民主主义革命的理论，揭示了在中国这种半殖民地半封建国家进行资产阶级民主革

---

① 《毛泽东选集》第2卷，人民出版社1991年版，第705页。

② 《张闻天选集》，人民出版社1985年版，第253页。

命的基本规律，规定了新民主主义革命的基本纲领，正面回答了国内外、党内外在中国革命的性质、前途、道路等问题上的种种责难与困惑，是中国共产党在理论上已经成熟的重要标志。

三、新民主主义的宪政思想

西安事变和平解决后，中共针对新形势的发展，提出了巩固和平、争取民主、实现抗战三位一体的口号，以推动抗战准备工作。1937年2月10日，中共中央发出致国民党五届三中全会电，对国民党提出五点希望。其中第二点是保障言论、集会、结社之自由，释放一切政治犯；第三点是召开各党派代表会议，集中全国人才，共同救国。同时，中共中央作出四项承诺，其中包括承认三民主义的指导与国民政府的领导，承诺在特区实行普选的彻底民主制度。[①]

1937年5月，毛泽东在延安召开的中国共产党全国代表会议上作《中国共产党在抗日时期的任务》的报告，指出"争取政治上的民主自由，则为保证抗战胜利的中心一环"，"民主是新阶段中最本质的东西"。这篇报告提出了当前中国必须立即实行下列两方面的民主改革。一是将政治制度上国民党一党派一阶级的独裁政体，改变为各党派各阶级合作的民主政体。这应从改变国民大会的选举和召开上违反民主的办法、实行民主的选举和保证大会的自由开会做起，直到建立真正的民主政府，执行真正的民主政策为止。二是保障人民的言论、集会、结社自由。没有这种自由，就不能实现政治制度的民主改革。[②]抗战时期中共的民主政治诉求，基本围绕着这两个方面展开。

毛泽东和中共中央在陕甘宁边区逐渐推进民主制度，建立边区参议会并加强边区参议会工作，为全国民主宪政提供了实施样板。1939年1月12日，毛泽东在中央书记处讨论陕甘宁边区参议会问题时发言指出，六届六中全会后边区工作要从边区议会做起，边区问题解决必须坚持下列原则：（一）边区事情由我们办；（二）保证民主制度。1月17日，他在陕甘宁边区第一届参议会开幕会上讲话时指出："抗战一定要有民权主义与民生主

---

① 中共中央文献研究室编《毛泽东年谱（1893—1949）》上卷，中央文献出版社2013年版，第653页。

② 《毛泽东选集》第1卷，人民出版社1991年版，第256—257页。

义。孙中山先生的三民主义——民族、民权、民生是互相配合的。没有民权主义、民生主义就不能实现民族主义，抗战就不会胜利。”1939年2月，毛泽东会见美国合众社记者罗伯特·马丁时说：“中国需要民主才能坚持抗战，不单需要一个民选的议会，并且需要一个民选的政府。”他解释说：“共产党今日的纲领与三民主义没有基本上的冲突，但有不同点。废除私有财产制，是国共两党纲领的基本异点。到中国走上社会主义，如果那时英、美、法等国仍然是资本主义国家，如果这些国家不来打中国的话，那末，中国政府将对外来投资及外人在中国财产给以保障（付以代价）。中共在中国实行的纲领，是根据中国的需要，而不是共产国际对中共的统治。”①

1939年9月24日，毛泽东会见再次访问延安的美国记者斯诺，回答他提出的问题。在探讨抗日与民主问题时，毛泽东指出：“现在的中国，是一个不民主的国家。自抗战开始以来，国民党政府在民主民生政策方面，至今还没有什么变化。抗日而没有民主，是不能胜利的，抗日与民主是一件事的两方面。”②11月14日，毛泽东在中共陕甘宁边区第二次代表大会上讲话时强调：“中国缺少两样东西，一是独立，一是民主。而要独立又必须首先要民主，离开民主就不能独立。陕甘宁边区应该成为全国的一个民主的样本。”③

中共从抗战伊始便要求民主并在边区实施民主改革，但并没有不切实际地期望国民党会短期内在国民党统治区实现民主。毛泽东在延安召开的中共高级干部会议上指出，在当前的形势下，不应过分强调民主民生，目前应当强调的是反投降，“民主民生在国民党区域是宣传口号，不是行动口号”。④这表明中共对于国民党能否真正地实施民主，并不抱太大期望。

1939年秋，随着国民参政会第一届第四次会议的召开，宪政运动逐渐进入高潮。中共敏锐地意识到投入这场运动的必要性，因为要求民主与坚

---

① 中共中央文献研究室编《毛泽东年谱（1893—1949）》中卷，中央文献出版社2002年版，第112页。

② 中共中央文献研究室编《毛泽东年谱（1893—1949）》中卷，中央文献出版社2002年版，第141页。

③ 中共中央文献研究室编《毛泽东年谱（1893—1949）》中卷，中央文献出版社2002年版，第145-146页。

④ 中央档案馆编《中共中央文件选集》第12册，中共中央党校出版社1991年版，第129页。

持抗战、反投降并不矛盾，并能由此获得各方的同情和支持，更有力地防止内战的发生。因此，中共中央在10月2日发出《关于宪政运动的第一次指示》，将反投降与要求民主并举，要求“各级党部应运用本届参政会的进步决议，用各种方法来加强反汪、反投降、反分裂、反倒退及要求实行民主、实行宪政的运动”。中央指示各地“要求立刻实行民主政治，召集真正民选的全权的国民大会，实施宪政”，“积极参加国民参政会宪政期成会的各种宪政运动”。①

12月1日，中共中央发出《关于推进宪政运动的第二次指示》，要求各地党组织：“积极的主动的参加与领导这一宪政运动，使之成为发动广大民众，实现民主政治的有力的群众运动，借以克服目前时局的危机，争取时局的好转。”②中共设想通过实现民主来克服抗战阵营内部存在的投降危险。

针对国民党同意于1940年召开国民大会的承诺，中共提出了对于民主宪政的四项主张：一是立即实现人民的言论、集会、结社、出版、信仰自由的民主权利，作为召开国民大会、实施宪政的先决条件；二是废弃或彻底修改战前的国民大会选举法，战前根据旧选举法选举出的国民大会代表应取消改选，由各党、各派、各界、各军、各民众团体直接选举代表；三是国民大会应是全权的民意机关，除制定宪法外，应有选举与改组国民政府与决定各种基本政策的权利；四是战前的宪法草案必须彻底修改。中共清楚地知道这些主张不可能为国民党所全部接受，故在不放弃进行宣传的同时，准备接受“必要的对抗战有利的临时折衷办法”。③

1939年11月，毛泽东、吴玉章、陈绍禹等中共参政员在延安发起组织延安各界宪政促进会。次年2月20日，延安各界宪政促进会正式成立，吴玉章担任理事长。毛泽东在延安各界宪政促进会成立大会上发表了《新民主主义的宪政》，指出：抗日和民主是目前中国的两件头等大事。

中国缺少的东西固然很多，但是主要的就是少了两件东西：一件是独立，一件是民主。“把独立和民主合起来，就是民主的抗日，或叫抗日的民

① 中央档案馆编《中共中央文件选集》第12册，中共中央党校出版社1991年版，第179—180页。

② 中央档案馆编《中共中央文件选集》第12册，中共中央党校出版社1991年版，第200页。

③ 中央档案馆编《中共中央文件选集》第12册，中共中央党校出版社1991年版，第200—201页。

主。没有民主，抗日是要失败的。没有民主，抗日就抗不下去。有了民主，则抗他十年八年，我们也一定会胜利。”毛泽东指出：宪政是什么呢？就是民主的政治。我们现在要的民主政治，“是新民主主义的政治，是新民主主义的宪政。它不是旧的、过了时的、欧美式的、资产阶级专政的所谓民主政治；同时，也还不是苏联式的、无产阶级专政的民主政治”。

什么是新民主主义的宪政呢？毛泽东将其定义为：“几个革命阶级联合起来对于汉奸反动派的专政。”新民主主义宪政的具体内容，“就是几个革命阶级联合起来对于汉奸反动派的民主专政，就是今天我们所要的宪政。这样的宪政也就是抗日统一战线的宪政”。毛泽东批评国民党谈论宪政的虚伪性，指出他们是被人民逼得没有办法，只好应付一下，实际上“他们是在挂宪政的羊头，卖一党专政的狗肉”，他们要的是法西斯主义的一党专政，不会给人民以丝毫的民主自由。他还指出：中国民族资产阶级的宪政是想在中国实行资产阶级专政，这也是“要不来的”，因为中国人民不欢迎资产阶级一个阶级来专政。应当动员人民大众起来，促进和争取新民主主义宪政的实现。[①]

延安各界宪政促进会成立大会发表了《延安各界宪政促进会宣言》，公开提出了四项建议，阐述了中共对新民主主义宪政问题的看法：一是今日实施宪政之意义，在于发扬民意，彻底战胜日本帝国主义。二是国民大会代表选举法必须彻底修正，其代表必须重新选举。建议政府，彻底修正国大代表选举法，重新选举代表。盖必如此，方与团结抗战之需要相适合。否则南辕北辙，贻笑大方，断非民族国家之福。三是国民大会组织法必须彻底修正，国民大会应成为国家最高权力机关。该宣言主张国民大会应为国家最高权力机关，国民大会于制定宪法决定宪法施行日期外，应为执行宪法之机关；国民大会有决定内政外交基本方针之权；国民大会有选举政府、监督政府与罢免政府人员之权；国民大会有制定国家法律之权；国民大会应设常驻机关，执行大会闭会期间之职务。四是全国应发起普遍深入之宪政运动，人民有讨论宪政与选举国大代表之自由，各抗日党派有合法存在权利与参加国大代表竞选之自由。宪政而无民众运动，民众而无言论、集会、结社之自由，各抗日党派而无合法存在与合法活动之权利，则一切

① 《毛泽东选集》第2卷，人民出版社1991年版，第732—736页。

所谓宪政，不过空谈一阵，毫无实际成效可言。该宣言最后申明："凡此四端，为本会之主张，亦即全国人民之公意，本会同人深信，实行民主宪政为国内国际大势之所趋，虽有种种阻碍，终必达此目的。"①

此后，中共领导的敌后根据地广泛地开展了宪政运动。中共在晋察冀边区提出了"用边区的宪运来促进全国的宪运"口号，要"把边区造成三民主义的模型"，将边区的经验传布全国。边区政府主席宋劭文说：有人说中国人民的知识程度不够，所以应该一面实行宪政，一面继续训政。但边区的事实是，那些从来没有被训过的老百姓，在边区的各个村庄里开会讨论村选、区选、公粮等问题。②

中共与其他中间党派在要求国民党政府实施民主宪政的方向上一致，但具体立场并不总相同。以建立西方民主体制为目标的中间党派，既不满于国民党的专制独裁统治，也对共产党拥有自己的武装并与国民党发生摩擦感到忧虑。他们向国共两党提出了国家民主化和军队国家化的要求。前者显然是针对国民党的，后者则是针对共产党的。中共提出的相应对策是：与各中间党派一起，提出反对内战、停止摩擦的要求，但说明谁是内战与摩擦的主动者，将反对内战、反对摩擦的口号抓在自己手中；与各中间党派一起，要求实施宪政与民主政治，指出决不能以口头的允诺为满足，而必须认真地实行，首先要求国民大会代表改选及各党派和爱国人士言论、出版、集会之自由，利用具体事实揭破当局过去实施宪政之毫无诚意，说明在抗日反汪的斗争中实施宪政与民主之必要。

四、对发展资本主义的新认识

中国共产党成立之初，只是照搬马克思主义经典理论，笼统地认为中国是资本主义国家，党的革命目标是推翻资产阶级在中国的统治，将"资本家阶级"作为革命对象。资本主义是比封建主义先进的生产方式，是近代中国社会经济中的进步成分，但它在中国始终处在弱势地位，并且没有得到充分发展，当时的中国并不是"资本家的国家"，而是半殖民地半封建的国家。中国资本主义生产方式的代表——中国民族资产阶级相应地比较

---

① 《延安各界宪政促进会宣言》，《解放》1940年3月8日。

② 干戈：《游击区的宪政运动》，《国民公论》1940年第4卷第2号。

软弱。故中共将“资本家阶级”作为革命的对象，试图在落后的农民国家中直接进行社会主义革命，但这显然是不合乎中国实际情况的。随着对中国国情认识深化，中共逐渐认识到资本主义在中国存在和发展的合理性，资产阶级的革命性得到了肯定，由此亦逐步形成了保护私人资本主义、保护民族工商业的主张。

1925年12月1日，毛泽东在《中国社会各阶级的分析》中指出：“一切半无产阶级、小资产阶级，是我们最接近的朋友。那动摇不定的中产阶级，其右翼可能是我们的敌人，其左翼可能是我们的朋友。”[①]这样，中共改变了过去简单地把资本主义当作革命对象的“左”倾主张。

国民革命失败后，面对国民党反动派的屠杀政策，中共很容易出现“左”倾激愤情绪，认为中国资产阶级已经背叛革命，资产阶级民主革命任务已经完成，故中共对资本主义及资产阶级的认识发生了逆转，将资产阶级作为革命对象加以对待，对资本主义在中国的发展采取否定的态度。瞿秋白在《中国革命是什么样的革命?》中明确提出：“中国革命要推翻豪绅地主阶级，便不能不同时推翻资产阶级。”[②]随后，李立三、王明等人同样将民族资产阶级作为中国革命的对象。三次“左”倾错误的共同特点是，在资产阶级民主革命阶段不仅仅要进行反帝反封建斗争，而且还要一般地反对资本主义，将革命矛头同时对准资产阶级和农村中的富农阶层。

全面抗战爆发后，毛泽东、张闻天等人在总结历史经验教训基础上，对中国资产阶级革命性及发展资本主义问题进行深入探索，肯定民族资产阶级的革命性、发展资本主义的合理性和进步性，逐渐形成了发展中国新式资本主义的思想。

1939年11月，毛泽东在《在边区党代表大会的政治报告》中提出：“现在大大的压制资本家，不许他们发展，这种办法是不利的，对革命等等都不好，结果没几天连一个工厂也没有了，那不好，至于我的意见对不对呢？还值得同志们研究一下。”他对边区发展资本主义问题的态度是：“马克思列宁主义领导的地方，能不能有资本主义生长呢？能的！如果我们今天消灭资本主义，那干什么呢？干社会主义吗，这是一个空的，这个思想

---

① 《毛泽东选集》第1卷，人民出版社1991年版，第9页。

② 中央档案馆编《中共中央文件选集》第3册，中共中央党校出版社1989年版，第639页。

不能够实现，这是不能的。但这并不是说社会主义是不可能的，社会主义是必然的，但现在还不成，所以便可以让资本主义发展，不过要调剂他的发展。”

1939年底，毛泽东在《中国革命和中国共产党》中指出，因为新民主主义革命肃清了资本主义发展道路上的障碍，“资本主义经济在中国社会中会有一个相当程度的发展，是可以想象得到的，也是不足为怪的。资本主义会有一个相当程度的发展，这是经济落后的中国在民主革命胜利之后不可避免的结果”①，他开始肯定资本主义在中国发展的合理性与必然性。1940年初，毛泽东发表《新民主主义论》，严格区分开了资产阶级民主革命与社会主义革命的界限，阐述了中国革命虽然是资产阶级民主革命，但却包含着非资本主义前途的新民主主义理论，在理论上批判和澄清了民粹主义，这标志着中共对中国革命发展阶段和资本主义性质认识的飞跃。他批驳了“左”倾空谈主义，明确指出：“不走资产阶级专政的资本主义的路，是否就可以走无产阶级专政的社会主义的路呢？也不可能。”因此，民主革命后，新民主主义共和国“并不禁止‘不能操纵国民生计’的资本主义生产的发展”。②此后，毛泽东再三批评了党内“左”倾错误思想或“党内的民粹主义思想”，阐发了其关于私人资本主义经济的正确理论。

主张由落后的农业经济不经过资本主义的发展阶段直接过渡到社会主义，是民粹主义的基本特征。毛泽东的新民主主义理论，直接回应了民粹主义的错误主张，肯定了要发展和利用资本主义，严厉批判了党内存在的民粹主义思想。在半殖民地半封建的中国，只有经过新民主主义国家和新民主主义社会，大力发展现代工业，利用和发展中国资本主义，才能转变到社会主义革命阶段。毛泽东认为：新民主主义政权下的资本主义并非西方资本主义国家的自由资本主义，它的发展必须受到限制，既不能“操纵国民生计”又不能破坏国计民生；新民主主义共和国“决不能是‘少数人所得而私’，决不能让少数资本家少数地主‘操纵国民生计’，决不能建立欧美式的资本主义社会”。③

中国革命必须走农村包围城市的道路，但绝不是以农民革命对抗城市

---

① 《毛泽东选集》第2卷，人民出版社1991年版，第650页。
② 《毛泽东选集》第2卷，人民出版社1991年版，第678、683页。
③ 《毛泽东选集》第2卷，人民出版社1991年版，第678—679页。

资本主义经济的发展，更不是以小农经济对抗资本主义经济。中国共产党领导的新民主主义革命的基础是工业化社会大生产，而不是分散的个体经济。1944年7月14日，毛泽东在同英国记者斯坦因谈话时郑重申明："我们坚决相信，中国的私人资本及外国的私人资本在战后都必须给以宽大的机会，以便广大发展。"①他明确指出中共在现阶段的近期目标是实现新民主主义政策，在完成新民主主义革命时期的革命任务之前，谈论实现社会主义只能是空谈。他指出，封建土地所有制下的分散的个体小农经济是中国古代封建主义和独裁专制的基础，"未来的新民主主义社会不可能建立在这样的基础上，中国社会的进步将主要依靠工业的发展"。因此，毛泽东强调："工业必须是新民主主义社会的主要经济基础。只有工业社会才能是充分民主的社会。但为了发展工业，必须首先解决土地问题。没有一场反对封建土地制度的革命，就不可能发展资本主义，西方国家许多年前的发展已十分清楚地表明了这一点。"②

1944年8月31日，毛泽东致函解放日报社社长秦邦宪，明确阐述了新民主主义社会的经济基础问题，指出了新民主主义与民粹主义的根本区别。他说："新民主主义社会的基础是工厂（社会生产，公营的与私营的）与合作社（变工队在内），不是分散的个体经济。分散的个体经济——家庭农业与家庭手工业是封建社会的基础，不是民主社会（旧民主、新民主、社会主义，一概在内）的基础，这是马克思主义区别于民粹主义的地方。简单言之，新民主主义社会的基础是机器，不是手工。我们现在还没有获得机器，所以我们还没有胜利。如果我们永远不能获得机器，我们就永远不能胜利，我们就要灭亡。现在的农村是暂时的根据地，不是也不能是整个中国民主社会的主要基础。由农业基础到工业基础，正是我们革命的任务。"③

马克思主义认为，经过资本主义的发展才可能到社会主义，因为只有在资本主义创造的生产力的基础上才能建立社会主义。但并不是一定要经过资产阶级统治的那种资本主义社会。毛泽东将机器、工厂和合作社作为新民主主义社会的基础，包含着在中国具体的历史条件下如何利用资本主

---

① 根舍·斯坦因：《红色中国的挑战》，李凤鸣译，新华出版社1987年版，第27页。

② 《毛泽东文集》第3卷，人民出版社1996年版，第183、184页。

③ 《毛泽东文集》第3卷，人民出版社1996年版，第207页。

义以发展社会化大生产的内容，指明了一条不经过资产阶级专政的资本主义社会但又吸收资本主义成就的新道路。正是在这个根本点上，马克思主义与民粹主义是有根本区别的。

1945年3月31日，毛泽东在中共六届七中全会上对《论联合政府》进行说明时说道："报告中讲共产主义的地方，我删去过一次又恢复了，不说不好。关于党名，党外许多人主张我们改，但改了一定不好，把自己的形象搞坏了，所以报告中索性强调一下共产主义的无限美妙。农民是喜欢共产的，共产就是民主。报告中对共产主义提过一下以后，仍着重说明民主革命，指出只有经过民主主义，才能到达社会主义，这是马克思主义的天经地义。这就将我们同民粹主义区别开来，民粹主义在中国与我们党内的影响是很广大的。这个报告与《新民主主义论》不同的，是确定了需要资本主义的广大发展，又以反专制主义为第一。反旧民主主义也提了一下，军队国家化之类就是他们的口号，但不着重反对旧民主主义，因蒋介石不是什么旧民主主义而是专制主义。资本主义的广大发展在新民主主义政权下是无害有益的，而且报告里也说明了有三种经济成分。国家资本主义在苏联也存在了几年，十月革命后列宁就想要有一个国家资本主义的发展而未得，富农存在得更久一些。"①

1945年，毛泽东在中共七大上作《论联合政府》的政治报告中，进一步阐述了利用和发展资本主义而避免走资本主义道路的新民主主义理论。他指出："中国也不可能、因此就不应该企图建立一个纯粹民族资产阶级的旧式民主专政的国家"，"在中国的现阶段，在中国人民的任务还是反对民族压迫和封建压迫，在中国社会经济的必要条件还不具备时，中国人民也不可能实行社会主义的国家制度"。②中共七大召开时，因为已经把《论联合政府》印成书面报告发给大家，所以毛泽东没有再照本子念，而是作了一个口头报告，来解释书面报告的主要内容。

毛泽东在谈到资本主义问题时，专门解释说："在我的报告里，对资本主义问题已经有所发挥，比较充分地肯定了它。这有什么好处呢？是有好处的。我是在这样的条件下肯定的，就是孙中山所说的'不能操纵

① 《毛泽东文集》第3卷，人民出版社1996年版，第275页。

② 《毛泽东选集》第3卷，人民出版社1991年版，第1055页。

国民之生计'的资本主义。至于操纵国民生计的大地主、大银行家、大买办，那是不包括在里面的。"他区分了大资产阶级与一般资产阶级，认为大资产阶级是新的资产阶级民主革命的对象，因为他们不是一般的资产阶级。所谓一般的资产阶级，就是指中等资产阶级和小资产阶级，也就是中小资产阶级。毛泽东明确指出对大资产阶级采取没收政策，但对民族资产阶级则"允许广泛发展"。其云："将来我们的新民主主义，在大城市里也要没收操纵国民生计的财产，没收汉奸的财产（这一点，我在报告里已经讲过了）。我们是在这样的条件下，没收这些财产为国家所有的。另外，在下面我也说到要广泛发展合作社经济和国家经济，这二者是允许广泛发展的。"①

毛泽东以俄国民粹派"要更快地搞社会主义，不发展资本主义"的"左"倾错误为例，严厉批判了党内存在的不顾中国生产力水平的实际发展状况急于实现社会主义的民粹主义思想，特别强调要把是否承认社会主义需要建立在生产力发展的基础上，看作马克思主义与民粹主义是否划清界限的根本标准。他说："我们这样肯定要广泛地发展资本主义，是只有好处，没有坏处的。对于这个问题，在我们党内有些人相当长的时间里搞不清楚，存在一种民粹派的思想。这种思想，在农民出身的党员占多数的党内是会长期存在的。所谓民粹主义，就是要直接由封建经济发展到社会主义经济，中间不经过发展资本主义的阶段。俄国的民粹派就是这样。当时列宁、斯大林的党是给了他们以批评的。最后，他们变成了社会革命党。他们'左'得要命，要更快地搞社会主义，不发展资本主义。结果呢，他们变成了反革命。布尔什维克就不是这样。他们肯定俄国要发展资本主义，认为这对无产阶级是有利的。……我们不要怕发展资本主义。俄国在十月革命胜利以后，还有一个时期让资本主义作为部分经济而存在，而且还是很大的一部分，差不多占整个社会经济的百分之五十。那时粮食主要出于富农，一直到第二个五年计划时，才把城市的中小资本家与乡村的富农消灭。我们的同志对消灭资本主义急得很。人家社会主义革命胜利了，还要经过新经济政策时期，又经过第一个五年计划，到第二个五年计划时，集体农庄发展了，粮食已主要不由富农出了，才提出消灭富农，我们的同志

① 《毛泽东文集》第3卷，人民出版社1996年版，第322页。

在这方面是太急了。”①

毛泽东在中共七大政治报告中多处使用了允许一般资本主义“广大发展”的提法。毛泽东所说的资本主义“广大发展”，主要指一般资本主义企业的广大发展。一般资本主义的广大发展并不是短暂的，而将是长期的；因为中国“必须经历漫长的、民主管理的私人企业时期”，否则，就不能进入社会主义。

在毛泽东看来，马克思主义与民粹主义的根本区别，就在于要不要充分发挥资本主义的作用，广泛发展资本主义。中国民主革命阶段不是排斥资本主义，而是要大胆地鼓励资本主义的发展。他反复强调：“我们共产党人根据自己对于马克思主义的社会发展规律的认识，明确地知道，在中国的条件下，在新民主主义的国家制度下，除了国家自己的经济、劳动人民的个体经济和合作社经济之外，一定要让私人资本主义经济在不能操纵国民生计的范围内获得发展的便利，才能有益于社会的向前发展。”②只有经过民主主义才能到达社会主义，不承认新民主主义政权下还需要资本主义的广大发展，是民粹主义的观点。他重申：“只有经过民主主义，才能达到社会主义，这是马克思主义的天经地义。”③这样明确的阐述，将马克思主义与民粹主义根本区别开了。

毛泽东和中共倡导的新民主主义，实际上就是新式资产阶级民主主义，也就是新式资本主义。新式资本主义的经济，就是由“新民主主义的或三民主义的”国营经济、“新式资本主义性质的”合作社经济、私人资本主义经济和个体经济所构成的新式资本主义混合经济。毛泽东认为，中国应当发展这种资本主义，而且还阐明了它在中国所应达到的发展程度。毛泽东最早的提法，是认为这种资本主义会有一个“相当程度的发展”，这就是他在《中国革命和中国共产党》中所说的：“因为肃清了资本主义发展道路上的障碍物，资本主义经济在中国社会中会有一个相当程度的发展，是可以想象得到的，也是不足为怪的。资本主义会有一个相当程度的发展，这是经济落后的中国在民主革命胜利之后不可避免的结果。”④

---

① 《毛泽东文集》第3卷，人民出版社1996年版，第322—323页。
② 《毛泽东选集》第3卷，人民出版社1991年版，第1060—1061页。
③ 《毛泽东选集》第3卷，人民出版社1991年版，第1060页。
④ 《毛泽东选集》第2卷，人民出版社1991年版，第650页。

到1944年夏，毛泽东的认识有了飞跃性发展，扬弃了“相当程度的发展”这种比较模糊的提法，而代之以“广大发展”这种比较明确的新提法。1944年7月，毛泽东在与斯坦因的谈话时申明：“我们坚决相信，中国的私人资本及外国的私人资本在战后都必须给以宽大的机会，以便广大发展。”他在中共七大政治报告中有三处使用了“广大发展”这个提法：“中国应该让资本主义有一个广大的发展。”他在向与会者解释这个书面报告时强调：“公营经济、合作社经济之外，肯定广泛发展私人资本主义，只有好处没有坏处。”

毛泽东所说的资本主义“广大发展”，具有多方面的含义。第一，所谓“广大发展”，即是要广泛地、大量地发展私人资本主义。第二，这种“广大发展”，必须以肯定新民主主义社会其他主要经济成分为前提。第三，所谓“广大发展”，主要的是指私人中小型资本主义企业的广大发展，但同时并不排除非垄断性的大型私人资本主义企业的存在与发展。第四，私人资本主义的“广大发展”，并不是短暂的，而将是长期的，“必须经历漫长的、民主管理的私人企业时期”。关于这个“漫长的”时期，斯特朗报道说：“会允许私人企业存在多久呢？毛泽东说它将长时期存在。他在一个地方说‘几十年’；在另一个地方说，因为中国比较落后，中国的私人资本主义将会比今日欧洲的私人资本主义存在得更为长久。”[①]由此可见，毛泽东所指私人资本主义“广大发展”的含义，就是在承认新民主主义混合经济的前提下，要在一个漫长的历史时期内，并主要地是在非垄断性的现代工商业的领域中，广泛地、大量地发展私人资本主义的经济；在这种发展过程中，不仅中小企业应当获得广大的发展，而且对于大型的非垄断性的私人企业也容许它们的存在与发展。

毛泽东一方面提出中国应该让资本主义有一个“广大发展”，另一方面又提出一定要“节制资本”，决不能走欧美式资本主义的路。在毛泽东看来，这两个方面是相互一致的。这是因为“节制资本”不是要从税收、价格等方面限制私人资本的发展，而只是要：（1）限制私人资本的经营范围和经营规模，即一切有独占性质或规模过大的为私人之力所不能经营的企

① 安娜·路易斯·斯特朗：《中国人征服中国》，刘维宁、何政安、郑刚译，北京出版社1984年版，第147页。

业，当由国家经营，不许私人经营，以“使私有资本制度不能操纵国民之生计”；（2）限制私人企业在市场上的活动方式，即“私人企业不得故意高抬物价，紊乱市场，操纵国民生计”。至于那些不是“操纵国民生计”，而是有益于国民生计的私人资本主义经济，则仍是要使之能够“自由发展”和“广大发展”，并不加以“节制”。因此，毛泽东所说“节制资本”的基本精神，实际是要发展新民主主义的国营经济，支持和扶持自由资本主义的经济，防止自由资本主义经济转变为垄断资本主义经济，其目的就是要使中国避开垄断资本主义的阶段，并通过“漫长的、民主管理的私人企业时期”进到社会主义的经济。

为什么“中国应该让资本主义有一个广大的发展”？毛泽东从理论上作了具体论证。他指出：“有些人不了解共产党人为什么不但不怕资本主义，反而在一定的条件下提倡它的发展。我们的回答是这样简单：拿资本主义的某种发展去代替外国帝国主义和本国封建主义的压迫，不但是一个进步，而且是一个不可避免的过程。它不但有利于资产阶级，同时也有利于无产阶级，或者说更有利于无产阶级。现在的中国是多了一个外国的帝国主义和一个本国的封建主义，而不是多了一个本国的资本主义，相反地，我们的资本主义是太少了。”[①]

毛泽东运用马克思主义关于社会发展规律的理论，对于中国资本主义广大发展的必然性和必要性作出了多方面的论证。

第一，世界历史的发展是不平衡的，各国资本主义的发展不是取决于一般的“世界形势”，而是取决于本国社会的发展程度。因此，“蒋介石搞的是半法西斯半封建的资本主义。我们提倡的是新民主主义的资本主义，这种资本主义有它的生命，还有革命性。……新民主主义的资本主义将来还有用，在中国及欧洲、南美的一些农业国家中还有用，它的性质是帮助社会主义的，它是革命的、有用的，有利于社会主义发展的”。[②]

第二，中国经济的落后性，不仅表现在生产力方面，而且表现在生产关系方面，即表现在它的经济还是一个半封建的经济。按照马克思主义理论，从封建经济到社会主义经济，必须“经过资本主义”。“党内民粹主义

① 《毛泽东选集》第3卷，人民出版社1991年版，第1060页。

② 中共中央党史研究室、中央档案馆编《中国共产党第七次全国代表大会档案文献选编》，中共党史出版社2015年版，第531页。

思想存在，即是想直接从封建经济到社会主义经济，不经过资本主义。俄国民粹派‘社会革命党’后来都变成反革命。布尔什维克与之相反，肯定俄国要经过资本主义，这与其说对资产阶级有利，不如说对无产阶级有利，十月革命后，中小资本家、富农一部分（很大一部分）经济仍许其存在。”总之，我们只能按照马克思主义、布尔什维克主义和中国的具体国情办事，只能使中国在民主革命后经历一个“广泛发展私人资本主义”的历史阶段，而决不能去搞民粹主义，决不能去步俄国民粹派“社会革命党”的后尘。

第三，所谓“经过资本主义”，即是经过自由资本主义。自由资本主义的进步性，集中表现在它能够适应由农业国向工业国转变的需要。

第四，所谓实现工业化，就是要“蓬蓬勃勃地发展大规模的轻重工业”，建立“大规模的在全国经济比重上占极大优势的工业以及与此相适应的交通、贸易、金融等事业”。这就决定了，中国必须有广大的私人资本主义经济，才能完成此项巨大的任务。

第五，在经济落后的中国，私人资本主义的广大发展，“有益于国家与人民，有益于社会的向前发展”，“它不但有利于资产阶级，同时也有利于无产阶级”。具体来说就是：（一）私人资本的广大发展，有利于提高人民的生活水平。毛泽东说中国目前需要“解决土地问题，这可以使一种进步性质的资本主义在中国发展，通过现代的生产方法以提高人民的生活水平”。（二）私人资本的广大发展，为中国工业化所必需。而工业的发展，又“是决定一切的，是决定军事、政治、文化、思想、道德、宗教这一切东西的，是决定社会变化的”。因此，私人资本的广大发展，不仅能够促进国家工业化的实现，而且还能通过工业的发展推动中国社会各方面的向前发展。（三）作为共产主义第一阶段的社会主义的建立，必须以国家工业化为其前提条件，而要实现工业化，就必须使私人资本主义有一个广大的发展。所以，毛泽东说：在中国，如果“没有广大的私人资本主义经济……的发展……要想在殖民地半殖民地半封建的废墟上建立起社会主义来，那只是完全的空想”。

第六，在中国，私人资本主义的广大发展，“不但是一个进步，而且是一个不可避免的过程”。中国“必须经历漫长的、民主管理的私人企业时期。侈谈立即进入社会主义是‘反革命的思想’，因为它不现实，而想实行它总会自招失败”。

全面抗战时期，不仅毛泽东对资本主义的认识有了升华并论述了发展新式资本主义问题，而且张闻天、谢觉哉等人也从不同角度肯定新式资本主义的进步性，主张在中国发展新式资本主义。

1942年10月，张闻天根据对晋西北农村社会经济调查，系统阐述了发展新式资本主义问题。他指出："资本主义生产成分在农村是很微弱的，封建的成分，即地主与农民的成分，还占优势。但农民已起分化。除富农、雇农外，农村人口的大多数，是中农、贫农小资产阶级成分，这已是资本主义发展的园地。"他严厉批评说："我们有些干部，不懂得发展新式资本主义是新民主主义经济的全部方向和内容，也是将来社会主义的前提。不会运用新民主主义政治力量，推进新民主主义经济的发展。甚至机械了解'政治是经济的集中表现'，因而以为，晋西北今天的抗日民主政权是新民主主义政权，晋西北今天的经济，也一定是新民主主义的经济了。"①

张闻天着重阐述了什么是发展新式资本主义和为什么要发展新式资本主义问题。他肯定说："资本主义生产方式，是现时比较进步的，可使社会进化的。"他分析说："在资本主义方式的经营下，首先是富农经营自己土地，并雇长工。土地集中使用，而又合理分工。富农饲养牲畜猪羊，经营工商业（油房、粉房、磨房、染房、商店等），自己有工具，有肥料，有资本，可以把土地耕种好，多打粮食和棉花。土地产量越高，对富农和资本家越有利（所以他们不像地主那样对生产漠不关心，当寄生虫），对全社会更有利。资本主义经营，可使商品经济园艺业等发展，因工业需要原料，商业需要货物，富农和资本家又需要货币支付工资和投资工商业。我们在晋西北发展新式资本主义，一定要靠农业积累资本。将来社会主义，又要靠新式资本主义发展做基础。"②

张闻天指出，正是因为新式资本主义生产方式在现时是比较进步的，所以要发展新式资本主义。第一，不要怕晋西北资本家多。现时，不要怕富农。因为今天的富农，每户平均剥削不到一个雇工，垄断不到一百垧山地，这有什么不得了呢？倒是应该限制地主，奖励农民，才合我们的政策。有些农民出身的干部，体贴农民疾苦，这是对的。但把改善农民生活完全

---

① 《张闻天文集》第3卷，中共党史出版社1994年版，第184页。

② 《张闻天文集》第3卷，中共党史出版社1994年版，第184—185页。

放在合理分配别人的财富上，则是不对的。应主要从发展生产、增加社会财富来求民生之改善，才是比较妥当的。第二，不要怕农民受苦，就是说，不要怕雇农多，没法安插，失业、工资低，生活恶化。今天雇农、贫农的生活，都是很苦的。说贫农永远比雇农生活好，贫农不要丢失土地当雇农，这是落后的想法。欧美各国资本主义发达，工人生活比今天中国小地主好得多，可见落后国家的地主，日子过得不如先进国家的工人。在新民主主义政权下，只要资本主义发展了，工人生活一定会改善。因为革命政府颁布劳动法令，限制富农资本家随意剥削工人，政府将有计划从农村征调工人，不会造成农村无政府状态，造成农村破产。他自信地说："所以，我们所提倡的新式资本主义，与欧美的旧资本主义不同。我们有革命政权和革命政策，调节社会各阶级关系。凡可以操纵国民生计的工商业，均握在国家手中。"他得出的结论是："中国社会将来才是社会主义和共产主义，今天则要实行新民主主义，就是新式资本主义。因为中国太落后，只有走过新式资本主义的第一步，才能走社会主义的第二步。社会主义和共产主义，是我们的理想。发展新式资本主义，是我们现时的任务，也是我们当前的具体工作。"①

谢觉哉对资本主义与封建生产方式作了比较："资本主义生产和封建生产不同之点，在于资本主义自己对生产过程负责。"因而，他肯定了资本主义生产方式的进步性："资本主义式的生产比封建的生产是进步，但并不是说资本主义剥削比封建剥削轻。形式上改变，为的是要加重剥削者的所得，否则剥削者它不会走这条改革的路。"正因资本主义生产方式比封建方式进步，故边区政府对农村资本主义生产方式予以支持："现在政府厉行减租，地主觉得雇工种比出租有利（你计算一个强壮劳动力可耕五十亩，平常计算可收粮十五石，是照一般佃农种地计算的。一个全不参加劳动的地主来雇工，恐又是一样），但政府还可以照顾工人生活，增加工资，这样一来，真正农村资本主义式的生产就会发生。我们希望这种生产方式发生，这于地主阶层、劳动阶层都是有益。"②

在谢觉哉看来，资本主义在中国发展具有必然性和合理性，鼓励资本

---

① 《张闻天文集》第3卷，中共党史出版社1994年版，第186页。

② 谢觉哉：《谢觉哉书信选》，中国卓越出版公司1989年版，第39页。

主义发展是新民主主义革命之必然："关于新民主主义政权性质，毫无疑义是资产阶级性的，反帝、反封建、反官僚资本，是为资本主义的发展扫除障碍。而且，今天的中国，不是资本主义多了，而恰是少了它，在一定时期和一定范围内，必然且不能不要有资本主义的发展。……企图跳过新民主主义阶段，人工地过早搞社会主义，必然遇到挫折，把新民主主义看作死呆的阶段，或把它叫做新资本主义，也是不对的。"①

需要说明的是，毛泽东和中共中央在抗战时期较多地使用了"新资本主义""新式资本主义"等提法。这种提法既有容易为人理解的一面，也有易于引起误解的一面。故后来毛泽东和中共中央不再提"新资本主义"概念，而是采用"新民主主义经济"来替代。1948年9月1日，毛泽东在中共中央政治局会议上说："我们的社会经济呢？外面有人说是'新资本主义'，我看这个名词是不妥当的，因为它没有说明，在我们社会经济中起决定作用的东西，是国营经济、公营经济，这个国家是无产阶级领导的，所以这些经济都是社会主义性质的。农村个体经济加城市私人经济在量上是大的，但是不起决定作用。我们国营经济公营经济，在量上较小，但它是起决定作用的，名字还叫新民主主义经济好。"②此后，毛泽东和中共中央在新的政治形势下不再提"新资本主义"，而是采用"新民主主义经济"的提法。

五、民主联合政府的建国思想

太平洋战争爆发之后，中国共产党、国民党及各中间党派均看到了中国抗战胜利的希望，并开始规划战后建国问题。蒋介石出版《中国之命运》、国民党召开六大及提出"三民主义共和国"方案，都是在积极规划战后建国问题。毛泽东发表《新民主主义论》《论联合政府》等论著，同样是对未来中国前途进行思考和探索，并形成了以成立民主联合政府为核心内容的"新民主主义共和国"方案。

中国共产党对国民党统治区的民主宪政运动给予关注和支持。1944年2月下旬，延安各界举行宪政座谈会，与国民党统治区民主宪政运动遥相呼应。3月1日，中共中央发出《关于宪政问题的指示》，指出国民党允诺实

---

① 谢觉哉：《谢觉哉书信选》，中国卓越出版公司1989年版，第81–82页。

② 顾龙生：《毛泽东经济年谱》，中共中央党校出版社1993年版，第249页。

行宪政，“虽其目的在于欺骗人民，借以拖延时日，稳固国民党的统治，但是只要允许人民讨论，就有可能逐渐冲破国民党的限制，使民主运动推进一步。”中共中央决定参加此种宪政运动，“以期吸引一切可能的民主分子于自己周围，达到战胜日寇与建立民主国家的目的”。[①]3月12日，周恩来在延安各界纪念孙中山逝世19周年的大会上，对宪政问题和团结问题发表演说。他在阐述宪政与抗战前途的关系时说：“没有民主，抗日就抗不下去，……要实施宪政，就要先给人民以民主自由。有了民主自由，抗战的力量就会源源不断的从人民中间涌现出来。”周恩来提出，实施宪政的“最重要的先决条件有三个：一是保障人民的民主自由，二是开放党禁，三是实行地方自治”。[②]针对国民党要以其战前确定或选出的国民大会代表充作现任代表的企图，周恩来明确指出：应彻底修正国民大会选举法和组织法，重新选举国民大会代表，并应在抗战期间就召开国民大会，实施宪政。

1944年5月，中共中央委派林伯渠等与国民党代表张治中等开始双方自抗战以来的第三次谈判。中共中央起初决定不提方案，后来根据形势的发展作出相应调整，向国民党提出了有关急切问题的意见20条（包括政治问题3条、具体问题17条），要求国民党政府实行民主政治，保障人民的言论、集会、结社与人身自由，承认中共及其他爱国民主党派的合法地位，释放爱国政治犯，以及承认边区，停止对敌后根据地的军事进攻等。但国民党方面不肯接受中共的合理要求，反而向中共提出《中央提示案》，要求取消八路军、新四军的五分之四，并无条件地服从国民党调遣，将解放区所有政府交给国民党地方政府接管，实际上是要变相取消中共军队和敌后抗日政权。这一要求中共显然无法接受。

豫湘桂战役将国民党政府的腐败无能暴露无遗，不仅引发了社会各界的严厉批评，也引起了国民党内部对最高决策层的强烈不满。中共中央由此判断：国共力量的强弱对比开始发生重大变化，已由过去多年的国强共弱变成现在的国共几乎平衡，并正在向共强国弱的方向转化。正是基于这种基本判断，并鉴于国民党统治区民主宪政运动的蓬勃发展，中共开始考虑成立民主联合政府问题。1945年8月18日，周恩来致电在重庆的董必武、

---

① 中央档案馆编《中共中央文件选集》第14册，中共中央党校出版社1992年版，第178页。

② 周恩来：《关于宪政与团结问题》，《新华日报》1944年3月14日。

林伯渠，请他们考虑：如果目前中共向全国提议并向国民党要求提前召集各党派及各团体代表会议，改组政府，然后由此政府召开真正民选的国民大会，讨论对日反攻，实行民主，能否引起大后方，尤其是各党派的响应和各地方实力派的同情。周恩来要求他们就此试探各党派和各地方实力派的态度。[①]董必武、林伯渠接到中共中央电报后，与在重庆的各党派及民主人士取得联系，征求意见，获得了积极回应。

1944年8月23日，毛泽东在与谢伟思就国共关系问题进行长时间谈话时，第一次提到了有关联合政府的构想。他说："国民政府应该立即召开一次临时（或过渡的）国民大会，应邀请一切团体派代表参加。在人数分配方面切实可行的妥协可以是，国民党大概占代表数的一半，所有其他代表占另一半，蒋介石将被确认为临时总统。这次临时国民大会必须有全权改组政府并制定新的法令——保持有效到宪法通过之时为止。它将监督选举，然后召开国民大会。"[②]毛泽东所设计的是一个各党派代表会议，对国民党及其他党派所占的份额作了大致划分。

9月4日，中共中央认为目前向国民党及国内外提出改组政府主张的时机已经成熟，遂就有关改组国民政府问题指示谈判代表林伯渠、董必武和王若飞，指示中相关机构的名称发生了变化，但改组国民政府的步骤更加清晰："其方案为要求国民政府立即召集各党、各派、各军、各地方政府、各民众团体代表开国事会议改组中央政府废除一党统制，然后由新政府召开国民大会实施宪政，贯彻抗战国策，实行反攻。"中共中央估计到"此项主张国民党目前绝难接受。但各小党派，地方实力派，国内外进步人士，甚至盟邦政府中开明人士会加赞成"。对于如何提出该项主张，中央也给予了明确指示："一、望你们在起草回答张王的信中加上此项主张，以说明这是我们对实施民主政治的具体步骤和主张。二、在这次参政会中，如取得小党派及进步人士同意，可将是项主张作成提案"，并要求将这个主张当成"今后中国人民中的政治斗争目标，以反对国民党一党统治及其所欲包办的

① 中共中央文献研究室编《周恩来年谱（1898—1949）》，中央文献出版社、人民出版社1989年版，第580页。

② 中共中央文献研究室编《毛泽东年谱1893—1949》中卷，中央文献出版社2002年版，第540页。

伪国民大会与伪宪”。①

9月15日，林伯渠在国民参政会上代表中国共产党向国民党和全国人民正式提出了关于立即召开紧急国事会议、废止国民党一党专政、建立联合政府的要求。他指出：中国共产党认为挽救目前危局的办法，是必须对政府机构人事政策来一个改弦更张，中共“希望国民党立即结束一党统治的局面，由国民政府召集各党各派、各抗日部队、各地方政府、各人民团体的代表，开国事［是］会议，组织各抗日党派联合政府，一新天下耳目，振奋全国人心，鼓励前方士气”，只有这样，才能加强全国团结，集中全国人才，才能准备配合盟军反攻，彻底打垮日寇。②

10月10日，周恩来在延安各界举行的双十节庆祝大会上发表题为《如何解决》的演讲。他痛陈抗战局势的危机，指出危机的根源就在于国民党的腐败统治，再次明确提出：“为挽救目前危机，为配合盟邦作战，并切实准备反攻起见，我们中国共产党人主张由国民政府立即召集全国各方代表，开紧急国事会议，取消一党专政，成立联合政府，改弦更张，以一新天下耳目。”周恩来还提出了成立联合政府的具体步骤与办法。第一，各方代表由各方自己推选，人数应按各方所代表的实际力量比例规定。第二，国事会议应于最近期间召开。第三，国事会议根据革命三民主义的原则，必须通过切合时要、挽救危机的施政纲领以彻底改变国民党所执行的错误政策。第四，在共同施政纲领的基础上，成立各党派的联合政府，以代替目前的一党专政政府。第五，联合政府有权改组统帅部，成立联合统帅部。第六，联合政府成立后，立即准备于最短期间内召开真正人民普选的国民大会，以保证宪政的实施。③这样，中共就把宪政运动集中到建立民主联合政府的目标上。

由此可见，中共所提出的联合政府主张，改变了抗战以来以国民党和国民政府为核心的政治参与模式，改为各党、各方面人士按实力组建一个新的政府来实现各种力量的参与；参与的主体由各在野党派和无党派人士，

---

① 中央档案馆编《中共中央文件选集》第14册，中共中央党校出版社1992年版，第323页。

② 《林伯渠在国民参政会上关于国共谈判的报告》，载章伯锋、庄建平主编《抗日战争》卷3，四川大学出版社1997年版，第1128页。

③ 中央档案馆编《中共中央文件选集》第14册，中共中央党校出版社1992年版，第364-365页。

改为包括国民党在内的各方按实力分配名额；参与的目标由改良国民党政权彻底变革为建立新的政权，根本否定国民党的一党统治。

中共提出建立民主联合政府的主张，得到各中间党派及民主人士的热烈响应。从此，建立统一的民主联合政府，成为第二次宪政运动主要政治目标。中国民主同盟不久发表《对抗战最后阶段的政治主张》，响应中共号召，要求如下：立即结束一党统治，建立各党派联合政府，迅速实施筹备宪政，召开全国宪政会议，颁布宪法；释放一切政治犯，切实保障人民的各项自由权利；废除一切妨害上述内容的法律法令，开放党禁，承认各党各派的公开合法地位；等等。其他党派和民主人士也纷纷发表宣言或谈话，表示拥护中国共产党提出的建立统一的民主联合政府的主张。

1945年4月23日，中国共产党第七次全国代表大会在延安召开，毛泽东在题为《两个中国之命运》的开幕词中，非常简单而又非常有力地宣布：抗战胜利之后的中国人民面前摆着两条路——光明的路和黑暗的路；有两种命运——光明的中国之命运和黑暗的中国之命运。“现在日本帝国主义还没有被打败。即使把日本帝国主义打败了，也还是有这样两个前途。或者是一个独立、自由、民主、统一、富强的中国，就是说，光明的中国，中国人民得到解放的新中国；或者是另一个中国，半殖民地半封建的、分裂的、贫弱的中国，就是说，一个老中国。一个新中国还是一个老中国，两个前途，仍然存在于中国人民的面前，存在于中国共产党的面前，存在于我们这次代表大会的面前。”①

毛泽东向大会作了题为《论联合政府》的政治报告，系统阐述了有关联合政府的理论。毛泽东指出：国民党的一党专政，实际上是国民党内反人民集团的专政，它是中国民族团结的破坏者，是国民党战场抗日失败的负责者，是动员和统一中国人民抗日力量的根本障碍物。它又是内战的祸胎，如不立即废止，内战惨祸又将降临。毛泽东提出，应“立即宣布废止国民党一党专政，成立一个由国民党、共产党、民主同盟和无党无派分子的代表人物联合组成的临时的中央政府，发布一个民主的施政纲领，如同我们在前面提出的那些中国人民的现时要求，以便恢复民族团结，打败日

① 《毛泽东选集》第3卷，人民出版社1991年版，第1026页。

本侵略者”。[1]

毛泽东具体提出结束国民党一党专政的两个步骤：第一步是经过各党各派和无党无派代表人物的协议，成立临时的联合政府；第二步是经过自由的无拘束的选举，召开国民大会，成立正式的联合政府。毛泽东称成立联合政府是“中国人民的基本要求”，“中国急需把各党各派和无党无派的代表人物团结在一起，成立民主的临时的联合政府，以便实行民主的改革，克服目前的危机，动员和统一全中国的抗日力量，有力地和同盟国配合作战，打败日本侵略者，使中国人民从日本侵略者手中解放出来。然后，需要在广泛的民主基础之上，召开国民代表大会，成立包括更广大范围的各党各派和无党无派代表人物在内的同样是联合性质的民主的正式的政府，领导解放后的全国人民，将中国建设成为一个独立、自由、民主、统一和富强的新国家。一句话，走团结和民主的路线，打败侵略者，建设新中国”。[2]

毛泽东在中共七大上提出了中国共产党的具体建国方案。毛泽东指出，中国共产党现阶段在三个基本点上与全国最大多数人民意愿是一致的。“第一，中国的国家制度不应该是一个由大地主大资产阶级专政的、封建的、法西斯的、反人民的国家制度，因为这种反人民的制度，已由国民党主要统治集团的十八年统治证明为完全破产了。第二，中国也不可能、因此就不应该企图建立一个纯粹民族资产阶级的旧式民主专政的国家，因为在中国，一方面，民族资产阶级在经济上和政治上都表现得很软弱；另一方面，中国早已产生了一个觉悟了的，在中国政治舞台上表现了强大能力的，领导了广大的农民阶级、城市小资产阶级、知识分子以及其他民主分子的中国无产阶级及其领袖——中国共产党这样的新条件。第三，在中国的现阶段，在中国人民的任务还是反对民族压迫和封建压迫，在中国社会经济的必要条件还不具备时，中国人民也不可能实现社会主义的国家制度。”[3]

既然这三种国家制度都不适应于现时的中国，那么共产党的主张是什么呢？毛泽东回答说：“我们主张在彻底地打败日本侵略者之后，建立一个以全国绝大多数人民为基础而在工人阶级领导之下的统一战线的民主联盟

---

① 《毛泽东选集》第3卷，人民出版社1991年版，第1067页。
② 《毛泽东选集》第3卷，人民出版社1991年版，第1029—1030页。
③ 《毛泽东选集》第3卷，人民出版社1991年版，第1055页。

的国家制度，我们把这样的国家制度称之为新民主主义的国家制度。”在毛泽东看来，这样的国家制度既符合广大工人、农民、城市小资产阶级、民族资产阶级、开明士绅和其他爱国主义的愿望，也与孙中山的革命主张相一致。毛泽东在《论联合政府》中明确表示，在新民主主义革命时期，中国共产党绝不会搞一党制度。在是时的中国，无论是自由主义者还是其他的爱国人士，都强烈反对国民党的一党专政。共产党的呼声亦为强烈，并且主张在废除一党专政的同时成立联合政府。

在毛泽东和中共看来，无论是废除一党专政，还是组成联合政府，都是为了保障人民的自由。没有自由便没有联合政府，没有自由便没有中国的未来，而自由最重要的，乃是“人民的言论、出版、集会、结社、思想、信仰和身体这几项的自由”。而且这也是孙中山先生生前的最大愿望。孙先生在临终遗嘱上说：“余致力国民革命凡四十年，其目的在求中国之自由平等。”[①]毛泽东认为，蒋介石搞专制独裁，剥夺人民的自由，真是孙中山先生的“不肖子孙”。

关于军队问题，中共从原则上是同意当时中间党派之主张的，即“还军于国”，但是强调指出，这“国”必须是人民大众的新民主主义国家，而不是法西斯独裁的国家。如果联合政府得以成立，毛泽东表示：“中国的一切军队都应该属于这个国家的这个政府，借以保障人民的自由。”

在经济方面，毛泽东在《论联合政府》中的主张与《新民主主义论》基本相同，即主张遵照孙中山“节制资本”和“耕者有其田”原则实施新民主主义的经济政策，不过阐述更为细致和具体，而且着重强调要保护正当的私有财产，在一定范围内鼓励资本主义发展。他说：“有些人怀疑中国共产党人不赞成发展个性，不赞成发展私人资本主义，不赞成保护私有财产，其实是不对的。民族压迫和封建压迫残酷地束缚着中国人民的个性发展，束缚着私人资本主义的发展和破坏着广大人民的财产。我们主张的新民主主义制度的任务，则正是解除这些束缚和停止这种破坏，保障广大人民能够自由发展其在共同生活中的个性，能够自由发展那些不是‘操纵国计民生’而是有益于国民生计的私人资本主义经济，保障一切正当的私有

① 《孙中山全集》第2卷，人民出版社2015年版，第425页。

财产。”①

关于土地革命问题，毛泽东认为这是中国革命的关键点。新民主主义的农民问题同样是土地问题，而这也是孙中山先生格外重视的。孙先生特别强调“平均地权”和“耕者有其田”。所谓“耕者有其田”，就是“把土地从封建剥削者手里转移到农民手里，把封建地主的私有财产变为农民的私有财产，使农民从封建的土地关系中获得解放”。而且在毛泽东看来，“耕者有其田”，“并不单是我们共产党人的主张”，也不仅仅是对农民有利。城市小资产阶级就是赞同“耕者有其田”的；民族资产阶级虽是一个动摇的阶级，但是他们需要市场，故而也有赞成“耕者有其田”的一面。

毛泽东和中共重视知识分子问题，故在《论联合政府》中对其特性和作用作了详细阐述。毛泽东指出：“中国是一个被民族压迫和封建压迫所造成的文化落后的国家，中国的人民解放斗争迫切地需要知识分子，因而知识分子问题就特别显得重要。”他认为，“一切知识分子，只要是在为人民服务的工作中著有成绩的，应受到尊重，把他们看作国家和社会的宝贵的财富”。其具体政策是：“今后人民的政府应有计划地从广大人民中培养各类知识分子干部，并注意团结和教育现有一切有用的知识分子。”②

中共七大确认了毛泽东提出的建设一个新中国的一般纲领和具体纲领。毛泽东指出：（一）中国的国家制度不应该是大地主大资产阶级专政的、封建的、法西斯的、反人民的国家制度；（二）中国不可能，因此也不应该企图建立一个纯粹民族资产阶级的旧式民主专政的国家；（三）在中国现阶段，在中国人民的任务还是反对民族压迫和封建压迫，在中国社会经济的必要条件还不具备时，中国人民也不可能实现社会主义的国家制度。因此，中共主张“建立一个以全国绝对大多数人民为基础而在工人阶级领导之下的统一战线的民主联盟的国家制度，我们把这样的国家制度称之为新民主主义的国家制度”。毛泽东阐述了新民主主义政治、新民主主义经济、新民主主义文化的基本内容。中国共产党的最高纲领是要把中国推进到社会主义社会和共产主义社会，但现阶段是要建立一个新民主主义的社会。他指出：“在中国，为民主主义奋斗的时间还是长期的。没有一个新民主主义的

① 《毛泽东选集》第3卷，人民出版社1991年版，第1058页。

② 《毛泽东选集》第3卷，人民出版社1991年版，第1082—1083页。

联合统一的国家，没有新民主主义的国家经济的发展，没有私人资本主义经济和合作社经济的发展，没有民族的科学的大众的文化即新民主主义文化的发展，没有几万万人民的个性的解放和个性的发展，一句话，没有一个由共产党领导的新式的资产阶级性质的彻底的民主革命，要想在殖民地半殖民地半封建的废墟上建立起社会主义社会来，那只是完全的空想。"[①]

为了争取光明的前途，中共七大制定了党的政治路线，即"放手发动群众，壮大人民力量，在我党的领导下，打败日本侵略者，解放全国人民，建立一个新民主主义的中国"[②]。这是中共新民主主义革命总路线在新阶段的具体化。

六、党的建设理论

全民族抗战爆发后，中国共产党组织得到迅猛发展，党员人数从4万余人发展到1939年的50多万人。但由于党员发展过快，素质参差不齐，对新党员进行马列主义教育并加强组织建设，便显得日益紧迫。毛泽东和中共中央从思想建设、组织建设和作风建设等方面积极探索，形成了比较系统的党的建设理论。

1939年10月，毛泽东在《〈共产党人〉发刊词》中，将统一战线、武装斗争和党的建设概括为中国共产党在中国革命中战胜敌人的三个法宝，并将党的建设目标确定为："建设一个全国范围的、广大群众性的、思想上组织上完全巩固的布尔什维克化的中国共产党。"具体地说，党应该懂得中国的历史状况和社会状况，懂得中国革命的特点和中国革命的规律；能够正确地理解统一战线、武装斗争和党的建设问题，能够正确地把握和处理它们之间的关系；对于马克思列宁主义的理论和中国革命的实践有着完整的、统一的了解。[③]这无疑指明了中共在抗战时期加强党的建设的方向。

中国共产党是在一个农民占多数的国度里建立并发展起来的，党员出身主要是农民和小资产阶级，许多加入中共的人没有在思想上彻底无产阶级化，同时党又处在小资产阶级的汪洋大海之中，无时无刻不受到非无产阶级思想的侵蚀。因此，中国共产党必须将思想斗争放在首位，以思想斗

---

① 《毛泽东选集》第3卷，人民出版社1991年版，第1056页、第1060页。

② 《毛泽东文集》第3卷，人民出版社1996年版，第376页。

③ 《毛泽东选集》第2卷，人民出版社1991年版，第610—613、602页。

争的方式改造人们头脑中的各种非无产阶级思想。正如刘少奇所阐述的那样："在我们党内，最本质的矛盾，就是无产阶级思想与非无产阶级思想的矛盾，其中最主要的是无产阶级思想与农民、小资产阶级思想的矛盾。只有这个矛盾的逐渐解决，只有在党内加强马克思列宁主义——无产阶级科学思想的教育与锻炼，不断克服小资产阶级以及其他各阶级反映在党内的思想，我们党的建设和党的事业，才能进步，才能发展。相反，如果党内的小资产阶级思想自由泛滥起来，甚至侵夺党的领导，压抑无产阶级思想的发展，我们党的建设和党的事业，就要后退，就要缩小。因此，我们党的建设中最主要的问题，首先就是思想建设问题。"①

1937年9月，毛泽东在《反对自由主义》中，将党内存在的各种非无产阶级思想概括为"自由主义"。他所谓"自由主义"，是指不符合马列主义政党党员要求的思想意识及其表现。他首先列举了党内存在的"自由主义"的11种主要表现。第一种："因为是熟人、同乡、同学、知心朋友、亲爱者、老同事、老部下，明知不对，也不同他们作原则上的争论，任其下去，求得和平和亲热。或者轻描淡写地说一顿，不作彻底解决，保持一团和气。结果是有害于团体，也有害于个人。"第二种："不负责任的背后批评，不是积极地向组织建议。当面不说，背后乱说，开会不说，会后乱说。心目中没有集体生活的原则，只有自由放任。"第三种："事不关己，高高挂起；明知不对，少说为佳；明哲保身，但求无过。"第四种："命令不服从，个人意见第一。只要组织照顾，不要组织纪律。"第五种："不是为了团结，为了进步，为了把事情弄好，向不正确的意见斗争和争论，而是个人攻击，闹意气，泄私愤，图报复。"第六种："听了不正确的议论也不争辩，甚至听了反革命分子的话也不报告，泰然处之，行若无事。"第七种："见群众不宣传，不鼓动，不演说，不调查，不询问，不关心其痛痒，漠然处之，忘记了自己是一个共产党员，把一个共产党员混同于一个普通的老百姓。"第八种："见损害群众利益的行为不愤恨，不劝告，不制止，不解释，听之任之。"第九种："办事不认真，无一定计划，无一定方向，敷衍了事，得过且过，做一天和尚撞一天钟。"第十种："自以为对革命有功，摆老资格，大事做不来，小事又不做，工作随便，学习松懈。"第十一

① 《刘少奇选集》上卷，人民出版社1981年版，第327页。

种：“自己错了，也已经懂得，又不想改正，自己对自己采取自由主义。”[①]所有这些，都是党内“自由主义”的表现。

毛泽东强调了党内“自由主义”的严重危害：“革命的集体组织中的自由主义是十分有害的。它是一种腐蚀剂，使团结涣散，关系松懈，工作消极，意见分歧。它使革命队伍失掉严密的组织和纪律，政策不能贯彻到底，党的组织和党所领导的群众发生隔离。”他进而分析了这些思想的来源：“自由主义的来源，在于小资产阶级的自私自利，以个人利益放在第一位，革命利益放在第二位，因此产生思想上、政治上、组织上的自由主义。”他严厉批评说：“自由主义者以抽象的教条看待马克思主义的原则。他们赞成马克思主义，但是不准备实行之，或不准备完全实行之，不准备拿马克思主义代替自己的自由主义。这些人，马克思主义是有的，自由主义也是有的：说的是马克思主义，行的是自由主义；对人是马克思主义，对己是自由主义。两样货色齐备，各有各的用处。这是一部分人的思想方法。”他指出：“自由主义是机会主义的一种表现，是和马克思主义根本冲突的。它是消极的东西，客观上起着援助敌人的作用，因此敌人是欢迎我们内部保存自由主义的。自由主义的性质如此，革命队伍中不应该保留它的地位。”[②]为了提升思想素质做合格的共产党员，必须克服党内的“自由主义”思想：“我们要用马克思主义的积极精神，克服消极的自由主义。一个共产党员，应该是襟怀坦白，忠实，积极，以革命利益为第一生命，以个人利益服从革命利益；无论何时何地，坚持正确的原则，同一切不正确的思想和行为作不疲倦的斗争，用以巩固党的集体生活，巩固党和群众的联系；关心党和群众比关心个人为重，关心他人比关心自己为重。这样才算得一个共产党员。”[③]

1939年5月，陈云撰写《怎样做一个共产党员》，强调了列宁的建党原则并提出了共产党员若干标准：终身为共产主义奋斗；革命的利益高于一切；遵守党的纪律，严守党的秘密；百折不挠地执行党的决议；作群众的模范；努力学习。[④]同年7月，刘少奇在延安马列学院所作的《论共产党员

---

① 《毛泽东选集》第2卷，人民出版社1991年版，第359-360页。

② 《毛泽东选集》第2卷，人民出版社1991年版，第360-361页。

③ 《毛泽东选集》第2卷，人民出版社1991年版，第361页。

④ 中共中央文献研究室、中央档案馆编《建党以来重要文献选编（1921—1949）》第16册，中央文献出版社2011年版，第340-348页。

的修养》讲演，将共产党员精神与意志的淬炼称为修养，提出了共产党员修养的标准：要做马克思、列宁的好学生；要认真学习马克思列宁主义的理论和方法，掌握马克思列宁主义的精神实质；要以马克思列宁主义创始人的伟大人格和无产阶级革命家的品质为榜样，在革命斗争中认真地去进行自我修养，去检查自己处事、处人、处己是否合于马克思列宁主义的精神；要熟读马克思列宁主义的书籍，同时又着重调查和分析活生生的现实，研究自己所处的时代和本国无产阶级所处的各方面情势的特点，把马克思列宁主义的普遍真理和本国革命的具体实践结合起来。他强调：坚定纯洁的无产阶级立场和理想，是通过党员自身在思想意识上的修养获得的，即用无产阶级的思想意识去同自己的各种非无产阶级思想意识进行斗争；用共产主义的世界观去同自己的各种非共产主义的世界观进行斗争；用无产阶级的、人民的、党的利益高于一切的原则去同自己的个人主义思想进行斗争。刘少奇重点论述了党员个人利益无条件地服从党的利益问题。他指出，一个共产党员，在任何时候、任何问题上，都应该首先想到党的整体利益，都要把党的利益摆在前面，把个人问题、个人利益摆在服从的地位。党的利益高于一切，这是我们党员的思想和行动的最高原则。根据这个原则，在每个党员的思想和行动中，都要使自己的个人利益和党的利益完全一致。在个人利益和党的利益不一致的时候，能够毫不踌躇、毫不勉强地服从党的利益，牺牲个人利益。为了党的、无产阶级的、民族解放和人类解放的事业，能够毫不犹豫地牺牲个人利益，甚至牺牲自己的生命，这就是“党性”或“党的观念”“组织观念”的一种表现。刘少奇分析了中共内部存在的各种错误思想意识及其来源，并详细说明了如何对待这些错误思想意识及正确开展党内斗争的应有态度。[①]

中国共产党对小资产阶级的思想改造，主要通过积极的思想斗争，即党内批评和自我批评来实现的。胡乔木为《解放日报》撰写的社论《教条和裤子》，将这种思想斗争分为两个步骤：首先，每个“自我批评”者都必须彻底暴露本人的隐私——灵魂深处那见不得人的“羞”，裤子不能“秘密的脱”，要“在群众面前脱”；然后，众人一起对掀去了遮羞布的小资产阶

① 《刘少奇选集》上卷，人民出版社1981年版，第97-167页。

级思想大加挞伐，要“刀割”“出血”，不怕疼，“尾巴”才能够除掉。[①]他所谓的“尾巴”，就是所谓知识分子党员头脑中“拖着一根小资产阶级的尾巴”。毛泽东分析说：“因此我们的党，我们的队伍，虽然其中的大部分是纯洁的，但是为要领导革命运动更好地发展，更快地完成，就必须从思想上组织上认真地整顿一番。而为要从组织上整顿，首先需要在思想上整顿，需要开展一个无产阶级对非无产阶级的思想斗争。”[②]

以思想教育为中心环节，是中国共产党在抗战时期党的建设理论的突出特色。树立无产阶级思想，改造非无产阶级思想，就要对党员加强马克思列宁主义教育。中共中央对党员干部的教育，主要围绕三个方面的学习展开：一是学习马克思列宁主义基本理论；二是学习历史；三是学以致用，研究现状与国情。毛泽东在中共六届六中全会上指出：“一般地说，一切有相当研究能力的共产党员，都要研究马克思、恩格斯、列宁、斯大林的理论，都要研究我们民族的历史，都要研究当前运动的情况和趋势；并经过他们去教育那些文化水准较低的党员。特殊地说，干部应当着重地研究这些，中央委员和高级干部尤其应当加紧研究。指导一个伟大的革命运动的政党，如果没有革命的理论，没有历史知识，没有对于实际运动的深刻的了解，要取得胜利是不可能的。”[③]这场学习运动，逐渐发展为普遍的马克思主义教育运动——延安整风运动。

党的思想教育必然落实到党的组织纪律建设上来。中国共产党是按照列宁组建布尔什维克的原则成立的，强调党的组织纪律和民主集中制原则。随着越来越多的农民群众和知识分子加入中共，加强党的组织纪律问题愈显重要。毛泽东在中共六届六中全会的政治报告《论新阶段》和会议总结中，用大量篇幅阐述党的建设问题。他指出：“纪律是执行路线的保证，没有纪律，党就无法率领群众与军队进行胜利的斗争。”他重申了党内的基本组织原则：“（一）个人服从组织；（二）少数服从多数；（三）下级服从上级；（四）全党服从中央。这些就是党的民主集中制的具体实施，谁破坏了它们，谁就破坏了党的民主集中制，谁就给了党的统一团结与党的革命斗

① 胡乔木：《教条和裤子》，《解放日报》1942年3月9日。
② 《毛泽东选集》第3卷，人民出版社1991年版，第875页。
③ 《毛泽东选集》第2卷，人民出版社1991年版，第532—533页。

争以极大的损害。”[①]中共六届六中全会制定了《关于中央委员会工作规则与纪律的决定》《关于各级党部工作规则与纪律的决定》《关于各级党委暂行组织机构的决定》等文件，推进党的组织建设。1939年8月，中共中央政治局制定的《关于巩固党的决定》指出：（一）估计到党的组织的现状与目前环境，党的发展一般的应当停止，而以整理、紧缩、严密和巩固党的组织工作为今后一定时期的中心任务。（二）为着巩固党，必须详细审查党员成分，清刷混入党内的异己分子（地主、富农、商人），投机分子，以及敌探奸细。（三）巩固党的中心一环，就是加强党内马克思列宁主义的教育、阶级教育与党的教育，使党员认识马列主义与三民主义、民族统一战线与阶级斗争、民族立场与阶级立场的正确关系。（四）为着巩固党，必须加强对党的各级干部的教育工作。（五）为着巩固党，必须加强党的保卫工作和反对奸细的斗争，党内的锄奸教育与党的警惕性必须大大提高，使保卫党的任务与反奸细的斗争成为全党的工作。（六）为着巩固党，必须加紧党的秘密工作，使秘密工作与公开工作有正确的联系。（七）为着巩固党，必须提高党的纪律和加强党的团结。必须在党内开展正确的思想斗争，保证党内思想上的一致，提高党的铁的纪律，保证党的行动上一致。[②]

1941年7月1日，中共中央政治局作出的《关于增强党性的决定》要求：（一）应当在党内更加强调全党的统一性、集中性和服从中央领导的重要性。不允许任何党员与任何地方党部，有标新立异，自成系统，及对全国性问题任意对外发表主张的现象。（二）更严格的检查一切决议决定之执行，坚决肃清阳奉阴违的两面性的现象。（三）即时发现，即时纠正，不纵容错误继续发展，才更能挽救干部，和不使工作受到损失。（四）要在全党加强纪律教育，因为统一纪律，是革命胜利的必要条件。要严格遵守个人服从组织，少数服从多数，下级服从上级，全党服从中央的基本原则。无论是普通党员和干部党员，都必须如此。（五）要用自我批评的武器和加强学习的方法，来改造自己使适合于党与革命的需要。（六）中央委员以至每个党部的负责领导者都必须参加支部组织，过一定的党的组织生活，虚心

---

① 中共中央文献研究室、中央档案馆编《建党以来重要文献选编（1921—1949）》第15册，中央文献出版社2011年版，第637-646页。

② 中共中央文献研究室、中央档案馆编《建党以来重要文献选编（1921—1949）》第16册，中央文献出版社2011年版，第580-582页。

听取党员群众对于自己的批评，增强自己党性的锻炼。①

刘少奇在中共七大作关于修改党章的报告，全面论述了党的组织建设理论，重点说明了党的民主集中制原则："我们的党，不是许多党员简单的数目字的总和，而是由全体党员按照一定规律组织起来的统一的有机体，而是党的领导者被领导者的结合体，是党的首脑（中央）、党的各级组织和广大党员群众依照一定规律结合起来的统一体。这种规律，就是党内的民主的集中制。"他解释说："党的领导机关是在民主基础上由党员群众所选举出来并给予信任的，党的指导方针与决议是在民主基础上由群众中集中起来的，并且是由党员群众或者党员的代表们所决定、然后又由领导机关协同党员群众坚持下去与执行的。党的领导机关的权力，是由党员群众所授予的，因此，它能代表党员群众行使它的集中领导的权力，处理党的一切事务，并为党的下级组织和党员群众所服从。党内的秩序，是由个人服从组织，少数服从多数，下级服从上级，全党各个部分组织统一服从中央的原则建立的。"党的民主制不是没有领导的民主，不是极端民主化，而是在集中指导下的民主："党的一切会议是由领导机关召集的，一切会议的进行是有领导的，一切决议和法规的制订是经过充分准备和仔细考虑的，一切选举是有审慎考虑过的候选名单的，全党是有一切党员都要履行的统一的党章和统一的纪律的，并有一切党员都要服从的统一的领导机关的。"他指出："党内反民主的专制主义倾向，和党内极端民主化的现象，是党内生活上的两种极端现象。而极端民主化的现象，又常常当作专制主义倾向的一种惩罚而出现，凡是专制主义倾向较严重的地方，那里就可能出现极端民主化的现象。这两种倾向都是错误的，都极大地妨害与破坏党内的真正统一与团结，全党必须警惕，严防这些现象的发生。"故刘少奇强调发扬党内民主的问题："在党的第七次全国代表大会以前，干部中对于党的历史、党的路线的深入的自由的检讨，是党内民主的切实发挥，因而充分地准备了我们这次大会。然而，就全党来说，就各个地方来说，党内民主生活至今还是不足的，还应该继续发展。"②

在加强党的思想建设与组织建设的同时，中共还重视党的作风建设。

① 中共中央文献研究室、中央档案馆编《建党以来重要文献选编（1921—1949）》第18册，中央文献出版社2011年版，第445-446页。

② 《刘少奇选集》上卷，人民出版社1981年版，第358-362页。

毛泽东将党的作风概括为三个方面："理论和实践相结合的作风，和人民群众紧密地联系在一起的作风以及自我批评的作风。"[①]理论和实际相结合的作风，是中共在克服教条主义和经验主义基础上逐渐形成的优良作风。毛泽东指出："反映了全世界无产阶级实践斗争的马克思列宁主义的普遍真理，在它同中国无产阶级和广大人民群众的革命斗争的具体实践相结合的时候，就成为中国人民百战百胜的武器。中国共产党正是这样做了。"党的发展和进步，是从同一切违反这个真理的教条主义和经验主义作坚决斗争的过程中发展和进步起来的。教条主义脱离具体的实践，经验主义把局部经验误认为普遍真理，这两种机会主义的思想都是违背马克思主义的。树立理论和实际相结合的作风，批判教条主义和经验主义，成为延安整风运动的主要内容。

自我批评的作风，是中国共产党在延安整风运动过程中逐渐形成的优良作风。毛泽东指出："有无认真的自我批评，也是我们和其他政党互相区别的显著的标志之一。"1940年7月，李维汉在《举起自我批评的武器》中专门论述中国共产党的自我批评作风。他指出，自我批评，是我们党和革命事业发展的重要武器，是正确地执行党中央路线的重要武器，是党更加布尔什维克化的重要武器。我们党在革命的工作中，不免发生错误和缺点，而有了自我批评，就能及时发现错误和缺点，并改正它们。我们执行党中央的路线时，不免发生错误和缺点，而有了自我批评，就能及时发现错误和缺点，并改正它们。他强调，自我批评对于党的领导机关和领导干部特别重要，这不仅因为他们所负责任重大，而且因为他们应当作模范。自我批评是互相间的当面批评，是在一定会议上和一定组织中进行的批评，因此，不当面批评而在背后议论，不提到组织和会议上来批评而在组织以外去"广播"，便是不应该的，党所不允许的。[②]

刘少奇在《论共产党员的修养》中，把中华优秀传统文化与党的自我批评精神相结合，要求共产党员能够"吾日三省吾身"，根据共产主义的世界观，根据党和无产阶级的坚定立场，去检查自己的一切的思想行动，纠正一切不正确的思想意识，并以此去观察问题、观察其他同志，开展正确的党内斗争。[③]以"惩前毖后，治病救人"为宗旨的整风运动之所以发生巨

---

① 《毛泽东选集》第3卷，人民出版社1991年版，第1093—1094页。
② 《李维汉选集》，人民出版社1987年版，第133—140页。
③ 《刘少奇选集》上卷，人民出版社1981年版，第97—167页。

大效力，就是因为展开了正确的而不是歪曲的、认真的而不是敷衍的批评和自我批评。毛泽东强调："以中国最广大人民的最大利益为出发点的中国共产党人，相信自己的事业是完全合乎正义的，不惜牺牲自己个人的一切，随时准备拿出自己的生命去殉我们的事业，难道还有什么不适合人民需要的思想、观点、意见、办法，舍不得丢掉吗？难道我们还欢迎任何政治的灰尘、政治的微生物来玷污我们的清洁的面貌和侵蚀我们的健全的肌体吗？无数革命先烈为了人民的利益牺牲了他们的生命，使我们每个活着的人想起他们就心里难过，难道我们还有什么个人利益不能牺牲，还有什么错误不能抛弃吗？"①

密切联系群众的作风，是中国共产党区别于其他任何政党的显著标志。毛泽东指出："全心全意地为人民服务，一刻也不脱离群众；一切从人民的利益出发，而不是从个人或小集团的利益出发；向人民负责和向党的领导机关负责的一致性；这些就是我们的出发点。"他强调："应该使每一个同志明了，共产党人的一切言论行动，必须以合乎最广大人民群众的最大利益，为最广大人民群众所拥护为最高标准。应该使每一个同志懂得，只要我们依靠人民……和人民打成一片，那就任何困难也能克服，任何敌人也不能压倒我们，而只会被我们所压倒。"②

刘少奇在《论党》中将密切联系群众的作风作为群众路线而加以系统阐述。他指出，党的群众路线，是我们党的根本的政治路线，也是我们党的根本的组织路线。这就是说，我们党的一切组织与一切工作必须密切地与群众相结合。他用列宁主义的政党理论对群众路线作了深刻论述：一方面，人民群众必须有像中共这样的无产阶级先锋队，人民群众的彻底解放才是可能的；中国人民只有在党的坚强而正确的领导之下，只有依照党所指出的政治方向奋斗，才能获得自己的彻底解放。另一方面，人民群众的先锋队必须与人民群众建立正确的密切的关系。它必须在各方面，首先在政治上代表人民群众的利益，必须用正确的态度去对待人民群众，必须用正确的方法去领导人民群众，然后先锋队才能密切联系人民群众。人民群众的先锋队在一切工作中必须有彻底的明确的联系群众的路线。刘少奇从

① 《毛泽东选集》第3卷，人民出版社1991年版，第1096—1097页。
② 《毛泽东选集》第3卷，人民出版社1991年版，第1094—1096页。

理论上和党建立以来的历史中，总结党脱离人民群众的教训。他认为，不仅尾巴主义、自流主义，是脱离人民群众的，而且命令主义、冒险主义与关门主义也是脱离人民群众的，官僚主义与军阀主义倾向更是严重脱离人民群众的倾向。因此，应经常和这些倾向作斗争，才能经常保持和巩固党与人民群众的联系。

刘少奇把党的群众路线归纳为四个基本观点，要求每个共产党员在思想中牢固地树立起来：一是一切为了人民的观点；二是一切向人民群众负责的观点；三是相信群众自己解放自己的观点；四是向人民群众学习的观点。他接着说明了党的群众路线的两个工作原则，即照顾全体和照顾多数。在人民群众部分的暂时的利益与全体的长远的利益发生冲突时，应使部分的暂时的利益服从全体的长远的利益。这就是说，小道理应该服从大道理，小原则应该服从大原则。就全国范围来说，所谓照顾人民群众的多数，主要就是照顾农民。他进而总结了党的两个具体的群众工作方法，即一般号召与个别指导相结合的方法和突破一点推动全局的方法。①

七、延安整风运动与毛泽东思想的确立

为了提升全体党员干部的马克思主义理论水平，毛泽东和中共中央逐渐将延安马克思主义学习运动发展为广泛的马克思主义教育运动。1941年5月19日，毛泽东在延安高级干部会议上作了题为《改造我们的学习》的报告，尖锐批判了主观主义作风，号召全党注重调查研究，树立理论和实际相统一的马克思主义作风，并明确提出："研究马克思列宁主义，又应以《苏联共产党（布）历史简要读本》为中心的材料。《苏联共产党（布）历史简要读本》是一百年来全世界共产主义运动的最高的综合和总结，是理论和实际结合的典型，在全世界还只有这一个完全的典型。我们看列宁、斯大林他们是如何把马克思主义普遍真理和苏联革命的具体实践互相结合又从而发展马克思主义的，就可以知道我们在中国是应该如何地工作了。"②9月10日，毛泽东在中央政治局扩大会议上作反对主观主义和宗派主义问题的主题报告，强调"要分清创造性的马克思主义和教条式的马克

---

① 《刘少奇选集》上卷，人民出版社1981年版，第342—358页。

② 《毛泽东选集》第3卷，人民出版社1991年版，第802—803页。

思主义”，“使中国革命丰富的实际马克思主义化”，并强调在思想方法论上要学习《联共（布）党史》中关于联共（布）党内斗争的历史经验，学习列宁、斯大林与党内外各种“反对派”斗争的经验。中共中央随即发出经毛泽东修改的《关于高级学习组的决定》，指示成立党内高级干部的学习组，“研究马、恩、列、斯的思想方法论与我党二十二年历史两个题目”。[①]毛泽东和中共中央之如此强调以《联共（布）党史》为学习内容，是因为《联共（布）党史》可以满足中共总结历史经验、规范党的建设、普及马克思主义基本知识、实施理论动员等多层次需要。

1942年2月1日，毛泽东在中央党校作《整顿党的作风》的报告，正式开始了延安整风运动。他明确指出：“反对主观主义以整顿学风，反对宗派主义以整顿党风，反对党八股以整顿文风，这就是我们的任务。”[②]整顿“三风”规定了整风运动的主要内容。毛泽东指出，主观主义是一种不正派的学风，“它是反对马克思列宁主义的，它是和共产党不能并存的”。他从何为“理论家”谈起，揭露了主观主义学风的危害和表现：“他们能够依据马克思列宁主义的立场、观点和方法，正确地解释历史中和革命中所发生的实际问题，能够在中国的经济、政治、军事、文化种种问题上给予科学的解释，给予理论的说明。我们要的是这样的理论家。假如要作这样的理论家，那就要能够真正领会马克思列宁主义的实质，真正领会马克思列宁主义的立场、观点和方法，真正领会列宁斯大林关于殖民地革命和中国革命的学说，并且应用了它去深刻地、科学地分析中国的实际问题，找出它的发展规律，这样才是我们真正需要的理论家。”毛泽东在阐释了“知识”“知识分子”“真正的理论”问题后，明确指出了主观主义的两种表现：一是教条主义，二是经验主义。其中教条主义更为危险，因为它容易装出马克思主义的面孔，吓唬工农干部，吓唬天真烂漫的青年。教条主义不从马列主义的辩证唯物论和历史唯物论出发，不从中国革命的客观实际和中国人民的客观需要出发，它不是根据马列主义的立场和方法来认真研究中国社会的过去和现在，认真研究中国革命的实际经验，得出结论，作为中国革命的行动指南，再在群众的实践中去考验这些结论是否正确；相反，它

① 中共中央文献研究室编《毛泽东年谱1893—1949》中卷，中央文献出版社2002年版，第329页。

② 《毛泽东选集》第3卷，人民出版社1991年版，第812页。

抛弃了马列主义的实质，而把马列主义书本上的若干个别词句当作万古不变的教条。他强调指出，这种反科学反马克思列宁主义的主观主义，是共产党的大敌。

毛泽东重点解释了怎样才是“理论联系实际”问题。马克思列宁主义理论和中国革命实际相联系，就要“有的放矢”。“矢”就是箭，“的”就是靶，放箭要对准靶。马克思列宁主义和中国革命的关系，就是箭和靶的关系。马克思主义之箭，必须用了去射中国革命之的。他强调，学马克思列宁主义不是为着好看，也不是因为它有什么神秘，只是因为它是领导无产阶级革命事业走向胜利的科学。中国共产党人只有在他们善于应用马克思列宁主义的立场、观点和方法，善于应用列宁斯大林关于中国革命的学说，进一步地从中国的历史实际和革命实际的认真研究中，在各方面作出合乎中国需要的理论性的创造，才叫作理论和实际相联系。

宗派主义是主观主义在组织上的表现。它首先表现为闹独立性。闹独立性的人不懂得党的民主集中制，他们不知道共产党不但要民主，尤其要集中。他们忘记了少数服从多数，下级服从上级，局部服从全体，全党服从中央的民主集中制。毛泽东指出，闹独立性的人，常常跟他们的个人第一主义分不开，他们在个人和党的关系问题上，往往是不正确的。他们在口头上虽然也说尊重党，但实际上却把个人放在第一位，把党放在第二位。这种人闹什么东西呢？闹名誉，闹地位，闹出风头。在他们掌管一部分事业的时候，就要闹独立性。为了这些，就要拉拢一些人，排挤一些人，在同志中吹吹拍拍，拉拉扯扯，把资产阶级政党的庸俗作风也搬进共产党里来了。这种人的吃亏在于不老实。一切狡猾的人，不照科学态度办事的人，自以为得计，自以为很聪明，其实都是最蠢的，都是没有好结果的。①

党八股是主观主义和宗派主义的一种表现形式，是藏污纳垢的东西。1942年2月8日，毛泽东在延安干部会上作《反对党八股》的报告，将其列出八大罪状：一是空话连篇，言之无物；二是装腔作势，借以吓人；三是无的放矢，不看对象；四是语言干瘪，像个瘪三；五是甲乙丙丁，开中药铺；六是不负责任，到处害人；七是流毒全党，妨害革命；八是传播出去，祸国殃民。毛泽东指出，党八股是一种洋八股、新八股，是五四时期反对

---

① 《毛泽东选集》第3卷，人民出版社1991年版，第811–822页。

老八股、老教条的运动，后来被一些人发展到了它的反对方面，实际上是指党内以王明为代表的国际派从国外搬来的冗长空洞烦琐的文风。他呼吁：洋八股必须废止，空洞抽象的调头必须少唱，教条主义必须休息，而代之以新鲜活泼的、为中国老百姓所喜闻乐见的中国作风和中国气派。把国际主义的内容和民族形式分离起来，是一点也不懂国际主义的人们的做法，我们则要把二者紧密地结合起来。①

1942年4月3日，中共中央发出《关于在延安讨论中央决定及毛泽东同志整顿三风报告的决定》，进一步明确了整风的目的、要求、方法和步骤，从此进入了以整顿"三风"为中心内容的全党整风阶段。中共中央成立以毛泽东为首的中央总学委，并规定了22个学习文件，包括毛泽东的整风报告，刘少奇《论共产党员的修养》，列宁、斯大林、季米特洛夫有关论述，《联共（布）党史》的"结束语"，等等。《联共（布）党史》结语六条概括了马克思主义政党的思想建设、政治建设、组织建设和作风建设及开展思想斗争和批评的方式方法，故毛泽东和中共中央特别强调学习《联共（布）党史》结语，并对此作了具体规范：一是在整顿学风反主观主义阶段，学习《联共（布）党史》结语第二条，第二条强调掌握马克思主义理论；二是整顿党风反宗派主义阶段，学习《联共（布）党史》结语第三、四、五条，这几条讲同党内外机会主义进行斗争以及开展批评与自我批评；三是综合研究阶段，学习《联共（布）党史》结语全部。同年6月5日，中共中央机关报《解放日报》发表的社论《延安一个月学习运动的总结》指出："这个运动，是要以无产阶级的思想克服小资产阶级的思想，不但要克服旧有的三风不正的残余，而且还要克服新的小资产阶级的不正的思想。不但要从老干部老党员身上去掉这种非共产主义的思想，而且还要从新干部新党员身上同样去掉这种思想。所以这是一个伟大的思想战线的斗争。"②

1943年10月，中共中央在整顿"三风"的基础上决定党的高级干部重新学习和研究党的历史和路线是非问题。次年4月12日，毛泽东在《学习和时局》中总结说：这次学习使广大高级干部的政治水平大大提高了。中央认为应使干部对于党内历史问题在思想上完全弄清楚，同时对于历史上

① 《毛泽东选集》第3卷，人民出版社1991年版，第830—845页。

② 中央档案馆编《中共中央文件选集》第14册，中共中央党校出版社1992年版，第512—516页。

犯过错误的同志在作结论时应取宽大的方针，以便一方面，彻底了解我党历史经验，避免重犯错误；又一方面，能够团结一切同志，共同工作。这次处理历史问题，不应着重于一些个别同志的责任方面，而应着重于当时环境的分析，当时错误的内容，当时错误的社会根源、历史根源和思想根源，实行“惩前毖后，治病救人”的方针，借以达到既要弄清思想又要团结同志这样两个目的。[①]实际上，中共在延安整风运动中，明确反对在党内斗争中使用“残酷斗争，无情打击”的做法，始终贯彻毛泽东提出的“惩前毖后”与“治病救人”两条宗旨。对以前的错误一定要揭发，不讲情面，要以科学态度来分析批判过去的坏东西，以便使后来的工作慎重些，做得好些。这就是“惩前毖后”的意思。但是揭发错误、批判缺点的目的，好像医生治病一样，完全是为了救人，而不是为了把人整死。毛泽东强调：对待思想上的毛病和政治上的毛病，决不能采用鲁莽的态度，必须采用“治病救人”的态度，才是正确有效的方法。[②]对犯错误的同志，组织上要处理从宽，但这并不意味思想批判可以敷衍过去，更不意味在理论上、路线上可以混淆是非。毛泽东在党的七大上动员大家把王明、博古选为中央委员，充分体现了“惩前毖后，治病救人”的方针。

延安整风运动的理论成果，在中共六届七中全会通过的《关于若干历史问题的决议》（简称《决议》）中得到集中体现。《决议》把小资产阶级思想定位为中共内部不正之风和错误路线的思想根源。它指出：“党内历次发生的思想上的主观主义，政治上的‘左’、右倾，组织上的宗派主义等项现象，无论其是否形成了路线，掌握了领导，显然都是小资产阶级思想之反马克思列宁主义、反无产阶级的表现。”[③]《决议》接着从社会根源上对小资产阶级问题作了深刻分析。它指出：“半殖民地半封建的中国，是小资产阶级极其广大的国家。我们党不但从党外说是处在这个广大阶层的包围之中；而且在党内，由于十月革命以来马克思列宁主义在世界的伟大胜利，由于中国现时的社会政治情况，特别是国共两党的历史发展，决定了中国不能有强大的小资产阶级政党，因此就有大批的小资产阶级革命民主分子向无产阶级队伍寻求出路，使党内小资产阶级出身的分子也占了大多数。

① 《毛泽东选集》第3卷，人民出版社1991年版，第937-938页。
② 《毛泽东选集》第3卷，人民出版社1991年版，第827-828页。
③ 《毛泽东选集》第3卷，人民出版社1991年版，第996页。

此外，即使工人群众和工人党员，在中国的经济条件下，也容易染有小资产阶级的色彩。因此，小资产阶级思想在我们党内常常有各色各样的反映，这是必然的，不足为怪的。”[①]《决议》进而对小资产阶级的两面特性作了精辟分析：“就其好的、革命的一面说来，是其大多数群众在政治上、组织上以至思想上能够接受无产阶级的影响，在目前要求民主革命，并能够为此团结奋斗，在将来也可能和无产阶级共同走向社会主义；而就其坏的、落后的一面说来，则不但有其各种区别于无产阶级的弱点，而且在失去无产阶级的领导时，还往往转而接受自由资产阶级以至大资产阶级的影响，成为他们的俘虏。党内机会主义路线所代表、所反映的，就是小资产阶级坏的、落后的东西。”根据这种分析，《决议》阐明了中共内部斗争的性质，“我党历史上各次错误路线和正确路线之间的斗争，实质上即是党外的阶级斗争在党内的表演”，而党内机会主义路线在政治上、军事上、组织上和思想上的错误，也即是“小资产阶级思想在党内的反映”。[②]

《决议》从三个方面阐述了“小资产阶级思想在党内的反映”问题。（一）在思想方法方面，表现为观察问题时的主观性和片面性，即不从阶级力量对比之客观的全面的情况出发，而把自己主观的愿望、感想和空谈当作实际，把片面当成全面，局部当成全体，树木当成森林。脱离实际生产过程的小资产阶级知识分子，因为只有书本知识而缺乏感性知识，他们的思想方法就比较容易表现为教条主义。联系生产的小资产阶级分子虽有一定的感性知识，但是受着小生产的狭隘性、散漫性、孤立性和保守性的限制，他们的思想方法就比较容易表现为经验主义。（二）在政治倾向方面，一般地容易表现为左右摇摆。他们希望革命马上胜利，以求根本改变他们今天所处的地位；因而对于革命的长期努力缺乏忍耐心，对于“左”的革命词句和口号有很大兴趣，容易发生关门主义和冒险主义的情绪和行动。小资产阶级的这种倾向，在党内反映出来就构成了“左”倾路线在革命任务、革命根据地问题、策略指导问题和军事路线问题上的各种错误。但他们也可以表现悲观失望，表现追随于资产阶级之后的右倾情绪和右倾观点。一般地说，在资产阶级和无产阶级分裂的时期，比较容易发生“左”倾错

① 《毛泽东选集》第3卷，人民出版社1991年版，第991页。

② 《毛泽东选集》第3卷，人民出版社1991年版，第993页。

误，而在资产阶级和无产阶级联合的时期，则比较容易发生右倾错误。由于各种情况的变化而产生的左右摇摆、好走极端、华而不实、投机取巧，是小资产阶级思想在坏的一面的特点。这是小资产阶级在经济上所处的不稳定地位在思想上的反映。（三）在组织生活方面，容易表现为脱离群众的个人主义和宗派主义。这种倾向反映到党内，就造成“左”倾路线的错误的组织路线。这种倾向常常采取各种各样的形式，如官僚主义、家长制度、惩办主义、命令主义、个人英雄主义、半无政府主义、自由主义、极端民主主义、闹独立性、行会主义、山头主义、同乡同学观念、派别纠纷、耍流氓手腕等，破坏着党同人民群众的联系和党内的团结。《决议》强调，要克服错误的“左”倾思想或右倾思想，必须深入进行马克思列宁主义的教育，提高全党对于无产阶级思想和小资产阶级思想的鉴别能力，并在党内发扬民主，展开批评和自我批评，进行耐心说服和教育的工作，具体地分析错误的内容及其危害，说明错误之历史的和思想的根源及其改正的办法。这是马克思列宁主义者克服党内错误的应有态度。毛泽东在全党整风和党史学习中所采取的方针，即“惩前毖后，治病救人”，“既要弄清思想又要团结同志”的方针，是马克思列宁主义者克服党内错误的正确态度的模范，因而取得了在思想上、政治上和组织上提高并团结全党的伟大成就。

经过延安整风运动，党员干部端正了思想方法和政治路线，深刻认识了党史上的重大路线是非，使党在政治上、思想上、组织上达到了空前的团结和统一。延安整风运动和《关于若干历史问题的决议》的通过，使党内统一了对历史问题的思想认识，全党紧密团结在了以毛泽东同志为核心的党中央周围，正式形成了中国化的马克思主义——毛泽东思想。正如任弼时在中共七大上所说的那样：“这次历史问题决议的重大意义，就是对过去党内的错误从社会根源和思想方法上加以清算，同时承认毛泽东同志的思想路线的一贯正确性，这在思想上政治上组织上巩固党是要起重大作用的。”①

毛泽东思想是马克思主义与中国革命具体实践相结合的产物，毛泽东思想的正式形成并被确立为全党的指导思想，是延安整风运动的历史性成

① 中共中央文献研究室、中央档案馆编《建党以来重要文献选编（1921—1949）》第22册，中央文献出版社2011年版，第487-488页。

就。1943年7月8日，王稼祥在延安《解放日报》发表《中国共产党与中国民族解放的道路》一文，最早提出“毛泽东思想”概念。他说：“中国民族解放整个过程中——过去现在与未来——的正确道路就是毛泽东同志的思想，就是毛泽东同志在其著作中与实践中所指出的道路。毛泽东思想就是中国的马克思列宁主义，中国的布尔什维主义，中国的共产主义。”①刘少奇随后在《清算党内的孟什维主义思想》中提出“毛泽东同志的思想”“毛泽东同志的思想体系”等概念。1945年6月，中共七大通过的《中国共产党章程》明确规定：“中国共产党，以马克思列宁主义的理论与中国革命的实践之统一的思想——毛泽东思想，作为自己一切工作的指针，反对任何教条主义的或经验主义的偏向。”②这标志着毛泽东思想在中国共产党内部正式确立了指导思想的地位。

刘少奇在中共七大作《关于修改党章的报告》，从具体性、时代性和民族性三个方面对毛泽东思想的内涵作了界定：“毛泽东思想，就是马克思列宁主义的理论与中国革命的实践之统一的思想，就是中国的共产主义，中国的马克思主义。”他指出：“毛泽东思想，就是马克思主义在目前时代的殖民地、半殖民地、半封建国家民族民主革命中的继续发展，就是马克思主义民族化的优秀典型。它是从中国民族与中国人民长期革命斗争中，在中国伟大的三次革命战争——北伐战争、土地革命战争和现在的抗日战争中，生长和发展起来的。它是中国的东西，又是完全马克思主义的东西。它是应用马克思主义的宇宙观与社会观——辩证唯物论与历史唯物论，即在坚固的马克思列宁主义理论的基础上，根据中国这个民族的特点，依靠近代革命以及中国共产党领导人民斗争的极端丰富的经验，经过科学的缜密的分析而建设起来的。它是站在无产阶级利益因而又正是站在全体人民利益的立场上，应用马克思列宁主义的科学方法，概括中国历史、社会及全部革命斗争经验而创造出来，用以解放中国民族与中国人民的理论与政策。它是中国无产阶级与全体劳动人民用以解放自己的唯一正确的理论与政策。”③

① 中共中央文献研究室、中央档案馆编《建党以来重要文献选编（1921—1949）》第20册，中央文献出版社2011年版，第436页。

② 中央档案馆编《中共中央文件选集》第15册，中共中央党校出版社1991年版，第115页。

③《刘少奇选集》上卷，人民出版社1981年版，第333-334页。

刘少奇进而将毛泽东思想的内容归纳为九个方面："毛泽东同志关于现代世界情况及中国国情的分析，关于新民主主义的理论与政策，关于解放农民的理论与政策，关于革命统一战线的理论与政策，关于革命战争的理论与政策，关于革命根据地的理论与政策，关于建设新民主主义共和国的理论与政策，关于建设党的理论与政策，关于文化的理论与政策等。"[①]他指出，这些理论与政策，完全是马克思主义的，又完全是中国的。这是中华民族智慧的最高表现和理论上的最高概括。他号召全党：学习毛泽东思想，宣传毛泽东思想，遵循毛泽东思想的指示去进行工作，乃是每一个党员的职责。中共七大将毛泽东思想作为中国共产党"一切工作的指针"，对统一全党的思想，指导全党的行动，实现党的政治路线，具有重要而深远的意义。

---

① 《刘少奇选集》上卷，人民出版社1981年版，第335页。

第七章

学术中国化
与文化形态史观

新启蒙运动是抗战时期学术中国化运动的先导。它所要建立的中国新文化是民族的、科学的、大众的文化，这与毛泽东后来在《新民主主义论》中提出的新民主主义文化纲领有着惊人的相似，故全民族抗战爆发后，新启蒙运动逐渐融入抗日大潮之中，并发展为学术中国化运动。抗战时期的学术中国化运动，既是对毛泽东提出的“马克思主义中国化”倡议的回应，也是近代以来西方学术文化民族化的发展结果。接受和吸纳外国学术文化，把握中国学术文化发展的科学化方向，同时强调回归中国的民族传统，将西方学术民族化本土化，是抗战时期“学术中国化”讨论的双重维度。“学术中国化”问题的讨论，不仅推动了马克思主义中国化运动并为马克思主义中国化提供了学理支撑，而且为西方学术文化的中国化及中国民族文化的现代化指明了方向。

一、从新启蒙到中国化的转变

20世纪30年代中期，随着民族危机日益加深，中共开始转变革命策略。1936年9月10日，为了宣传抗日救国思想并传播新哲学，更主要的是为了配合肃清党内关门主义、建立抗日民族统一战线的新形势，中共北方局宣传部部长陈伯达在《读书生活》第4卷第9期上发表《哲学的国防动员》，发起了新启蒙运动倡议，并对这项运动的内容作了原则性规定。他指出，新哲学尽管在中国成为一支不可抵抗的力量，但存在“理论落后于实际”问题，新哲学者不仅对中国传统思想缺乏系统的批判，而且没有很好地用中国政治实例来阐释辩证法，使唯物辩证法在中国问题中具体化起来。因此，新哲学者应该与民众结合，联合一切可以联合的力量，发动一场新启蒙运动。他说："新哲学者一方面要努力不倦地根据自己独立的根本立场，站在中国思想界的前头，进行各方面之思想的争斗，从事于中国现实之唯物辩证法的阐释；另一方面则应该打破关门主义的门户，在抗敌反礼教反独断反迷信的争斗中，以自己的正确理论为中心，与哲学上的一切忠心祖国的分子，一切民主主义者、自由主义者，一切理性主义者，一切唯物主义的自然科学家，进行大联合阵线。"为此，他倡议建立新启蒙运动的组织机构——中国新启蒙学会并规定了基本纲领："继续并扩大戊戌、辛亥和'五四'的启蒙运动，反对异民族的奴役，反对礼教，反对独断，反对盲从，破除迷信，唤起广大人民之抗敌和民主的觉醒。"[①]

为了实现这个纲领，陈伯达提出了开展新启蒙运动的基本路径、方法和主要任务："第一，整理和批判戊戌以来的启蒙著作；第二，接受五四时代'打倒孔家店'的号召，继续对于中国旧传统思想、旧宗教，作全面的、有系统的批判；第三，阐发帝国主义者在中国之文化侵略，以及中国旧礼教如何转成帝国主义者麻醉中国人民的工具；第四，系统地介绍西欧的启蒙运动及其重要的著作，介绍世界民族解放的历史及其理论；第五，大量地介绍新哲学到中国来，并应用新哲学到中国各方面的具体问题上去；第六，在各地经常举行哲学的公开讲演会、辩论会；第七，帮助民间组织广泛的'破除迷信'的组织，组织各种式样的无神会；第八，和世界的文化组织、思想界名流，建立联系，请求它们不断地援助中国民族解放的事业，援助中国人民的新启蒙运动；第九，组织大百科全书的（编辑）委员会。"[②]他号召"根据运动的每个参加者的能力和兴趣，实行分工合作"，而新哲学研究者应该作为领导者"来共同发起这个伟大的启蒙运动"。这实际上指明了新启蒙运动领导者应该是新哲学者（即马克思主义者）。

1936年10月1日，陈伯达发表《论新启蒙运动》一文，进一步阐述了新启蒙运动的主张。他在评价历史上启蒙运动的功过得失之后，号召文化界参加新启蒙运动，以此唤起全民族的自我觉醒，组织全民族的抵抗，建立文化界最广泛的联合阵线："我们反对异民族的奴役，反对旧礼教，反对复古，反对武断，反对盲从，反对迷信，反对一切的愚民政策。这就是我

① 陈伯达：《哲学的国防动员》，《读书生活》1936年第4卷第9期。
② 陈伯达：《哲学的国防动员》，《读书生活》1936年第4卷第9期。

们当前的新启蒙运动——也就是我们当前文化上的救亡运动。在这里，我们要和一切忠心祖国的分子，一切爱国主义者，一切自由主义者、民主主义者，一切理性主义者，一切自然科学家……结合成最广泛的联合阵线。”[①]

如果说五四运动是“第一次新文化运动”的话，那么新启蒙运动就是“第二次新文化运动”。新启蒙运动与五四运动的不同点，除了“时代的歧异”，主要还是指导思想的差异。陈伯达说：“五四时代新文化运动之哲学上的基础，虽然当时已有动的逻辑抬头，但动的逻辑并没有占领支配的地位，占领支配地位的，一般地说来，还是形式逻辑，但我们目前的新启蒙运动之哲学上的基础，动的逻辑却无疑地是占着支配的地位。大革命以来，动的逻辑的逐渐巩固和扩大自己的阵地，才使目前新启蒙运动的提出成为可能。新哲学者乃是目前新启蒙运动的主力，动的逻辑之具体的应用，将成为目前新启蒙运动的中心，而且一切问题，将要借助于动的逻辑，才能作最后合理的解决。”[②]在他看来，新启蒙运动高于五四运动之处，就在于新启蒙运动的指导思想是新哲学（马克思主义），故其群众基础更加广泛。新启蒙运动较五四运动之“新”，在于其指导思想是新哲学（马克思主义），是以马克思主义的思想方法促进民众的觉醒和团结，共赴国难；而不再是像五四运动那样以西方资产阶级的民主主义和个人主义来唤醒民众。

陈伯达的这两篇文章，开启了新启蒙运动，也为新启蒙运动奠定了基础。何干之指出，这两篇文章“可说是新启蒙运动最初的呼喊，也可说是新启蒙运动的奠基石”，称赞陈伯达是“首先意识地把问题提出来”的人。[③]随后，陈伯达相继发表了《思想的自由与自由的思想——再论新启蒙运动》《论五四新文化运动》《思想无罪——我们要为“保卫中国最好的文化传统”和“争取现代文化的中国”而奋斗》等文章，继续阐述新启蒙运动的主张。他不仅提出了“思想自由”的口号，号召要摆脱一切传统思想的镣铐，而且提出了一切进步人士实现大团结，建立统一的联合战线的主张。

陈伯达提出发起新启蒙运动的主张后，立即引起了国内思想文化界的关注。艾思奇发表的《中国目前的文化运动》，是思想文化界最初响应新启

---

① 陈伯达：《论新启蒙运动》，《新世纪》1936年第1卷第2期。

② 陈伯达：《论新启蒙运动》，《新世纪》1936年第1卷第2期。

③ 何干之：《近代中国启蒙运动史》，生活书店1938年版，第208、206页。

蒙运动号召的文论。艾思奇认为，由于戊戌至辛亥和五四两次新文化运动都没有完成启蒙的任务，所以目前“是要再来一个新的运动了”。艾思奇此时没有使用“新启蒙运动”的说法，只是提出“新的运动”，表明包括进步文化界对新启蒙运动的认识尚处在朦胧阶段。随后，艾思奇发表《新启蒙运动和中国的自觉运动》一文，对新启蒙运动的爱国主义特征作了阐述。他指出：“启蒙运动是文化上的自觉运动。文化上的自觉运动和社会政治上的自觉运动是分不开的。后者是前者的基础。文化上的自觉运动的出现，常常预示着一个社会变革运动的酝酿成熟。”既然目前社会运动是广泛的爱国运动，那么文化启蒙运动必然采取爱国主义的形态，他表示：“我们的新启蒙运动，也必然要与民族解放和国防发生不可分的联系。”新启蒙运动不是五四时代单纯反封建文化的运动，而是要把一切文化应用到有利于民族生存的方面，故其强调：“只要是于民族的生存有利益的话，就是对一部分封建势力携手也在所不惜的。”[①]艾思奇解释了进行新启蒙运动的必要性，揭示了新启蒙运动的性质和社会基础。

陈伯达与艾思奇相互呼应、相互补充的做法，扩大了新启蒙运动的声势，也引起了思想文化界的讨论。1937年5月初，思想文化界在纪念五四运动18周年之际，开始对新启蒙运动进行热烈讨论。张东荪、张申府等人纷纷著文，对陈伯达发起的新启蒙运动予以回应。张东荪认为“任何政治上的改革与转变必须先有一个文化上的大变化，换言之，即思想上的大变化为之先驱”，号召进行一场“恢复人类理性”的文化运动。[②]陈兆鸥主张在继承五四运动的基础上发起一场新启蒙运动，但其内容应该与五四运动激烈的反传统态度有所区别：“新启蒙运动的开展，必须批判过去文化，克服过去文化的劣点，更要肯定过去文化、摄取过去文化的优点。”[③]

张申府在《五四纪念与新启蒙运动》中强调新启蒙运动应该注意三点。第一，启蒙运动是理性的，“反对冲动，裁抑感情”，反对“笼统幻想，任凭感情冲动”。第二，在文化上，“这个新启蒙运动应该是综合的”。“所要造的文化不应该只是毁弃中国传统文化，而接受外来西洋文化，当然更不应该是固守中国文化，而拒斥西洋文化。”“新思想新知识的普及固然是启

---

① 艾思奇：《新启蒙运动和中国的自觉运动》，《文化食粮》1937年第1卷第1期（创刊号）。
② 张东荪：《重新再来一个文化运动》，《北方青年》1937年第1卷第1期。
③ 陈兆鸥：《五四纪念与新启蒙运动》，《北平晨报》1937年5月4日。

蒙运动的一个要点，但为适应今日的需要，这个新启蒙运动的文化运动却应该不只是大众的，还应该带些民族性。处在今日的世界，一种一国的运动，似乎也只有如此，才能有力量。启蒙运动另一个主要特点本在自觉与自信。民族的自觉与自信固是今日中国所需要。要紧的是：不可因为国际而忽略民族，也不可因为民族而忽略国际。”第三，“由今日来回看，五四的一个缺欠是不免浅尝。对于一切问题都不免模糊影响”，“因此，今日的启蒙运动不应该真只是‘启蒙’而已。更应该是深入的，清楚的，对于中国文化，对于西洋文化，都应该根据现代的科学方法更作一番切实的重新估价，有个真的深的认识”[①]。这三点“特别可举”，显然是针对五四运动，表明他对五四运动“缺欠”的认识。

张申府在《什么是新启蒙运动》中说：“今日的新启蒙运动，显然是对历来的一些启蒙运动而言。对于以前的一些启蒙运动，也显然有所不同。比如，就拿五四时代的启蒙运动来看，那时有两个颇似新颖的口号，是‘打倒孔家店’，‘德赛二先生’。我认为这两个口号不但不够，亦且不妥。”“至少就我个人而论，我以为对这两个口号至少都应下一转语。就是：‘打倒孔家店’，‘救出孔夫子’；‘科学与民主’，‘第一要自主’。”因此，他认为：“五四时代的新启蒙运动，实在不够深入，不够广泛，不够批判。在深入上，在广泛上，在批判上，今日的新启蒙运动都需要多进几步。”“今日是中国团结救亡，民族解放，争取自由，民主政治的时代。今日的新启蒙运动，就是适应这个时代的思想方面，文化方面的运动。因此，这个运动，也可说就是社会发展到这个阶段的民族主义的自由民主的思想文化运动。”他提出，新启蒙运动当前要做的最重要的两件事：一是思想的自由与自发；二是民族的自觉与自信。第二点尤其重要：“要达到民族的自觉与自信，必须发挥出民族的理与力。”[②]他强调，新启蒙运动的实质是反侵略的文化救亡运动，是民族解放运动——“彻底的民族解放，不但要达到领土主权的完整，国家民族的自由独立，是更要达到文化的自主与思想的自由独立的”。“整个的民族解放斗争，不但要反抗军事政治经济的侵略，是更要反抗文化的侵略与思想的侵略的。”“以上的后二者便是新启蒙运动的一部分

① 张申府：《五四纪念与新启蒙运动》，《北平新闻》1937年5月2日。

② 张申府：《什么是新启蒙运动》，《实报·星期偶感》1937年5月23日。

使命”。他强调：“现在新启蒙运动不但是民主、大众的，并且是带有民族性的。”[①]张申府对新启蒙运动内容是科学的、民主的、大众的、民族的概括，对稍后中共提出新民主主义文化是“民族的、科学的、大众的文化”有着显而易见的影响。

在纪念五四运动18周年活动中，思想文化界逐渐将注意力集中到新启蒙运动上来，逐步形成了南北呼应的态势。北方以北平为中心，以组织工作为主；南方以上海为中心，以理论探讨为主。1937年5月19日，张申府、吴承仕等50多人在北平正式成立启蒙学会，通过了组织章程，选举了组织干事，发表了成立启示，积极推进新启蒙运动。1937年5月，以艾思奇为首的《读书月报》编辑部组织了“新启蒙运动座谈会”，何干之、吴清友等人就新启蒙运动的社会基础、主要内容、历史特点、主要方向及开展方法等进行了讨论并达成共识，为新启蒙运动的深入开展作了理论准备。艾思奇主持的《认识月刊》创刊号设立了《思想文化问题特辑》，集中讨论新启蒙运动。该特辑相继发表了艾思奇的《论思想文化问题》、何干之的《中国新文化运动的社会基础》、胡绳的《谈理性主义》等有代表性的文章，对如何促进新启蒙运动进行了理论探讨。周扬、胡乔木、胡绳等人纷纷发表文章，支持新启蒙运动，新启蒙运动呈现出蓬勃发展的良好态势。

何干之在《近代中国启蒙运动史》中指出：“（一）新启蒙运动是思想文化上的爱国主义运动；（二）新启蒙运动是思想文化上的自由主义运动；（三）新启蒙运动是理性运动；（四）新启蒙运动是建立现代中国新文化运动。”[②]这个概述是对新启蒙运动主张的经典总结。

首先，新启蒙运动是思想文化上的爱国主义运动。新启蒙运动是为了挽救严重的民族危机而发起的，故爱国主义构成新启蒙运动的主要内容。爱国主义作为新启蒙运动主要内容，不仅鉴于严重的民族存亡危机，而且鉴于五四以来新文化所面临的危机。日寇在东北实行奴化教育政策、国民党政府实行的文化复古政策及社会上流行的复古思潮，造成了新文化的严重危机。中国不仅有亡国危险，而且中国文化也有消亡危险。故需要一场新启蒙运动来反抗日寇文化侵略，挽救中国文化所面临的危机。为了抵抗

---

① 张申府：《战时生活战时教育新启蒙运动新的青年运动》，《时事类篇特刊》1937年第6期。

② 何干之：《近代中国启蒙运动史》，生活书店1938年版，第224页。

日寇的文化侵略和国内的文化复古主义，必须矫正“关门主义”的“左”倾偏向，动员和团结一切开明的爱国的人士，实现全国文化人的大团结。“新启蒙运动并不是如某些人所说，是属于‘左翼’的。恰恰相反，新启蒙运动是一切爱国文化人、一切理性主义者、一切民主主义者、一切科学家、一切平民教育者、一切开明的教育家……的共同文化运动。新启蒙运动倡导者认为：一切最合理、最现实、最勇敢的爱国文化人，必将成为新启蒙运动的核心，但他们不是包括着全体的新启蒙运动者。”要组成全国文化人的联合战线，就要在“爱国”基础上包容不同信仰的文化人士。“民族统一是容纳着一切不同信仰的人们，就是说我们在文化上反对独断，反对迷信，但对于那迷信任何独断，任何宗教的同胞，我们不但不应反对他们，而且要尽力避免刺激他们的宗教感情和家族感情，号召他们合作，以引进他们到民族斗争的漩涡中，使他们能够在争斗中克服自己的迷信。这点是极重要的。”①

其次，新启蒙运动是思想文化上的自由主义运动。要动员数万万同胞参加抗日救国阵线以挽救民族危机，就要清除其思想上的愚昧；而要清除思想上的愚昧，根本办法是给予民众以自由思想的权利。因此，新启蒙运动是思想文化上的自由主义运动，是用自由主义来实现民众的思想自由，进而抵抗日寇的文化侵略和奴化教育。《再论新启蒙运动》阐述了自由主义的内涵，并将其作为新启蒙运动的重要内容重点论述：“我们所提出的新启蒙运动，其内容总括起来说，就是思想的自由与自由的思想。”新启蒙运动的基本特征，是倡导实现民众的思想自由。“所谓思想的自由，就是说：应该废止思想上外来的权威，思想应该从外来的权威独立起来。一切关于思想的外来镣铐（物质的镣铐），都不应存在。所谓自由的思想，就是说：应该唤起每人的自觉，每人都应当思想，都应当对于所遇见的任何事物，从事批判，每人都应当重新估值一切，都应当摆脱传统思想的束缚（精神的镣铐），从而发现自己的真理。”②当时之所以提倡思想自由，是因为人们希望通过“自由思想”途径自由地宣传新哲学，实现新哲学在最大范围的传播。马克思主义虽处于新启蒙运动的主导地位，但并不意味着要求全国思

---

① 陈伯达：《思想的自由与自由的思想》，《认识月刊》1937年第1卷第1期（创刊号）。

② 陈伯达：《思想的自由与自由的思想》，《认识月刊》1937年第1卷第1期（创刊号）。

想文化界统归于马克思主义之下，形成新的独断："我们不赞成把这新理性主义当成独断，叫人们放弃旧独断，来迷信、盲从新独断。"①

再次，新启蒙运动是理性运动。作为一场在抗日救亡大潮背景下发起的文化运动，新启蒙运动必然要高举理性主义的大旗，号召民众运用理性，摆脱自己依附于权威的地位。作为思想解放运动和批判的运动，新启蒙运动同时也是"理性运动"。②之所以提倡理性，是因为只有理性才能使人们有头脑、不盲从、不迷信、不武断，才有可能抵制非理性的思想，才能摆脱郁闷、盲从和迷信的生活状态，才有可能有自由思想，才有可能形成抗日统一战线。新启蒙运动的对象，主要是普通民众。"我们的新启蒙运动是要把四万万同胞，从复古独断、迷信、盲从的愚昧精神生活中唤醒起来，要使四万万同胞过着有文化的，有理性的，光明的，独立的精神生活。"③因此，启蒙运动中的理性问题，可以概括为提倡"思想的自由"与"自由的思想"。"我们现在需要组织全民的抵抗，来挽救民族大破灭的危机。我们必须唤起全民族自我的觉醒。所以，我们这里需要自由，需要理性，需要光明需要热，需要新鲜的空气，需要奋斗，需要集体的力。"④为此，新启蒙运动要联合哲学上"一切理性主义者"，实现"哲学上之救亡民主大联合"，建立理性主义者的联合阵营："哲学上理性主义者（即使是唯心论的，还是片面的理性主义，而且内中有理性主义与非理性主义的矛盾，有极浓厚的非理性主义的倾向），曾是一些较热心、努力，或较倾向于救亡运动的人，而且容易与我们组织一个哲学上的抵抗反礼教的联合阵线，容易与我们共同进行新启蒙运动（不管是否是暂时的）。"⑤

最后，新启蒙运动是建立现代中国的新文化运动。20世纪30年代的中国思想文化界，社会上各种文化思想纷繁：有陶希圣、何炳松等十位教授的"中国本位文化论"，也有陈序经和胡适的"全盘西化论"，还有蒋介石恢复封建道德的复古思想。新启蒙运动的发起者对当时纷乱的文化现状作了回应，对新文化建设的发展方向作了初步探讨，认为新启蒙运动不仅要

---

① 陈伯达：《在文化阵线上》，生活书店1939年版，第43-44页。
② 陈伯达：《思想的自由与自由的思想》，《认识月刊》1937年第1卷第1期（创刊号）。
③ 陈伯达：《思想的自由与自由的思想》，《认识月刊》1937年第1卷第1期（创刊号）。
④ 陈伯达：《论新启蒙运动》，《新世纪》1936年第1卷第2期。
⑤ 陈伯达：《哲学的国防动员》，《读书生活》1936年第4卷第9期。

批判旧有的文化，也要努力建设新的文化："在新启蒙运动中，在我们的批判运动中，我们对于文化，不只要能'破'，而且要能立。我们的启蒙运动，和先前启蒙运动不同的历史本质，就是我们已有能力在批判中来具体地从事指出中国历史现实的合理法则，合理地扬弃中国的旧文化，创造中国的新文化。"①

如何创造中国的新文化？

第一，必须吸收民族传统，体现民族特色。"新文化的创造，必须注意吸收民族传统的精华，体现民族特色。旧的文化传统、旧的文化形式是根深蒂固地和人民年代久远的嗜好和习惯相联结的。最广大最下层的人民群众最习惯于旧的文化形式，经过那旧形式而传播给他们以新的文化内容，新的东西，他们是最容易接受的。……他们是需要文化食粮的，更需要更好和最好的文化食粮，但这种文化食粮却需要采取他们年代久远所习惯的形式，装进那种旧形式，而给予适当的改造，才能使他们乐于接受和很好的消化。"②"利用旧形式，接受固有文化的优秀传统和需要具体地理解自己民族各方面的历史……可以说：这些就是新启蒙运动的主要特点之一。"③

第二，必须提倡理性主义，反对迷信、反对独断、反对盲从、反对一切不利于科学文化发展的因素。新启蒙运动对国民党政府推行尊孔读经的复古运动、中国本位文化建设运动以及新生活运动极为不满，对"复古，尊孔，祀天""守礼教""恢复读经，旌表孝子，褒奖烈女"等现象非常忧虑，强烈呼吁"接受五四时代'打倒孔家店'的号召，继续对于中国旧传统思想、旧宗教，作全面的有系统的批判"。④

第三，必须是大众的。新启蒙运动的目的是使新文化能够最大限度地普遍化、大众化。大众化的途径和方法，就是要走向民间、走向大众、联合新文学家以及争取最广大的读者。我们"应该由亭子间中、图书馆中、科学馆中的个人工作转向文化界的大众，转向作坊和乡间的大众"；"应该和一切科学家联合，去做民间的科学化运动"；"应该和一切平民教育者，

---

① 陈伯达：《在文化阵线上》，生活书店1939年版，第33页。

② 陈伯达：《在文化阵线上》，生活书店1939年版，第68—69页。

③ 陈伯达：《在文化阵线上》，生活书店1939年版，第76页。

④ 陈伯达：《哲学的国防动员》，《读书生活》1936年第4卷第9期。

一切小学教员，一切开明的教育者，一切文字改革者及一切大中小学生联合，去做民间的通俗教育运动，废除文盲运动，各种式样的破除迷信活动”；“应该和一切新文学家联合，去消灭那荒唐、迷信、诲淫诲盗的旧小说、旧鼓词，把最广大的下层社会读者夺取过来”；“在文学上，在一切艺术范围内，应该强调‘人的文学’，‘国民文学’，‘通俗文学’，‘为人生而艺术’的口号”。[①]

第四，必须吸收西方先进文化。“现在中国的文化，和世界先进的国度比较起来，却是很落后的。中国文化的发展，绝对需要借助世界先进国度中的科学及其各种解放思想。”[②]新启蒙运动纲领具体阐述了吸收西方文化的途径：“系统地介绍西欧的启蒙运动及其重要的著作；介绍世界民族解放的历史及其理论”；“和世界的文化组织，思想界名流，发生关系，请求它们不断地援助中国民族解放的事业，援助中国人民的新启蒙运动”。[③]

可见，当时所要建立的中国新文化，是民族的、科学的、大众的文化。新启蒙运动对于建设新文化的设想，与毛泽东的新民主主义文化纲领的基本精神是一致的。

1937年全民族抗战爆发后，陈伯达、艾思奇先后到达延安，二人与毛泽东、张闻天等中共领导人关系密切，直接参加了新民主主义理论的建设工作。这样，新启蒙运动逐渐融入抗日大潮之中，并适应战时民族主义潮流，发展为学术中国化运动。

1938年9月至11月，毛泽东在中共六届六中全会上作了题为《论新阶段》的政治报告，第一次提出了“马克思主义中国化”命题。他说：“今天的中国是历史的中国的一个发展；我们是马克思主义的历史主义者，我们不应当割断历史。从孔夫子到孙中山，我们应当给以总结，承继这一份珍贵的遗产。这对于指导当前的伟大的运动，是有重要的帮助的。”他强调：“共产党员是国际主义的马克思主义者，但是马克思主义必须和我国的具体特点相结合并通过一定的民族形式才能实现。马克思列宁主义的伟大力量，就在于它是和各个国家具体的革命实践相联系的。对于中国共产党说来，

---

① 陈伯达：《思想的自由与自由的思想》，《认识月刊》1937年第1卷第1期（创刊号）。

② 陈伯达：《在文化阵线上》，生活书店1939年版，第60页。

③ 陈伯达：《哲学的国防动员》，《读书生活》1936年第4卷第9期。

就是要学会把马克思列宁主义的理论应用于中国的具体的环境。成为伟大中华民族的一部分而和这个民族血肉相联的共产党员，离开中国特点来谈马克思主义，只是抽象的空洞的马克思主义。因此，使马克思主义在中国具体化，使之在其每一表现中带着必须有的中国的特性，即是说，按照中国的特点去应用它，成为全党亟待了解并亟须解决的问题。洋八股必须废止，空洞抽象的调头必须少唱，教条主义必须休息，而代之以新鲜活泼的、为中国老百姓所喜闻乐见的中国作风和中国气派。”①

毛泽东提出“马克思主义中国化”命题，主要是针对当时共产党内存在的主观主义和教条主义倾向，但因顺应了近代以来西方学术民族化趋势，故很快得到了广大进步理论工作者的响应和赞同。1939年8月，张闻天在中共中央政治局会议上就文化政策问题说：“我们要提倡民族化、大众化的文艺，使文艺工作者到民众中去锻炼，在民众中活动。”②1939年12月13日，张闻天主持召开中共中央政治局会议，会议听取艾思奇关于准备陕甘宁边区文代会报告内容的介绍。会上毛泽东指出：“新文化用下面四大口号为好：民族化（包括旧形式），民主化（包括统一战线），科学化（包括各种科学），大众化（鲁迅提出的口号，我们需要的）。”③

1940年1月5日，张闻天在陕甘宁边区文化协会第一次代表大会上作了题为《抗战以来中华民族的新文化运动与今后任务》的报告。他认为中华民族新文化以“民族的、民主的、科学的、大众的”因素作为自己的内容。“旧中国文化中也有反抗统治者、压迫者、剥削者，拥护被统治者、被压迫者、被剥削者，拥护真理与进步的、民族的、民主的、科学的、大众的文化因素。这种文化因素，即是我们的祖先留给我们的宝贵遗产……这是值得我们骄傲的。对于这些文化因素，我们有从旧文化的仓库中发掘出来，加以接受、改造与发展的责任。这就叫‘批判的接受旧文化’。所以新文化不是旧文化的全盘否定，而是旧文化的真正‘发扬光大’。新文化不是从天上掉下来的奇怪的东西，而是过去人类文化的更高的发展。”“外国文化的‘中国化’不是什么‘中国本位文化’，而是使外国文化中一切优良的成果，

---

① 《毛泽东选集》第2卷，人民出版社1991年版，第534页。

② 《张闻天文集》第3卷，中共党史出版社1994年版，第22页。

③ 中共中央文献研究室编《毛泽东年谱（1893—1949）》中卷，中央文献出版社2002年版，第149页。

服从于中华民族抗战建国的需要，服从于建设中华民族新文化的需要。”[①]1月9日，毛泽东在这次会议上，作了题为《新民主主义的政治与新民主主义的文化》（发表时改为《新民主主义论》）的报告，提出新民主主义文化是“民族的科学的大众的文化”。

无论是张闻天提出的“民族的、民主的、科学的、大众的”新文化，还是毛泽东提出的“民族的科学的大众的”新文化，都在肯定学习西方近代民主科学的同时，强调了“民族的”这一特性，这与此前新启蒙运动有着内在联系，汲取了新启蒙运动强调“民族化”的基本思想。因此，作为新启蒙运动发起人之一的张申府，在读了毛泽东的《论新阶段》后，立即撰写《论中国化》一文，赞同甚至赞叹毛泽东关于“马克思主义中国化”的论述：“我们认为这一段话的意思完全是对的。不但是对的，而且值得欢喜赞叹。由这一段话，更可以象征出来中国最近思想见解上的一大进步。”他列举了赞叹这个观点的五项理由。第一，改革中国是为了中国，至少首先是为了中国，虽然要学习外国，但“用在中国就应该中国化，而且如其发生效力，也必然地会中国化”。第二，“这一段话的意思与新启蒙运动的一个要求完全相同。新启蒙运动很可以说就是民族主义的科学民主的思想文化运动。对于自己传统的东西是要扬弃的。所谓扬弃的意思，乃有的部分要抛弃，有的部分则要保存而发扬之，提高到一个更高的阶段，五四时期的启蒙运动有的地方不免太孩子气了。因此，为矫正‘打倒孔家店’的口号，我曾提出：‘打倒孔家店，救出孔夫子’，就是认为中国的真传统遗产，在批判解析地重新估价，拨去蒙翳，剥去渣滓之后，是值得接受承继的”。第三，“我们一方面主张社会科学化，科学社会化，把科学与社会密切结合一起；一方面主张中国科学化，科学中国化。科学中国化的意思就是要使中国在科学上有其特殊的贡献，使科学染上中国的特色”。第四，新启蒙运动要求新知识、新思想普及化、大众化、中国化、本国化、本土化。“同时，反对奴化，不但反对作自己古人的奴隶，传统权威的奴隶，实在更反对作外来的东西的奴隶。”他拟定的新启蒙运动的纲领之一就是“自觉”与“自信”，中国化就是自觉与自信的表现。第五，“我们更主张学问的人化”，就是“把学问使人懂，却应该讲述得、

---

① 《张闻天文集》第3卷，中共党史出版社1994年版，第38、41、43页。

叙述得有人味儿"，"而在中国说人话，当然要先中国化"。[①]这五项理由的中心点都是"中国化"。"中国化"是新启蒙运动的核心理念，也是中共所要建设的新民主主义文化的重点内容，也是稍后延安整风反对、批判"洋八股"、教条主义和"把国际主义的内容与民族形式分离起来"的"国际主义的人们"的重要思想内容。

张申府由强调"中国化"进而提出了"民族主义的科学""科学中国化""使科学染上中国的特色"的观点。1940年5月，张申府在《中苏文化》上发表《五四的当年与今日》一文，阐述了当今时代与五四时代三个不同点及五四运动的三个缺欠，号召仍要继承五四的开放与开明的启蒙精神。他说："新启蒙运动的重要更加甚了，配合今日的需要，也为适应世界的潮流，而且推进世界的潮流，我愿意在今日，更重提出三点来。便是：一、社会与学术的配应；二、哲学与人生的结合；三、理性与热情的调谐。"他强调："我最近深感到有'一种新哲学的可能'……这种新哲学，我以为可以叫作'新解析几何'，也可以叫做'新逻辑经验论'。一方是继逻辑经验论而起的，一方也是逻辑经验论与辩证唯物论的结合。"[②]

张申府继续倡导新启蒙运动的主张，与陈伯达根据时势变化要结束新启蒙运动的想法正好相反。陈伯达认为，在毛泽东正式提出"新民主主义"理论之后继续提倡新启蒙运动，显然是不合时宜的；新启蒙运动单纯的口号无法解决中国面临的实际问题，加上新启蒙运动最初设想的目标基本实现（如扩大新哲学的宣传、呼吁抗日救亡运动及建立抗日统一战线等），故开始考虑放弃新启蒙运动的提法并终止这场运动。因此，他不仅对张申府所谓"新哲学"的看法不赞同，而且反对张氏继续进行新启蒙运动的倡议，不赞同张氏夸大新启蒙运动的历史作用的看法，认为新启蒙运动只是抗日民族战争的一部分，绝不能代表一切。1940年6月，他在《中国文化》上发表《论"新哲学"问题及其他——致张申府先生的一封公开信》，系统阐述了与张申府在新哲学及新启蒙运动问题上的分歧，对张氏继续推动新启蒙运动的观点进行了批驳，并决定结束新启蒙运动的讨论。

---

① 张申府：《论中国化》，《战时文化》1939年第2卷第2期。

② 张申府：《五四的当年与今日》，《中苏文化》1940年第6卷第3期。

这封公开信，不仅公开了陈伯达与张氏关于新启蒙运动主张的分歧，而且标志着以爱国主义联合战线为特征的新启蒙运动的正式终结。新启蒙运动融入抗战大潮并转变为“学术中国化”问题的讨论。

二、“学术中国化”问题的讨论

为了克服党内存在的主观主义和教条主义，毛泽东在中共六届六中全会的报告中向全党尤其是党的领导干部发出了“学习”的号召：“我希望从我们这次中央全会之后，来一个全党的学习竞赛，看谁真正地学到了一点东西，看谁学的更多一点，更好一点。在担负主要领导责任的观点上说，如果我们党有一百个至二百个系统地而不是零碎地、实际地而不是空洞地学会了马克思列宁主义的同志，就会大大地提高我们党的战斗力量，并加速我们战胜日本帝国主义的工作。”①

根据毛泽东的这个号召，中共中央发起了“全党干部学习运动”。正是在这场学习运动中，“学术中国化”被正式提了出来。“学术中国化”既是“马克思主义中国化”的必然要求，又是近代以来中国人对中西文化关系的认识不断深化的结果。对此，嵇文甫在《漫谈学术中国化问题》中作了明确阐述：“学术中国化运动，是伴随着学术通俗化运动，或大众化运动而生长出来的。……随着‘七七’抗战的兴起，这个运动更加速的进展，直到最近，‘中国化’这个口号乃在这个运动的高潮中很有力地涌现出来。我相信，从今以后，这个口号将响彻云霄，随着抗战建国运动而展开一个学术运动的新时代。”②杨松指出，马克思主义中国化要求马列主义者的文化人在“马克思主义中国化”的过程中，“坚持自己马列主义的宇宙观和人生观，坚持自己对于科学的共产主义的信仰，而应用马列主义的思想武器，应用马克思和列宁的唯物辩证法，去批判一切非无产阶级的思想意识，为建立以新民主主义的内容为内容和以中华民族的形式为形式的中华民族新文化，并且在中国历史学、政治经济学、哲学、文学、音乐、美术、戏剧、诗歌和自然科学中，获得、巩固和发展自己的地位”。③

“学术中国化”运动兴起后，很快引起了学术文化界的积极响应。1939

---

① 《毛泽东选集》第2卷，人民出版社1991年版，第533页。

② 嵇文甫：《漫谈学术中国化问题》，《理论与现实》1940年第1卷第4期。

③ 杨松：《关于马列主义中国化的问题》，《中国文化》1940年第1卷第5期。

年4月1日，重庆的《读书月报》第1卷第3期率先开辟“学术中国化问题”专栏，发表柳湜的《论中国化》和潘菽的《学术中国化问题的发端》等文章，同时还发表了《谈“中国化”》一文。1939年4月15日，《理论与现实》杂志在重庆创刊，艾思奇、李达、沈志远、侯外庐、潘梓年、钱俊瑞等人担任杂志编委，沈志远担任主编。该刊以“学术中国化”和“理论现实化”为宗旨，在创刊号上刊登了潘梓年的《新阶段学术运动的任务》和侯外庐的《中国学术的传统与现阶段学术运动》两篇讨论“学术中国化”的论文。接着，该刊第1卷第4期（1940年2月15日）和第2卷第2期（1940年4月15日），先后刊载了嵇文甫的《漫谈学术中国化问题》和吕振羽的《创造民族新文化与文化遗产的继承问题》等文章。此外，《新建设》等刊物也刊出了许崇清的《“学术中国化”与唯物辩证法》等讨论“学术中国化”的文章，“学术中国化”讨论迅速展开。对于各地响应“学术中国化”的情况，郭沫若在《四年来之文化抗战与抗战文化》中指出：“‘学术中国化’口号的提出，更引起文化各部门的热烈响应，文艺创作者热烈地讨论复兴文艺的民族形式问题；戏剧家研究各地方戏，作实验公演；音乐家也搜集各地民歌，研究改良，作实验演奏；社会科学家研究着中国的实际，中国的历史；自然科学家在研究着国防工业、交通运输、战时生产、医药卫生等中国具体问题，并提倡出了‘中国科学化运动’的口号；科学家在研究着中国的古代哲学与思想上在抗战建国上的各种问题。”①

中国共产党影响下的马克思主义者围绕“学术中国化”问题展开热烈讨论之时，以叶青为代表的所谓国民党理论家同样关注这场“学术中国化”讨论，并采取了责难和攻击的态度。1939年7月6日，叶青在《时代精神》创刊号上发表《论学术中国化》一文，猛烈批评“学术中国化”。他认为，毛泽东以及潘梓年等人所讲的“中国化”，并非真正的“中国化”，真正的“中国化是说欧洲乃至世界各国底学术思想到中国来要变其形态而成为中国底学术思想，这在哲学、社会科学和艺术方面，特别要如此，就中以政治思想、经济思想、社会思想为尤甚。所以中国化是一般的或外国的学术思想变为特殊的中国的学术思想的意思。它必须变其形式，有如一个新东西，中国的东西，与原来的不同。这样才叫做化，才叫做中国化。所以化是带

① 军事委员会政治部：《抗战四年》，青年书店1941年版，第190页。

有改作和创造之性质的。理解、精通、继承、宣传、应用、发挥……都不是化，当然也都不是中国化了”。既然“学术中国化”的意思是要把“一般的或外国的学术思想变为特殊的中国的学术思想”，那么“中国化与中国本位完全相同，所不同的只是名词而非理论内容”，因为提倡“中国本位文化运动”的“十教授《宣言》底中心可归结于如次的一句话，即‘吸收其所当吸收’以‘创造将来’，或‘吸收其所当吸收’以从事‘中国本位的文化建设’。这不是说把吸收来的学术思想中国化吗”？①

据此，叶青否定中共提倡“学术中国化”的必要性，认为即使要讲“学术中国化”，其功劳也不是中国共产党人的，而是孙中山的。“孙先生虽然没有讲中国化三个字，却在实际上是中国化的开始者、实行者和成功者。他完成了欧美底政治思想、经济思想、社会思想之中国化。进一步说，三民主义适合中国，便于合中国需要的一切社会科学说来，有原则作用和方法作用。”那种企图在孙中山三民主义之外另求“学术中国化”，无异于缘木求鱼，是根本不可能的。因此，与其提倡什么“学术中国化”，还不如“认真研究孙先生，认真研究三民主义，尤其它底民生主义”。②

叶青批评“学术中国化”的实质，是反对马克思主义中国化，否定马克思主义对中国学术的指导地位；他之所以要把孙中山说成是“中国化的开始者、实行者和成功者”，也是为了宣传国民党的政治理念，认为只有国民党所阐释、宣传的三民主义才符合中国国情，才是抗战建国的指导思想。毛泽东由此断定叶青是“代表国民党写文章的人”。③叶青随后发表《马克思主义中国化的问题》一文，明确将攻击矛头直接指向马克思主义和中国共产党，公开声称马克思主义纯粹是从国外移植到中国的舶来品，根本“不适用于中国，作为它底经济学基础的资本论、政治学基础的国家论、社会学基础的阶级斗争论便亦不适用于中国”，声称“中国是不需要共产主义，不需要马克思主义的了。因此它也就不需要共产党，这是逻辑的结论”。④

叶青关于“学术中国化”问题的错误言论，自然受到中国共产党人的

① 叶青：《论学术中国化》，《时代精神》1939年第1卷第1期（创刊号）。

② 叶青：《论学术中国化》，《时代精神》1939年第1卷第1期（创刊号）。

③ 《毛泽东文集》第2卷，人民出版社1993年版，第220页。

④ 叶青：《马克思主义中国化的问题》，《中央周刊》1941年第3卷第43期。

严厉批判。杨松指出，马克思主义并不像叶青所说的那样“纯粹”是从国外移植到中国的舶来品，相反，它完全适合于中国的国情，因为“经过一九一四——一九一八年帝国主义大战，中国民族资本主义进一步之发展和形成，造成了接受和发展马克思列宁主义的客观的历史和经济条件”，这是马克思主义能够在中国生长发育和日益壮大起来的根本原因。他依据毛泽东在《新民主主义论》中关于中国新文化发展脉络的概括，把马克思主义传入中国的历史分为三个时期，并指出马克思主义之所以能够“中国化了和中国化着”，有它深厚的历史根源和阶级基础。他阐述道：“在每个时期内中国无产阶级的思想代表者——中国马列主义者，都是与其他进步的阶级和阶层结成文化思想上的统一战线，以共同反对外国帝国主义的奴化政策和国内封建主义的文化，为新民主主义的文化而斗争；同时，在这个统一战线中宣传和发展自己的科学学说——马列主义，把马列主义具体地应用于中国的具体环境，把马列主义中国化了和中国化着，也使中国学术马列主义化了和马列主义化着。”[①]杨松创造性地提出了“化了”和“化着”这样两个概念：“化了”，表示“马克思主义中国化”已取得的具体成果；“化着”，是指“马克思主义”正在“中国化”的过程。“化着”是“化了”的开始，而“化了”是“化着”的结果，“马克思主义中国化”的过程就是“化着”和“化了”的辩证运动过程。这样的观点是新颖而有说服力的。

艾思奇发表《论中国的特殊性》一文，从理论上系统批驳了叶青关于“中国化”问题的错误观点。他说：“马克思主义之所以能够中国化，是由于中国自己本身早产生了马克思主义的实际运动。中国的马克思主义是在中国自己的社会经济发展中有它的基础，是在自己内部有着根源，决不是如一般的表面观察，说这是纯粹外来的。”[②]他强调，叶青“利用中国的‘特殊性’和‘特殊的方法’等等漂亮的新名词，把‘国情论’以及‘中学为体，西学为用’的陈腐思想偷运到文化战线上来，想借此取消马克思主义中国化的运动”。[③]这深刻揭示了叶青讨论所谓“中国化”问题的政治意图。

---

① 杨松：《关于马列主义中国化的问题》，《中国文化》1940年第1卷第5期。

② 艾思奇：《论中国的特殊性》，《中国文化》1940年第1卷第1期（创刊号）。

③ 艾思奇：《抗战以来的几种重要哲学思想评述》，《中国文化》1941年第3卷第1期。

中国共产党及其影响下的马克思主义学者积极参与“学术中国化”讨论，围绕着为什么要“学术中国化”、什么是“学术中国化”以及如何使“学术中国化”等重大问题展开讨论，深化了对“学术中国化”问题的理解，推动了马克思主义中国化，留下了宝贵的理论资源。

第一，阐发“学术中国化”的必要性。为什么要“学术中国化”？柳湜指出，“学术中国化”的提出，应从“当前的政治实践所反映于文化的要求、反映于新的学术运动上”来寻找根据，“它绝不仅限于纠正过去我们对外来文化的不溶化，纠正我们学习上、学术上许多公式主义，教条主义，给我们一种警惕，而是创造新的中国文化之行动的口号和前提”[①]，认定“中国化”是为了正确处理外来文化以创造中国新文化的需要。

潘菽从学术普及化和适合中国需要的角度，从五个方面阐述了“学术中国化”的必要性。一是为了使学术更容易了解。每种学术都包含着许多原理和原则，需要实际的例证加以说明，在外国学者那里，所有的例证都是外国的，这就造成了我们了解上的障碍，我们最好根据中国所有并为一般人所熟悉的例证来说明各种学术，这样的知识更容易为人们了解和接受。二是为了使学术不成为超然的“洋八股”，就需要“把各种学术知识和中国自己的实际社会生活的种种方面关联起来”。三是为了使学术适合于中国，就必须实现学术的中国化。四是为了使学术成为中国整个文化的有机部分。五是为了使中国的学术成为世界学术的积极的一部分，“就必须先把各种学术加以彻底的消化，使成为自己的。只有彻底消化而成为自己的以后，才能有所创造，有所贡献”。[②]

在嵇文甫看来，学术本土化是创建中国新学术的需要，中国需要尽量吸收世界上进步的学术和文化使自己迅速壮大起来，但世界上任何好东西，总须经过我们的咀嚼消化，融入我们的血肉肌体中，然后对于我们方为有用。因此，“我们不能像填鸭似的，把外面的东西只管往肚里填，而不管它消化不消化；我们也不能像小儿学舌似的，专去背诵别人的言语，而不管它意思是什么。而要使学术适应自己的需要，要把世界上许多好的东西变成自己的东西，就必须‘学术中国化’”。[③]

---

① 柳湜：《论中国化》，《读书月报》1939 年第 1 卷第 3 期。
② 潘菽：《学术中国化问题的发端》，《读书月报》1939 年第 1 卷第 3 期。
③ 嵇文甫：《漫谈学术中国化问题》，《理论与现实》1940 年第 1 卷第 4 期。

第二，揭示“学术中国化”的内涵。什么是“学术中国化”？中国共产党人从多个方面对其内涵作了阐述。一是用马克思主义的唯物论和辩证法来研究中国问题，整理中国学术，并在此基础上建立中国的社会科学和自然科学。潘梓年指出：学术中国化的任务，就是用马克思主义的唯物论和辩证法，“去研究中国历史，中国的社会形态，中国社会在抗战中所起的各种变化，怎样使这些变化向进步的方向走去，更快的发展前去，这样来建立起中国的社会科学。去研究中国自然环境中的各种资源动力，运用这些资源动力来建立起中国的现代化的各种国防工业及其他各种工具，改进中国的农业，这样来建立起中国的自然科学”。[①]柳湜强调：“用辩证唯物论和历史唯物论去研究中国历史，中国问题，一切的问题。”[②]就此而言，所谓“学术中国化”，亦就是中国学术的马克思主义化。杨松明确指出：“学术中国化的本质是中国学术的马克思主义化，也就是要在学术思想领域确立起马克思主义的指导地位。”[③]

二是充分吸收外来学术和文化，但这种吸收不是照抄照搬，而是通过消化，把外来的学术和文化变为自己的学术和文化，使之具有中国特色。潘梓年指出：“学术中国化，绝不就等于保存国粹，而是要使我们的学术带着中国的味道、中国的光彩而发展生长起来，要使我们的学术成为中国的血液与肌肉，不成为单单用以章身的华服。”[④]柳湜强调，学术中国化“不排斥外来文化，并承认世界文化的交流乃是历史的必然”，因此，“我们要在中国具体的历史条件下吸收一切进步的文化，溶化它，通过民族的特点、历史的条件和中国抗战建国过程中的一切具体问题，把它变为自己的灵魂，‘创造新鲜活泼的、为中国老百姓所喜耳乐见的中国作风与中国气派’”。[⑤]所谓“学术中国化”，就是外来学术或文化的中国化，借用潘梓年的话说就是：“把世界已经有了的科学，化为中国所有的科学。”[⑥]

三是继承和发扬民族的文化遗产，但不是对民族文化遗产的全盘继承和发扬，而是去其糟粕，取其精华，继承和发扬的是民族文化遗产中的优

① 潘梓年：《新阶段学术运动的任务》，《理论与现实》1939年第1卷第1期（创刊号）。
② 柳湜：《论中国化》，《读书月报》1939年第1卷第3期。
③ 杨松：《关于马列主义中国化的问题》，《中国文化》1940年第1卷第5期。
④ 潘梓年：《新阶段学术运动的任务》，《理论与现实》1939年第1卷第1期（创刊号）。
⑤ 柳湜：《论中国化》，《读书月报》1939年第1卷第3期。
⑥ 潘梓年：《新阶段学术运动的任务》，《理论与现实》1939年第1卷第1期（创刊号）。

秀部分。柳湜指出：今日中国文化是要吸收世界文化一切优良的成果来丰富自己、武装自己，创造中国新文化，但同时并未忘记“我们这个大民族数千年的历史，有它的发展法则，有它的民族特点，有它的许多珍贵品”，我们要“尊重自己的历史，好的民族的传统，批判的接受民族优良的传统，但不是无所分别的一些陈腐残渣兼留并蓄”。[①]潘菽指出，在如何对待中国旧学术的问题有三种办法。其一，继续保留并应用中国旧学术，而以新学术为补充或辅助。这就是所谓“中学为体，西学为用”。其二，只管引进和吸收新学术，而对旧学术不管不问，让它自生自灭。这是五四运动以来对待或处置旧学术的办法。其三，把旧学术变成新学术。而这第三种办法“是最合理最妥当的办法”。要把旧学术变成新学术，一方面把旧学术中的渣滓去掉，另一方面把旧学术中的精华提出来，以容纳于新学术之中。[②]因此，所谓“学术中国化”就是中国传统学术或传统文化的现代化。嵇文甫以“传统的旧文化”为例，提出了鉴别民族文化传统的四种原则。其一，传统的旧文化中，有许多东西根本就带着一般性或共同性，根本就不是某一个特殊时代所独有，和现代生活根本就没有什么冲突，像许多立身处世的格言，有些固然已经失其时效，但有些直到今天仍然有其价值。其二，传统的旧文化中，有些东西虽然它原来的具体形态与现代生活不能相容，然而随着时代的发展，社会的进步，它的具体形态早已被历史淘汰，现在留给我们的只是它的某些精神或远景，而这些精神或远景在现代生活中又能发挥一些有益的作用或暗示。其三，传统的旧文化中，有些东西看着虽然是乌烟瘴气的，但其中却包含着某些真理或近代思想的某些因素，应该像马克思对待黑格尔哲学那样，“从神秘的外衣中，剥取其合理的核心”。其四，传统的旧文化中，有些东西从现在眼光来看虽然没有什么道理，甚至非常荒谬，然而在当时却有它的进步意义，“我们不妨舍其本身，而单从历史发展的观点上，阐扬其进步性”。[③]

四是研究和解决中国的实际问题。侯外庐认为，“学术中国化的基本精神，就在于‘知难行易’的传统的继承，使世界认识与中国认识，在世界

① 潘菽：《学术中国化问题的发端》，《读书月报》1939年第1卷第3期。
② 潘菽：《学术中国化问题的发端》，《读书月报》1939年第1卷第3期。
③ 嵇文甫：《漫谈学术中国化问题》，《理论与现实》1940年第1卷第4期。

前进运动实践中和中国历史向上运动实践中统一起来”。[①]潘梓年指出，学术中国化“就是把目前世界上最进步的科学方法，用来研究中华民族自己历史上，自己所具有的各种现实环境上所有的一切具体问题，使我们得到最正确的方法来解决这一切问题”。[②]潘菽则强调：“所谓学术中国化的意义就是要把一切学术加以吸收，加以消化，加以提炼，加以改进，因以帮助解决新中国的建设中所有的种种问题。”[③]就此而言，“学术中国化”运动的根本目的就是要研究和解决中国的实际问题。

第三，探讨“学术中国化”的实现途径。如何实现“学术中国化”？潘菽指出，要使“学术中国化”。首先，要在透彻地吸收世界上各种学术的基础上，“加以变化，加以选择，加以改进，加以适应”，“要在每种学术方面都学习到世界上任何人所能学习到的最多并最精到的知识，要在每种学术方面都至少有几个学者或专门家可以和世界上在这一种学术里面所有的最前进最优秀的后起学者或专门家并辔齐肩”。他强调，透彻地吸收世界上的各种学术并加以批判、选择和消化，“是学术中国化的基石”。其次，“学术中国化”的基本条件是使学术和中国在建设中的种种实际问题密切关联起来。一种学术只有当它开始努力服务于中国社会种种实际问题时，它“才能开始中国化起来，开始具有生命而发展起来，而它的中国化的程度和生命的程度也将以它的那种服务的程度而定”。最后，学术的生命力在于研究和解决实际问题，而实际问题的妥善解决有待于深刻的理论指导，“所以，要使学术中国化，使能帮助解决现在正在一个大蜕变中的中国所有的那么繁多而繁重的现实问题，那就非加深理论的研究不可”。而这种“深刻的理论研究”，并不是指“冥渺的探索和无谓的剖析，而是仍和实践的问题紧密相结合的。这种研究帮助了实践，同时也提高了学术的本身”。潘菽强调，不要以为“学术中国化”是故意将西方的各种学术改头换面一下，渗入一点中国的故旧观念，使之成为一种特别的东西。实际上，“我们所谓学术中国化其实乃是事实的要求，而同时也是我们所应该做的努力的自然结果”。[④]

---

① 侯外庐：《中国学术的传统与现阶段学术运动》，《理论与现实》1939年第1卷第1期（创刊号）。

② 潘梓年：《新阶段学术运动的任务》，《理论与现实》1939年第1卷第1期（创刊号）。

③ 潘菽：《学术中国化问题的发端》，《读书月报》1939年第1卷第3期。

④ 潘菽：《学术中国化问题的发端》，《读书月报》1939年第1卷第3期。

潘梓年认为，“科学化运动与接受优良传统，是学术中国化的两个支柱。基本条件则在精通科学方法，精通唯物辩证法，精通马列主义”。学术中国化必须克服三个倾向：“第一是生吞活剥的移植，就是公式主义或教条式的搬运。第二就是‘一切线装书都应抛入茅厕里去’的‘左’倾幼稚病。第三是近于复古运动的所谓整理国故，如劝中学青年读庄子读文选之类。”①

柳湜指出，“中国化”针对的不是某一学术领域，而是所有的学术领域。在哲学上，一方面要用唯物论和辩证法，纠正过去无目的、无认识、无选择地介绍外来思想和学说带来的种种不良影响，并对外来思想和学说作有选择的介绍；另一方面，要用唯物论和辩证法来研究中国哲学，研究当前中国的各种思想派别，鼓励有旧学根基的人学习和接受正确的方法论，同时要加强对当前一切武断、无知、落后思想的斗争。在政治学上，要配合当前中国所实践的民主革命的要求，在汲取目前世界上最完善最进步的民主思想和政治制度经验的基础上，创造出符合中国历史发展进程和特点的中国新的政治学，以指导中国的民主革命和抗战建国。在经济学上，要用世界上最进步的经济学说和最正确的研究方法，来研究中国的社会经济，尤其是抗战过程中中国经济的运动法则，研究中国国民经济运动的诸方面，要在“学术中国化”的口号下加强对进步的经济理论的介绍和研究，同时要与违反历史发展规律、歪曲中国历史、反民生主义和社会主义的经济理论和思想作坚决斗争，因为中国新的经济理论的建立对于抗战建国有其重大影响。在历史领域，要扬弃“整理国故”时代的学者所抱持的纯学术态度和古老方法，接受并运用新的历史唯物论来研究中国历史，建立起中国自己的新史学。在自然科学领域，要求中国的自然科学家关心现实，为抗战建国服务，研究战时一切科学的和技术的问题，提出建国的科学方案。在文学方面，不仅反对文字上的无原则的“欧化”、文化上的“洋八股”，而且要求今日的文学工作者须深刻了解中国历史的现阶段，并根据民主革命的要求和中华民族的特点、根据抗战建国过程中所需要的文学运动，创造出大量的新的文学作品来。②

① 潘梓年：《新阶段学术运动的任务》，《理论与现实》1939年第1卷第1期（创刊号）。
② 柳湜：《论中国化》，《读书月报》1939年第1卷第3期。

总之，“学术中国化”是接续新启蒙运动所强调的“民族化”而来的，是近代以来中国人对中西文化关系的认识不断深化的必然结果。因此，“学术中国化”倡导者一方面强调“学术中国化”运动与新启蒙运动和“学术通俗化”运动之间的联系性，另一方面又强调“学术中国化”不同于以往“中体西用”、“国粹主义”、“西化”或“全盘西化”论调，而是强调在充分吸收外来学术文化基础上，通过自身的消化吸收，把外来的学术文化变为中国自己的学术文化，使之具有中国特色。同时，它虽然强调继承和发扬中国民族的文化遗产，但不是对民族文化遗产的全盘继承和发扬，而是去其糟粕，取其精华，继承和发扬的是民族文化遗产中的优秀部分，进而创建具有中国特色的现代新学术文化。全民族抗战时期各界针对“学术中国化”问题展开了激烈讨论，留下了宝贵的理论遗产，不仅为马克思主义中国化提供了学理支撑，而且为西方学术文化的中国化及中国民族文化的现代化指明了方向，为建构具有中国特色的现代新学术体系奠定了理论基础。

三、哲学中国化与“民族形式”讨论

“学术中国化”既是“马克思主义中国化”的必然要求，又是近代以来中国人对中西文化关系的认识不断深化和九一八事变后日益严重的民族危机对学术影响的自然结果。

1938年4月，艾思奇在《哲学的现状和任务》中提出了哲学研究“中国化”问题。他在回顾了马克思主义哲学在中国所走过的通俗化、大众化的道路后指出：“过去的哲学只做了一个通俗化的运动，把高深的哲学用通俗的词句加以解释”，这些成绩在打破哲学的神秘观点上、在使哲学与人们的日常生活接近等方面是有极大意义的，然而“通俗化并不等于中国化现实化”，它只是使外国哲学概念用中国的语言文字表达出来而已，并没有实现与中国革命实践的结合。因此，我们如果要继续指导哲学推向前进，就“需要来一个哲学研究的中国化、现实化运动”。同年7月，胡绳在《辩证唯物论入门》前言中，对辩证唯物论“中国化”含义作了阐述，认为它有两方面含义：一是“用现实的中国的具体事实来阐明理论”；二是“在理论的叙述中随时述及中国哲学史的遗产以及近三十年来中国的思想斗争”。

“学术中国化”运动兴起后，学术界就哲学中国化问题展开深入讨论。

和培元在《论新哲学的特性与新哲学的中国化》中指出，“哲学中国化”主要指“新哲学”中国化，“新哲学”就是马克思主义哲学，马克思主义哲学是指“辩证唯物主义与历史唯物主义”，故所谓马克思主义哲学中国化，其本质就是“辩证唯物主义的普遍原理与中国的具体的革命实践的结合，与中国的历史实际的结合”。其具体做法就是：“我们的哲学家必须有系统地研究中国革命的历史，研究新民主主义，研究统一战线内部的联合与斗争，研究在各个不同历史时期，各个不同环境下的战略与策略，研究党的各种政策，把这些问题提到哲学的原则上来，做出哲学上的结论。”有了系统的历史知识，还要“能够用历史唯物主义的原理阐明中国历史的发展的规律性，用中国历史的实际发展证明历史唯物主义的……普遍真理”，“不能做到这点，则我们对历史唯物主义的了解始终是比较抽象的，我们就无法把历史唯物主义真正中国化”。[①]艾思奇在《关于形式论理学与辩证法》中提出，马克思主义哲学中国化在原则上包含两点：“第一要能控制中国传统的哲学思想，熟悉其表现方式；第二要消化今天的抗战实践的经验与教训。”[②]因此，马克思主义哲学中国化必须处理好两方面内容：一是马克思主义哲学与中国革命实践的关系；二是马克思主义哲学与中国传统哲学的关系。

延安新哲学会在推动哲学中国化过程中起了重要的促进作用。该会是在毛泽东提议下，于1938年9月在原有哲学学习小组基础上成立的。1940年6月21日，延安新哲学会在延安举行第一届年会，毛泽东在讲话中强调了哲学工作者加强理论研究的重要性：“理论这件事是很重要的，中国革命有了许多年，但理论活动仍很落后，这是大缺憾。要知道革命如不提高革命理论，革命胜利是不可能的。过去我们注意的太不够，今后应加紧理论研究。现在人的条件比过去好了，有许多文化工作者与哲学家都会聚在这里。必须承认现在我们的理论水平还是很低，全国的理论水平还是很低，大家才能负起克服这种现象的责任。我们要求全国在这方面加以努力，首先要求延安的人多多努力。”[③]张闻天向延安新哲学会提出了四项任务：“第

---

① 和培元：《论新哲学的特性与新哲学的中国化》，《中国文化》1941年第3卷第2、3期合刊。

② 《艾思奇文集》第1卷，人民出版社1981年版，第420页。

③ 中共中央文献研究室编《毛泽东年谱（1893—1949）》中卷，中央文献出版社2013年版，第194页。

一，要与反辩证唯物论的各种错误思想作斗争，没有这种斗争，新哲学的发展就不可能；第二，新哲学会应更多地研究中国革命的实际问题，以克服革命理论落后于实际的缺陷；第三，使新哲学的研究与实践斗争更密切地联系起来，使新哲学的研究成为生动的、实际的、有兴趣的工作，而不是死板的条文的公式的背诵；第四，新哲学会今后应推动各地研究新哲学的活动，供给他们研究的材料，通俗化的读本，以提高全国的理论水平。”①

延安新哲学会在艾思奇、何思敬主持下，团结大批哲学社会科学工作者开展研讨活动。他们每周集会一次，交流研究心得，讨论各种专门的哲学问题，取得了许多研究成果，如艾思奇的《孙中山先生的哲学思想》、陈唯实的《斯大林对唯物辩证法的新发展》、周扬的《契尔那夫斯基的美学》、范文澜的《中国经学史的演变》、何思敬的《黑格尔的逻辑》、郭化若的《军事辩证法》等。总体上看，延安新哲学会从四个方面推动哲学中国化工作的展开并取得了明显成效。

第一，组织翻译编辑大批马克思主义经典著作，如郭大力、王亚南翻译的马克思《资本论》第1、2、3卷，艾思奇翻译的《列宁关于辩证法的笔记》和《马克思恩格斯关于唯物史观的书信》，柯伯年翻译的列宁《论战斗的唯物论底意义》，博古翻译的斯大林《辩证唯物主义与历史唯物主义》，周扬编辑的《马克思主义与文艺》，艾思奇编辑的《马恩列斯思想方法论》及《马克思恩格斯论中国》等。另外，还翻译编辑了苏联哲学家撰写的马克思主义哲学著作，尤其是《联共（布）党史简明教程》的翻译出版，极大地推动马克思主义中国化进程。凯丰在《〈联共（布）党史简明教程〉的历史意义和国际意义》中指出，该书出版的最大意义在于，指出了“马克思主义理论也同一切其他科学一样，是在不断的发展着和完善着，不惧怕用适合于新的历史条件下的新的结论和论点去代替某些过时了的结论和论点”。②中国共产党正是从这里看到了自己在过去学习、应用和宣传马克思列宁主义过程中存在的缺点，通过学习《联共（布）党史简明教程》尤其是第四章“辩证法唯物论和历史唯物论”后，这种倾向就被有意识地纠

---

① 于良华、徐素华：《延安新哲学会史料介绍（一）》，《毛泽东邓小平理论研究》1984年第5期。

② 凯丰：《〈联共（布）党史简明教程〉的历史意义和国际意义》，《解放》1939年第2卷第16期。

正，而走向更实际的方面。“许多研究辩证法的人，仍然依据这一节的基本原则和精神，依据中国的抗战和革命的实际经验，努力想就辩证法唯物论的一切问题，作一个全面的新的研究，而某些新的，不是简单抄袭而是有多少创造意义的成绩，也渐渐表现出来了。”[①]

第二，组织编纂大批马克思主义哲学教科书，如艾思奇编著的《哲学讲座》、博古编著的《辩证唯物论与历史唯物论基本问题》、吴黎平和艾思奇编著的《唯物史观》、艾思奇编选的《哲学选辑》等。其中艾思奇编著的《哲学讲座》，从哲学是研究事物最一般规律的科学、哲学是党性的科学、辩证唯物论在马克思主义政党的世界观等方面论述了什么是哲学；从事物的普遍联系、事物的运动变化、事物的对立统一、质量互变转化等方面论述了什么是辩证法。为了帮助干部和知识青年学习哲学，延安新哲学会组织撰写文章，介绍理论联系实际的学习研究方法。如艾思奇的《怎样研究辩证法唯物论》《正确的工作态度和工作方法就是辩证法——学习哲学的基本认识》《关于研究哲学应注意的问题》《反对主观主义》等，以及徐特立的《怎样学习哲学》、刘亚生的《研究新哲学的方法问题——贡献给初学新哲学者的一点意见》等。

第三，组织开展研究中国传统哲学思想。毛泽东在中共六届六中全会上向全党发出了“学习我们的历史遗产，用马克思主义方法给以批判的总结”号召，陈伯达撰写《中国古代哲学的开端》《关于知和行问题的研究》《老子的哲学思想》《墨子的哲学思想》《孔子的哲学思想》等论文，尝试对中国传统思想作出马克思主义的新阐释。这些论文在当时产生了很大影响，并引起了毛泽东的特别关注。毛泽东就《孔子的哲学思想》一文的观点，两次致函张闻天，从总体上肯定研究的成绩，也对陈伯达关于孔子中庸思想、道德论、认识论等问题的评价问题提出不同意见，建议进行修改。

第四，组织成员批判各种非马克思主义思想。如艾思奇撰文批判陈立夫的“唯生论”、蒋介石的“力行哲学”、阎锡山的“中”的哲学、国家社会党的哲学、中国青年党的哲学和张申府的哲学。胡绳批判过冯友兰的“新理学”、贺麟的“新心学”和钱穆的文化复古倾向。

全民族抗战初期创作通俗文学高潮的涌起，牵动了理论上关于文艺大

① 艾思奇：《抗战以来的几种重要哲学思想评述》，《中国文化》1941年第3卷第1期。

众化及民族形式的讨论。文艺大众化问题的讨论，主要是围绕着大众化运动的意义和任务，以及利用旧形式等问题展开的。有人明确指出："文艺要使大众都能看得懂，它所用的话，应该是大众最普遍地所说的口头语。文艺要使大众都能看得懂，我们还应该注意到应该怎样写，那就是文章的形式问题……我们应该利用他们所看惯的旧形式。"全民族抗战初期的文艺大众化，最初是以提倡创作通俗文艺为其特征。所谓通俗文艺，就是利用传统旧形式（亦可谓旧式体裁）来写新内容，当时的鼓词、小调、皮黄、河南坠子、数来宝乃至评书、演义等通俗形式，甚至佛教文学和旧诗词，都被利用来反映抗战生活，人们形象地将这种方法比作"旧瓶装新酒"。

1938年4月，胡风主编的《七月》杂志以及老舍先后邀约在武汉的部分作家出席"宣传、文学、旧形式的利用"座谈会和"怎样编制士兵通俗读物"座谈会，主要围绕三个问题展开讨论。一是战争环境中，士兵和民众是否需要文艺。老舍认为："全面的抗战必须动员全体民众。精神的食粮必须普遍的送到战壕内与乡村中。"[①]二是文章怎样下乡、入伍。事实上当时文章下乡和到前线的极少，但为了动员和组织大后方多数文化水准较低的民众，老舍等人认为，作家应利用最适当的旧形式从事写作，写出最通俗的文艺作品来，即"旧瓶装新酒"。三是"利用旧形式"是前进还是倒退。有人担心，利用旧形式写通俗作品是对五四文学革命的倒退。胡风指出："这问题底中心点应该是文艺活动和大众生活的有机的溶合。而民族革命战争恰恰造成了这个溶合的条件。"[②]利用旧形式是为了教育大众，以他们最喜闻乐见的乡土剧、评书、大鼓、山歌、小调和章回小说等形式，去激发士兵、民众保卫家乡的情感。四是"利用旧形式"可以逐渐创造出具有中国作风和中国气派的民族新形式来。老舍认为："这种文艺通俗运动的结果，与其说是文艺真深入了民间与军队，倒不如说是文艺本身得到新的力量，并且产生了新的风格。"[③]应该指出，"利用旧形式"创作文学作品绝不是搞复古倒退，而是使新文艺真正实现大众化，真正与一般民众相结合的有效途径。

"旧瓶装新酒"虽然有急就章式的弱点，但有助于"大众的眼睛穿过周

① 老舍：《文章下乡，文章入伍》，《中苏文化》1941年第9卷第1期。
② 胡风：《胡风评论集》中册，人民文学出版社1984年版，第13–14页。
③ 老舍：《八方风雨·抗战文艺》，《新文学史料》1978年第1辑。

围的传统墙壁"，使之"更迅速的去认识抗战的重大意义"[①]，所以，新文学工作者有计划地组织和推动这项工作，涌现出了许多优秀作品，如柯仲平的诗歌《边区自卫军》，民众剧团表演的《查路条》，田汉的皮黄《雁门关》，欧阳山的小说《世代冤仇》《流血纪念章》，赵景深的《八百好汉死守闸北》，张天翼、沙汀、艾芜集体创作的《卢沟桥演义》等，发挥了鼓舞民众抗战热情的作用。因此，文艺界从"文章下乡，文章入伍"到创作通俗化及利用旧形式的文艺大众化运动，是要"激励大众努力抗战，争取抗战最后胜利，而且也是为着要彻底解决中国新文艺运动应该解决而未曾解决的问题"。[②]

"旧瓶装新酒"虽然成为文艺工作者为抗战服务最简捷的工具，但随着这种创作局限及弊端的日益显现，人们逐渐感觉到"抗战的面貌并不像原先所理解那样简单，要将这新现实装进旧瓶里去，不是内容太多，就是根本装不进去"，甚或"一装进去瓶就炸碎了"。于是，战时文艺界围绕"旧瓶装新酒"问题展开激烈讨论。这场争论表面上是文艺形式，核心则是文艺如何大众化和怎样才算大众化的问题。随着文艺"民族形式"问题论争的展开，人们对"旧瓶装新酒"问题的认识逐渐深化。

全民族抗战初期，文艺界关于通俗化及旧形式的利用等问题的论争较多。而茅盾、以群、老舍的文章较有代表性。茅盾在《文艺的大众化问题》中指出："在这抗战期间，我们要使我们的作品大众化，就必须从文字的不欧化以及表现形式的通俗化入手。我们为了抗战的利益，应该把大众能不能接受作为第一义，而艺术形式之是否'高雅'作为第二义。我们应当不怕自己作品的通俗化！"他对老舍、穆木天写作的鼓词等作品加以肯定，认为"实在是抗战文艺运动中的一件大事"。关于旧形式的利用问题，以群认为："我们不能无条件地利用旧形式，只有在旧形式的活用的过程中，才能将新的内容灌输给大众……并在内容和形式的逐渐统一（旧形式的蜕变和新形式的形成）中使他们接近纯粹的新文艺，因此利用旧形式的创作实践，也正是创造大众化的新形式的必然过程。"[③]老舍谈及通俗文艺的文字和内

① 魏孟克：《抗战以来的中国文艺界》，《抗战文艺》1938年第2卷第6期。

② 林谈秋：《抗战文学与大众化问题》，载北京师范大学中文系编《中国现代文学史参考资料》第1卷，高等教育出版社1959年版。

③ 以群：《扩大文艺的影响》，《抗战文艺》1938年第1卷第4期。

容，认为“须民间的语言，说民间的事情。通俗文艺在思想和感情上则取决于作者之态度”，“以民间的生活，原有的感情，写成故事，而略加引导，使之于新”，达到“改变读者的思想，使之前进，激动情绪，使之崇高”。①

1938年10月，毛泽东在中共六届六中全会上提出民族形式应当是“新鲜活泼的、为中国老百姓所喜闻乐见的中国作风和中国气派”，受到战时文艺界的高度关注。1940年1月，毛泽东在《新民主主义的政治与新民主主义的文化》（单行本改名《新民主主义论》）的讲演中，对新文化应当具有“民族的形式，新民主主义的内容”作了进一步阐述，在文艺界引起巨大反响。延安引发的民族形式的讨论，在以重庆为中心的国民党统治区文艺界讨论的主要问题是“民族形式的中心源泉”问题。如一派主张民间形式是民族形式的中心源泉，完全抹杀了五四以来的新文学；另一派则以形而上学反对形而上学，走向另一个极端，全盘肯定五四运动以来的新文学，又全盘否定民间文学，认为旧形式是封建残余的反映。1940年3月4日，向林冰在《大公报》上发表《论“民族形式”的中心源泉》一文，认为民族形式的中心源泉是在“中国老百姓所习见常闻的自己作风与自己气派的民间形式之中”，而民间形式“本质上乃是一个矛盾的统一体，因为它也就是赋有自己否定的本性的发展中的范畴，亦即在它的本性上具备着可能转到民族形式的胚胎”，全盘否定五四运动以来的新文学。②

向林冰的文章发表后，立即遭到文艺界的普遍反对。葛一虹指出，新的形式“惟有忠实地描写了具体地存在着新事物的生活，才能获得”。③郭沫若也认为，“民族形式的中心源泉，毫无可议的，是现实生活”。④罗荪指出，五四运动以来的新文艺尽管有很多弱点，但“我们不能忽略了它在二十多年来的思想领域里面所起的伟大领导的作用……正因为他曾经作为了反帝反封建的主要武器，他站在民主的一面，他站在革命的一面，二十多年来的文学史做了他光荣的证明。今天，并没有离开了历史发展的规律。抗日民主的要求，正是把反帝反封建更具体化的一个表现，我们必须在抗

① 老舍：《谈通俗文艺》，《自由中国》1938年第1卷第2期。

② 向林冰：《论“民族形式”的中心源泉》，载胡风编《民族形式讨论集》，华中图书公司1941年版，第96—98页。

③ 葛一虹：《民族形式的中心源泉是在所谓“民间形式”吗》，载胡风编《民族形式讨论集》，华中图书公司1941年版，第109页。

④ 郭沫若：《“民族形式”商兑》，《中国文化》1940年第2卷第1期。

日民主的基础上来谈民族形式，同样，民族形式在创造必须以进步的文艺形式为其发展基础”。①向林冰对“中国化”的理解过分拘泥于“形式”，而忽视了民族形式所包含的“内容”。茅盾指出，“在世界大变革的前夜，在民族解放战争的第二阶段”，向林冰否定新文艺的主张是“求进反而倒退，成为复古派的俘虏”。②

重庆文学报社举行座谈会之后，延安文化界、重庆新华日报社、中华全国文艺界抗敌协会、晋察冀边区文艺界各协会相继举行座谈会，对“民族形式”问题展开讨论。郭沫若的《“民族形式”商兑》、潘梓年的《新文艺民族形式问题座谈会上的发言》、茅盾的《关于民族形式的通信》等文，强调既要对旧的民族形式加以改造，也应重视欧化形式的消化而不仅仅是移植。楚图南认为：文艺的民族形式应当反映“时代进化和社会进化”，它尽管“可能是通俗化大众化，但却不绝对是专一大众化和通俗化”。同时，它在“时间上可以接受了中国的过去，人类的过去的优良传统”，而且“空间上可以容纳和吸收了一切的外来的经验”，唯有“这样的民族形式，才会是民族性，和国际性有着一种合理的统一，一种相得益彰的调和”。有人指出，除了批判地接受旧文学优良的传统，文艺民族形式还有较主要的任务：创造新形式。民族的新的文艺形式，就必须是能表现新的内容的新形式，那么，必将在新文艺形式的基础上，吸收一切优良形式的精华，建立并组织以真正中国普通话为基础的文艺语言。

抗战时期文艺界围绕“大众化”和“民族形式”问题的讨论，有助于正确处理“政治与艺术”关系，有利于发挥抗战文艺弘扬民族精神之功能，对于促进文学如何与民族特点、人民大众相结合有重要意义。抗战文艺紧紧贴近现实生活，以血泪交加之笔，描写了中国人民怎样在血与火的搏斗中获得新生，表现了中华民族之魂可歌可泣的复苏过程。抗战文艺创作的趋势，向着大众化方向发展，文艺家站在新文化立场上对旧形式进行了艰苦的改造工作，既重视普及又重视提高，受到民众欢迎并为新文艺发展奠定了坚实基础。

---

① 罗荪：《论争中的民族形式“中心源泉”问题（下）》，《读书月报》1940年第2卷第9期。

② 矛（茅）盾：《旧形式民间形式与民族形式》，《中国文化》1940年第2卷第1期。

四、“中华民族是一个”问题讨论

1939年元旦，顾颉刚在云南昆明《益世报·星期评论》上发表《“中国本部”一名亟应废弃》，指出“中国本部”一词是日本侵略者为了分裂中国以达到侵略中国而“硬造出来”的，目的是“使得大家以为日本所垂涎的只是‘中国本部’以外后些地方，并不曾损害中国的根本”，这样，“中国人觉得尚可忍受，外国人觉得尚可原谅，而日本人的阴谋就得成遂。所以，我们该依据了国家的实界和自然区域来分划我们的全境”，而不再使用“中国本部”这个日本人“蒙混我们的名词”。顾颉刚还提出，所谓汉、满、蒙、回、藏这“‘五大民族’一名，它的危险性同‘中国本部’这个名词一样”。[①]傅斯年读后致函顾颉刚说：“‘中华民族是一个’，这是信念，也是事实”，因为经过数千年的交往同化，很难找到血缘上纯粹的汉族或其他民族，“即如我辈，北方人谁敢保证其无胡人的血统，南方人谁敢保证其无百越、黎、苗的血统。今日之西南，实即千年前之江南、巴、粤耳。”顾颉刚“读到这位老友的来信，顿然起了极大的共鸣和同情”[②]，遂撰写《中华民族是一个》并立即在自己主编的《益世报·边疆周刊》发表。

该文开宗明义指出：“凡是中国人都是中华民族——在中华民族之内我们绝不该再析出什么民族——从今以后大家应当留神使用这‘民族’二字。因为自古以来的中国人本只有文化的观念而没有种族的观念”，中华民族既不组织在血统上，也不建立在同文化上，故“现有的汉人的文化是和非汉的人共同使用的，这不能称为汉人的文化，而只能称为‘中华民族的文化’”。在他看来，不仅汉人文化不能称为汉人文化，就是这“汉人”二字也是说不通的，汉人的血统既非同源，文化也不是一元的。故他提出：“我们只是在一个政府之下营共同生活的人，我们决不该在中华民族之外再有别的称谓。以前没有中华民族这个名称时，我们没有办法，只得因别人称我们为汉人而姑且自认为汉人，现在有了这个最适当的中华民族之名了，我们就当舍弃以前不合理的‘汉人’的称呼，而和那些因交通不便而致生活方式略略不同的边地人民共同集合在中华民族一名之下，团结起来以抵

① 顾颉刚：《“中国本部”一名亟应废弃》，昆明《益世报·星期评论》1939年1月1日。

② 顾颉刚：《中华民族是一个·前言》，昆明《益世报·边疆周刊》1939年第9期。

抗帝国主义的侵略。这是我们的正理！也是我们的大义！”

顾颉刚接着考察了所谓汉、满、蒙、回、藏“五大民族”的由来。他认为“五大民族”之说，是中国人自己作茧自缚而成为帝国主义假借“民族自决”分化中国的口实。他强调：“倘使我们自己再不觉悟，还踏着民国初年人们的覆辙，中了帝国主义者的圈套，来谈我们国内有什么民族，眼见中华民国真要崩溃了，自从战国、秦、汉以来无形中造成的中华民族也就解体了。”因此，他郑重地告诫，中国对外只有一个民族，这就是“中华民族”。他热切地希望内地青年到边疆去和那里的人民通婚，“使得种族的界限一代比一代的淡下去，而民族的意识一代比一代高起来”。

顾颉刚的文章发表后，立即引起很大反响，重庆《中央日报》、南平《东南日报》、西安《西京平报》及安徽屯溪、湖南衡阳、贵州、广东等地报纸纷纷转载，顾氏所主持的昆明《益世报·边疆周刊》收到不少讨论文章和来信。多数文章和来信支持顾颉刚的观点，如张维华称赞说：“在此危急存亡之严重时期，团结内部是极端要紧的一件事。顾先生这篇文章，是从历史的事实上说明我们是一家，坚强的建立起‘中华民族是一个’的理论来，便于无形中加强我们团结的思想，这正是解救时蔽的一副良剂，我们对于这个问题是当该十分留意的。”他对“中华民族是一个”理论作了自己的理解：“所谓‘一个’的意义，据我个人看来，可从两方面说：一是从政治的联系上和社会生活各方面的联系上说，非成为一个不可。……第二方面是从血统上或是文化上，说明国内各部族是混一的，不是单独分立的，因为是混一的，所以成为一个。”[①]

白寿彝对顾颉刚提出的“中华民族是一个”观点表示由衷敬佩：“‘中华民族是一个’，从中国整个的历史上去看，的确是如此，而在此非常时代，从各方面抗战工作上，更切实地有了事实上的表现，但在全民心理上却还不能说已经成了一个普遍的信念，而还没有走出口号的阶段。”因此，他主张将“中华民族是一个”思想贯穿到历史研究和历史编纂中：“中国史学家的责任，应该是以‘中华民族是一个’为我们的新的本国史底一个重要观点，应该是从真的史料上写成一部伟大的书来证实这个观念。”他还建

① 张维华：《读了顾颉刚先生的“中华民族是一个”之后》，《益世报·边疆周刊》1939年第11期。

议："'中华民族是一个'，应该是全中国底新史学运动底第一个标语。"顾颉刚赞同白寿彝的意见，但同时表示要在短时间内写出"这样的一部书来实在够困难"。①

费孝通则对顾颉刚的"中华民族是一个"观点提出异议，并撰写《关于民族问题的讨论》与顾颉刚展开讨论。他根据自己的民族学、社会学调查，认为中国人不但在文化、语言、体质上有分歧，而且这些分歧时常成为社会分化的依据。在社会接触过程中，文化、语言、体质是会发生混合的，但这些混合并不一定会在政治上发生统一。因此，不能把国家与文化、语言、体质团体画等号，即国家和民族不是一回事，不必否认中国境内有不同的文化、语言、体质的团体，亦即不同民族的存在。谋求政治的统一，不一定要消除"各种种族"以及各经济集团间的界限，而是在于消除因这些界限所引起的政治上的不平等。他认为："我们的国家真能做到'五族共和'，组成国家的分子都能享受平等，大家都能因为有一个统一的政治团体得到切身的利益，这个国家会受各分子的爱护。不但不易受任何空洞名词的分化，而且即使有国外强力的侵略，自然会一同起来抗战的。若是空洞的名词就能分化的团体，这团体本身一定有不健全的地方。一个不健全的团体，现有敌人在分化时，消极的固然可以防止敌人分化的手段发生效力，而重要的还是积极的健全自己的组织。"②

顾颉刚针对费孝通质疑而撰写的《续论"中华民族是一个"——答费孝通先生》指出，"语言、文化及体质"都不是构成民族的条件，构成民族的主要条件只是"团结的情绪"。中国自从秦始皇统一六国之后，朝代虽有变更，种族虽有进退，但民族只有一个，这就是中华民族。

顾颉刚的《续论"中华民族是一个"——答费孝通先生》发表后，费孝通并没有发表论辩文章。费孝通晚年对此作了说明："后来我明白了顾先生是激于爱国热情，针对当时日帝国主义在东北成立'满洲国'，又在内蒙古煽动分裂，所以义愤膺胸，极力反对利用'民族'来分裂我国的侵略行为。他的政治立场我是完全拥护的。虽则我还是不同意他承认满、蒙是民族是作茧自缚或是授人以柄，成了引起帝国主义分裂我国的原因，而且认

① 白寿彝：《来函》，《益世报·边疆周刊》1939年第16期。

② 费孝通：《关于民族问题的讨论》，《益世报·边疆周刊》1939年第19期。

为只要不承认有这些‘民族’就可以不致引狼入室。借口不是原因，卸下把柄不会使人不能动刀。但是这种牵涉到政治的辩论对当时的形势并不有利，所以我没有再写文章辩论下去。”①

费孝通虽然顾及政治影响没有再写文章与顾颉刚论辩，但战时学术界并没有停止关于“中华民族是一个”问题的论辩。翦伯赞看到顾氏《续论“中华民族是一个”——答费孝通先生》后，立即提出不同意见。他指出，顾颉刚把中华民族当作一个问题提出，这是非常重要的，但“可惜当时的论争，大半陷于抽象的形式问题如名词的讨论。把论争的焦点转向问题的侧面，而不曾把中华民族与其现实的斗争关联起来，作统一的生动的研究，以至问题并不曾得到正确的解决”。在他看来，顾颉刚提出“中华民族是一个”命题本身就不太正确，“因为这一命题，就包含着否定国内少数民族之存在的意义，然而这与客观的事实是相背离的”。就民族理论而言，翦伯赞认为顾颉刚“犯了一些极幼稚的错误”，这主要体现在以下五点。一是把民族与民族意识混同起来，把“民族意识”当作“民族”；二是把民族与国家混同起来，以为民族与国家是同时发生的，因而把“国家的组织”作为造成民族的因素之一；三是把民族混合与民族消灭混为一谈，没有认识到民族的混合不是片面的，而是相互的；四是在解释种族与民族方面，以为前者为“纯合的血统”，后者则为“混合的血统”，实际上在具体的历史事实中，不仅没有纯粹血统的“民族”，而且没有纯粹血统的“种族”；五是说民族的形成不是内在的经济推动，而是外在的政治推动，即“强邻的压迫”。其实，假如没有共同的经济利害，即使有“强邻的压迫”，也不一定能形成一个民族。翦伯赞指出，我们要解决民族矛盾，实现民族团结，挫败敌人分裂中华民族的阴谋，关键问题不是提出“中华民族是一个”命题，而是要承认各民族之生存乃至独立与自由发展的权利，在民族与民族间建立经济的、政治的乃至文化的平等关系。他强调：“中华民族若离开经济的政治的平等概念，就否定了民族主义的革命意义，而与三民主义相违背的。”②

这场“中华民族是一个”讨论，是包含有明显的现实政治诉求的学术

---

① 费孝通：《费孝通文集》第13卷，群言出版社1999年版，第29—30页。

② 翦伯赞：《论中华民族与民族主义》，《中苏文化》1940年第6卷第1期。

讨论。就学术观点来看，顾颉刚强调中华民族一体性而忽略中华民族多元性，甚至否认满、蒙古、回、藏、苗等民族的存在，暗含着大汉族主义倾向，自然引起一些少数民族人士之不满和批评。费孝通和翦伯赞对顾氏提出了有针对性的批评意见，强调现实中各民族之间政治、经济、文化等方面的平等，比提出“中华民族是一个”更有利于民族团结和国家统一。但这场学术讨论具有鲜明的时代特征和强烈的政治诉求。顾颉刚之所以提出“中华民族是一个”，除了基于他对中国历史的研究和从社会调查中得到的感性认识外，还因为他承认和确立“中华民族是一个”，有利于挫败日本帝国主义借“民族自决”来分裂中华民族以达到侵略中国之目的的阴谋，有利于中国人民团结抗日和民族国家的统一。费孝通尽管不赞成顾颉刚的观点，认为“中华民族是一个”既不符合民族学、社会学的理论，也与历史事实有一定距离，但考虑到当时正处于全民族抗战的特殊时期，“这种牵涉到政治的辩论对当时的形势并不有利”，因而没有与顾氏继续争辩下去。翦伯赞尽管依据马克思主义民族理论批评顾颉刚“犯了一些极幼稚的错误”，但也同样肯定顾氏把中华民族当作一个问题提出的重要意义。1939年9月，顾颉刚赴成都主持齐鲁大学的国学研究所，昆明《益世报·边疆周刊》因而停办，“中华民族是一个”的论辩逐渐沉寂了下来。

五、历史研究中的爱国主义情怀

中华民族历史悠久，文化发达，有顽强生命力和巨大凝聚力。自古以来，中国人民就在中华大地上劳动、生息和发展，自强不息，生生不已，尊重自己，也尊重别人，爱好和平，又不畏强暴，具有威武不屈、刚健奋进的坚强性格，涌现出许多民族英雄和爱国志士。特别是近代以来，为反对列强侵略中国进行了长期的英勇不屈的斗争，发扬了高度爱国主义精神，在中国历史上写下了光辉篇章。研究中国的历史，无疑有助于抗战胜利和民族复兴。日本发动全面侵华战争后，中国史学界以救亡图存为己任，服从和服务于全民族抗战的需要，除了提供民族精神的历史智慧之外，还通过自己的研究成果提供民族复兴的历史依据，极力弘扬爱国主义精神。

陈垣治学素以考据见长，但七七事变后，其治学旨趣发生了明显变化，他在给朋友的信中写道：“从前专重考证，服膺嘉定钱氏；事变后，颇趋重实用，推尊崐山顾氏；近又进一步，颇提倡有意义之史学。故前两年讲《日知录》，今年讲《鲒埼亭集》，亦欲以正人心，端士习，不徒为精密之考证而已。此盖时势为之，若药不瞑眩，厥疾弗瘳也。”[①]他在《〈通鉴〉胡注表微·边事篇》中写道：“史贵求真，然有时不必过泥。凡足以伤民族之感情，失国家之体统者，不载不失为求真也”。

作为身居沦陷区的史学家，陈垣利用自己的知识从事“有意义之史学”的著述，张扬民族精神，鼓励人民坚持斗争。他撰写了《明季滇黔佛教考》《南宋初河北新道教考》《中国佛教史籍概论》《清初僧诤记》《〈通鉴〉胡注表微》等史学论著，倡导爱国思想，痛诋卖国求荣者，鞭挞投靠敌国、残害宗国的败类，其字里行间浸透着浓烈的爱国主义情怀。

陈垣在《明季滇黔佛教考》重印后记中写道：“一九四一年，日军既占据平津，汉奸们得意扬扬，有结队渡海朝拜、归以为荣、夸耀于乡党邻里者。时余方阅诸家语录，有感而为是编，非专为木陈诸僧发也。”

陈垣认为，古代的夷夏观念，就是战时的民族意识，“当国家承平及统一时，此种意识不显也；当国土被侵凌，或分割时，则此种意识特著”。其著《〈通鉴胡〉注表微》就是为了提倡这种民族意识，肯定它存在的历史合理性，从而服务于反对日本帝国主义的侵略战争。他在《〈通鉴胡〉注表微》的重印后记中自述：“我写《胡注表微》的时候，正当敌人统治着北京：人民在极端黑暗中过活，汉奸更依阿苟容，助纣为虐。同人同学屡次遭受迫害，我自己更是时时受到威胁，精神异常痛苦，阅读胡注，体会了他当日的心情，慨叹彼此的遭遇，忍不住流泪，甚至痛哭。因此决心对胡三省的生平、处境，以及他为什么注《通鉴》和用什么方法来表达他自己的意志等，作了全面的研究，用三年时间写成《通鉴胡注表微》二十篇。”他对“胡注”中隐含的爱国热情作了充分阐发，在字里行间倾注了作者对祖国前途的忧虑、对抗战将士的敬仰以及对卖国贼的痛恨，表达了著者毕生史学研究的境界与学术主题的重新确立，充分地体现了一代知识分子在非常时期的爱国情怀。

陈垣后来在给友人的信中回忆当时的治学经历说：“北京沦陷后，北方士气萎靡，乃讲全谢山之学以振之。（借）谢山排斥敌人，激发故国之思。

---

① 吴泽主编《陈垣史学论著选》，上海人民出版社1981年版，第624页。

所有《辑覆》《佛考》《诤记》《道考》《表微》等，皆此时作品……言道、言僧、言史、言考据皆托词，其实斥汉奸，斥日寇，责当政耳。”①

七七事变后，陈寅恪离开北平，先后任教于西南联大、香港大学、广西大学和燕京大学。他被困在日军占领下的香港期间，在抗战极端艰苦的环境中潜心研究魏晋南北朝隋唐史，著有《隋唐制度渊源略论稿》《唐代政治史述论稿》等，以阐明保存和发扬民族文化的重要意义。他撰写《隋唐制度渊源略论稿》的目的是希望南迁学人能像魏晋战乱中的河西诸儒一样，为保存中华文化而作出自己的贡献。陈寅恪特别推崇民族气节。他之所以高度评价宋代史学，就在于认定宋代史学能“贬斥势利，尊崇气节，遂匡五代之浇漓，返之淳正”。

全民族抗战爆发后，吕思勉的治学旨趣发生了明显变化，史学研究要为抗战服务的意识日益增强起来。他于上海孤岛时期著述《中国通史》的目的，就是想从中总结出一些历史的经验，用来指导我们今后的行动。他说：“颇希望读了的人对于中国历史上重要文化现象，略有所知，因而知现状的所以然，对于前途可以预加推测，因而对于我们的行为可以有所启示。”②他在书中表达了对中华民族和民族文化的真挚热爱，对外来侵略者的深仇大恨，对抗击侵略的志士仁人的无比崇敬，并坚信中国一定取得抗日战争的最后胜利。该书的最后一章，题为《革命途中的中国》，吕思勉以“大器晚成”这个成语，预祝革命必将成功。他指出民族前途是光明的，应该有一百二十分的自信心。针对当时社会上流行的悲观主义，他指出：“我们现在，所处的境界，诚极沉闷，却不可无一百二十分的自信心。岂有数万万的大族，数千年的大国、古国，而没有前途之理？悲观主义者流：‘君歌且休听我歌，我歌今与君殊科。’”最后他引用梁启超所译英国文豪拜伦的诗“难道我为奴为隶，今生便了？不信我为奴为隶，今生便了”作为全书的总结。吕思勉在这一章中特别强调，革命前途的重要问题，“不在对内而在对外”，认为“中国既处于今日之世界，非努力打退侵略的恶势力，决无可以自存之理”。具体而言，“在经济上，我们非解除外力的压迫，更无生息的余地，资源虽富，怕我们更无余沥可沾。在文化上，我们非解除外

① 陈垣：《致友人书》，载《中国现代社会科学家传略》第1辑，山西人民出版社1982年版。

② 吕思勉：《吕著中国通史》，华东师范大学出版社1992年版，前言第2页。

力的压迫，亦断无自由发展的余地，甚致当前的意见，亦非此无以调和”。[①]

全民族抗战爆发后，郭沫若提倡爱国主义史学，内容包括：“阐扬传统文化中自强不息、不畏强暴、抵御外侮的民族气节和民族精神；鞭挞日本帝国主义的黩武主义和投降卖国阻碍历史前进的反动势力；标举‘人民本位’，发掘传统文化中的民本主义、人本主义和和平主义思想内容；鞭挞反进步、反人民的腐朽思想；总结社会历史发展规律。”[②]他写成《关于“戚继光斩子”的传说》和《续谈“戚继光斩子”》等文，宣传戚继光的抗倭爱国故事。此后，他创作了《虎符》《南冠草》《屈原》等历史剧，大力表彰那些忠贞爱国的历史人物。尤其是屈原，他花的精力最多，成果也最多，因为他认为“屈原是永远值得后人崇拜的一位伟大诗人，他的对于国族的忠烈和创作的绚烂，真真是光芒万丈。中华民族的尊重正义，抗拒强暴的优秀精神，一直到现在都被他扶植着”[③]。郭氏创作的历史剧《屈原》上演后，其忧国忧民的爱国精神引起了观众共鸣，产生了很好的社会效果。

吕振羽在卢沟桥事变后悄然离开北平，后辗转来到重庆，一面从事抗战活动，一面从事史学研究，发表《中国社会史上的奴隶制问题》《三民主义的国民革命与日本法西斯的中国历史观》《日寇侵略中国之史的认识与历史给我们的试炼》《关于中国社会史的诸问题》《本国史研究提纲》《亚细亚生产方式和所谓中国社会的“停滞性”问题》《创造民族新文化与文化遗产的继承问题》《怎样研究历史》等文，其中部分文章收入《中国社会史诸问题》论文集，1942年由上海耕耘出版社出版。吕振羽史学研究的突出特色是高举爱国主义旗帜，为抗战服务。如《纪念吴检斋先生》一文，热情讴歌了为国捐躯的爱国学人吴承仕。他写道：“检斋先生的伟大，却并不在于他是一位国学大师，正在于他是一位民族战士，对民族解放事业的忠诚和积极。”“他的死，对我们民族的气节，该有所激励！”“他已为民族而牺牲了！他的未了的志愿，便移到我们后死者的肩上。我们要完成他的未了的

① 吕思勉：《吕著中国通史》，华东师范大学出版社1992年版，第496—497页。
② 田亮：《抗战时期史学研究》，人民出版社2005年版，第78页。
③ 《郭沫若全集·文学编》第19卷，人民出版社1982年版，第23页。

志愿，要为他报仇！”①

吕振羽在全民族抗战时期出版的《简明中国通史》，同样着力弘扬中国历史上的民族精神。吕振羽后来说：“本书上册脱稿和出版于一九四一年春。当时正在抗日民族革命战争的相持阶段，国民党的汪精卫派已公开投降日寇，以蒋介石为首的顽固派一面正大肆宣传‘尊孔读经’的复古主义，一面又在疯狂地进行反共反人民和妥协投降的阴谋勾当，并通过其历史教学和研究去散布这类毒素。日寇也不断进行政治诱降的宣传活动和其军事的侵略行动相结合。针对这种情况，本书便以宣传爱国主义，坚持团结抗战，反对妥协投降为主要任务。”②因此，在书中，作者热情讴歌了伟大祖国的山河之美和中华民族的勇敢勤劳，中国地大物博，人口众多，中华民族在几千年的历史长河中，创造了灿烂的古代文明。他指出：“这是祖宗遗给全民族共有的遗产，我们不只要共同来承继，更须一体坚持我们不侵犯他人一寸土地一分权利，也不让他人侵犯我们一寸土地一分权利的原则来保障它。”③

翦伯赞在《历史哲学教程》序言中明确表示：“在这样一个伟大的历史变革时代，我们决没有闲情逸致埋头于经院式的历史理论之玩弄；恰恰相反，在我的主观上，这本书，正是为了配合这一伟大斗争的现实行动而写的。”因此，他揭示了当时“隐藏在民族统一阵线理论与行动阵营中的‘悲观主义’、‘失败主义’等等有害的倾向”的“社会的、历史的根源”，从历史哲学上批判了“过去及现在许多历史理论家对中国历史之一贯的错误见解及其‘魔术式’的结论”，强调中国人民只要团结起来，树立抗战必胜的信心，就一定能取得抗日战争的最后胜利。④在全民族抗战三周年之际，他写了《泛论中国抗战的历史原理及其发展的逻辑》一文，“试图总结社会历史发展规律，向艰苦奋战中的中国人民展现一个光明的前景，从而增强中国人民战胜强敌的民族自信心”。⑤除《历史哲学教程》之外，翦伯赞还出版了《中国史纲》（前两卷）、《中国史论集》（两册）及《史料与史学》等

---

① 吕振羽：《纪念吴检斋先生》，《新蜀报》1940年1月2日。
② 吕振羽：《简明中国通史》下，人民出版社1959年版，后记。
③ 吕振羽：《简明中国通史》上，生活书店1945年版，第5页。
④ 翦伯赞：《历史哲学教程》，北京大学出版社1990年版，第17页。
⑤ 田亮：《抗战时期史学研究》，人民出版社2005年版，第115页。

论著，尊崇民族气节，痛诋妥协投降，总结反侵略民族战争的经验教训，以为全民族抗战服务。他写道："在反对侵略的斗争中，第一必须从自己的民族的阵线中，肃清汉奸、卖国贼以及妥协、动摇与投降的分子；其次必须巩固抗战的武装组织并提高对敌人汉奸之残害的警觉性；最后而又是最重要的则是必须要巩固民族内部之团结统一，一心一德，对付共同的民族敌人。因此，民族的大团结，反汉奸的斗争与加强抗战的武装组织，是我们今日争取抗日胜利最基础的条件。"①

范文澜的《中国通史简编》一书，是在延安极为困难条件下写成的。他在该书序言中写道："我们要了解整个人类社会的前途，我们必须了解整个人类社会过去的历史；我们要了解中华民族的前途，我们必须了解中华民族过去的历史；我们要了解中华民族与整个人类社会共同的前途，我们必须了解这两个历史的共同性与其特殊性。只有真正了解了历史的共同性与特殊性，才能真正把握社会发展的基本法则，顺利地推动社会向一定目标前进。"②通过对历史资料的认真分析，他提出了自己的中国历史分期，即夏以前是原始社会；夏、商是原始社会逐渐解体和奴隶占有制社会；从西周到秦统一六国，是封建社会的初期阶段；从秦汉到南北朝，是封建社会的第二阶段；从隋唐到鸦片战争前，是封建社会的第三阶段。范文澜在论述中国历史的演变时，特别强调中国历史是中华民族创造的历史，而中华民族是中国境内各民族经过几千年的交往和融合而逐渐形成的，是中国境内各民族的统称。他指出，"现代的中华民族是吸收无数种族，在一定文化一定种族的基础上，经四五千年的长期斗争和融合，才逐渐形成起来"。③这一论断，对于加强中国境内各民族的团结、挫败日寇企图分裂中华民族的阴谋、坚持全民族抗战具有重要的积极意义。范文澜在书中还多次借古喻今，表达他坚持团结抗战、反对妥协投降的爱国立场。

许立群于1939年底到延安，任中共中央青委编辑科科长及《中国青年》杂志主编。他撰写了不少有关哲学方面的文章及《古代中国的故事》，后将此文扩充写成通俗的《中国史话》一书，于1942年1月出版。吴玉章在为《中国史话》撰写的序言中，阐述了研究历史与弘扬民族精神的关系：

---

① 翦伯赞：《中国史论集》，文风书局1947年版，第137页。

② 范文澜：《中国通史简编》，新知书店1947年版，序。

③ 范文澜：《中国通史简编》，新知书店1947年版，第8页。

“我们要提高民族的自尊心和自信心，就须要知道自己民族底历史，因为一切有生物都能够爱护他自己的本身和自己的根本。”“我们相信民族的自尊心和自信心，常常是从历史中动人的事实得来。”因此，我们要应对现在复杂的环境，明白将来发展的规律，就不仅要精通现在的一切的事实，而且要熟悉过去的种种历史的情形。发扬爱国热忱，继承革命传统，要研究自己民族的历史。他称赞《中国史话》：“编者用最新的、科学的、唯物史观方法来叙述中国历史底过程。这和旧历史底叙述方法有‘天渊之别’，而且通俗化、大众化，使广大的劳苦群众，容易了解，能发动其为国家民族而牺牲底精神，实为抗战中可宝贵的历史读物。”吴泽在论及史学研究与抗战建国、民族解放的关系时也指出，全面抗战时期，“如中国自己能有几本正确完整的中国历史著作，作为民族文化的砥柱，作为民族解放的理论指导，还容得这般‘小窃跳梁’吗?”。他呼吁：“在抗战日趋深入的现阶段，我们必要时时紧戒我们自己的文化战线，作积极的斗争；同时则积极中国历史科学的研究的领导与号召，努力建立科学的中国史学体系。”①

在重视中国历史尤其是中国通史研究的同时，这个时期中国史学界还特别重视历史人物的研究。这又可分为两类：一类是在历史上涌现出的爱国者；一类是在历史上主张妥协投降，甚至卖国求荣的卖国贼。对于前者，给予了充分的肯定、褒扬和赞誉；对于后者，则进行了无情的揭露、批判和鞭挞。对这两类历史人物的一褒一贬、一赞一批，极大地鼓舞了中国民众战胜日本帝国主义的勇气，打击了主张对日妥协投降的汉奸卖国者的气焰，产生了很好的社会效益。

中国史学界对日本学者秋泽修二侵略史学的批判，是抗战时期值得注意的重要学术事件。为了积极配合日本帝国主义对中国的军事侵略，日本学术界在九一八事变后掀起了一股鼓吹对华侵略有理的反动思潮。其中秋泽修二是典型代表。秋泽修二是日本一位颇有名气的哲学家，曾搞过所谓新兴科学，在东亚学术界有一定的影响。但是在中日战争爆发后，他却成了日本侵略中国“有理、有功”的鼓吹者。1937年，他撰写了《东亚哲学史》一书；不久，又有《中国社会构成》一书问世。两书自称是以新兴科学历史观来研究中国社会，但实际是歪曲中国的社会发展史，散布所谓

① 吴泽：《中国历史著作论》，载《中国历史论集》，东方出版社1945年版，第185−186页。

“亚细亚的停滞性”，认为中国社会的根本性格是“停滞”和“倒退”的，其演化过程是“反复”和“循环”的。比如，“自汉到隋唐”的千年中，“奴隶制与农奴制相互制约的关系”，使中国在“同一社会过程中”被“反复”“循环”“倒退”，从而导致了“中国社会的停滞性”；“至元代，由于元代征服的结果，即奴隶制再复活”，中国社会再一次“反复”“循环”“倒退”；“入清以后”，中国没有资本主义因素出现，如果不发生外来资本主义的入侵，中国社会恐怕又要“‘倒退’到奴隶制社会去了”。秋泽修二散布“亚细亚的停滞性”的目的，就是要为日本侵略中国提供理论依据。他本人在《中国社会构成》的序文中就直言不讳地写道：“此次中日事变……皇军的武力，把那作为中国社会的‘亚细亚的停滞性’的政治支柱，即所谓‘军阀统治’，从中国广大的主要的区域中扫除了。与中国社会之特有的停滞性以最后之克服，与前进的自立的日本结合，开拓其获得真正自立的道路。”[①]换言之，其散布日本的侵略“扫除了影响中国社会发展的障碍，实现了与先进日本的结合，从而使中国获得了真正发展的机会”的谬论。

秋泽修二散布和鼓吹侵略史观，理所当然地受到了中国学术界，尤其是马克思主义史学界的严厉批判。吕振羽指出，从唯物论的观点来看，所谓中国社会“停滞性”的说法是不正确的。他承认与欧洲的封建社会比较，中国封建社会经历的时间较长，发展速度比较缓慢，但缓慢并非“停滞”，并非不发展，“中国社会在较迟缓的发展进程中，并没有‘静止’、‘退化’、‘复归’或‘循环’，而是螺旋式的前进”。[②]实际上在相当长的时期内，中国的封建文化“也较其他任何国家的封建文化有着较高度的发展”。[③]中国封建社会之所以发展缓慢，除了中国人口的增加和特有的地理因素外，还有其他几方面的原因：一是中国历史上曾发生过多次因农民战争而大量人口向“少数民族地区和四周的移徙”，这些移徙既造成了“以汉族地区为中心的中国封建社会发展迟缓”，同时又“使社会内部的剩余劳动人口不断得到消纳。这又阻滞了商业资本向生产资本的转化和商品市场的扩大”。二是中国历史上发生过少数民族入主中原建立王朝的事情，其政治压迫和经济掠夺，不仅“直接在妨害生产力的发展，且在间接上，使农民和手工业者

---

① 华岗：《评侵略主义者的中国历史观》，《理论与现实丛刊》1940年第2卷第2期。

② 吕振羽：《中国社会史诸问题》，耕耘出版社1942年版，第55页．

③ 吕振羽：《中国社会史诸问题》，耕耘出版社1942年版，第52页。

在苛重的负担和约束下，无力改进生产技术，从而又迫使商业资本不断向高利贷资本转化”。三是封建统治阶级的奢靡生活，“一面妨害了私人手工业生产的发展，一面削弱了商业资本的极积作用”。四是鸦片战争后，国际帝国主义成了“阻滞中国社会发展的主力”。[①]秋泽修二散布和鼓吹中国社会“停滞”论，目的就是要替日本法西斯作“忠实宣传员”，为“‘工业日本、农业中国’之‘结合’”提供所谓“历史的根据”。吕振羽还釜底抽薪，对秋泽修二的“亚细亚的停滞性”理论的两个主要依据进行了批驳。

吴泽则通过分析中国历史上的生产力发展状况，对秋泽修二的中国社会“停滞”论进行了批判。他在《中国社会历史是“停滞”“倒退”的吗？——秋泽修二的法西斯侵华史观批判》一文中指出，商代以前的传说时代的劳动工具是粗造而简单的，商代开始出现了青铜工具，与之相联系的是奴隶制生产方式。从西周到鸦片战争的封建社会中，生产工具不断取得进步，从西周的铁器，到汉代的“铁犁与织机”的广泛运用，再到唐宋工商业的发展，印刷术的出现，城市经济的发达，这些无不表明唐宋社会“已向封建社会后期转化”；到了明中叶，随着生产力的进一步发展，中国已出现资本主义萌芽，封建经济日趋衰落，如果不发生资本主义的侵略，“中国社会早已在清王朝走上资本主义社会”。这一切都说明，中国并非像秋泽修二所说的那样是一个“停滞”“循环”“倒退”的社会。吴泽还批驳了秋泽修二的所谓魏晋南北朝和元代的经济“倒退”或“复归”到自然状态的观点。他指出，魏晋南北朝时期的战乱确实给社会经济造成了巨大破坏，然而“社会经济之构造，经济关系”并没有像秋泽修二所说的那样，“倒退”或“复归”到“奴隶制或初期封建制”，相反，大量的史实证明，“封建地主经济结构”还在“步步前进”着，土地兼并的现象越来越严重，大地主经济有了高度发展。至于元代，虽然当时社会生产力被破坏，“但这样的时间并不长”，元世祖忽必烈入主中原后，即下令“恢复农业生产”，并采取了一些鼓励措施。所以，“一般地说，元代地主经济和商业资本是向前发展的”，尤其是在江南地区发展更快也更明显。总之，“元代社会是继唐宋封建社会而发展的，绝未倒退、反动、复归，变质为奴隶制社会”，秋

---

① 吕振羽：《中国社会史诸问题》，耕耘出版社1942年版，第54页。

泽修二的观点是站不住脚的，没有任何史实根据。[1]

华岗重点批判了秋泽修二的“中国历史外铄论”“中国历史循环论”“中国历史停滞论”。他在《评侵略主义的中国历史观》一文中指出，我们研究一个民族的历史，固然要注意到其他民族的历史影响，“但是这种交互作用，决不能代替某一个民族历史之发展内在矛盾的决定作用”。就中国历史而言，“虽然封建制久滞于亚细亚平原之上，但在鸦片战争之前，中国社会内部已出现了资本主义性质的工场手工业的萌芽，结果由于半封建社会的束缚与帝国主义侵略的桎梏，得不到独立发展的机会，而陷于帝国主义列强的半殖民地”。而秋泽修二把中国社会的发展看作“欧洲资本主义的侵入”的结果，其目的就是要为帝国主义的侵略中国，特别是日本帝国主义的侵略中国张目。秋泽修二散布“中国历史循环论”，无非是想说，只有通过“进步民族”日本的侵略，“退化民族”的中国才有可能打破历史循环的怪圈，实现社会进步。

华岗在批驳秋泽修二的“中国历史停滞论”时，重点批驳了秋泽修二的“中国历史停滞论”的理论依据。华岗强调：“一切侵略主义者的历史学，一切投降主义者的历史学绝对不能或不愿正确记载解释过去的事变。他们站在暴力史观的立场，实行狂暴的侵略主义……为着适应他们的政治要求，便根据一定的侵略政策来制造历史，甚至不惜公开说谎。但是历史既没有停止在奴隶所有者与封建贵族的野蛮统治之前，当然更不会停止在帝国主义法西斯指挥刀与棍棒之下，同样，‘历史的巨轮也是决不会因帮闲们的不满而停运的（鲁迅语）’。”[2]

除了吕振羽、吴泽、华岗外，在重庆的其他一些马克思主义史学家或史学工作者也投入批判秋泽修二的侵略史观的斗争之中，如李达的《中国社会发展迟滞的原因》、罗克汀的《论中国社会发展阻滞的原因》、王亚南的《官僚政治对于中国社会长期停滞的影响》等，这些文章从不同角度批判了秋泽修二的“亚细亚的停滞性”理论，揭露了这一理论的侵略本质。比如，罗克汀在文中就指出，秋泽修二说什么中国社会历史是“退步”、

① 吴泽：《中国社会历史是“停滞”“倒退”的吗？——秋泽修二的法西斯侵华史观批判》，《读书月报》1940年第2卷第8期。

② 华岗：《评侵略主义的中国历史观》，载《中国历史论集》，东方出版社1945年版，第92页。

“落后”和“循环”的，鼓吹“农业中国”与“工业日本”的结合，这是一种地道的“法西斯侵略主义的历史观”，是为日本帝国主义入侵中国服务的。[①]

尽管马克思主义历史学与中国旧史学在许多问题上是不同的，但在抗战的时代环境中，他们都强调坚持民族独立，表彰民族精神，阐发民众的强大力量，共同为抗日战争必胜、民族必获解放、中国必将复兴提供历史依据，批驳各种各样的投降妥协言论及日本侵略理论。

六、战时历史教育的民族化趋向

全民族抗战爆发后，中华民族面临着生死存亡的严重危机，历史教育如何为中国救亡图存发挥作用，成为各界关注的重点。社会各界从救亡图存与民族复兴的角度，对历史教育的功能进行反思，呼吁改革当时的历史教育，将历史教育变成唤起民族意识、恢复民族精神、增强民族自信心，进而实现中华民族复兴的工具。有人指出，今日国家处在生死存亡的非常时期，“中华民族最大的任务，莫过于抗拒外辱，保守领土，使民族国家得以存在，然后一切改革与复兴，方可计议。这一救亡责任，已摆在四万万五千万人的身上，救亡图存，已是刻不容缓了”。[②]

这种看法是当时有识之士较为普遍的认识。王敬斋发表的《现阶段的历史教育问题》指出，历史教育应包括两个目的：一是使学生获得历史的知识，俾其应付实际的生活问题；二是使学生在不知不觉中养成爱民族的意识，不做卖国的汉奸。历史教育之目的当以发扬民族精神为主，故要做五方面工作。第一，唤起民族意识，在消极方面应该打破种族的界限，在积极方面应该发挥团结民族的精神。第二，恢复民族的自信力，一方面养成民族自尊的高尚情绪，另一方面发扬我们固有的文化。第三，宣扬民族伟人的事迹，以激起学生的敬慕心。第四，批判民族史上背叛民族之流。第五，注重近百年史，把近代以来中国遭受的奇耻大辱用种种方法叙述出来，让一般民众知道。[③]

王敬斋这一文章立即引起社会各界较大的反响。有人赞同说：“我以为

---

① 罗克汀：《论中国社会发展阻滞的原因》，《群众》1943年第8卷第1、2期合刊。

② 赵心人：《初中新外国史》下册，上海世界书局1937年版，第197—198页。

③ 王敬斋：《现阶段的历史教育问题》，《文化与教育》1937年第118期。

在现阶段之下，要想使历史教育普遍化，其效力最大速度最快的莫优于在各地作通俗的公开的历史讲演，宣传我民族伟人的事迹、嘉言懿行，详述外人对我侵略的情形、种种惨案，诋毁民族史上的汉奸，唤起民族意识，详陈人民与国家的关系、国民为什么要爱国，用极通俗极简单的比喻，来阐明国际间的情势，使他们明了谁是我们的友邦，谁是我们的敌人，再用种种例证告诉他们真龙天子在现时之不需要，使他们忠于国家、忠于民族，将来自然会为国家牺牲，为民族奋斗。”①

有人将历史教育与民族复兴联系起来考察，认为历史教育关乎国家兴亡，应该发挥其救亡图存之功效。

有人认为，战时中小学教育应以“民族为本位”，故当强化民族主义历史教育，并提出改革小学教育目标的三项原则：应适切现代的中国环境，应强化民族意识并以民族为本位，应依科学的方法排列。其具体办法是：培养丰富之民族精神，培养复兴民族之决心，培养卫国爱群之热忱，培养抗御敌人之勇气；训练健强的体魄；增进适应环境生活的基本技能。②还有人提出，战时儿童教育之实施应坚持四项原则：激发儿童抗敌情绪，培养儿童社会知识，普及儿童战争常识，训练儿童服务精神。③

谢国勋在《历史教育与民族主义》中，呼吁“重新确立历史教育中心”，将民族主义置于历史教育之中心，将历史教育作为完成民族主义之手段。第一，建立民族的自尊自信心。因近百年中国受列强侵略，签订屈辱的不平等条约，国耻一方面可以刺激国民的爱国心理，但另一方面因为没有认识我们国家过去的光荣历史，所以对民族的存亡产生怀疑而失去其自尊自信的心理。这样于民族复兴有着莫大的危险性。所以我们今日要求民族复兴，第一，必从历史教育中去建立民族的自信力。第二，激起爱国爱群的民族意识。民族意识是由民族的特性与对民族的认识而产生的，认识愈深，则利害与共的观念愈切，而爱国爱群的民族意识也愈强。第三，陶冶并改良民族之品性。第四，明了时代进化之轨迹。在“国家至上、民族至上”的目标下前进。④

---

① 杨崇英：《现阶段历史教育普遍化的我见》，《文化与教育》1937年第122期。
② 丁重宜：《战时的小学课程应如何改变》，《教育杂志》1938年第28卷第8期。
③ 吴鼎：《抗战时期小学课程及教材之研究》，《教育杂志》1938年第28卷第5期。
④ 谢国勋：《历史教育与民族主义》，《贵州教育》1942年第4卷第10期。

教育界关注中小学历史教育改革，提倡历史教育为抗战服务及重视民族主义历史教育的建议，符合国民党一贯倡导的教育宗旨，对国民政府改革战时历史教育之决策产生了较大影响。为了将“民族主义”贯彻到战时教育之中，国民党临时全国代表大会颁布的《战时各级教育实施方案纲要》确定了九条教育方针。

抗日救亡的新形势迫切要求改革历史教育的现状，发挥历史教育之民族主义功能，确定“民族主义历史教育”目标。民族主义历史教育，要求注重中国文化建设以培养学生的民族精神和民族意识。由于教育界的重视和提倡，战时各级学校在不同程度上实施了“民族主义历史教育”。

实施“民族主义历史教育”是抗战全面爆发后朝野上下的共识，而要实施民族主义历史教育就必须确定合理的历史教育内容。

当时教育界对历史课程如何实施民族主义历史教育作了热烈讨论，对历史教育内容取舍的标准及如何根据标准选取历史知识提出了许多建议。在很多人看来，历史教材抉择的基本标准，要以民族主义为中心说明中华民族的优越性和整体性；要在文化方面，郑重指出我国固有文化的创造性和伟大性，并说明今后努力之途径；要从历代民族英雄的忠烈事迹说明中华民族精神的浩大磅礴；要从现代的国际关系说明帝国主义者侵略我国的经过和国民革命的必然性。①

郑鹤声提出，要注意历史上的边疆民族问题，在今日非常时期的教育之下，历史教育的使命既深且重，而对于边疆的教材，更不可忽略。赵心人编写的《初中新外国史》详细描述了鸦片战争以来，我国屡次遭受帝国主义的侵略，逐渐沦为半殖民地半封建社会的过程。还有人提出不仅要讲述民族耻辱的史实，而且要从历史的角度分析遭受耻辱的原因，给学生指明中国光明的前途。

从当时的具体实施情况来看，历史教学中利用英雄人物来加强民族精神教育所采取的主要方式是：利用教材中已有内容的讲述，指定参考书供学生课外阅读，编订补充教材，指定作文，举行讲述或表演，参观遗址古迹与应用遗像，等等。

从地理环境的角度讲述中国历史变迁，历史和地理教材合并为一种学

---

① 刘守曾：《本国历史教学上的几个基本问题》，《新湖北教育》1940年第1卷第2期。

科以进行民族主义历史教育，得到不少人的赞同。这种史地混编教材的做法，旨在从中国的地理环境角度审视其对中华民族历史造成的影响，以中国地势说明造成中国开化最早与近百年一蹶不振之原委，以中国的资源说明中国的富源，尤其着重说明日本积极侵略经营的东北四省和华北五省的经济状况。实行史地学科的综合教学，熟悉自己国家的、自己家乡的山川河流、物产资源等，"如此我国有若干年的历史，有若干省区的领域，我们的乡土情形如何，四邻的情形如何，我们都明了自然会生爱国之心。我们如能使国民进一步而了解熟悉本国的历史地理，自然人人能激发爱国之忱了"。[①]

潘湛钧对史地教育的重要性、史地教材与教学法作了认真检讨，阐述了史地教育"培植人民爱民族爱国家之观念"的重要作用，认为如此才能使学生将国家观念培植得更加牢固，对于我国家民族的盛衰存亡的因果得到彻底的了解。从纲目设置上看，他力图从地理环境及资源的角度说明中西近代不同的发展道路之根源，以鸦片战争后中国被资本主义国家侵略及中国革命运动之史实来激励民众，最后落脚点在国共合作之完成，以达到激发民族精神、增强国家意识之核心目标。

全民族抗战爆发后，争取民族生存和国家独立成为时代主题，历史教育之民族主义功能得到空前彰显，原定的历史课标及据此编撰的历史教科书难以完全适合战时弘扬民族精神之需求，亟须重新修订。

在社会各界强烈呼吁实施民族主义历史教育的同时，国民政府根据《战时各级教育实施方案纲要》对历史教育进行改革，着手修订新历史课程标准。1940年9月，国民政府颁布了《修正高级中学历史课程标准》，对课程目标、时间支配、教材大纲、实施方法等均作了原则性规定。1942年，国民政府颁布修订后的《高级社会科课程标准》，对小学历史课程标准亦作了规定。《高级社会科课程标准》所规定的历史课程，强调了本国史中能够体现民族精神之思想文化、历史名人、嘉言懿行，及近代以来国运的日渐没落的现实、近代中国革命与外交等。它对我国古代文化、我国历代学术思想、我国历代重要发明、我国历史上重要人物、我国近百年来的内政外交的重要事实和革命运动等内容，作了比1932年《小学课程标准·社会》、1936年《高年级社会课程标准》更为详细的阐释。

① 潘湛钧：《抗战期间的高中史地教育》，《教育杂志》1938年第28卷第2期。

国民政府根据新历史课标组织编审的历史教科书对贯彻民族主义历史教育起了推动作用，但在实施过程中亦暴露出许多问题，引起了教育界不少学者的批评。

张健甫在《中学历史教育的检讨和商榷》中，对战时历史教育发挥民族主义功能之利弊作了冷静分析，既肯定了民族主义历史教育的必要性、合理性及其积极贡献，也批评了过分强调民族主义而导致的狭隘民族主义和复古倒退倾向。他提出要以开放的世界眼光来矫正狭隘之民族观念，维护国内各民族团结与世界各民族之平等共存。他提醒政府和教育界，发挥历史教育之民族主义功能，万不可由此走向复古主义和崇古主义，要以社会进化史观审视人类发展史，借以矫正民族主义历史教育中的复古主义偏向。

苏沉简在《论历史教育》中指出，重视历史教育的同时必须警惕民族主义所导致的“妄自尊大”倾向，必须以开放的世界主义来克服狭隘的民族主义。他认为，历史教育的极端民族主义倾向，容易使人产生妄自尊大的复古封闭观念，必须避免这种“狭隘的民族主义”偏向。为此，历史教育的关注点应该放在培养学生正确的历史观念上。进化观念、时间观念、空间观念及国家观念之培养，远远重于具体历史知识之传授。在历史进化观念培养方面，讲清“社会是前进的不是后退的，中国历史常常夸张唐虞禅让及三代之治，以为上古的人民都是圣贤。这种观念当然有它产生的原因，但它的弊端却很大，为了使现代的青年有着前进的创造的自信心，进化观念是必需的”。在培养正确的国家观念方面，讲清“国家是历史的产物，是现阶段所必需的，所以我们须保卫她”。[①]只有这样方能避免历史教育走上狭隘的民族主义之极端。

康伯在《对于普及历史教育一个建议》中，对如何编撰本国历史读物作了研究，提出实施民族主义历史教育及编撰相关历史读物务必要有“现代眼光”。何士能在回应国民政府颁布的新历史课程标准时，提出了中学历史教学之三大使命：一是延续民族的文化；二是提高民族意识，发挥爱国精神；三是启示建国的途径。[②]为达此使命，他建议依据教育部颁布之历史

① 苏沉简：《论历史教育》，《经世》1939年第35期。

② 何士能：《历史教育的使命》，《贵州教育》1942年第4卷第10期。

新课标编撰历史教科书时，要有世界全局之观念，注意中外历史之贯通。

由此可见，即便是在战时历史教育民族化占据绝对主导地位的情况下，也无法完全放弃历史教育之世界化趋向。因为中国走向世界并与国际接轨是无法逆转之发展大势，故战时历史教育之世界化潜流仍然顽强地存在着，并在某种程度上矫正着民族主义历史教育中出现的复古偏向。太平洋战争爆发后，中国追随美英苏等盟国对德意日法西斯阵营正式宣战，组成了世界反法西斯统一战线。中国的抗日战争成为世界反法西斯战争的重要组成部分。这样，历史教育中之世界化趋向在受到民族主义较长时期的压抑之后，逐渐恢复并得以强化。这显然是抗战后期中国历史教育之新趋向。

七、战国策派的文化形态史观

战国策派是指以《战国策》半月刊和《大公报》“战国”副刊为中心的学人集团。1940年春，雷海宗、林同济、陈铨等人在昆明创办《战国策》半月刊，后在重庆《大公报》开辟“战国”副刊，以文化形态史观为基础提出了一套新的文化理论，试图以此振奋民心，抵御外侮。该派之所以取名“战国策”，乃是因为在他们看来，眼下的中国正处在“战国时代”。在此时代，强权就是公理；侵略、战争、杀戮乃是各民族的头等大事；你不杀人，人必杀你；你不征服人家，必被人家征服；你不做主人，就只有做奴隶；如同中国两千多年的“战国时代”一样，国与国乃是灭与被灭的关系。该派呼吁国人振作起来，以“战国七雄”的时代意识看待眼下国际形势，以一种强力意志抗击日寇。因此，它带有鲜明的民族主义色彩。

战国策派以西方文化形态学为理论基础，以尼采哲学为灵魂，以军国主义为旨归。西方文化形态学是由德国哲学家斯宾格勒创立的。第一次世界大战即将结束时，斯宾格勒出版了《西方的没落》一书，认为“文化”是历史研究的基本单位，世界八大文化在价值上是相等的，无所谓优劣，在哲学上是同时代的，不存先进与落后的差别。在他看来，每种文化都是封闭而自足的，没有交流与传播的可能且各自又都是一种有机体，有其生必有其死。他把“文化”的生命周期分为前文化时期、文化时期和文明时期。文明时期的前半段为“战国时期”，后半段为“帝国时期”。一种文化进入文明的帝国时期，就意味它的死期到来。中国“战国七雄”历史就是

“战国时代”，特点是战争频繁，各民族只能在胜利与灭亡之间作出选择。战国以后，中国进入秦汉帝国时代，其作为一种“文化”单位就不复存在了。

雷海宗借用斯宾格勒的文化形态学理论，认为每一种独立发展的文化都有一个青春勃发—茁壮成长—繁荣昌盛—枯萎凋落的生命周期，都要经历封建时代、贵族国家时代、帝国主义时代、大一统时代、政治破裂与文化灭亡时代的末世等五个阶段。第一阶段是封建时代，这一时期各个文化的政治、社会与经济现象较为特殊，在政治上的主权是分化的。每个文化空间范围内都有一个最高政治元首。这一时期，社会上划分了明确的阶级，每个人在社会上的地位、等级、业务、权利、责任以及衣食住行等日常生活方式，都有公认的法规来认定，阶级是世袭的，其界限相当严格。在经济上，所有土地都是采地而非私产，极少可以自由买卖。在精神上是宗教的天下，宗教事务覆盖了人类所有的生活。第二阶段是贵族国家时代，以贵族为中心形成列国并立是典型的时代特征，在政治上，封建时代的共主“渐渐全成傀儡，有时甚至整个消灭”，卿大夫及各级小贵族也日益没落。诸侯成为最有势力的阶级，他们控制各自的封疆，实行高度集权，主权分化现象不复存在。地方动乱大大减少，国家间战争的目的，“只求维持国际的均势，没有人想要并吞天下”。在社会上，士庶之分仍然维持，但平民可以升为贵族。在经济上，井田制一类的授田制依然存在，但自由买卖土地的行为得到了普遍承认。在精神上，宗教仍占据主流地位，但理性思想开始传播。第三个阶段是帝国主义时代，这一时期发生了政治、社会与经济上的大革命。革命推翻了贵族阶级，平民阶级夺取了政权，得到了一个形式上的全民平等社会。随后社会动荡与国家间战争重起。在连绵的战争中，集权干预文化与思想的自由，思想趋于派别化，创造性思想极为缺乏。[①]第四个阶段是大一统时代，前后约为三百年，强国吞并天下，国家疆域空前扩大，但国家实力并不强大。在文化上，思想学术与文艺急剧退步，政治与文化冲突激烈。第五个阶段是政治破裂与文化灭亡时代的末世，政治腐败，体制衰退，个人主义严重，内乱外患不断，古老的文化从此一蹶不振，

---

① 雷海宗：《历史的形态与例证》，载《文化形态史观》，大东书局1946年版，第24-25页。

在与外族的争端中走向彻底毁灭。

林同济划分的三个阶段中的第一个阶段（封建阶段），相当于雷海宗划分的五个阶段中的第一阶段（封建时代）；林同济划分的第二阶段（列国阶段），相当于雷海宗划分的第二、第三阶段（贵族国家时代和帝国主义时代）；林同济划分的第三阶段（大一统帝国阶段），相当于雷海宗划分的第四、第五阶段（大一统时代和政治破裂与文化灭亡时代的末世）。

雷海宗运用文化形态史观的理论，对世界上已知的文化形态进行比较研究后，得出了所有的文化形态在经历了封建时代、贵族国家时代、帝国主义时代、大一统时代、政治破裂与文化灭亡时代的末世等阶段后必然衰亡的结论。然而，他惊异地发现中国文化不但没有走向死亡，反而继续生存了下去，故将中国文化作为一个特例，提出“中国文化独具二周”的新认识。雷海宗认为，中国两千余年的悠久历史大致可划分为周而复始的两大周期。第一周自殷周至公元383年的淝水之战，可称为古典的中国。第二周由公元383年至20世纪30年代的抗战时期，可视为一个综合的中国。第二周的1500余年间，虽然朝代更替频繁且各有特点，但整个社会在政治、经济上没有实质性的变化，只是在宗教、哲学、文艺等方面有所演变。

雷海宗提出的“中国文化独具二周”论，具有为现实服务的民族主义情绪。

战国策派运用文化形态史观的理论审视抗战，认为抗战不仅是中日两国间的战争，而且是“战国时代”列强争霸全球战争的组成部分；不仅是两国间政治、经济与军事实力的较量，也是一种文化的较量，是西方现代性文化与中国文化为代表的东方文化间的碰撞。因此，仅仅着眼于军事与政治的抵抗是不够的。只有顺应时代的形势，把握机遇，中国文化在实现前无古人的第二周后，仍然具有重新繁荣并进入第三周的可能。然而，要使中国文化顺利进入第三周的发展，首先应该确立中国文化的地位，认清其优长与短劣，从正处于“战国时代”的西方文化身上汲取营养，这便是所谓的中国文化重建。他指出，“此次抗战，是抗战而又建国。若要创造新生，对于旧文化的长处与短处，尤其是短处，我们必须先行了解”。[①]

在他们看来，当今世界处于欧美文化四面出击的“战国时代”，中国文

① 雷海宗：《中国文化与中国的兵》，商务印书馆1940版，第221页。

化则在大一统时代徘徊了两千余年，其文化早已“活力颓萎”。在西方文化主导下的“战国时代的重演”阶段，中国文化如何保持民族生存和文化的薪传，这是雷海宗、林同济等人以文化形态学看待世界历史发展与现实变化的根本出发点。

战国策派所要解决的问题，是中国在当时国际情况下应该如何生存和发展。故战国策派从文化形态史观出发，提出了“战国时代的重演”的命题。雷海宗、林同济等人认为，当时的世界是“战国时代的重演”，因此问题的中心是战争。战争决定一切，力是宇宙间万有所“必定有”和“必须有”的东西。

在他们看来，“战国时代”的意义就是一个“战”字。林同济认为，战争从本质上讲是非正义性的，“用战的方式来解决民族间、国家间的各种问题，论理是‘不道德’，也‘不经济’的”，但这个“道地的战国灵魂乃竟有一种‘纯政治’以至‘纯武力’的倾向，充满了‘非道德’‘非经济’的冲动”。

战国策派强调新的“战国时代”的到来，目的是希望国人认清当前的战争形势，以“战国”的精神应对“战国时代”。

在战国策派看来，当前战争的性质，是为消灭而战的战争，是你死我活的战争，其目的不在于把敌人打败，而在于把敌人消灭，要从根本上摧毁敌人。他们反复强调，历史的发展不应以善与恶的伦理标准进行衡量，中国人必须从“中庸为教”和以伦理标准衡量一切的习性中走出来，单纯将和平的希望寄托在正义、公理和政治谈判上而不正视残酷的现实，除了误国不能解决任何问题。

战国策派认为，“战国时代”以“国”为基本的单位，一切以“国”之存亡为根本目的。因此，一切以能否适应新的“战国时代”的“战”和“国”为标准，来选择和确定国家政体。他们反复强调，在这大敌当前的“战国时代”，什么个人、阶级，乃至天下，都得统统退其次，必须绝对地做到“国家至上、民族至上”。

战国策派从这种思想出发，试图以强力政治提高国家地位，赞同建立战时独裁政府。于是他们鼓吹“全体战”：“因此，民治政体应有不应有，再也不是你我哲理上较长比短所能决定，真正关键，全看民治与全体战的关系如何，民治而有助于全体战，民治可以存在，民治而有碍于全体战，民治必须取消。”[1]当前的中国根本不具备条件谈什么“民主政治”“宪法政治”，最重要的任务是建立“独裁国家组织”，组建“大权在握的政府”。[2]

战国策派认为世界进入“大战国时代”，极力地强调民族主义、国家主义，强调全能国家与集权；面对抗日战争的残酷现实，林同济、陈铨等人更将服从国家、民族需要以获取民族独立放在第一位，他们错误地将民族生存与民主自由二者对立起来，并义无反顾地选择了前者。他们批评坚持自由主义理念的人，面对民族生死存亡的危机，“还要死把整个全能的组织意义，当作一种专对民主潮流而生的反动而讨论，就好像宇宙间森罗万家，除了维克多利亚的民主政体，便没有更重大的事情，而一切历史上的事态变迁都必得拱绕着民主两字而或正或反，真迂泥极了”！林良桐公开提出：“战国时代所需求的，是国家的安全与强盛；民主政治所企图的，是个人的自由与繁荣。前者重团体，后者重个人；前者利于强有力的政府，后者利于无为的政府。”他看到了战时集权政府与民主政治的冲突，但仍然倾向于战时集权。他说：“战国时代需要一个大权在握的政府，‘要政府有大权，即不容多党存在；如容多党存在，则政府必不能有大权’（钱端升先生语）。然而‘政党仍是民主政治所必需的条件。在全能国家中，一党专政，一党治国，严格言之，就不成其为政党’（吴文藻先生语）。”[3]林良桐声称：“我并不是主张独裁，但我只指出民主的弱点；假设我们能寻求一种方案，使政府不至于太强而压抑自由，复不至太弱不能抵御外侮，有最高的效率，有最大的安全，我固馨香而祝之。如其不能，则我们似亦不必过分迷信民主政治。御侮重于个人，安全重于自由。”[4]

这段文字集中展现了战国策派救亡高于一切的基本思路，也显露出他们强调战时集权体制而怀疑民主体制的重大理论失误。在他们看来，民主政治不适宜于抗战，故而必须进行政治集权以御外侮，待到民族危机过后进行建国之时，再倡政治民主与自由。他们没有意识到在缺乏民主传统与体制的中国，这种倡导与政治权力相结合便会导致全能政治泛滥的严重后果。

---

① 林同济：《战国时代的重演》，《战国策》1940年第1期创刊号。
② 林良桐：《民主政治与战国时代》，《战国策》1941年第15、16期合刊。
③ 林良桐：《民主政治与战国时代》，《战国策》1941年第15、16期合刊。
④ 林良桐：《民主政治与战国时代》，《战国策》1941年第15、16期合刊。

为着“战”和“国”两个字，战国策派推崇叔本华的唯意志论、尼采的超人学说和卡莱尔的英雄史观。他们强调，意志是人类一切行为的中心。生存意志是推动人类行为与人类进步最伟大的力量。“照叔本华的观念，宇宙间根本没有什么全知全能的上帝，一切的一切，存在的基础，支配的力量，都由于生存意志。”[①]“道德的教训，宗教的信条，政治的原则，社会的组织，文化的进展，在适合生存意志的时候，自然能够久存；在相反的时候，终究必归于消灭。所以一个时代有一个时代的道德。一个民族有一个民族的道德。天下古今没有‘放诸四海而皆准，俟诸百世而不惑’的道德标准，只有与生俱来与死不去的生存意志，——它与死不去。因为它还要借子孙的形体，来继续永生。”

战国策派由国家间的生存意志推论到权力意志和超人意志。他们认为，一个社会里，越是优秀的人物，他的权力意志越是伸张。人的生活最精彩的时候，就是权力意志最充分发挥的时候。一个国家或民族，是否能够在世界上取得光荣的地位，就看它国内中坚分子能否超越生存意志，达到权力意志。“尼采认为人生不是求生存，乃是求权力，支配人生一切的，不是生存意志，乃是权力意志。”[②]是故，“人生的意义。就在于“发展权力意志”，而权力意志的发展，则是“超人”。所以，他们说：“我们应当接受人生，使人生发扬光大进步，我们要使人类达到最高级的发展，这一种最高级的发展，就是超人。”[③]只有“超人”才是生活中的强者，才配作人类的领袖。中国的希望就是期待有“超人”、英雄、天才出来拯救。

在他们看来，这个世界上弱肉强食，唯有生存意志和权力意志才能使人保存自我和消灭他人。而意志，人各有不同。所谓“天才”“英雄”就是权力意志充分发扬的人。人类离不开英雄，如同绵羊离不开牧人。陈铨指出：“英雄与历史，有双重的关系。一方面他可以代表群众的意志，发明，创造，克服一切困难，适合时代的要求。在另一方面，他也可以事先认定时代的要求，启发群众的意志，努力，奋斗，展开历史的新局面。”从这个意义上讲，“英雄是群众意志的代表，也是唤醒群众意志的先知”。[④]所以，

---

① 陈铨：《尼采的无神论》，《战国策》1941 年第 15、16 期合刊。

② 陈铨：《尼采的道德观》，《战国策》1940 年第 12 期。

③ 陈铨：《尼采的思想》，《战国策》1940 年第 7 期。

④ 陈铨：《论英雄崇拜》，《战国策》1940 年第 4 期。

人类应该有一种“英雄崇拜”的意识。他认为，英雄既可以是政治家、军事家，也可以是莎士比亚、康德、安格罗、马丁·路德和“少数超群绝类的科学家”，“不仅是武力方面，政治宗教文学美术哲学科学各方面，都是英雄”，他们在某些时期“代表群众意志”。[①]可见，陈铨提倡的“英雄崇拜”，更多的是从文化精神重建角度提出的，并非仅仅宣扬对军事家、政治家的崇拜。

陈铨对“英雄崇拜”的强调和对民主政治的批评，受到了沈从文等人的批评。沈从文认为：陈铨提倡“英雄崇拜”，贬低了五四以来的“民治主义”和“科学精神”。他质问：“若真的以一个人致具神性为中心，使群众由惊觉神秘而拜倒，尤其是使士大夫也如陈先生所描写的无条件拜倒，这国家还想现代化，能现代化？”[②]他指出：这些年来，中国“有形的社会与无形的公民观念，都无不在逐渐进步中”，“若说国家得重造，士大夫得改造，这些光明进步方面，似乎值得注意注意！明白当前较多，新英雄主义的提倡者，下笔时就知道不仅要慷慨激昂，最重要还是近情合理了”。在抗战的特殊时期，“国家要集权，真正的‘民治主义’与‘科学精神’还值得好好的重新提倡，正因为要‘未来’不与‘过去’一样，对中国进步实有重要的意义。对外言，‘战争人人有份’这句话，想要发生真正普遍作用，是要从民治主义方式教育上方有成效可言的。对内言，在政治上则可以抵抗无知识的垄断主义，以及与迷信不可分的英雄崇拜主义。更重要的是抵抗封建化以性关系为中心的外戚人情主义。在教育上则可以抵抗宗教功利化，思想凝固化，以及装幌子化。在文学艺术运动上则可以抵抗不聪明的统治与限制，在一般文化事业上则可望专家分工，不至为少数妄人引入歧途。至若科学精神的应用，尤不可少，国家要现代化，就无一事不需要条理明确实事求是的科学精神”。沈从文指出，改造中国文化与社会，“实离不了制度化和专家化”，“除依靠一种真正民主政治的逐渐实行，与科学精神的发扬光大，此外更无较简便方式可采”。[③]在沈从文看来，要抗战建国，政治要集权，但民主政治意识也要大大提倡，改造中国社会与文化，离不了民主、科学的基本精神的启蒙。

---

① 陈铨：《狂飙时代的席勒》，《战国策》1940年第14期。

② 沈从文：《读英雄崇拜》，《战国策》1940年第5期。

③ 沈从文：《读英雄崇拜》，《战国策》1940年第5期。

胡绳对陈铨的“英雄崇拜”观进行了全面否定。他认为，陈铨对尼采思想的宣扬及对“英雄崇拜”的提倡，就是宣扬“英雄应该管理与支配群众，群众应该‘无条件地’崇拜英雄，跪倒在英雄前面，让英雄来安排自己的命运”，对英雄的神秘化，正是为了使民众对其进行“宗教式的盲目崇拜”。因此，他将陈铨称为“法西斯主义的论客”。胡绳认为，“英雄崇拜”不是不可以要，应该“在健康的现实的意义上建立新的英雄观念，发扬新的英雄主义”。这种“新的英雄主义”所崇拜的“不是偶像，而是健康的人；不是‘人上人’，‘超人’，而是人中的人；不是脱离群众的，而是生活在群众中间依靠群众的；不是企图自由地改变历史道路的疯子，而是顺应着历史的发展发挥出无限的战斗的积极性的自由人；不是天才，而是平常人；他们的伟大不表现在神秘，而是表现在平常的中间”。一句话，这样的英雄是“群众的英雄”，是抗战中无处不在的“千万无名英雄的集合体”，因为历史的决定性因素，“不在少数的英雄而是在多数的群众”。[①]

战国策派是抗战特定环境下的产物，其所宣扬的思想虽然在政治上有害，但他们主观上是出于爱国抗战的愿望；他们的理论有利于蒋介石在政治上的独裁企图，但其与国民党中的顽固派是不同的。他们理论上的基本出发点是鼓励国人坚持抗战，不要被国际法西斯势力嚣张气焰所吓倒。故中共在对战国策派进行批评时，并没有把他们一棍子打倒。据侯外庐回忆：“记得，雷海宗主编的刊物《战国策》，对我党态度不友好，《群众》主编章汉夫著文批判《战国策》，点了雷海宗的名，孙晓邨主编的一家经济刊物，有文章说了不利于统一战线的话，许涤新同理论界同志对此也进行了批判。我们都意识不到有什么问题，而周恩来同志则一一指出，从抗战的大局出发，这些都不是主要矛盾。”民族大敌当前，在千千万万种矛盾中间，一定要分出主要矛盾和次要矛盾，在学术界和理论界，由于阶级立场不同，矛盾固然尖锐，但同样要注意分清主要矛盾和次要矛盾。不要因小失大，更不能做亲者痛仇者快的事情。因此周恩来再三指示学术界，“当前，学术理论上最危险的敌人，是国民党右派的妥协投降理论，我们斗争的锋芒应该对准陈立夫的唯生论”，而不是战国策派。[②]

① 胡绳：《论英雄与英雄主义》，《全民抗战周刊》1940年第148期。

② 侯外庐：《韧的追求》，生活·读书·新知三联书店1985年版，第122—124页。

在抗战胜利前后，战国策派对民主政治的看法有着明显转变，逐渐回归到先前对西方现代性意识的认同上，再次发出政治自由主义的呐喊。1945年8月，何永佶在一系列文章中集中讨论了战后中国民主政治建设问题，公开提出："只有民主才能使中国人民现在尚在沉闷起来的聪明才智发挥出来，使之创造新文化，蔚为奇花异卉。"[①]实际上，战国策派对国民党政权有一个逐渐清晰的认识过程，他们的集权主张，客观上起到某种有利于国民党统治的作用，但战国策派的政治集权主张是救亡图存大前提下的无奈选择，其与宣扬法西斯主义理论不能简单地画等号。战国策派在抗战结束前渐渐认清了国民党"一党专政"的面目，并重新回归政治自由主义的举动，证明他们在意识深处并不认同法西斯主义。[②]

① 何永佶：《论我国民主政治》，《世界日报》1945年10月9日。

② 江沛：《战国策派思潮研究》，天津人民出版社2001年版，第249页。

第八章

文化民族主义
与儒家思想的新开展

伴随着全民族抗战的爆发，中国民众的民族主义和爱国主义情绪激昂，民族精神得到振兴，文化民族主义勃然兴起。战国策派提出了文化形态史观，钱穆提出了民族主义史观，文艺界围绕文艺大众化和民族形式问题展开讨论，学术界围绕以农立国与以工立国进行深入探究。五四运动时期备受抨击的中国传统儒学逐渐适应新的时代需求，在新阐释中实现创造性转化。贺麟以新黑格尔主义哲学改造和发挥陆王心学，建立了“新心学”体系；冯友兰则运用西方新实在论的逻辑方法，继承并发展了程朱理学，创建了“新理学”体系，儒家思想在战时民族主义高扬的时局中得到“新开展”，战时中国学术文化（哲学、政治学、历史学及其他社会科学）在战火激荡中获得新发展。

一、文化民族主义的高涨

抗战时期，文化民族主义空前发展，无论学术界、思想界还是政治界，都极力强调民族化或中国化，从而出现了一股强大的“中国化”思潮，文化保守主义也借机得到了很大的发展。抗日战争的新环境，使学术界再次掀起了关于中国民族文化、新旧文化、中西文化问题的讨论与争论。郭沫若指出，“复兴民族就是要复兴我们民族的精神”，就是要保卫住我们中华民族几千年的文明，“保卫文化的责任现在是落在我们中国人，尤其是中国的文化人的肩头上了。我们不仅要争取我们民族的自由、祖国的独立，我们同时要发动至大至强的理智力来摧毁敌人的一切矫伪的理论，暴露敌人的一切无耻的阴谋，廓清敌人的一切烟幕的言论，以保卫世界文化的进展，人类福祉的安全”。[①]这就明确提出中国学人在抗战时期负有保卫中国文化、重建民族精神的重大责任。

思想文化界保卫中国文化、重建民族精神的努力是多方面的。鉴于抗战时期的特殊形势，保卫中国文化、重建民族精神的本质，说到底就是要强调对外抵抗的不妥协主义，即民族主义。民族主义是一个复杂的历史概念，它在中国历史上的正面功能，便是当异族入侵的时候，比较容易唤醒国人的觉悟，形成极强的民族凝聚力，一致对外，从而赢得民族的独立与解放，为民族的再生与发展开辟通途。但如果简单地解释民族主义，就会因其狭隘性的见解，容易形成人们故步自封的排外心态，从而有害于民族的再生与发展。在抗日战争这种特殊环境下，思想文化界对中国的民族文化进行了多方面探索，揭示了中国文化的民族性和特殊性，坚信中国文化复兴的光明前景，这对重建民族自信心和弘扬民族精神是有益的，也有意无意地夸大了民族文化的优越性，其最直接的效果便是导致文化保守主义的兴起。

全民族抗战爆发后，钱穆随北大南迁昆明西南联大，继续从事中国历史和文化的教学、研究工作，出版了《国史大纲》《中国文化史导论》等论著。《国史大纲》原为钱穆20世纪30年代在北大历史系讲授“中国通史课”的讲稿，1939年在云南蒙自、宜良整理撰写完成。《国史大纲》共八部分四十六章，以纲目体行文，提纲挈领地系统介绍了中国五千年的历史和文化。在该书“引论”中，钱穆阐述了撰写此书的宗旨：“若一民族对其已往历史无所了知，此必为无文化之民族。此族中之分子，对其民族，必无甚深之爱，必不能为其民族真奋斗而牺牲，此民族终将无争存于并世之力量。今国人方蔑弃其本国已往之历史，以为无足重视；既已对民族已往文化，懵无所知，而犹空乎爱国。此其为爱，仅当于一种商业之爱，如农人之爱其牛。彼仅知彼之身家地位有所赖于是，彼岂复于其国家有逾此以往之深爱乎！凡今之断头，决胸而不顾，以效死于前敌者，彼则尚于其国家民族已往历史，有其一段真诚之深爱；彼固以为我神州华裔之生存食息于天壤之间，实自有其不可辱者在也。故欲其国民对国家有深厚之爱情，必先使其国民对国家已往历史有深厚的认识。欲其国民对国家当前有真实之改进，

① 郭沫若：《理性与兽性之战》，《文化战线（上海）》1937年第1期。

必先使其国民对国家已往历史有真实之了解。我人今日所需之历史知识，其要在此。”①

因此，钱穆撰写《国史大纲》意在“宣说历史文化主义的民族观和民族主义的历史观，强调在抗战中重建国家，必先复兴文化，要唤起民众的民族自觉，必先认识历史。针对全盘西化论者的历史虚无主义、浅薄狂妄的进化观、文化自谴及古史层累造成说，明白宣言对本国历史文化的了解应有‘温情与敬意’”。②故该书以其强烈的民族主义的展示，被重庆国民政府教育部列为中国大学用书并在全国发行，对激发中国民众的爱国热情、树立民族自信心和凝聚力起了一定的促进作用。故后人评价说：“综观钱穆在抗战时期的史学、文化史著作及其学术活动，是以昂扬民族精神为主要内容的，强烈的民族意识是他这一时期思想的灵魂。这对于当时培育国人的民族自信心、凝聚民族向心力，重铸新的民族精神，确有其贡献。”③

但钱穆关于“中国式之民主政治”的论述，既不符合中国历史演进的真相，也与近代以来中国政治民主化的发展趋势相悖，因此受到时人的严厉批评。胡绳批评说：“所谓‘中国式的民主’就是我们一般常人所称为君主专制政体的那种东西吗？我很奇怪，想出这些意见的先生们都不公开反对孙中山先生的革命理论与事业，甚至还加以赞扬。但实际上他们是应该反对中山先生的，因为中山先生所要推翻的就是两汉隋唐宋元明清的那种国体与政体。假如中山先生还在，他听到人们说，他所毕生与之斗争的君主专制政体，其实就是‘中国式的民主政治’，不知道他会作何感想！”④胡绳还批驳了钱穆有关中国几千年来立国和当前抗战靠的全是传统文化、传统文化的优异在于“孝”的论调。

钱穆在思考中国文化的过去、现在与未来时，表现出浓厚的文化保守主义情绪。

抗战时期文化保守主义特别强调中国文化的特殊性，将这种特殊性作为立论的根据，进而提出了带有强烈守旧色彩的中国文化复兴主张。1939年，钱穆在完成《国史大纲》后，开始着手撰写《中国文化史导论》一书，

---

① 钱穆：《国史大纲·引论》，商务印书馆1991年版，第2-3页。
② 田亮：《抗战时期史学研究》，人民出版社2005年版，第259页。
③ 田亮：《抗战时期史学研究》，人民出版社2005年版，第258页。
④ 胡绳：《胡绳文集（1935—1948）》，重庆出版社1990年版，第193页。

并陆续在《思想与时代》杂志上刊出。

钱穆首先探讨了中国文化发生的地理背景及其对中国文化的影响，不同意那种笼统地说中国文化发源于黄河流域的观点，认为这种观点只看到了世界诸文明古国文化起源的共性，而没有注意到中国文化起源的特殊性，因为黄河本身并不适于灌溉与交通，准确地说，中国文化的发生并不依赖于黄河本身，依赖的是黄河的各条支流。每一支流的两岸和其流进黄河时两水相交形成的三角地带，即所谓的“水桠杈”，才是中国古代文化真正的摇篮。据此，钱穆得出三点结论。第一，古代文化的发展，均在一个小环境里开始，而不易形成伟大的国家组织，只有中国文化自始即在一大环境下展开，因此容易养成并促进政治、社会以及人事等方面的团结与处理方法的才能，从而使中国人能迅速完成内部的统一。第二，在小的环境里产生的文化社会，容易受到周边文化程度较低的民族的“侵凌”，其发展被迫中断或受阻，只有中国文化是在大环境下展开的，并迅速完成了国家内部的团结与统一，因而对外族之抵抗力特别强大，得以免遭摧残，而保持其不断地向前发展，成为世界上历史最为悠久的国家。第三，在小地面的肥沃区域里产生的古代文明易达到其顶点，失去另一新鲜向前的刺激，从而导致“社会内部的腐败和退化”，只有中国文化因产生在贫瘠和广大的地面，不断有新的刺激和新的发展，社会内部能始终保持一种勤奋和朴素的美德，其文化因而也常有新精力，不易腐化，直到现在“仍有其内在尚新之气概”。①

在考察了中国文化赖以产生的独特环境以及由此而形成的中国文化的特殊性后，钱穆进一步对中国文化与欧洲文化进行了比较，认为只有西方的欧洲文化和东方的中国文化算得上源远流长，直到现在成为人类文化的两大主干。

第一，就政治而论。中国从很早的时候起，就已成为一个统一的大国家，很少发生内争；而欧洲直到近代还是列国纷争，没有实现统一。中国人由于数千年来常在统一的和平局面下生活，注重的是对内问题而不是对外问题，常常“反身向著内看”，久而久之，“便成为自我一体浑然存在”。西方人由于常生活在“此起彼仆的斗争状态之下”，注重的是对外问题而不

① 钱穆：《中国文化史导论》，商务印书馆1994年版，第7页。

是对内问题，“常常是向外看的”，久而久之，“成为我与非我屹然对立”。唯其常向外看，认为有两体对立，所以西方人特别注意空间的“扩张”以及“权力”和“征服”。唯其常向内看，认为只有一体浑然，所以中国人特别注意时间的“绵延”以及“生长”和“根本”。

第二，就经济而论。中国文化是建筑在农业上面的，是彻头彻尾的农业文化；而欧洲文化是建筑在商业上面的，是彻头彻尾的商业文化。西方常常运用国家力量来保护和推进其国外商业，中国则常常以政府法令来裁制国内商业势力的过分旺盛，使其不能远驾于农、工之上。因此在西方国家很早便带有一种近代所谓“资本帝国主义”的姿态，在中国自始至今采用的是一种近代所谓“民主社会主义”的政策。虽然中国历史上也不断有科学思想和创造发明，但由于采用的是所谓“民主社会主义”的政经政策，“不患寡而患不均”，对于机械生产不仅不加奖励，而且时时加以禁止与阻抑，以至工业落后，科学不发达。

第三，就人生观念和人生理想而论。西方人向来特别重视自由，从某种意义上说，一部西方史，也就是一部人类自由的发展史，西方的全部文化，也就是一部人类发展自由的文化。与自由相联系的，是组织和联合。如果说希腊代表着自由的话，那么，罗马和基督教会则代表的是组织和联合。“这是西方历史和文化的两大流，亦是西方人生之两大干。”我们只要把握了这两个概念，也就把握了隐藏在西方历史后面的“一切意义和价值”。中西这种人生观念和人生理想的不同，源于他们着眼点的不同。西方人注重向外看，看人和社会是“两体对立”的。因有两体对立，所以要求自由，同时又要求联合。中国人注重向内看，看人和社会只是浑然一体，这个浑然一体的根本：大言之，是自然，是天；小言之，则是各自的小我。“小然”与“大自然”浑然一体，这便是所谓的“天人合一”。《大学》讲修身、齐家、治国、平天下，一层一层地扩大，既是一层一层地生长，又是一层一层地圆成，最后融合而化，此身与家、国、天下并不构成对立。这便是中国人的人生观和文化精神。只有把握了中国人的这种人生观和文化精神，才能够正确地认识和评价中国历史和文化的特殊意义及价值。

第四，就宗教信仰而论。西方人看世界是两体对立的，在宗教上也存在着“天国”和“人世”的对立；中国人则相反，他们看世界只有一个，不相信有与“人世”对立的“天国”存在。因此中国人要求永生，要求不朽，要求的是现世的永生和不朽。正因为西方人相信“天国”的存在，中国人不相信“天国”的存在，所以在西方发展出了宗教观，在中国则发展出了伦理观。这也是中国人对世界对人生的“义务”观念，更重于“自由”观念的根本原因。①

在比较了中国文化与欧洲文化在政治、经济、人生观念和人生理想、宗教信仰等方面的不同后，钱穆提出了中国文化演进过程的四期说。第一时期是先秦时期。这一时期中国人把本民族的人生理想和信念确定了下来，这是中国文化演进的大方针，也是中国文化的终极目标所在，其具体表现为国家凝成和民族融合、古代观念和古代生活、古代文学和古代文字的形成。第二时期是汉唐时期。这一时期的中国人把政治、社会一切规模与制度大体上规划出了一个轮廓，这是人生的共通境界，必先把这一共通境界安顿妥当，然后才能够有个人的自我发展。第三时期是宋元明清时期。这一时期的特点是文学与艺术的发展，人生的共通境界安定下来，并开始了个性的自由伸展。第四时期是“当前面临着的最近将来的时期”。这一时期的最主要任务是如何实现中华文化的复兴。他又称第一时期为“宗教与哲学时期”，特点是确立人生之理想与信仰；第二时期为“政治与经济时期”，政治采用民主精神的文治政府，经济主张财富平衡的自由社会；第三时期为“文学与艺术时期”，文学艺术偏于现实人生，而又能代表一部分共同的宗教性能；第四时期为“科学与工业时期”，即采用西方的科学与工业以实现中华文化的复兴。②钱穆从中国文化发展的内在逻辑出发，强调不同发展时期所体现出来的不同特征，将中国文化发展的连续性与阶段性特征结合起来。

钱穆打着所谓“中国化”潮流，在全民族抗战这个特殊背景下宣扬同一种民族文化优越论。胡绳将这种文化保守主义斥为“复古主义”。他指出：“这种新的见解，在根本上是复古也是排外，因为它是把一切外国的东西，从中国旧文化传统的立场上看去是新的，不适宜的东西都加以排斥，它排斥一切现代西洋文化中对于当前中国的现实具有进步意义的东西。但它却看出了在西洋文化史上也还有时期的不同，也曾有过一个时期，西洋

① 钱穆：《中国文化史导论》，商务印书馆1994年版，第8-19页。
② 钱穆：《中国文化史导论》，商务印书馆1994年版，第228-229页。

文化和中国传统文化只是‘貌异神同’——看出这点倒是对的，因为中国传统文化是封建时代的文化，而欧洲也有过它的封建时代，也有过它的封建时代的文化。但从此出发，认为中国文化自己要向后转，并和向后转的西洋文化合作，这却是拿人类文化史开玩笑了。”①

无论是批判西化思潮，还是对传统文化进行阐释，钱穆都是为了探索中国文化的复兴道路。钱穆认为，要实现文化复兴，使中华民族立于世界民族之林，就必须处理好以下两个问题：第一，如何奋起直追，赶快学到欧美西方文化的富强力量，好把自己国家和民族的地位支撑住；第二，如何学到了欧美西方文化的富强力量，而不把自己传统文化以安为终极理想的农业文化之精神斫丧或戕伐了。换言之，即是如何吸收融合西方文化而使中国传统文化更光大与更充实。如果第一个问题不解决，中国的国家民族将根本不存在；如果第二个问题不解决，则中国国家民族虽得存在，然而中国传统文化仍将失其存在。②而失去了自己文化的国家民族，是没有任何生命力的。以文化为国家民族的生命，这是自清末“国粹派”以来一切文化保守主义者的基本共识，也是他们于西方化的大潮中以维护和弘扬中国传统文化为职志的根本原因。

钱穆不赞成那种认为中国排斥外来文化的观点。他指出，中国在世界上虽然算得上是一个文化比较孤立的国家，但中国人对其他民族文化则常抱有一种活泼广大的兴趣，愿接受而消化之，用其他民族文化的新材料来营养自己的旧传统。“不论在盛时如唐，或衰时如魏晋南北朝，对于异族异文化，不论精神方面如宗教信仰，或物质方面如美术工艺等，中国人的心胸是一样开放而热忱的。因此中国文化，虽则是一种孤立而自成的，但他对外来文化，还是不断接触到。中国人虽对自己传统文化，十分自信与爱护，但对外来文化，又同时宽大肯接纳。”③以对西方文化的态度为例。尽管自明末西方文化开始传入中国以来的三百年间，由于西方文化先是以宗教的形式，后又伴随鸦片大炮来到中国，引起了不少中国人的怀疑和反感，但总的来看，“这三百年来的中国人，对此西方异文化的态度到底还是热忱注意虚心接纳”的。明末利玛窦初来，便得到了中国名儒徐光启、李鸿藻

① 胡绳：《胡绳文集（1935—1945）》，重庆出版社1990年版，第203页。
② 钱穆：《中国文化史导论》，商务印书馆1994年版，第204–205页。
③ 钱穆：《中国文化史导论》，商务印书馆1994年版，第206页。

等一班人的笃信与拥护。清代经学家，对于天文、历法、算数、舆地、音韵诸学，他们一样注意到西方的新说而尽量利用。到了晚清末叶，中国士大夫不仅潜心西方理化制造之学的越来越多，对于西方政法、经济、社会组织、文、史、哲学等其他一切文化方面也都有人注意研究，中国人渐渐知道西方社会并不尽是些教堂与公司、牧师与商人，也不完全就是一个资本主义与帝国主义的富强侵略，他们对西方文化的“兴趣”变得越来越“浓厚”。[①]

钱穆也不赞成五四以来所流行的那种“主张把中国传统全部文化机构都彻底放弃了，如此始好使中国切实学得像西方”的见解。他认为，西方文化最超出中国，而为中国固有文化最感欠缺的是他们的自然科学。自然科学是一种纯粹的真理，并非只为资本主义与帝国主义服务，中国人学习西方的自然科学，不是要学习西方的富强侵凌。而且这次世界大战的爆发，使中国人深切地感受到自己传统的一套和平哲学与天下太平、世界大同的文化理想，实在对人类将来有重大价值。但中国的现状又太贫太弱，除非学到西方人的科学方法，中国终将无以自存。“皮之不存，毛将焉附?”中国都不存在了，中国传统文化理想怎能传播于世界而造福于人类呢? 所以，“此下的中国，必须急激的西方化。换辞言之，即是急激的自然科学化。而科学化的中国，依然还要在中国传统文化的大使命里尽其责任”。[②]他相信，如此便能解决前面所提出的如何吸收融合西方文化而使中国传统文化更光大与更充实的问题。

对此，钱穆指出，尽管严格说来，在中国传统文化里并非没有科学，中国的天文、历法、算数、医药、水利制造等发达甚早，但必须承认，与西方比较，科学在中国传统文化中并不占有重要地位，尤其是进入18、19世纪后明显比西方落后了。具体原因如下。第一，中西思想习惯不同。第二，文化产生环境不同。第三，科学才能表现不同。应该说，钱穆对中国在科学上落后于西方之原因的分析是很有见地的，中西文化背景、思维方式的不同，的确是中国没有像西方那样发展出近代科学的重要原因。有不少学者对此作过论证。如冯友兰便认为：“中国人重‘是什么’，而不重

---

① 钱穆:《中国文化史导论》，商务印书馆1994年版，第211页。

② 钱穆:《中国文化史导论》，商务印书馆1994年版，第212页。

‘为什么’，故不重知识，中国仅有科学萌芽，而无正式科学。”[1]冯友兰的这种认识，与钱穆如出一辙。这也说明，尽管钱穆对中国传统文化持维护和认同的态度，但他并不像有的批评者所指责的那样是一个文化复古主义者。

钱穆进一步指出，由于上述这些原因，虽然科学在中国传统文化中不占有重要地位，但这并不能说明中国没有接受西方科学的可能。实际上，近百年以来，西方的科学思想和科学方法已开始陆续传入中国，只要我们抱虚心学习的态度，加上国内国外的和平秩序的恢复，“科学在中国一定还有极高速度的发展”。[2]他同时要人们相信，“中国固有文化传统将决不以近代西方科学之传入发达而受损。因为中国传统文化一向是高兴接受外来新原素而仍可无害其原有的旧组织的。这不仅在中国国民性之宽大，实亦由于中国传统文化特有的‘中和’性格，使其可以多方面的吸收与融和”。[3]以“儒家思想为中心”接纳或吸取西方科学，这便是钱穆指出的复兴中国文化之路。

总之，鉴于抗战时期的特殊形势，中国思想文化界提出了保卫中国文化、重建民族精神的任务，钱穆为此进行了多方面的探索。他坚定地认为，中国文化从根本上并不错，中国文化的未来绝不能寄托在一切向西方学习这种幼稚的想法上，而有待于中国文化能否进行调整和更新。他反复强调，这种调整与更新的动力并非来自西方文化，而必须来自中国文化系统内部。易言之，中国文化系统将因吸收外来的新因子而变化，但绝不可能为另一系统即西方文化所取代。他坚信，中国的文化不但未到尽头，而且如今仍然要继续着。“所以我对中国文化很抱乐观，中国的文化未老未死，缺点是有的，只看中国将来怎样办？”那么究竟应该怎么办呢？他强调：“第一要恢复中国固有的道德，这也就是修身齐家治国平天下，忠孝仁爱信义和平的观念。”[4]与此同时，钱穆在思考中国文化的过去、现在与未来时，表现出浓厚的文化保守主义情绪，夸大了民族文化的特殊性和优越性，这对中国文化的复兴显然是不利的。

---

① 冯友兰：《中国哲学史》，商务印书馆1994年版，第9—10页。
② 钱穆：《中国文化史导论》，商务印书馆1994年版，第220页。
③ 钱穆：《中国文化史导论》，商务印书馆1994年版，第221页。
④ 钱穆：《中国文化传统之演进》，载《文化建设论丛》，青年出版社1946年版。

二、现代新儒家的兴起

五四新文化运动对孔子及儒学的批评，启发了人们对儒家思想真面目的重新认识及对其真精神的重新阐扬。贺麟在《儒家思想的新开展》中指出，由于“西洋文化之输入”所引起的猛烈的文化冲击，使“儒家思想在中国文化生活上失掉了自主权，丧失了新生命”，五四新文化运动的最大贡献在于破坏和扫除了儒家文明的僵化躯壳及束缚个性的腐化部分，但它并没有打倒孔孟之真精神及真学术，反而因其洗刷扫除功夫而使孔孟程朱之真面目及真价值彰显出来。他认为：“假如儒家思想能够把握、吸收、融会、转化西洋文化以充实自身，发展自身，则儒家思想便生存、复活，而有新的开展。”[①]因此，新文化派的反孔批儒，为儒家思想的更新开辟了新道路，为儒家思想的近代转化提供了必要前提，在客观上激发了现代新儒家之崛起。

新文化运动以后，中国部分哲学家站在儒家哲学的立场上，在了解和吸收西方现代哲学的基础上，开始用西方现代哲学的理论和方法从不同的角度对传统儒学进行发挥和改造，促进了儒家的近代转型。梁漱溟、张君劢开始运用柏格森的唯意志论来改造中国儒家的心性之学，在“复兴儒学”的旗帜下开始建构自己的“新孔学”和“新宋学”。熊十力通过对中西印本体观念的检讨，重建儒家的心性本体，建构了自己的“新唯识论”，奠定了现代新儒家哲学的形上学基础；贺麟则以新黑格尔主义哲学改造和发挥陆王心学，建立了“新心学”；冯友兰则运用西方新实在论的逻辑方法，继承、改造并发挥了程朱理学，建立了“新理学”。其中，贺麟对儒家五伦观念的新检讨和儒家心性之学的新阐释，对儒家思想的近代转化起了重要的促进作用，推进了儒家思想的“新开展”。

最先对新文化运动的批孔反儒进行回应者，是梁漱溟。他在1921年完成的《东西文化及其哲学》一书中，基于对中西印三种文明的比较研究，回答了新文化派对儒学的责难，论证儒家文明代表着人类文明的未来发展方向。他认为，从精神生活、物质生活、社会生活三方面看，儒家文明远远不及西方近代文明，尤其是西方近代以来的科学与民主精神，更是世界

① 贺麟：《儒家思想的新开展》，载《文化与人生》，商务印书馆1947年版，第3页。

上无论哪个民族都不能自外的优秀东西。但因中西文明之间的差异是民族特性的根本差异，而不是中国文明比西方文明落后的时代性差异，故其断言：假如西方不与我们接触，中国完全闭关而不与外界交流，就是再过三百年、五百年、一千年也断不会有近代火车、轮船、飞行艇、科学方法和民主精神。中国文明未来发展的唯一出路，是中华固有文明的新创造，就是回归到儒家的真精神而后再开出"现代化"，而不是"全盘西化"或中西文明之调和。所以，梁漱溟率先倡言要走"中国孔子的路"，赞美儒家崇尚直觉的精神和礼乐意识，并用西方现代哲学的重要流派——柏格森的唯意志论来改造传统儒学，率先进行了中国传统儒学与西方现代哲学结合之尝试，建构了一套直觉主义的所谓"新孔学"体系。

梁漱溟的所谓"新孔学"，是柏格森的唯意志论、佛教思想和儒家思想的结合体，但基本精神是儒家的心性学说。他开创了五四以后"以西释儒"的新学风，成为中国现代新儒家的开山之祖。

抗战时期，梁漱溟陆续发表《中国文化问题》《理性与理智之分别》等文论，深入探讨中国文化特征，进而提出了改造与复兴中国文化的主张。梁漱溟认为，中国文化的特征"在人类理性开发得早"。何谓"理性"？根据梁漱溟的解释，"理性"是与"理智"不同的一种心理，理智属于"知的一面"，而理性属于"情的一面"。他强调："必须屏除感情而后其认识乃明切锐入者，我谓之理智；必须藉好恶之情以为判别者，我谓之理性。"[①]

就梁漱溟的解释来看，他讲的"理性"并不是18世纪欧洲启蒙思想家所倡导的"理性"或"理性主义"。用他本人的话说："西洋之所谓'理性主义'，欧洲大陆哲学所谓'理性派'，史家之指目十八世纪为'理性时代'，要不过心思作用之抬头活跃而特偏于理智之发挥者；却与这里所谓'理性'殊非一事。"[②]西洋人"理性主义"的"理"是"事理"，是知识上的"理"，虽与行为有关，但却不能够发动行为；中国人"理性主义"的"理"，恰好是有力量的"理"，是能够发动行为的"理"。[③]此处所讲的"理

---

① 梁漱溟：《理性与理智之分别》，载《梁漱溟全集》第6卷，山东人民出版社1993年版，第405页。

② 梁漱溟：《理性与理智之分别》，载《梁漱溟全集》第6卷，山东人民出版社1993年版，第412—413页。

③ 梁漱溟：《乡村建设理论》，载《梁漱溟全集》第2卷，山东人民出版社1991年版，第267页。

性主义”，实际上是儒家传统的道德智慧或道德自觉。

梁漱溟指出，人类与其他动物的区别之处，就在于人有理性。但理性之在人类，却是渐次开发出来的。就个体生命而论，理性的开发要随年龄和身体发育与心理成熟而来；从社会生命来看，理性是慢慢地随着经济的进步及其他文化条件的开发出来的。所谓理性在中国开发得早，即因其时候不到，条件尚未成熟，而理性竟得很大的开发。也正因为理性开发得早，中国没有走上宗教的道路，这是中国文化与欧洲文化的分水岭。①

在梁漱溟看来，“理性开发得早”，不仅是中国文化的“特征”，也是中国文化的“根本”，中国文化的长处和短处，中华民族的民族精神，以及与西方文化、印度文化的区别，就在于此。就长处而言，中国文化所表现出来的一些“总成绩”，如“国土开拓之广大，并能维持勿失”，“种族极其复杂而卒能同化融合，人口极其繁庶而卒能抟结统一，以成一伟大民族”，“民族生命之悠久绵长”；“社会秩序自尔维持，殆无假于外力”，“莫非人事之优胜。……而于社会人事见其丰亨优裕者，大约皆不外是理性了”。②从短处来看，由于中国理性开发出来得早，影响了理智的发展，其结果造成了中国物质文明不发达，乃至有时受自然之压迫，尤其是民主和科学未能发展，科学技术落后，民主制度在中国始终未能建立起来。承认中国文化有长处，这是梁漱溟不同于反传统主义的西化派的地方；而承认中国文化有短处，又使他与全盘维护传统的复古主义者区别开来。

真正可以称为中华民族精神的，是那种能鼓舞中华民族持久地从事与民族兴衰存亡密切相关之伟大事业的精神；是那种能使中华民族具有强大的凝聚力、生命力和创造力，从而自强不息、不断进取的精神；是那种不畏强暴，而对凶恶的外国侵略者和本国的独夫民贼，敢于斗争、善于斗争，不屈不挠的精神；是那种为了民族和国家的利益“鞠躬尽瘁，死而后已”、舍生取义、勇于献身的精神；是那种热爱和平，主持正义，威武不屈，贫贱不移，富贵不淫，一身正气的精神；是那种“先天下之忧而忧，后天下之乐而乐”、埋头苦干、克己奉公的精神……然而梁漱溟却不作如是观。他

---

① 梁漱溟：《理性与宗教之相违》，载《梁漱溟全集》第6卷，山东人民出版社1993年版，第397页。

② 梁漱溟：《理性与理智之分别》，载《梁漱溟全集》第6卷，山东人民出版社1993年版，第416页。

认为中华民族的民族精神即是所谓“理性”。他在《理性与理智之分别》中说：“中国民族精神在何处？我可以回答，就在富于理性。它表见在两点上：一为‘向上之心强’；又一为‘相与之情厚’。”“向上之心”即是不甘于错误的心、知耻的心、嫌恶懒散而喜振作的心、好善服善的心、要求社会生活合理的心……一句话，“人生向上”。“相与情”即是人与人之间的感情，这种感情以伦理关系为基础，伦理关系又叫情谊关系，亦即相互间的一种义务关系。“中国社会构成，即建筑于伦理之上。”[①]如我们已指出的那样，梁漱溟所谓的理性，实际上是儒家传统的道德智慧或道德自觉，用他本人的话说，“理性”即是中国“古人的人生态度”，而“我们之所谓中国古人，就指着孔子的这个学派，或者说孔子就是代表”。[②]把儒家传统的道德智慧或道德自觉说成是中华民族的民族精神，反映了梁漱溟以儒家文化为中国文化之正统和本位的思想特征。

继梁漱溟之后正面阐释儒家思想并有创获者，是以提倡所谓“新宋学”相标榜的张君劢。张君劢早年受过正统儒学训练，后留学英国和德国，对西方现代哲学，尤其是柏格森哲学比较熟悉，并直接师从德国现代哲学家倭铿研习哲学。1923年4月，他在清华大学发表演讲，认为人类文明在欧战之后发生了巨大转变，这种转变的实质是从西方走向东方，从物质走向心灵，从向外追求走向反求内省。西方近代科学方法不能解决人生观问题，因为人生观的基本特点在于主观、直觉、综合、自由意志和单一性。而这五个特点是西方近代科学无论怎样发达都无法真正解决的。基于这种认识，张君劢猛烈抨击唯科学主义，认为国人迷信科学，以科学无所不能、无所不知，实在是不知科学成为“主义”之后带来的诸多流弊。对科学的迷信、工商立国的政策，与单纯追求物质利益、追逐一时之虚荣的价值观汇集在一起，导致了欧战的惨祸，并促使欧洲思想从原来的机械主义、主智主义和命定主义转向新玄学。在张君劢看来，欧洲战后兴起的新玄学与儒家“尽性以赞化育”之义颇为吻合，与宋明理学之基本精神足资相互发明。所以，他提出，“自理论实际两方观之，宋明理学有倡明之必要”，主张恢复

---

① 梁漱溟：《理性与理智之分别》，载《梁漱溟全集》第6卷，山东人民出版社1993年版，第416-418页。

② 梁漱溟：《精神陶炼要旨》，载《梁漱溟全集》第5卷，山东人民出版社1993年版，第505-506页。

“新宋学”：“诚欲求发聋振聩之药，惟在新宋学之复活。”他还认为“心性之发展，为形上的真理之启示，故当提倡新宋学”。

所谓“新宋学”，主要是与科学主义相对立的儒家道德理想主义，是以提倡儒家道德主义来纠正西方近代科学主义之弊病。他指出，孟子之所谓“求在我”，孔子之所谓“正己”，即张氏所谓“内”也：“本此义以言修身，则功利之念在所必摈，而惟行己心之所安可矣；以言治国，则富国强兵之念在所必摈，而惟求一国之均而安可矣。”故其主张以道德立国并倡导修身养性，在思想倾向上回归儒家之伦理本位。张君劢继承并发挥了宋明理学陆王心学的思想，同时用倭铿、柏格森的哲学加以补充，发挥了阳明心学的修身养性、内求于心的思想传统，提出了“自由意志”的人生观和以“我”为界的物质观，以消解近代科学主义人生观的影响。

张君劢认为，在尽量输入西方文明过程中亦当取“批评的眼光”，将输入西学与批评西学同时并行。其云：“现时人对于吾国旧学说，如对孔教之类，好以批评的精神对待之，然对于西方文化鲜有以批评的眼光对待之者。吾以为尽量输入，与批评其得失，应同时并行。中国人生观好处应拿出来，坏处应排斥他，对于西方文化亦然。”[①]这显然是一种比较理性的文化态度。

1936年，张君劢出版《明日之中国文化》，在批判西方近代机械扩张主义和物质功利主义基础上，力主以儒学为本，以民族为本位来沟通中西文化，以建立“以精神自由为基础的民族文化”，并对儒家思想作了较为公允的分析。他批评了守旧派的“复古”论调，认为“阐发固有道德，其宗旨在乎唤醒国人，使其不至于忘本”是远远不够的，必须“坦白承认今后文化应出于新创”。同时，他也批评反孔论之极端观点，指出：“今人读古书，当求古人之真面目，不可合其相连以起者而排之。要而言之，从善意方面加以解释，自能于四千年之历史中求得其精义，以范围国民心志。若徒加以谩骂，甚且以宦官、外戚、缠足、科举、娶妾等事，概以归罪于孔子之教者，直丧心病狂而已。”他认为，应当分别孔子与后儒，“孔子自孔子，不因秦汉后君主专制之政而损其价值；阳明自阳明，不得以明末心性空谈而抹杀之”。[②]他注重儒家心性之学的现代价值，认为孔孟和宋明理学的

---

① 张君劢：《欧洲文化之危机及中国新文化之趋向》，《东方杂志》1922年第19卷第3期。

② 张君劢：《明日之中国文化》，商务印书馆1936年版，第159页。

"存心养性""修齐治平"，是"力求义理之标准以范围人心，更本其平日之修养义孝忠于社会"。故民族精神文化建设必须发挥儒家内圣外王之道。

张君劢认为，儒家思想不仅不会成为中国现代化的障碍，而且"可为导致中国现代化的基本方法"，故儒家思想之复兴有益于中国现代化。在他看来，中西文明各有所长，中国应吸收西学之长以补己之短，发扬自家之长以去别人之短，在融会通贯的基础上建设中国现代新文明。故正确的态度应该是"以求会通归宿之所，合中外古今一炉而冶之"。

张君劢对当时思想文化界的复古倾向作了分析，认为复古以阐发儒家固有道德是可取的，但若将建立新文化之基础全部放在儒家传统文化中，则是不可取的。与其复古，不若站在儒家文化的立场上吸收西洋近代文明中之民主精神和科学精神加以创新。

那么，通过创新而建构的中国现代新文明的基本点是什么？张君劢对其作了高度概括："以精神自由为基础之民族文化，乃吾族今后政治学术艺术之方向之总原则也。"[①]他认为，中国文化的出路是"以精神自由为基础之民族文化"。因此，发挥宋明理学之道德精神，吸收西洋近代民主与科学精神而建立的新文化，必然是精神自由的民族文化。

熊十力早年倾向于王夫之、顾炎武等人的学术，后受章太炎思想影响，崇佛贬儒。1922年，他应蔡元培之邀到北京大学讲学并逐渐改变了佛教信仰，忽悟于《大易》，归宗于儒家大易"生生"之旨。1932年，他正式出版《新唯识论》文言文本，1944年出版《新唯识论》语体文本，他提出并丰富了"新唯识论"，成为现代新儒学的开山大师之一。从思想来源上说，熊十力的"新唯识论"是以中国传统的佛家唯识宗和儒家心性学说为主体，参照西方现代哲学的一些观点，如柏格森思想，由研究佛家唯识理论入手，通过对其进行怀疑、批评和重新阐发，最后归宗于儒家思想。熊十力的"新唯识论"主要包括三方面内容。

首先，"体用不二"的本体论。熊十力所谓的"体"，指宇宙本体，"用"指本体的功用或表现。他认为本心是宇宙的本体，宇宙万物归根到底都是本心的功用。他主要分"扫相""显体""释用"三个步骤论证这一核心观点。所谓"扫相"，就是破除一切"相"，为认识真实的本体作准备。

---

① 张君劢：《明日之中国文化》，商务印书馆1936年版，自序第2页。

他认为，无论是“物相”还是“心相”都不是真实的存在。人们之所以视之为真实的存在，不外乎两点，一是“应用不计”，二是“极微计”。所谓“应用不计”就是“在日常生活方面，因应用事物的惯习，而计有外在的实境，即依妄计的所由而立名”。所谓“极微计”就是“于物质宇宙推析其本，说有实微，亦离识有”。他认为这两种认识都是人们的偏见或“俗见”。从“物相”出发，将导致“粗俗”的唯物论；由“心相”出发，将导致唯我论。只有把两者结合起来思考，才能寻求到宇宙真实的本体。所谓“显体”就是从正面提出“心为本体”的观点。他认为物相与心相都是“绝对的真实（本体）显现为千差万别的功用”。[①]这个真实的主体就是“衡转”，即是“变动不居、非常非断”的流变过程。“恒转”本体的最后落脚点是生命这种具体的运动形式上，由此，他提出了“本体即是生命”的命题。

熊十力认为本心具有三个特点：第一，本心是存在的主体，宇宙万物由它派生；第二，本心是运动变化的源泉，它以生生不息的运动本性把万物统一起来；第三，本心是认识的主体，它通过“识”显现出“境”（外物）。由此可见，他的这套本体论体系中同时又包含了认识论思想。所谓“释用”，就是在提出“本体即是生命”命题基础上，进一步提出“举体成用”的命题。所谓“举体成用”就是指本心不能离开宇宙，必须通过宇宙表现出来。其表现的方式，是“翕”“辟”两种势用。由“翕”的势用而形成物质宇宙，由“辟”的势用又使物质宇宙复归本体。这是“体用不二”宇宙论的核心思想。

“翕”指本体收敛、凝聚而形成物质宇宙的趋势和功用；“辟”指本体发散、刚健使物质宇宙复归于本心的趋势和功用。熊十力就是用“辟”来解释物质宇宙形成及其与宇宙“本心”关系问题的。他认为，“翕”的势用形成不可再分的“动圈”即“小一”，“小一”是构成宇宙的基本单位，它的运动便形成了物质宇宙。宇宙就是由“小一”成“一系”而成“系群”，由“系群”摩荡而成的。但是，在他看来，有（由）“小一”构成的宇宙并没有实在性，更不能脱离“本心”本体而存在。翕与辟是本体功能的两个方面。宇宙之所以没有“物化”而体现出活力，正是“辟”之作用使然。“辟”是本体在宇宙中的直接体现，是“本体的自性的显现”，即“是本体

---

① 熊十力：《新唯识论》，中华书局1985年版，第302页。

举体成用”。它使物质宇宙与“本心”保持一致，使其复归于“本心”。这样，从心物现象中抽象出“本心”本体，又从“本心”本体出发，通过“翕”的势用建构出物质宇宙，通过“辟”的势用把物质宇宙归结于“本心”本体。这便是“体用不二”宇宙观的基本思想。

其次，“翕辟成变”的辩证法思想。熊十力认为，事物的矛盾，可以通过“翕辟”的矛盾运动得到体现。两者既是相反的两极，又有内在的统一性。熊十力用“翕辟成变”范畴表述矛盾的思想，比中国传统哲学的乾坤、阴阳范畴更加精确，“翕辟成变”比较全面地反映了矛盾双方既对立又统一的辩证关系，在一定程度上摆脱了中国古代辩证法的素朴性。“翕辟成变”是通过“有对”的矛盾运动变化的，即所谓“唯其有对，所以成变”。①

事物的变化一方面是“翕辟成变”，另一方面是“刹那生灭”。熊十力说：“从另一方面说，变化是方生方灭的。换句话说，此所谓翕和辟，都是才起即灭，绝没有旧的势用保存着，时时是故灭新生的。”②这便是他所谓的“翕辟成变”说。他反复强调，生即是灭，灭即是生，“一切物才生即灭”，任何事物都是随着心中的“刹那闪念”而即生即灭，没有相对的稳定性。这样，事物的顿变就是渐变的基础，“所谓一切的渐变，确是基于刹那刹那的顿变，而后形见出来的。”③

最后，“内圣外王”的人生论。由宇宙观出发，熊十力又提出了一套“内圣外王”人生论。他认为，本体具有道德属性，它自然应当成为人生价值的源头，对此，他说：“吾人一切纯真、纯善、纯美的行，皆是性体呈露。”④他的这种观点沿袭了儒家的伦理思想，但他并不是将封建伦理纲常作为价值评判尺度，而是以“独立”“自由”“平等”等近代西方资产阶级价值观念作为评判标准。他所谓的“独立”，是指：“尽己之谓忠，以实之谓信。唯尽己，唯以实，故无所依赖，而昂然独立耳。”⑤虽然保留了“忠”“信”等儒家伦理思想的色彩，但更多地强调“无所依赖”的主体人格。他所谓的自由，是指“各得自治而亦互相比辅也”，主要是指道德上自我完善

---

① 熊十力：《新唯识论》，中华书局 1985 年版，第 315 页。
② 熊十力：《新唯识论》，中华书局 1985 年版，第 317 页。
③ 熊十力：《新唯识论》，中华书局 1985 年版，第 343 页。
④ 熊十力：《新唯识论》，中华书局 1985 年版，第 389 页。
⑤ 熊十力：《十力语要》卷 3，上海书店出版社 2007 年版，第 27 页。

的自由。他所谓的“平等”，“以法治言之，在法律上一切平等”[①]。他所谓的“内圣”，实际上是在旧的形势下包含资产阶级新观念的“内圣”。

熊十力指出，长期以来，儒家内圣外王并重的精神并没有得到发扬，宋明理学过分强调“内圣”而忽视“外王”，致使道德价值“失其固有活跃开辟的天性”，使儒学“失其真”。[②]因此，必须注重发挥“外王”精神，讲求经世致用。为此，一方面要发挥儒家传统的自强不息精神，另一方面学习西方某些人生态度，如民主制度、进取精神、格致之学（自然科学）等等，并将两者加以调和。

既然“本心”是道德价值的源泉，那么解除“染习”的蔽障、恢复本心的本然状态，便成为实现“内圣外王”价值的关键所在。故此，熊十力又提出“断染”是造成理想人格的唯一途径。

三、儒家思想的新开展

儒家思想是中国传统文化的核心，要复兴中国文化，就必须复兴儒家思想。现代新儒家中致力于儒家思想之阐发和新儒家哲学体系之建立的熊十力、冯友兰、贺麟等人，或接着程朱理学往下讲，或接着陆王心学往下讲，先后创立了被称为“新唯识学”“新理学”“新心学”的新儒家哲学体系，对推动中国文化尤其是儒家思想的复兴作出了重要贡献。但正式提出重建儒家精神、复兴儒家文化者，是以研究黑格尔哲学而闻名的贺麟。

1941年8月，贺麟发表《儒家思想的新开展》一文，公开提出了儒学的现代转化问题。所谓“儒家思想的新开展”，是就儒家思想从“传统”向“现代以及今后的发展而言”，也就是指儒学由传统向现代转化的问题。他提出：“儒家思想的新开展，不是建立在排斥西洋文化上面，而乃建筑在彻底把握西洋文化上面。”欲求“儒家思想的新开展”，“在于融会吸收西洋文化的精华与长处”以充实和发展儒学。他将儒学能否有“新开展的问题”归结为“儒化西洋文化是否可能，以儒家精神为体以西洋文化为用是否可能的问题”。在贺麟看来，面对西学东渐的强势冲击，儒学欲求得“文化上的独立与自主”，关键在于儒学要有“新的开展”。而儒学能否有“新的开

① 熊十力：《十力语要》卷4，上海书店出版社2007年版，第18页。
② 熊十力：《十力语要》卷3，上海书店出版社2007年版，第49页。

展”的关键，又在于“儒化西洋文化”能否“以儒家精神为体以西洋文化为用”，即能否实现“儒体西用”。[①]

如何实现“儒家思想的新开展”呢？贺麟主张首先要对儒家思想进行新的检讨和评估，以便从这些检讨和评估中“把握传统观念中的精华”，“发现最新的近代精神”。[②]如宋明理学是儒家思想发展的新阶段，曾对中国文化产生过巨大的影响。但自近代以来，特别是五四运动以来，它一直处于受批判的地位。为此，贺麟对宋明理学进行新的检讨和评估。当时一些人常以程颐说的“饿死事小、失节事大”为根据，痛斥宋明理学压迫女性，刻薄不近人情，提倡片面的贞操，是“吃人的礼教”。贺麟认为程颐的这句话的确有错误，其错误就在于认为妇女当夫死后再嫁为失节，因为婚姻是自主的，在西方和我国的古代都没有妇女不能再嫁的观念，但说后来的妇女不能再嫁的风俗礼教是因程颐的这句话形成的，则是夸大了程颐这句话的作用，实际上程颐的“‘饿死事小、失节事大’一语，只不过为当时的礼俗加一层护符，奠一个理论基础罢了”。这是问题的一方面，问题的另一方面，从概括的伦理原则来看，程颐的这句话恐怕不仅不是错误的，而且是“四海皆准，百世不惑”的真理。因为人人都有其立身处世而不可夺的大节，大节一亏，人格扫地。故凡忠臣义士，烈女贞夫，英雄豪杰，矢志不二的学者，大都愿牺牲性命以保持节操，亦即所以保持其人格。就此而言，程颐的这句话，只不过是孟子的“舍生取义”“贫贱不能移”另一说法而已，符合儒家的一贯思想。“今日很多爱国之士，宁饿死甚至宁被敌人迫害死而不失其爱国之节，今日许多穷教授，宁贫病致死，而不失其忠于教育和学术之节，可以说都是在有意无意间遵循着伊川‘饿死事小、失节事大’的遗训。”还有一些批评宋明理学的人把宋代国势衰弱和宋明灭亡归罪于宋明儒家，但在贺麟看来这是一个“表面立论，似是而非的说法”。因为宋代国势的衰弱有其“军事和政治”的原因，而与当时主要从事“宇宙、人生、文化、心性方面”研究的“道学家”没有任何直接的关系，“今欲以宋代数百年祸患，而归罪这几位道学家，不仅诬枉贤哲，而且不太合事实，太缺乏历史眼光了”。实际上，他指出：当国家衰亡之时，宋明儒

① 贺麟：《儒家思想的新开展》，载《文化与人生》，商务印书馆1947年版，第3页。
② 贺麟：《五伦观念的新检讨》，载《文化与人生》，商务印书馆1947年版，第13-14页。

家并非只知讲学，不顾国家的存亡，而是大力提倡民族气节，为了保持个人节操和民族正气，不惜牺牲自己的生命。正是在这种“爱民族，爱民族文化”之思想的“熏陶培植”下，才涌现出了像文天祥、方孝孺、史可法那样的“义烈彪炳民族史上的大贤”。他们在政治上自居于忠而见谤、信而见疑的孤臣孽子的地位。“他们没有享受过国家给予他们的什么恩惠或权利，他们虽在田野里讲学论道，但他们纯全为尽名分，为实践春秋大义，为实现治国平天下的王道理想起见，他们决没有忘记过对民族的责任。他们对民族复兴和民族文化复兴有着很大的功绩和贡献。”

贺麟尤其不同意那种认为宋明理学“空疏无用”的观点。他说：“说这话的人，如果意思是说程朱陆王之学，只是道学或哲学，不是军事、政治、经济、工程等实用科学，我们可以相当承认。因为他们不是万能的人，用现代分工分科的看法，他们只是哲学专家，谁也知道，哲学的用处是有限度的。”但如果就此说他们的学说“虚玄空疏无用”，则大错特错。因为就他们的学说“对几百年来中国文化、教育、政治、社会、人心、风俗各方面的实际影响而论，真可说大得惊人”，“试问宋儒之学如果是虚玄空疏无用之学，如何会有如此大的实际影响呢”。总之，贺麟指出，“宋儒思想中有不健康的成分”，这是我们必须承认的，但这只是问题的一方面，问题的另一方面或主要方面是“宋儒哲学中寓有爱民族，爱民族文化的思想，在某意义下，宋明儒之学，可称为民族哲学，为发扬民族、复兴民族所须发挥光大之学”。[①]

针对近代以来，特别是五四运动以来思想界对宋明儒学的批评，贺麟对宋明儒学进行了新的检讨和评价，剥落宋明儒学的消极因素，而肯定它的积极价值，尤其是它所包含的“爱民族，爱民族文化”之思想，这在当时是有积极意义的，他提出的一些观点也有一定的说服力。当然，由于贺麟是站在现代新儒家的立场上重新评价宋明儒学的，因此，对宋明儒学的肯定有余，而批评不足，特别是他过分强调了宋明儒学的民族性，而讳言它的时代性。实际上，如有的批评者所批评的那样，“宋明理学既是一种民族哲学，又是一种官方哲学，贺麟只谈前者，而不谈后者，势必难以作出

① 贺麟：《宋儒的新评价》，《思想与时代》1944年第34期。

全面的批评”。[①]

贺麟结合现代生活重新阐释了儒家的三纲说和五伦说，提出了“以儒家文化为体、以西洋文化为用”的主张。这种主张，实际上可以概括为“儒体西用”。他认为，应该从哲学、宗教和艺术等方面发挥儒家思想，相应吸收西洋哲学、基督教和艺术思想之精华，以改造儒学之理学、诗教和礼教。他认为新的儒家思想应该包含三方面：一是有理学，以格物穷理、寻求智慧；二是有礼教，以磨炼意志、规范行为；三是有诗教，以陶养性灵、美化生活。他据此提出了儒学由传统向现代转化“所须取的路径”：第一必须“以西洋之哲学发挥儒家之理学”；第二必须“吸收基督教之精华以充实儒家之礼教”；第三必须“领略西洋之艺术以发扬儒家之诗教”，从而使儒学“循艺术化、宗教化、哲学化之途径迈进”。[②]贺麟尤为重视西方哲学与儒家理学的“会合融贯”，认为这样能够“使儒家的哲学内容更为丰富，系统更为谨严，条理更为清楚，不仅可作道德可能之理论基础，且可奠科学可能之理论基础”。[③]

“五伦”观念是儒家文明的核心观念之一，也是几千年来支配中国人的道德生活的最有力量的传统观念之一。因此它是儒家礼教的核心，是维系中华民族群体的纲纪所在。要实现“儒家思想的新开展”，必须认真加以检讨，对这些旧的传统观念进行新的阐释，以发现其近代精神。为此，贺麟撰写了《五伦观念的新检讨》一文，系统研究了儒家“五伦”观念，对其内涵作了重新阐释。

贺麟在讨论儒家“五伦”观念时，首先提出了四个基本原则。一是“只根据其本质，加以批评，而不从表面或枝节处立论”。二是“不从实用的观点去批评五伦之说，不把中国之衰亡不进步归罪于五伦观念，因而反对之；亦不把民族之兴盛之发展，归功于五伦观念，因而赞成之”。三是“不能谓实现五伦之观念之方法不好，而谓五伦观念本身不好，不能谓实行五伦观念之许多礼节仪文须改变，而谓五伦观念本身须改变”。四是“不能以经济状况生产方式的变迁，作为推翻五伦说的根据”。贺麟所要表达的核心意思，是儒家的五伦观念尽管可以批评，但批评须从本质着手。正是依

---

① 宋志明：《贺麟新儒学思想研究》，天津人民出版社1998年版，第117页。

② 贺麟：《儒家思想的新开展》，载《文化与人生》，商务印书馆1947年版，第4—5页。

③ 贺麟：《儒家思想的新开展》，载《文化与人生》，商务印书馆1947年版，第5页。

据上述四个基本原则，贺麟对儒家“五伦”观念作了近代意义的新阐释。

第一，五伦是五项人伦或五种人与人之间关系的意思。贺麟指出，中国的“五伦”观念特别注重人、人与人的关系。若用天人物三界来说，五伦说特别注重人，而不注重天（神）与物（自然），特别注重人与人的关系，而不十分注重人与神及人与自然的关系。注重神便产生宗教，注重物理的自然则产生自然科学，注重审美的自然便产生艺术，注重人和人与人的关系便产生道德。故在人类的种种价值之中，儒家五伦说特别注重道德价值，而不甚注重宗教价值、艺术价值及科学价值。儒家注重人伦，便形成了偏重道德生活的礼教。而近代西方开始注重人际关系，那么本来就注重人伦关系的中国，就没有必要放弃自己传统的重人伦观念，而应该将注重人伦的传统发扬光大。

第二，五伦又是“五常”的意思。五常有二义，第一指仁、义、礼、智、信五常德，第二指君臣、父子、夫妇、兄弟、朋友五常伦，贺麟所谓五常取第二种意义。他指出，儒家五伦观念认为人伦乃是常道，人与人间的这五种关系，乃是人生正常永久的关系。以五伦观念为中心的儒家礼教，视人与人的关系为人所不能逃避的关系，而且规定出种种道德信条教人积极去调整这种关系，使人“彝伦攸叙”，而不许人消极地无故规避。故儒家五伦说反对人脱离家庭、社会、国家的生活，反对人出世。这是应该给予肯定的。儒家偏重五伦说的弊端在于信条化、制度化之后，发生了强制的作用，从而损害个人的自由与独立。同时，儒家礼教将这五常的关系看得太狭隘了、太僵死了、太机械了，不但不能发挥道德政治方面的社会功能，而且有损害于非人伦的超社会的种种文化价值。所以，贺麟认为，“不从减少五常伦说之权威性、偏狭性，而力求开明自由方面着手，而想根本推翻五常观念，不惟理论上有困难，而且事实上也会劳而无功”。[①]因此，不能简单地放弃“五常”观念，应该对其进行新的调整。

第三，实践上的五伦观念是以等差之爱为准。儒家五伦观念实际上包含有等差之爱的意义在内。“泛爱重而亲仁”，“亲亲，仁民，爱物”就是等差之爱的典型理解。贺麟认为，爱有等差乃是普遍的心理事实，也就是很自然的正常情绪。等差之爱的意义不在正面提倡，而在反面消极地排斥那

① 贺麟：《五伦观念的新检讨》，载《文化与人生》，商务印书馆1947年版，第15-16页。

“非等差之爱”。故儒家“等差之爱”对人的态度大都很合理、很近人情、很平正，不流于狂诞。所以在贺麟看来，儒家“等差之爱”的说法最少弊病。

因为有许多人执着狭义的“等差之爱”，既有失孟子善推之旨，更不能了解宗教精神上爱仇敌的意义，复不能了解近代社会宽容之态度，故贺麟对“等差之爱”提出两条重要补充意见。首先，就等差之爱为自然的心理情绪而言，有三种决定爱之等差的标准：一是以亲属关系为准之等差爱，此即儒家所提出以维系五伦的说法；二是以物为准之等差爱，外物之引诱力有大小，外物之本身价值亦有高下，而吾人爱物之情绪亦随之有等差；三是以知识或以精神的契合为准之等差爱，大凡一个人对于有深切了解之对象其爱深，对于仅有浮泛了解之对象其爱浅。大凡人与人间相知愈深，精神上愈相契合，则其相爱必愈深；反之，则愈浅。故后两种等差爱亦是须得注重、不可忽略的事实，且亦有可以补充并校正单重视亲属关系的等差之爱的地方。其次，普爱说或爱仇敌之说，若加以善意理解，有与合理的等差爱之说不相违背之处。所谓普爱者，即视此仁爱之心如温煦之阳光，以仁心普爱一切，犹如日光之普照，春风之普被，春雨之普润，打破基于世间地位的小己的人我之别、亲疏之分。此种普爱，一方面可以扶助善人，鼓舞善人，另一方面可以感化恶人于无形。①

第四，“五伦”观念之最基本意义为三纲说，五伦观念之最高最后的发展，就是三纲说。而且五伦观念在中国礼教中权威之大、影响之大、支配道德生活之普遍与深刻，亦以三纲说为最。三纲说实为五伦观念之核心，离开三纲而言五伦，则五伦说只是将人与人的关系分为五种，比较注重人生、社会和等差之爱的伦理学说，并无正统礼教之权威性与束缚性。贺麟指出，站在自由解放的思想运动的立场去攻击儒家的三纲说，是很容易的事，但站在客观的文化史立场上去说明三纲说发生之必然性及其真意义所在，则比较困难了。②

为此，贺麟从两个方面说明了儒家五伦说进展为三纲说之逻辑必然性。首先，由五伦的相对关系进展为三纲的绝对关系，由五伦的交互之爱、等

---

① 贺麟：《五伦观念的新检讨》，载《文化与人生》，商务印书馆1947年版，第16-18页。

② 贺麟：《五伦观念的新检讨》，载《文化与人生》，商务印书馆1947年版，第18-19页。

差之爱，进展为三纲的绝对之爱、片面之爱。五伦的关系是自然的、社会的、相对的。假如君不君，则臣不臣；父不父，则子不子；夫不夫，则妇不妇。臣不臣、子不子之“不”字，包含“应不”与“是不”两层意思。假如，君不尽君道，则臣自然就是不尽臣道，也应该不尽臣道。这样，只要社会上常有不君之君、不父之父、不夫之夫，则臣杀君、子不孝父、妇不尽妇道之事皆可发生，人伦关系、社会基础便不稳定，变乱随时可以发生。故三纲说要补救相对关系的不安定，进而要求关系者一方绝对遵守其位分，实行片面的爱，履行片面的义务。故三纲说的本质在于要求：君不君，臣不可以不臣；父不父，子不可以不子；夫不夫，妇不可以不妇。

其次，由五伦进展为三纲包含有五常之伦进展为五常之德的过程。贺麟指出，先秦的五伦说注重人对人的关系，而西汉的三纲说则将人对人的关系，转变为人对理、人对位分、人对常德的片面的绝对的关系。故三纲说当然比五伦说来得深刻而有力量。贺麟认为，三纲说所蕴含的视道德本身为目的的精神，不但不应摒弃，而且应该继承和发扬。三纲说的躯壳曾束缚个性、桎梏人心，但若能将“五常”（仁、义、礼、智、信）作为处理人际关系的道德准则，仍然具有其近代价值。

贺麟认为，尽管儒家三纲说已经是“死躯壳”而遭人抛弃，但只要积极地把握三纲说的真义并加以新的解释与发挥，它可以成为中国建设新的行为规范和准则的基础。故他花了较大功夫，“发现了与西洋正宗的高深的伦理思想和与西洋向前进展向外扩充的近代精神相符合的地方”。他认为，就三纲说之注重尽忠于永恒的理念，而不是奴役于无常的个人言，包含有柏拉图的思想；就三纲说之注重实践个人的片面的纯道德义务，不顾经验中的偶然情境言，包含有康德的道德思想。

贺麟既看到了中国三纲说与西方道德学说的相似处，也清醒地发现了两者之间的差异。正因三纲说的真精神“未曾受过开朗运动的净化，非纯基于意志的自由，出于真情之不得已罢了”，从而导致三纲说的真义为礼教的桎梏、权威的强制所掩蔽和束缚，没得到真正的批判与继承，更无创新与发展，从而使之教条和僵化，并日趋腐化。

上述四个方面，是贺麟“用披沙拣金的方法”所考察出来的构成五伦观念的基本质素。他最后得出的结论是：“五伦观念是儒家所倡导的以等差之爱、片面之爱去维系人与人间的常久关系的伦理思想，这个思想自汉以后，加以权威化制度化而成为中国的传统的礼教核心。这个传统礼教在权威制度方面的束缚性，自海通以来，已因时代的大变革、新思想新文化的介绍、一切事业近代化的推行，而逐渐削其势力。现在的问题是如何从旧礼教的破瓦颓垣里，去寻找出不可毁坏的永恒的基石。在这基石上，重新建立起人生新社会的行为的规范和准则。”①

贺麟对儒家五伦观念所进行的肯定性解释，确实把握到儒家伦理的本质，尤其对等差之爱的补充及对三纲说及五常真精神的发掘，充满了真知灼见，也体现了他对五伦观念的深切欣赏、善意理解和强烈同情。既然儒家的五伦观念维系着人与人之间正常永久的关系，那么，就不能简单地废弃和抛弃它，只能对其进行批判和改良，并在此基础上进行理论创新。

为了实现“儒家思想的新开展”，贺麟将西方现代哲学上的新黑格尔主义与阳明心学相结合，对儒家心性之学作了新阐释，提出了“新心学”思想。贺麟的“新心学”是中国传统的陆王心学与西方新黑格尔主义融合的产物。新黑格尔主义强调整体思维，把心视为“绝对实在”，与陆王心学“吾心即宇宙”的思想相近。贺麟把两者结合起来，提出了“心为物之体，物为心之用”的本体论思想；新黑格尔主义承袭并发挥黑格尔国家和社会学说中保守专断的思想，主张国家和社会至上，个人必须服从国家，这与陆王心学“扶持纲常名教”的观点相似，贺麟把两者结合起来提出新的“三纲五常”论。他继承了王阳明“知行合一”论，并从心理学和生理学的角度加以论证，提出“自然的知行合一论”。贺麟的“新心学”思想主要集中在20世纪40年代撰写的《近代唯心论简释》《文化与人生》《当代中国哲学》等著作中。大致说来，其“新心学”思想主要包括两方面内容。

第一，“心理合一”的宇宙观。贺麟是从论述“心”“理”“价值”等“新心学”的基本范畴出发建立其宇宙观的。他从主体的角度论证心的实在性，提出“合心而言实在”，得出“心为物之体”的结论。他认为，心与物是不可分的整体，但为方便计，则灵明能思者为心，延扩有形者为物。两者“永远平行而为实体之两面”。两者的关系是“心为物之体，物为心者用。心为物之本质，物为心的表现”，心是主，物是用。为了论证心是唯一实在的主体，他完全否定了物的客观实在性。心如何派生出物来？他解释

① 贺麟：《五伦观念的新检讨》，载《文化与人生》，商务印书馆1947年版，第22页。

说，无论自然之物，还是文化之物，“举莫非精神之表现，此心之用具。不过自然之物乃精神之外在化，乃理智之冥顽化，其表现精神之程度较低，而文化之物其表现精神之程度较高”。[①]

接着，贺麟从客体的角度深化“合心而言实在”的命题。他从“心”的范畴引申出“理”的范畴。他认为，心有二义，一是心理意义的心，一是逻辑意义上的心，后者即是“理”。在“新心学”体系中，理是纯粹的哲学范畴，他用理来解释事物的客观规定性，认为事物的客观性就是认识的普遍性或共同性。他用理来解释事物的本质规定性，认为本质是“心中之理”对事物作出的规定，事物的本质来自理。贺麟还用理来解释事物的时空规定性，认为时空是“心中之理”赋予事物的规定性，由此，提出了“时空即理”“时空是心中之理”“时空是自然知识所以可能的心中之理或先天标准”“时空是自然行为所以可能的心中之理或先天标准”等四个命题来论证。这样，他将事物的各种规定性都归结为“心中之理”，从而得出了“理外无物”的唯心主义结论。贺麟从主、客体相互关系的角度论证“心为本体”的观点，提出了“合价值而言实在”的命题。他认为，只有对主体有价值的东西才具有实在性。据此，贺麟得出了三个结论：一是心比物更具有实在性；二是理想比现实更具有实在性；三是儒家倡导的伦理规范本身就具有实在性。这个命题是“新心学”的独到之处，但他把价值问题与本体论问题混淆起来，无疑是一种错误的思想方法。

第二，自然的知行合一论。贺麟的认识论思想，主要是通过对“知行同是活动”“知行自然合一”“知主行从”等命题的阐述表达的。所谓“知”，是指一切意识的活动；所谓“行”，是指一切生理的活动。贺麟抓住心理活动与生理活动密切相关这一点，把知与行等同起来，认为既然两者都是“活动”，那么就没有质的区别，而仅是量的差别。知如何等同于行？他把知分为“显知”和“隐知”两个等级：沉思、推理及研究学问是“显知”，本能的意识、下意识的活动是“隐知”，两者间只有量的程度的差别。他又把行分为“显行”和“隐行”两个等级：动手动足的行为是显行，静思沉坐的行为是隐行，两者间也是量的程度上的差别。

由此，贺麟得出结论：最显之行，“差不多等于无知”，然而“最隐之

---

① 贺麟：《近代唯心论简释》，重庆独立出版社1943年版，第3页。

行”常表现为“最显之知”，所以，“最隐之行”与“最显之知”是合一的。同时，“最隐之知，也差不多等于无知”，然而“最隐之知”常表现为“最显之行”，所以“最隐之知”与“最显之行”是合一的。可见，他是用心理学和生理学的“活动”概念偷换了哲学上的“知行”概念，通过对知行关系的抽象分析，导出了“知行合一”的结论。

“知行永远合一”命题是从“知行同是活动”命题演绎出来的。贺麟说：“任何一种行为皆含有意识作用，任何一种知识皆含有生理作用。知行永远合一，永远平行，永远是一个心理生理活动的两面。”[①]知行如何合一？他从纵横两个方面作了说明。从横向上说，知行同时发动，是一个整体的两面。他说：“知是意识的活动，行是生理的活动。所谓知行合一就是这两种活动的同时产生，或同时发动。在时间上，知行不能分先后。”[②]从纵向上说，知行平行。他说：“知行合一又是知行平行的意思。平行说与两面说是互相补充的。单抽出一个心理生理活动的孤例来看，加以横断面的解剖，则知行合一乃知行两面的意思。就知行在时间上进展言，就一串的意识与一串的生理活动之合一并进言，则知行合一即是知行平行。”[③]

贺麟的知行观承袭并发展了王阳明的知行合一说。他把王氏的知行合一说称为“价值的或理想的知行合一说”，称自己的知行观是“自然的知行合一论”，是适用于一切有生之伦的绝对规律，可以印证、解释和发挥“价值的知行合一说”，又可以弥补其不足。贺麟认为，知行虽然是平行的，但从逻辑上看就是“知主行从”。从体用关系上看，知为体而行为用。从目的和手段的关系看，知是目的而行是手段。

贺麟从认识论方面提出的这些命题，用以贬低实践在认识过程中的作用。他充分意识到了知的超前性，肯定人的特有的“知”对“行”的自觉能动性。这些分析是很深入和细致的，极大地继承和发挥了陆王心学“销行以归知”思想。

对儒家思想作出现代阐释并产生巨大影响者，当数冯友兰。冯氏深受美国新实在主义哲学影响，并用新实在论梳理中国儒家哲学史，用新实在论研究和诠释程朱理学，表现出建构“新理学”体系的思想倾向。冯友兰

① 贺麟：《近代唯心论简释》，重庆独立出版社1943年版，第59页。
② 贺麟：《近代唯心论简释》，重庆独立出版社1943年版，第56页。
③ 贺麟：《近代唯心论简释》，重庆独立出版社1943年版，第57页。

不满足做一个哲学史家，而是要做一个哲学家，故不再“照着”宋明理学说讲，而是“接着”宋明理学说讲。他融汇中西哲学思想，先后撰写了《新理学》《新事论》《新世训》《新原人》《新原道》和《新知言》，统称为“贞元六书”，承接程朱理学的传统，借用宋明理学的固有范畴，将自己理解和接受的西方新实在论与宋明理学融合起来，建构了所谓“新理学”哲学体系。

冯友兰著述宗旨，主要是对中华民族的传统精神生活进行反思。他在《新原人·自序》中说：“‘为天地立心，为生人立命，为往圣继绝学，为万世开太平。’此哲学家所应自期许者也。况我国家民族值贞元之会，当绝续之交，通天人之际，达古今之变，明内圣外王之道者，岂可不尽所欲言，以为我国家致太平，我亿兆安身立命之用乎？虽不能至，心向往之。非曰能之，愿学焉。”因此，“贞元六书”意在通过形而上的哲学分析，着意考察自然、社会和人生，寻求重建形而上学的新方法和新途径，来为作者认为合理的社会形态提供思想上的指导思想。“中国的新环境是早已有了。新需要是迫切急了。中国如果要有一种新社会，作这种社会之理论的根据之哲学一定会出来。”“新理学”是冯友兰为了满足其所认为的中国新环境的现实需要而创造出来的。

作为“贞元六书”总纲的《新理学》，主要是冯友兰为后面的讨论提供一种形而上的依据，力图以西方新实在论所看重的逻辑分析方法来改造中国传统哲学。他指出哲学是从分析经验、分析实际的事物入手，由分析实际的事物而知实际，由知实际而知真际。他进而将逻辑分析方法运用于理学体系的改造，并提出对于实际事物的分析是“格物”，由分析实际的事物而知真际，而知真际是“致知”，而欲“致知”必先“格物”，因此说“致知在格物”。[①]

冯友兰认为，中国传统哲学主流即“极高明而道中庸”传统，讲求“天地境界”而不脱离人伦日用之常。这种传统是由孔孟开其端，中经先秦的道家、魏晋的玄学、唐代的禅宗，至宋代的程朱道学而集其大成的。他强调自己的“新理学”是“接着宋明道学中底理学讲底”，其宗旨就是“继往开来”而建立“新统”，并视之为儒学现代化的一种途径。冯友兰的“新

① 冯友兰：《哲学年会闭会以后》，《大公报》1935年4月18日。

理学”体系主要包括两个方面的内容。

首先，理气论的自然观。冯友兰在《新理学》和《新知言》中集中阐述了一种离现实最远、最思辨的哲学，建构了“新理学”体系的形而上学本体论基础。其基本观点是通过对理、气、道体和大全四个基本范畴的分析而展开的：理是事物所依照的本体；气是事物所依据的条件；道体是事物运动发展的全过程；大全是哲学所说的宇宙。理是整个“新理学”哲学体系的逻辑起点。理为事物必依照之而不可逃。某理为某事物所必依照而不可逃。不依照某理者，不能成为事物，不依照任何理者，不但不能成为任何事物，而且不能成为事物，简直是不成东西。”①

他认为，事物所依据的太极（理）与所依据的无极（气），构成了事物存在的内在和外在条件。故此，理气是不分先后的。

理和气如何有机地结合起来？冯友兰认为是通过“道体”。他所谓“道体”，具有三种规定性：一是道体是东的宇宙，它在逻辑上先于具体的过程，所以，“总一切的流行谓之道体”，是脱离一切具体事物的纯粹的动。二是这种运动是不可思议的动，是“无极而太极的程序”，是气实现理以成物的过程。三是它是玄而又玄的众妙之门，不仅是联系无极和太极的中介，而且也是联系两极与事物的中介。他认为，它有几个规定性：大全即总一切的有，是真正不可思议的观念，是个神秘的绝对；它即是“哲学中所说的宇宙”。

大全也称宇宙，是指总一切的有，是一种观念，并非科学中所说的物质的宇宙。但它全主宰着科学的宇宙。这四个命题总括起来，便构成了“新理学”的理气论宇宙观：它从精神性的理开始，虚构出同样是神秘的精神性的绝对的质料（气），通过道体把理和气“而”（联系）起来，再用一个大全作为网子把它们都提起来。理作为共相、作为本体决定着作为殊相的事物。这是理气论的最根本观点，也是“新理学”理想人格论和社会历史观的基础。

其次，四种“境界”说。冯友兰认为，人的理（性）在于人有觉解，对于宇宙人生有自觉的了解、理解和悟解，构成人生的意义，因了解的自觉程度不同，造成人的精神境界的差异。依据人对觉解程度的深浅，人的

---

① 冯友兰：《新理学》，生活·读书·新知三联书店1990年版，第125页。

精神境界可以分为四种：自然境界、功利境界、道德境界和天地境界。

自然境界的人“其行为是顺才或顺习”。[①]所谓顺才是指按照人的生理和心理的自然要求而行事，所谓顺习是指不自觉地因袭传统行事。在此境界的人完全是一种近乎本能的行动，其觉解程度最低。

功利境界的人，“其行为是‘为利’底。所谓‘为利’是为他自己的利”。[②]冯友兰认为，社会上大多数人都处于此境界中，它是常人的境界。它的本质是为己。处此境界的人的人生目的是为己（“取”），英雄与奸雄的境界一样的。此境界在主观上是不可取的，但在客观上并非对社会无益。他说：“功利境界中底人，惟恐不好名，如其不好名，则未必常作有益于人底事。”[③]

道德境界的人“其行为是‘行义’底。义与利是相反亦相成底。求自己的利底行为，是为利底行为；求社会的利底行为，是行义底行为。在此种境界中底人，对于人之性已有觉解”。[④]由此，冯友兰坚持“公利即义”观点，认为重义的人必重他人之利和社会之利。人只要有一颗廓然大公的心，就是进入了道德境界。

比道德境界更高的是天地境界。“在此种境界中底人，其行为是‘事天’底。在此境界中底人，了解于社会的全之外，还有宇宙的全，人必于知有宇宙的全时，始能使其所得于人之所以为人者尽量发展，始能尽性。”[⑤]它是高于其他三种境界的最高境界；只有达到这种境界的人，才是具有真正理想人格的“圣人”。道德境界中的人，是以人性的自觉行人道；而天地境界中的人，是以天理的自觉行天道。

这四种精神境界，是从低级向高级发展的过程。无论是个人，还是社会，人的精神境界都是由低级向高级发展的过程，是由自私的小我向大公的大我自觉的过程。大我才是人之所以为人的真正主宰，“我”之主宰意识的不断觉醒就是精神境界的逐步提升。

依据《新理学》所确定的原则，冯友兰在“贞元六书”的其他书中，

---

① 冯友兰：《三松堂全集》第4卷，河南人民出版社2000年版，第498页。
② 冯友兰：《三松堂全集》第4卷，河南人民出版社2000年版，第499页。
③ 冯友兰：《三松堂全集》第4卷，河南人民出版社2000年版，第537-538页。
④ 冯友兰：《三松堂全集》第4卷，河南人民出版社2000年版，第499页。
⑤ 冯友兰：《三松堂全集》第4卷，河南人民出版社2000年版，第500页。

更多地探讨形而下即“有事实的存在者”，《新事论》根据城乡的差别以及士农工商的职业上的差别，探讨东西方文化和封建、资本主义文化的差别等问题；《新世训》解释许多道德概念，以指导青年修养，只是法家、道家气味稍重；《新原人》讲四种精神境界，由自然、功利、道德境界，而归极于天地境界；《新原道》诠释中国哲学之精神，以此完成极高明而道中庸的理想；《新知言》主要讲哲学方法，运用中国哲学的直觉传统批评和重新诠释西方哲学。

“贞元六书”的出版，引起国内思想界许多人的赞誉、批评、讨论和辩难。赞美者称其书是近一二十年来关于中国哲学方面之最好的书，“它的好并不仅在作者企图创立一种新哲学系统，而在他有忠实底努力和缜密底思考”。还说：“不但习哲学者，就是一般知识阶级中人如果置它不读，都是一个欠缺。”[①]而马克思主义者对“新理学”基本持否定态度。胡绳认为，冯友兰的“新理学”就其本质而言，不过是中国老哲学圈子里理论的杂芜、混乱和空虚的一种表现，是和现实隔离的倾向，它忘记了哲学和大众的关联，和实际生活的关联。[②]冯氏将理性区别为道德的理性和理智的理性，结果把“道德规律看做是不变的实在物”，不懂得道德是否合乎理性要依据实际的社会生活需要来判断，要通过理智的审查来鉴别，结果便沦为一种唯心论。陈家康指出，由于冯友兰的“新理学”将真际与实际分开，且不从实际肯定真际，仅仅从形式逻辑上肯定真际，结果便是“最哲学的哲学”脱离实际，所以不是实理，同时也不是真理”。[③]赵纪彬认为，冯友兰自谓“新理学”为“讲理之学”不妥。因为宋明以来，不仅理学家讲“理”，心学实际上也讲“理”。理学之所以为理学，并不在于讲理，而在于有其讲理的特征和方法。就特征和方法而言，理学家讲理气二本，心学家以反对理气二本为缘起，而持心本论。反理学家则基于物本论建立自己的哲学体系。而冯氏的“新理学”以“不切实际，不管事实”“不合实用”“不问内容”为特征，那么在方法上实际是承袭程朱理学而有些微创新，即“以真际所根本，个物为派生；真际之有不在个物，而个物之有则为真际的规定”，结

① 朱光潜：《冯友兰先生的〈新理学〉》，《文史杂志》1940年第2期。

② 胡绳：《近两年来的思想和文化》，载《胡绳文集（1935—1948）》，重庆出版社1990年版，第48-49页。

③ 陈家康：《真际与实际》，《群众》周刊1943年第8卷第3期。

果便是一种“客观的心本论”。[①]

总之，新文化运动激烈地反孔批儒及大规模的西学东渐，极大地冲击了儒家思想。五四运动以后，中国部分哲学家站在中国儒家哲学的立场上，在了解和吸收西方现代哲学的基础上，开始用西方现代哲学的理论和方法从不同的角度对传统儒学进行发挥和改造，促使儒家的近代转型。梁漱溟、张君劢开始运用柏格森的唯意志论来改造中国儒家的心性之学，批评西方实证主义倾向，在“复兴儒学”的旗帜下开始建构自己的“新孔学”和“新宋学”；20世纪30年代以后，熊十力通过对中西印本体观念的检讨，重建儒家的心性本体，建构了自己的“新唯识论”，奠定了现代新儒家哲学的形上学基础；贺麟则以新黑格尔主义哲学改造和发挥陆王心学，建立了“新心学”；冯友兰则运用西方新实在论的逻辑方法，继承、改造并发挥了程朱理学，建立了“新理学”。这样，从20世纪20年代到40年代，儒家思想得到“新开展”，中国思想文化界出现了融合中西哲学，而以中国儒家学说为基础的现代新儒家流派。现代新儒家的兴起及所取得的成绩，对儒家思想的近代转化起了重要的促进作用。

四、中西文化问题的讨论

当西方文化刚刚传入中国的时候，国人便开始了中西文化异同优劣的比较，围绕中西文化的“古今之异”和“中外之别”（时代性差别、民族性差别）进行激烈争论。全民族抗战爆发后，由于民族危机的加深，这种比较研究有了新进展。部分人出于亡国的危机意识，竭力彰扬民族主义情绪，竭力反对西方文化，认为近代中国问题的症结并不在于外部，而在于中国文化要面对现实。面对未来，及时调整自身，重建民族文化的新体系，这一观点具有明显的文化保守主义甚至复古主义倾向。另部分人则认为，中华民族的危机并不是学习西方造成的，而是学习西方不彻底而导致的，中国问题的根本解决仍有待于中国尽早走上西方国家已经走过的现代化道路。因此，中国的问题不是向回走去调整自身，而是要一如既往地学习西方，尽快实现现代化，这一观点带有明显的西化倾向。这两种观点虽有新的论证和分析，但其在根本点上并没有超出战前的文化保守主义和西化派。

① 赵纪彬：《理学的本质》，载《困知录》，中华书局1963年版，第337—357页。

此时期在中西文化比较研究上提出新见解的是冯友兰。他认为，中西文化并不是孰优孰劣的问题，而是“文化类型”的不同。冯友兰说，中国人之长时期不能正确把握中西文化的异同，地域在中国文化问题上歧异甚多，一个最为重要的原因就在于当他们比较中西文化时，不知道区别文化的共相与殊相，缺乏一种文化类型的观念。因此难以在东西文化那许多的性质中区分出哪些是主要的、本质的，哪些是非本质的、偶然的、次要的，无法突破东方的或西方的这种地域，无法在对文化的思考中脱离文化个体而把握文化的一般。就是说，应该从文化的类型进行分析研究。他说：“若从类的观点以看西洋文化；则我们可知所谓西洋文化是优越底，并不是因为它是西洋底，而是因为它是某种文化底。于此我们所要注意者，并不是一特殊的西洋文化，而是一种文化类型。”再以文化类型去分析中国文化。“我们亦可知我们近百年来所以到处吃亏者，并不是因为我们的文化是中国底，而是因为它是某种文化底。”①冯友兰强调，对中西文化的考察，重要的不是两者之同，而是正确理解两者之异，只有理解文化之同才能正确地把握文化之异。

冯友兰在比较研究中西文化时强调文化类型的“共相”，即相同之点，所以，他认为儒家思想包括了现代化所需要的一些基本因素。如儒家说的“民贵君轻”“天视天听”，便是“民主政治的根据”；又如“争人皆可以为尧舜”“尧舜与人同耳”等，实含有“人人平等的意思”。儒家的这些态度，“都是实行民主政治的必要条件，必须大家都具这种见解，抱这种态度，人们尊重此种作风，才能实行真正的民主政治”。他显然是把古代“民本”思想与近代“民主”思想混淆了。其实“民主”与“民本”、自主与恩赐，是完全不同的两码事。他还明确表示赞同洋务派及其“中体西用论”：“所谓中学为体，西学为用者，是说组织社会的道德是中国的底，现在须添加者是西洋的知识技术，则此话是可说的。我们的《新事论》的意思，亦正如此。”可见，他比较研究了中西文化类型的结果，仍然坚持文化保守主义和“中体西用论”。

在抗战时期文化民族主义高涨的时代环境中，有人提出了“以复古为创新”的口号，力图折中文化保守主义与西化思潮。沈有鼎明确指出：“无

---

① 冯友兰：《新事论》，《新动向》1938年第1卷第11期。

论如何，我们现在已经可以知道：哲学在中国将有空前的复兴，中国民族将从哲学的根基找到一个中心思想，足以扶植中国民族的更生。这是必然的现象。……因为中国文化——同其他文化一样——有它特殊的波动方式，一往一复的节律。上面所说的儒道两种精神，乃是相成而又相反，是一起一伏而互为消长的；每一个起伏的大波，在中国文化史是要占几百年几千年的时间的。可是在每一次新的文化产生增长的时候，就是整个中国文化在进化的历程上跨了一大步。因为每一次新的文化产生，是对旧的文化的反动，是革命，同时是回到前一期的文化精神，是复古。只有革命是真正的复古，也只有复古是真正的革命。第一次新的文化产生，是综合着正反两方面的精神，而达到一新的自古未有的形式的。因此是前进，不是退后，是创新，不是因袭，是成熟，不是返旧；也只有创新才是真正的复古。”①

这种观点，显然与梁启超论清代经学时“以复古为创新”的观点颇为相似。战时现代新儒家利用这个口号，极力推崇中国民族文化。贺麟指出：“老实说，中国百年来之受异族侵凌，国势不振，根本原因还是由于学术文化不如人。而中国之所以复兴建国的希望，亦因中华民族是有文化敏感、学术陶养的民族，以数千年深厚的文化基础，与外来文化接触，反可引起新生机，逐渐繁荣滋长。近数十年来，虚心努力，学习西洋新学术，接受西洋近代化的结果，我们整个民族已再生了，觉悟了，有精神自由的要求了，已决非任何机械的武力、外来的统治所能屈服了。所以我们现在的抗战建国运动，乃是有深厚的精神背景和普遍的学术文化基础的抗战建国运动，不是义和团式不学无术的抗战，不是袁世凯式的不学无术的建国。由此看来，我们抗战的真正最后胜利，必是文化学术的胜利。我们真正完成的建国，必是建筑在新文化、新学术各方面各部门的研究、把握创造、发展、应用上。换言之，必应是学术的建国。必定要在世界文化学术上取得一等国的地位，我们在政治上建立一自由平等独立的一等国的企图，才算是有坚实永久的基础。”②

基于此种认识，贺麟提出，近代以来的所谓中华民族危机说到底乃是文化的危机，因此目前中国摆脱危机的根本出路绝不在于中国文化的“全

① 沈有鼎：《中国哲学今后的开展》，《哲学评论》1937年第7卷第3期。

② 贺麟：《抗战建国与学术建国》，载《文化与人生》，商务印书馆1947年版，第20-21页。

盘西化”，或将中国沦为西方文化的“文化殖民地”，而是要有计划、有目的地吸收、容纳西方文化的精华，提升和彰扬最具有中国特色的儒家文化，从而为“儒家思想的新开展”奠定坚实的学术基础。他还强调，“在思想文化范围里，现代绝不可与古代脱节，任何一个现代的新思想，如果和过去完全没有联系，便有如无泉之水，无本之木，绝不能源远流长”。而这个“本”和“源”，就是儒学，在“儒家思想的新展开里，我们可以得到现代与古代的交融，最新与最旧的统一”。贺麟对儒家文化前途的自信，并非此前文化复古主义那样非理性的信仰和鼓吹，而是建立在思想文化发展一般规律的理性分析上。为此，贺麟并没有像梁漱溟那样正面回应新文化运动对儒学的责难，而是从辨认新文化运动的性质入手，直截了当地指出新文化运动的根本用意并不是要彻底破坏和放弃儒家文化，恰恰相反，新文化运动的最大贡献在于破坏和扫除儒家文化的僵化部分的躯壳和形式末节，以及那些束缚个性的传统腐化部分，不需要打倒孔孟的真精神、真意思、真学术等。

钱穆、冯友兰、贺麟等人站在文化保守主义立场上提出的带有复古倾向的文化思想，一方面遭到马克思主义理论工作者批驳，另一方面也受到主张全盘西化思想的陈序经等人的批评。文化保守主义者打着向西方学习以及所谓“中国化”潮流的旗号，在抗战这个特殊背景下宣扬同一种民族文化优越论。胡绳将这种文化保守主义斥为“复古主义”。他指出：“这种新的见解，在根本上是复古也是排外，因为它是把一切外国的东西，从中国旧文化传统的立场上看去是新的，不适宜中国的东西都加以排斥，它排斥一切西洋文化中对于当前中国的现实具有进步意义的东西。但它却看出了在西洋文化史上也还有时期的不同，也曾有过一个时期，西洋文化和中国传统文化只是‘貌异神同’——看出这点倒是对的，因为中国传统文化是封建时代的文化，而欧洲也有过它的封建时代，也有过它的封建时代的文化。但从此出发，认为中国文化自己要向后转，并和向后转的西洋文化合作，这却是拿人类文化史开玩笑了。”①

钱穆著述《国史大纲》的宗旨是“为我民族国家复兴前途之所托命”，是为“抗战胜利建国完成中华民族固有文化对世界新使命之开始”提供历

① 胡绳：《胡绳文集（1935—1948）》，重庆出版社1990年版，第203页。

史依据。他和张其昀、萨孟武等人试图从多个方面论证中国自秦汉以来的政治体制并非专制政体，而是具有相当浓郁的民主气息，以为“中国传统政体，自当属于一种民主政体，无可辩难。吾人若为言辞之谨慎，当名之曰中国式之民主政治。当知中国政府虽无国会，而中国传统政府中之官员，则完全来自民间。既经公开的考试，又分配其数额于全国之各地，又考试按照一定年月，使不断有新分子参加。是不啻中国政府早已全部由民众组织”。[①]钱穆所谓“中国式之民主政治”，既不符合中国历史之真相，也与近代以来中国政治民主化之发展趋势相悖，故受到时人严厉批评。胡绳批评道：“所谓‘中国式的民主’就是我们一般常人所称为君主专制政体的那种东西吗？我很奇怪，想出这些意见的先生们都不公开反对孙中山先生的革命理论与事业，甚至还加以赞扬。但实际上他们是应该反对中山先生的，因为中山先生所要推翻的就是两汉隋唐宋元明清的那种国体和政体。假如中山先生还在，他听到人们说，他所毕生与之斗争的君主专制政体，其实就是‘中国式的民主政治’，不知道他会作何感想！”[②]胡绳还批驳钱穆有关中国五千年来立国和当前抗战靠的全是传统文化、传统文化的优异在于“孝”的论调。他指出，假如抗战靠的是传统文化，前一百年的迭遭侵略是因为丧失了传统文化，“那么又为什么抗战一起，传统文化忽然能再兴了呢”？

冯友兰的新理学思想，受到杜国庠、陈家康、胡绳等人的激烈批评。杜国庠在《玄虚不是中国哲学的精神》中认为，中国哲学的精神不是经虚涉旷，而是实事求是，冯友兰由于他自己的形而上学的要求而歪曲事实，把唯心主义传统诬称为中国哲学的主流。杜国庠在《玄虚不是人生的道路》一文中则指出，所谓专凭其是“圣人最宜于作王”的说法势将助桀为虐，因为一切大奸巨憝未有不被其狐群狗党誉为“圣明神武，首出庶物”的；所谓“即其所居之位，乐其日用之常”，是让人安分守己，在精神上麻醉被压迫者；所谓“同天境界”，是以理智的总括始而以神秘主义终，是理智的破产，是玄学唯心论。杜国庠在《论理学的终结》一文中又指出，宋明理学经过黄梨州、顾亭林、王船山、颜习斋诸人的批判，“是决定地终结了，

① 钱穆：《文化与教育》，生活·读书·新知三联书店2009年版，第143页。
② 胡绳：《胡绳文集（1935—1948）》，重庆出版社1990年版，第193页。

绝没有死灰复燃的可能；虽然还有人企图把它再‘新’一下，究竟是过时的果实，变了味道了”。

胡绳撰写《评冯友兰著〈新世训〉》《评冯友兰著〈新事论〉》等文，批评冯友兰的新理学。他指出，冯友兰否定辛亥革命，抹杀五四运动，引清末的洋务运动者为同调而加以称扬，认为中国过去除了“中学为体西学为用”派的工业建设以外，其余都是毫无意义的事，这是历史的翻案。他指出，否定辛亥革命就是否认政治上求改进的必要，否定五四运动就是否认对旧思想意识进行改造的必要，冯友兰所指的中国走向自由之路“就是五十年前张之洞的道路”，这种中体西用主张“早已经在历史的实践中被否定了”。此外，陈家康的《真际与实际》、周谷城的《评冯友兰的〈新理学〉》《评冯友兰的〈新原人〉》、赵纪彬的《理学的本质》等文章，都对新理学之玄学性质进行了批评。

胡绳、蔡尚思等人则对贺麟的“新心学”进行了批判。胡绳在《目前思想斗争的方向》中指出，贺麟把中国的旧东西和西洋的最新精神结合，是“新复古主义”。他指出：“复古的主张虽由来已久，但敢公然主张维持三纲五常之道的，恐怕只有一些不识字的军阀。但现在却有一个学者说，三纲实在是比五常更崇高的道德，因为君君、臣臣、父父、子子还容许：倘君不君，臣也可以不臣，是相对性的道德；而‘君为臣纲，父为子纲，夫为妇纲’才是绝对性的道德，他从这里面‘发现了与西洋正宗的高深的伦理思想和西洋向前进展向外扩充的近代精神相符合之处’，这安能不令人为之咋舌！”此外，胡绳在《论反理性主义的逆流》《一个唯心论者的文化观》等文章中，除揭露“新心学”的复古性质之外，还着重批判了其神秘主义、反理性主义。蔡尚思在《贺麟的唯心论》中，对贺麟提出的直觉的方法、先天的范畴、内心的文化、道体的宗教、基石的礼教等观点作了深刻批评。

随着战时文化民族主义的高涨和文化保守主义的强势，全盘西化思潮日趋式微。但主张全盘西化的陈序经坚定地认为，全盘西化是抗战建国之唯一出路，“不但在理论上我们觉得全盘西化的必要，就是在事实上，我们也是朝着这条路走”。因此，陈序经站在全盘西化立场上，对当时思想界有影响的张申府、冯友兰、贺麟等人带有守旧倾向的文化观进行批判，继续阐述自己的文化观点。

张申府在《文化·教育·哲学》一书中，对全盘西化论进行了严厉批评，其所使用的主要观念是“分”之观念。他指出，全盘西化论者把西方文化作为一个完整的笼统的整体是不正确的，“根本没有了解西洋文化，根本没有了解西洋文化一个核心的科学。科学的出发点是分。因此所注重的是数量，是分析，是分别”。从中国文化和西方文化中都能分出最好的东西来，根据新陈代谢的作用，化合出一个更新的东西。他认为建立一种文化需要坚持三个原则：第一，文化是不可以速成的，文化的收效必须见于生活方式的改变，也可以说就是要移风易俗；第二，文化的核心是哲学，在文化建立上所谓端其趋向也就是要有一种哲学；第三，文化是比较上层的东西，文化与社会也是互相影响的。因此，要建立一种文化，不可不同时建立一种与之适应的政治、经济、社会制度，旧的政治、经济、社会制度是会妨碍新的文化的发展的。

张申府对全盘西化论分析方法的批评，自然受到陈序经的反批评。张申府以“分”作为分析的出发点，而陈序经则重视“合”。陈序经反驳张申府说：“我们承认科学的出发点是分，同时我们不能否认科学的实体也是合，分是为着我们的研究的便利起见，合是科学的基本原理。”全盘西化论，就是从“合”的角度来看待文化各方面的关系与文化的各种现象。这种“合”的具体意义，实际上就是文化现象间的连带关系。因此，中国文化接受了西方文化的一方面，就会在各方面都受到波动。

陈序经认为，张氏提出的把中国文化和西洋文化好的方面“分”出来化合成一种新文化，在实际中无从操作。一方面，所谓西洋的最好的东西无从选择起，因为选择西洋的最好的东西，没有一个正确的标准。因而主张全盘西化，主张文化的各方面都可以全盘接纳才更能体现出文化是一个化合物的观念。另一方面，陈序经坚持认为：“把中西文化比较起来，我们的文化相形见绌是不能否认的事实。”他批评说：“张申府先生除了空空洞洞的说了取长舍短之外，并没有具体的指出中国文化在哪一方面或几方面是我们的特别优点，是值得我们去保存的。”在陈氏看来，要建立中国新的文化，就不得不改变中国旧的政治、经济、社会制度，“中国的今日的文化，无论哪一方面，没有不受西洋的影响的”。“所谓集体的就是全盘的，全盘的去改变比较下层的政治、经济、社会制度，则所谓比较上层的文化也不能不随之而改变。这种全盘的改变岂不就变为全盘的西化?”陈氏仍然坚持全盘西化的主张。

1934年出版的冯友兰《中国哲学史》，是当时第一部中国哲学通史著作，在学术界产生巨大影响。1940年，冯友兰为昆明《新动向》杂志写了12篇文章，后合为《新事论》出版。他在《别共殊》一文中，批评了中国本位文化论和全盘西化论，系统阐释了“文化共殊”的观点。冯友兰认为，中西文化问题不是“东西的问题”，而是“古今的问题”。他说：“一般人所说的西洋文化，实际上是近代文化。所谓西化，应该说是近代化。”冯氏指出，文化可以分为共同与特殊的两个方面。所谓共同的文化是人类共需的文化，是可以改变的；所谓特殊的文化是每个民族特有的文化，是不能改变的。因为特殊的文化不可改变，所以在以西方文化为特殊文化时，各种文化主张就遇到问题。他批评说：“有主张所谓全盘西化论者，有主张所谓部分西化论者，有主张所谓中国本位文化论者。无论其主张如何，但如其所谓文化是指一特殊底文化，则其主张俱是说不通，亦行不通底。”因此，冯友兰主张对于中西文化，要在五光十色的各种性质中看到“何者对于此类是主要的，何者对于此类是偶然的”。对于西方文化，“其主要底是我们所必取者，其偶然底是我们所不必取者”；对于中国文化，“其主要底是我们所当去者，其偶然底是我们所当存者，至少是所不必去者”。与他的共需文化和特殊文化的观念相对应，冯友兰将道德区分为基本道德和非基本的道德。他指出：“我所谓基本道德者，是任何种类底社会所都必需有底道德，例如仁、义、智、信等，这是不变底。至于只为某一种类的社会所需有底道德，则不是基本道德，是可变底。”冯友兰主张用“近代文化”取代一般意义上使用的“西洋文化”的概念，具体地说就是要“工业”，并在《新事论》中详细阐述了“工业化”的具体办法。

陈序经从文化整体论出发反驳冯友兰的观点。陈序经指出，从共需的文化方面来看，冯是主张全盘西化的；从特殊的文化方面来看，冯又是主张部分西化或中国本位的。然而，陈序经指出，“所谓共需的文化与特殊的文化是有了密切的关系而不易分开的”，冯氏的主张因此而充满了矛盾，观点之间不能相互支持。陈序经指责冯友兰的“中体西用”是一个矛盾，道德与智识、技术、工业是有密切的关系的，“采纳了西化的智识、技术、工业，则我们在有意或无意之中不得不采纳了西洋的道德；反过来说，中国今日对于西洋的智识、技术、工业所以不能够全盘采纳、彻底讲求，也是由于固有的道德作祟”。对于冯友兰用近代化、工业化来代替西化，陈序经指出，“我们所谓西洋化当然是近代或现代的西洋化，稍有头脑的人绝不会误会我们所说的西化，主要的是指古代的西洋文化或中世纪的西洋文化”。而以近代化或现代化去代替西洋文化，“则这个名词不只没有什么意义，而且有了野蛮化或原始化的语病”。他继续坚持全盘西化：“我们不只要工业化，而还要西化的工业化，不只要西化的工业化，而还要西化的其他方面，不只要西化的其他方面，而还要全盘西化。”

贺麟从体与用的角度来估量中西文化，来评判中西文化观上的复古、本位与全盘西化。贺麟认为，由批评文化所提出的几种较流行的口号，如中学为体西学为用、中国本位文化、全盘西化等，“似乎多基于以实用为目的的武断，而缺乏逻辑批判的工夫，所以我希望对于文化的体与用加以批评的研讨，或许可以指出批评文化的新方向，引起对付西洋文化的新态度”。因而，他在《今日评论》上发表《文化的体与用》，提出了对于西洋文化态度的三个指针：“第一，研究、介绍、采取任何部门的西洋文化，须得其体用之全，须见其集大成之处。第二，根据文化上体用合一的原则，便颇见得‘中学为体，西学为用’的说法之不可通。第三，提倡精神（聚众理而应万事的自主的心）为文化之体的原则，我愿意提出以精神或理性为体，而以古今中外的文化为用的说法。”贺麟反对中体西用，并与全盘西化保持较远距离。他强调，“我所谓治西学须见其体用之全，须得其整套，但这并不是主张全盘西化”。其理由有三。一是主张着重于“深刻彻底理解该一部门学术文化”，这乃是基于对西洋文化的透彻把握和民族精神之创造发扬，自觉地吸收、采纳、融化、批评、创造，“这样既算不得西化，更不能说是全盘西化”。二是认为数量上的全盘西化是不可能的，“想把西洋文化中一切的一切全盘都移植到中国来，要想将中国文化一切的一切都加以西洋化，事实上也不可能，恐怕也不必需”。三是认为全盘西化会丧失民族精神。“假如全盘西化后，中国民族失掉其民族精神，文化上中国沦为异族文化之奴隶，这当非提倡全盘西化者之本意。”因此，贺麟不赞同全盘西化，主张“化西”：“是自动地自觉地吸收融化、超越扬弃西洋现在已有的文化。”

贺麟的主张，是以精神或理性为体，而以古今中外的文化为用，其文化理路是以“化西”为体，以“西化”为用。陈序经对贺麟的文化思想有很高评价，认为他是一位认识西洋文化较为深刻的人，贺麟的这种理论是十余年来主张全盘西化的人的一种基本的理论。但陈序经对贺麟疏远全盘西化论表示不满。他批评贺麟并辩解说：“主张全盘西化的人，并不主张被动的西化，奴隶式模仿，而是主张自觉的吸收，采用，融化，批评，与创造的精神。西洋文化本身之所以能有剧烈的进步，也就是有了这些精神，中国文化本身之所以落后，就是缺乏了这些精神。其实主张这些精神的人，已是有了西化的精神。”因为贺麟主张中国一切学术文化工作，都应该科学化。而全盘科学化不得谓为全盘西化，故陈序经反驳道：“我们承认科学乃人类的公产，然而我们不能否认近代的科学是西洋的特产，所以科学化不能不谓为西化。”陈序经的结论是：“总而言之，若照贺麟先生的前提来看，他是偏于全盘西化的主张的，可是他的结论，却是中西合璧的办法。结论与前提相背而趋，就是一种矛盾。”

陈序经对冯友兰、贺麟等人展开的论辩，显然是为了抵制其明显的复古守旧倾向和文化保守主义思想，重申全盘西化论的基本观点，如文化整体论、文化现象间的连带关系，使全盘西化论的基本主张得到更为明确的阐释，扩大全盘西化论的思想影响。

五、儒家忠孝观念的现代解读

儒家忠孝观念，是中国传统道德的核心观念。忠孝是维系封建宗法制度和专制制度的基本道德规范。贺麟指出，新文化运动的最大贡献在于破坏和扫除了儒家文明的僵化躯壳及束缚个性的腐化部分，使孔孟程朱之真面目及真价值得以彰显出来。他提出：“假如儒家思想能够把握、吸收、融会、转化西洋文化以充实自身，发展自身，则儒家思想便生存、复活，而有新的开展。”①因此，新文化运动为包括忠孝在内的中国传统道德之新阐释开辟了新道路。伴随着近代民族主义的勃兴，五四运动后的思想界出现了一股重新肯定民族文化、弘扬民族精神，借以恢复民族自信心而实现民族复兴的社会思潮。抗战全面爆发后，现代新儒家、战国策派均站在自己的立场上对中国传统道德伦理进行了探究和阐释，力图对忠孝观念作适乎时代需求的新解释。这样，作为儒家伦理核心的忠孝观念，在抗战时期得

---

① 贺麟：《文化与人生》，商务印书馆1947年版，第3页。

到了新的阐释和新的发展，呈现出多元并进的态势。

1941年8月，贺麟发表《儒家思想的新开展》一文，公开提出了传统儒学的现代转化问题。对中国传统道德进行探究和阐释，对忠孝观念作出适乎时代的现代解释，是抗战时期以贺麟、冯友兰、梁漱溟、谢幼伟为代表的现代新儒家重建儒家的重要工作。其中，贺麟对传统五伦观念的阐释、冯友兰对忠孝观念的分析、梁漱溟及谢幼伟等人对孝与中国文化的关系阐述较为突出。

如果说贺麟着力于对传统五伦观念的现代阐释及其转化问题的话，那么梁漱溟、冯友兰、谢幼伟等人则着力于对传统忠孝观念进行阐释并推进其现代转化。孝是中国文化的核心观念，钱穆将中国文化称为“孝的文化”，谢幼伟同样将中国文化称为“孝的文化”，肯定了孝在中国文化上作用至大、地位至高，故专门撰著《孝与中国文化》，从道德、宗教、政治诸方面加以阐述。梁漱溟不仅赞同中国文化是“孝的文化”命题，而且将孝与中国社会结构联系起来考察，认定家族制度是中国孝文化之基石，唯有弄懂中国独特的社会结构，才能认清传统忠孝之特性。他说：“其实你若懂得它的社会构造，便只见其自然而平常。因为它所要的，不过是孝弟勤俭四字，只此四字，便一切都有了。孝弟则于此伦理社会无所不足，勤俭则于此职业社会无所不足。”他还强调：“中国文化自家族生活衍来，而非衍自集团。亲子关系为家族生活核心，一‘孝’字正为其文化所尚之扼要点出。”[①]正因以家族主义为“忠孝”观念之社会基础，故当中国近代步入国家主义时代之后，传统孝文化自然衰落。

现代新儒家对中国传统忠孝问题进行深入探究者，当数以研究“新理学”著称的冯友兰。他在《新事论》中特设《原忠孝》一章，着力讨论传统忠孝观念及其现代转化问题，集中阐发了现代新儒家对忠孝问题的见解。冯友兰对“忠孝”字义下的古今不同内涵作了界定：“从前底人讲忠孝，现在底人亦讲忠孝。专在名词上看，古今人都讲忠孝，但今人所谓忠孝，与古人所谓忠孝不同。古人所谓忠孝，是忠于君，孝于亲。今人所谓忠孝，是忠于国家，孝于民族。有些人以为忠于君，孝于亲，只是忠于为君底个人，及孝于为亲底个人，这当然是皮相之谈。但忠于君，及孝于亲，与忠

① 梁漱溟：《中国文化要义》，成都路明书店1949年版，第334页。

于国家及孝于民族，毕竟不同。”①

冯友兰从传统社会的忠孝冲突进而考察了忠孝道德滋生的社会基础。他认为，中国讲忠孝的道德，是与中国社会以家为本位的社会结构密切关联的。中国是以家为本位的社会，其道德标准是建立在家本位之上的。儒家关于忠孝及两者冲突后的两全之法，皆基于以家为本位的社会道德标准。他分析道：“因为照以家为本位底社会制度，一个人是他的家的人，他在他的家外担任职务，是替别家办事。在朝做官，是替皇家办事，皇家亦是别家也。所以若在平常情形下，人固然须先国后家，移孝作忠，但如因替别人做事，而致其父母于死地，则仍以急流勇退，谢绝别人之约，还其自由之身，而顾全其父母。在以家为本位底社会中，这是说得通底。”②故从以家为本位的社会的观点看：“至少在理论上，孝是在忠先底。”传统社会是以孝为出发点，进而“移孝作忠”，由“移孝作忠”而衍生出“忠”“信”“敬”“勇”等诸德。为了尽孝，孝子必须做道德之事，“居处不庄，非孝也；事君不忠，非孝也；莅官不敬，非孝也；朋友不信，非孝也；战阵无勇，非孝也”。这样便将一切道德归总于孝。如此，建立于家本位社会基础上的孝道，遂成为传统道德之基础和核心。正因忠孝观念与以家为本位社会结构密切相关，故“孝为百行先”遂成为传统社会的基本道德：“在以家为本位底社会中，家是经济单位，是社会组织的基本。家既是社会组织的基本，所以在以家为本位底社会中之人，必以巩固家的组织为其第一义务。所以在此种社会中，‘孝为百行先’，是‘天之经，地之义’。这并不是某某几个人专凭他们的空想，所随意定下底规律。”③

但近代以来中国社会结构发生了根本性变化，从以家为本位的社会转变为以社会为本位的社会。以社会为本位的社会自然不需要立于其上的孝道。冯友兰指出：“在以社会为本位底社会中，人在经济上，与社会融为一体，其全部底生活，亦是与社会融为一体。在此等社会中，家已不是社会组织的基本，所以在此等社会中，人亦不以巩固家的组织为其第一义务。或亦可说，在此等社会中，作为经济单位底家的组织已不存在，所以亦无

---

① 冯友兰：《中国哲学中所说精神动员》，载《南渡集》，生活·读书·新知三联书店2007年版，第232页。

② 冯友兰：《原忠孝》（《新事论》之五），《新动向》1938年第1卷第11期。

③ 冯友兰：《原忠孝》（《新事论》之五），《新动向》1938年第1卷第11期。

可巩固了。在此等社会中，人自然不以孝为百行先。”孝的地位在现代社会中减弱是必然趋势：“在此等社会中，孝虽亦是一种道德，而只是一种道德，并不是一切道德的中心及根本。”①

孝的地位在现代社会中减弱了，是否可以将忠的地位抬高到原来孝的地位而讲“忠是百行先”？冯友兰认为，传统社会之所谓忠，就是以家为本位的所谓忠孝之忠，其基本内涵是“有为人之意”，即《论语》所谓“为人谋而不忠乎”之“为人谋”，就是忠于人之事。因此，忠之内涵可解释为：“所以如尽心力而为之，亦称为忠。”由此，冯友兰对传统“忠君”与现代的“爱国”作了严格分别。在以社会为本位的社会中，如其社会是以国为范围，则此国中之人与其国融为一体，“所以在以家为本位底社会中，忠君是为人，而在以社会为本位底社会中，爱国是为己。在此等社会中，人替社会或国做事，并不是替人做事，而是替自己做事。必须此点确实为人感觉以后，爱国方是我们于上篇所说之有血有肉底活底道德。”爱国之所以在中国尚未成为“活底道德”，是因中国尚未完全变为“以社会为本位底社会”。他指出，“西洋人之所以很爱国者，并不是因为他们是西洋人，而是因为他们是以社会为本位底社会中底人。中国人之所以尚未能完全如此者，并不是因为中国人是中国人，而是因为中国人尚不是完全以社会为本位底社会中底人。”②唯有首先将以家为本位的社会彻底转变为以社会为本位的社会，才能真正做到“爱国”。

冯友兰对新文化运动“非孝”问题作了正面回应。他认为，近代以来中国工业化趋势及新生产方法、新经济组织逐渐冲破了原来以家为本位的社会组织，导致了建立于家本位之上孝道之中落：“孝是所以巩固家的组织底道德，家的壁垒既成了人的障碍，所以孝在许多方面，亦成了人的障碍。”新文化运动提出打倒孔家店，打倒“吃人底礼教”“万恶孝为首”等见解，虽是偏激之辞，却是中国社会发展的必然趋势：“所以若当做一种社会现象看，民初人这种呼声，这种见解，是中国社会转变在某一阶段中所应有底现象。”他接着指出：“但若当成一种思想看，民初人这种见解，是极错误底。”因为五四运动中的新文化者没有看到忠孝观念与其产生的社会

① 冯友兰：《原忠孝》（《新事论》之五），《新动向》1938年第1卷第11期。
② 冯友兰：《原忠孝》（《新事论》之五），《新动向》1938年第1卷第11期。

组织之密切关联，故见解是偏颇肤浅幼稚的。他分析道：“人若只有某种生产工具，人只能用某种生产方法；用某种生产方法，只能有某种社会制度；有某种社会制度，只能有某种道德。在以家为本位底社会中，孝当然是一切道德的中心及根本。这都是不得不然，而并不是某某几个人所能随意规定者。”[①]冯友兰的这种见解，深刻揭示了忠孝观念与社会结构之间的密切关联，正确说明了传统忠孝道德是建立于家本位的社会组织之上的道德。随着近代以来中国社会结构从家本位转为社会本位，建立于家本位之上的忠孝观念自然不能再成为现代社会的基本道德，必须通过现代阐释而转化为能够适应现代社会的新内涵。

以林同济等为代表的战国策派从所谓“大政治时代的世界”的角度，系统研究了中国传统忠孝观念，不仅对忠孝之内涵作了适合战时需要的新阐释，而且公开提出“忠为第一”“忠为百行先”的观点，强调“先忠后孝、忠在孝先”原则，主张扩大忠之范围，将孝局限于家庭之中，通过阐释的方式推进中国传统忠孝观念的现代转化。林同济对中国传统“忠孝”观念的研究和认识，集中体现在《大政治时代的伦理——一个关于忠孝问题的讨论》《抗战军人与中国新文化》等文中。他所思考的核心问题是“如何能使中国配做现代世界上的国家”，故其不满足于仅仅提出一种“战时特有的伦理观”，而是创建了一套“现代国家应有的、必须的伦理观”。这种伦理观是建立在其“大政治时代的世界”论断基础上的，故名曰“大政治时代的伦理”。[②]

何谓大政治时代？林同济认为，当今世界处于大政治时代，其基本特征为：它是一个激烈竞争的世界；这个竞争最重要的根据是力；竞争力的单位，最主要的、最不可缺的、最有效的是国家，是国力与国力的竞争；这个国力正在急速地走向全体化，国内一切精神物质的力量极端地组成一体。“所谓大政治者，就是国与国间凭着彼此极端全体化的力，以从事于平时的多面竞争与战时的火并决斗。”[③]大政治时代需要与之相应的社会公德，这种公德就是“忠为第一”的道德。正因世界处于以全体化国力为竞争单位的政治时代，故最重要的是每个人都要成为国家有机体的一分子。而要

---

① 冯友兰：《原忠孝》（《新事论》之五），《新动向》1938年第1卷第11期。

② 林同济：《大政治时代的伦理》，《今论衡》1938年第1卷第5期。

③ 林同济：《大政治时代的伦理》，《今论衡》1938年第1卷第5期。

将个人练成得力的“公民”，必须优先重视社会“公德”。“在大政治世界上公德比私德重要，政治德行比任何德行都重要。”所谓公德重于私德者，就是说两者冲突之时，“当全公德而灭私德；当存公德而舍私德”。①

大政治时代所有公德和政治德行之中，“忠为第一”，故应将忠置于政治伦理之最高地位。“忠是国力形成的基础，形成的先决条件。”林同济对忠之内涵作了新阐释，明确将其界定为忠于国而非忠君。他指出：“在现时代的国力竞争的世界中，最重要的德行，就是‘忠于国’，换言之，忠为百行先。”②

林同济认为，大政治时代各国均将“国家”作为评判善恶的标准，不仅政治时常脱离伦理的羁绊，而且伦理本身有日趋“政治化”和“国家立场化”倾向。这种倾向集中体现为：“国家的利害，变成伦理是非的标准。”自国家立场而有利的便是“好”，便是“是”；自国家立场而有害的便是“恶”，便是“非”。忠遂成为大政治时代政治化伦理而成为“百行的标准”。他指出：“国力竞争局面，需要政治化伦理，不要伦理化政治。换言之，忠不但为百行先，乃不可遏止的逐渐成为百行的标准，一切价值的评员。”③正因如此，林同济明确主张“忠为百行先”，反对“孝为百行先”。

林同济之所以坚决反对“孝为百行先”，还因为他认识到传统忠孝之弊端——私德之公用。他尖锐地批评道：“私德为先，公德为后；私德为主，公德为副。这是二千年来，我们宗法制度下的伦理之不可免避的倾向，不可免避的流弊。”④

传统忠孝观念是与传统社会结构密切相连的，并形成了一套严密的思想系统。林同济指出：“以孝为百行先，便是以孝为国民伦理的基础。”传统社会围绕着孝的观念，自然而然地要建成一个特殊的、“一贯的”思想系统：“它不但以孝为百行先，它还要把孝字来解说一切人生的价值。”由个人之孝推及忠：“夫莅官战阵已属乎忠之范围，而必纳之于孝者，盖举孝以赅忠。”这种“必纳之于孝”的强制手段，扩大了孝之意义及其范围，把孝的意义扩大到家庭以外的“公德”，遂形成了以孝为起点和核心的道德体

---

① 林同济：《大政治时代的伦理》，《今论衡》1938年第1卷第5期。
② 林同济：《抗战军人与中国新文化》，《东方杂志》1938年第35卷第14期。
③ 林同济：《大政治时代的伦理》，《今论衡》1938年第1卷第5期。
④ 林同济：《大政治时代的伦理》，《今论衡》1938年第1卷第5期。

系，“它的最大意义，是要以孝解释一切的价值。”[①]

林同济不仅看到“忠孝的冲突是中国历史上永未解决的事实”，而且看到人们在家庭主义绑缚下“移孝”功夫难赛“移山”，难于在孝子之门求得忠臣的状况。为什么会出现这种“求忠臣必于孝子之门”而不得的状况？林同济对此作了揭示：“其中原因就是由于中国不但以孝为中心而组成一套思想系统，还凭此思想系统而组成一批‘吃人’的礼法，构出一个庞大的宗法社会，复杂的家庭制度。”[②]以孝为中心组成的思想系统，凭此思想系统而组成的礼法、宗法社会及家庭制度，共同构成了中国传统忠孝观念维持和发展的社会基础。由此可见，林同济对孝之本质的认识是清醒的：“无奈中国之孝，并不是一种纯净的德行，一种自然人情的流露，也不是一种简单的哲理概念，乃是二千余年来特殊阶级，因其特殊渊源与特殊利益，而矫揉造作，铸成的一种思想系统，而更铸成的一种庞大复杂的社会制度。”[③]这种见解是相当深刻的。

究竟是按照传统社会的一切价值“必纳之于孝”“求忠臣必于孝子之门”继续“教孝求忠”？还是根据大政治时代需要把一切价值“必纳之于忠”“教忠而求忠”呢？林同济的意见是肯定的：“时代要求是公德，是政治德行，是忠为第一。”[④]大政治时代注重公德，应该以“奉忠”为第一，不能向孝之中寻忠：“老学究的办法是要教孝而求忠。我们的提议是教忠而求忠。”他强调：“让我们大家认清主要目标，决然把孝放开少谈，多多提倡忠字。”[⑤]这便是他反复强调“忠为第一”的基本依据。

正因传统孝道产生私德公用及“孝的制度”积弊丛生，林同济在提出抬高忠之地位并扩大其应用范围的同时，主张缩小孝的应用范围，将其严格限定在家庭范围之内。他主张剥去附丽于孝之上的种种粉饰，将孝只简单地解为“敬爱父母”，并严格限定在家庭范围之内：“我们只主张把它简单化、平民化，把它“天真化”。我们只主张“返真”，只主张把那些假的、伪的、虚张的、辉煌的、物质的、肉体的、血统的、迷信的一概取消，好

---

① 林同济：《大政治时代的伦理》，《今论衡》1938年第1卷第5期。
② 林同济：《大政治时代的伦理》，《今论衡》1938年第1卷第5期。
③ 林同济：《大政治时代的伦理》，《今论衡》1938年第1卷第5期。
④ 林同济：《大政治时代的伦理》，《今论衡》1938年第1卷第5期。
⑤ 林同济：《大政治时代的伦理》，《今论衡》1938年第1卷第5期。

留下那可爱可实的纯净敬爱之赤诚献给父母。”他强调：“我们最好的办法是干干脆脆把‘孝’的一套旧理论旧制度轻轻地束之高阁，只留下‘敬爱父母’的干净四字作我楷模，好把这民族所有的有限精力直接灌输到‘忠’的伟大工夫上！”[①]

林同济认为，中国向来缺乏民族和国家观念，家族主义和宗法观念则特别强烈，这显然源于中国传统社会是“家族主义盛行的社会”。中国传统社会是家族主义社会，而不是近代民族主义社会，故建立其上的道德自然强调家族道德（忠孝观念）等。所以，林同济反复强调：“根本的问题，是民族主义与家族主义的对立问题，是家庭第一与国家第一的问题。”为什么家族意识不易铲除？这是因为：“中国的家族组织，不但只是一种实际的社会制度，并且还有一番严密的伦理哲学在那里为他维持，为他掩护。这个伦理就是‘孝为百行先’的思想系统。孝本不失为美德。但是把孝大吹大擂，高高抬起，认为百行之先，则不免弊端百出。然而在家族主义所支配的社会中，孝为百行先也是一种当然的趋势。也就像在那西方各国的国家主义的社会中，忠为百行先是一种当然的结论一样。”[②]因此，建立于家族组织之上的道德，自然要求忠孝之道。然而，伴随着近代以来中国社会结构、社会组织的变动，建立于其上的忠孝道德不可避免地发生了变化。林同济不仅揭示了忠孝观念产生及长期为统治者所延续的根本原因，而且看到了这种社会组织基础的变动对忠孝观念的冲击，“孝的人生观已不够用”。因此，“我们如果要担起新时代的责任，必须赶紧大无畏的跳出‘孝为百行先’的圈套而踏进‘忠为百行先’的大道。数千年家庭第一的气习到他们手里乃一变而为民族第一，国家第一的决心”。[③]正因看到了传统忠孝观念影响之深厚，故必须将传统“孝为百行先”改为现代“忠为百行先”，重新阐释忠孝观念而使之适应现代社会的需求。

总之，抗战全面爆发后，国民党人对中国固有道德作了战时阐释，现代新儒家、战国策派站在自己的立场上对中国传统道德伦理进行了探究和阐释，力图对忠孝观念作出适乎时代的新解释。对忠孝观念进行现代阐释并促使其现代转化，成为中国传统道德现代化的重要途径。这样，作为儒

---

① 林同济：《大政治时代的伦理》，《今论衡》1938年第1卷第5期。

② 林同济：《抗战军人与中国新文化》，《东方杂志》1938年第14期。

③ 林同济：《抗战军人与中国新文化》，《东方杂志》1938年第14期。

家伦理核心的忠孝观念，在多元化的现代阐释中获得创造性转化之良机。从总体上看，抗战时期对包括忠孝观念在内的中国传统道德的现代阐释还是初步的，这些多元化的阐释远远未能实现中国传统道德之创造性转化和创新性发展，这无疑需要后继者沿着这种以阐释方式推进转化的路径继续努力。

主要参考资料

一、主要征引文献

［1］丁守和主编《中国近代启蒙思潮》，社会科学文献出版社1999年版。

［2］中共中央书记处编《六大以来》，人民出版社1980年版。

［3］中共中央文献研究室、中央档案馆编《建党以来重要文献选编（1921—1949）》，中央文献出版社2011年版。

［4］中央档案馆编《中共中央文件选集》，中共中央党校出版社1989—1992年版。

［5］中央统战部、中央档案馆编《中共中央抗日民族统一战线文件选编》，档案出版社1986年版。

［6］中国文化建设协会编《十年来的中国》，商务印书馆1937年版。

［7］中国蔡元培研究会编《蔡元培全集》，浙江教育出版社1997年版。

［8］中国社会科学院近代史研究所编《胡适来往书信选》，中华书局1979年版。

［9］中国民主政团同盟中央文史资料委员会编《中国民主同盟历史文献》，文史资料出版社1983年版。

［10］中国民主同盟文史委员会编《我与民盟：中国民主同盟成立50周年纪念文集》，群言出版社1991年版。

［11］中国第二历史档案馆编《中国民主社会党》，档案出版社1988年版。

［12］中国第二历史档案馆编《中华民国史档案资料汇编》第五辑，江苏古籍出版社1994年版。

［13］中国民主建国会中央委员会宣传部编《中国民主建国会历史文献

选编》，书目文献出版社1992年版。

［14］艾思奇：《艾思奇文集》，人民出版社1981年版。

［15］冯友兰：《三松堂全集》，河南人民出版社2000年版。

［16］吴宓：《吴宓日记》，生活·读书·新知三联书店1998年版。

［17］李维武编《徐复观文集》，湖北人民出版社2002年版，

［18］张东荪：《知识与文化》，上海商务印书馆1946年版。

［19］张东荪：《思想与社会》，上海商务印书馆1946年版。

［20］张静庐辑《中国近代出版史料初编》，中华书局1957年版。

［21］张静庐辑《中国近代出版史料二编》，中华书局1957年版。

［22］张奚若：《张奚若文集》，清华大学出版社1989年版。

［23］何廉：《何廉回忆录》，中国文史出版社1988年版。

［24］金毓黻：《静晤室日记》，辽沈书社1993年版。

［25］陈序经：《中国文化的出路》，商务印书馆1934年版。

［26］杨深编《走出东方——陈序经文化论著辑要》，中国广播电视大学出版社1995年版。

［27］贺麟：《文化与人生》，商务印书馆1947年版。

［28］唐纵：《在蒋介石身边八年》，群众出版社1991年版。

［29］罗荣渠主编《从西化到现代化》，北京大学出版社1990年版。

［30］荣孟源主编《中国国民党历次全国代表大会及中央全会资料》，光明日报出版社1985年版。

［31］梁漱溟：《梁漱溟全集》，山东人民出版社1989年版。

［32］高平叔主编《蔡元培年谱长编》，人民教育出版社1999年版。

［33］蒋梦麟：《西潮·新潮》，岳麓书社1991年版。

［34］钱穆：《八十忆双亲·师友杂忆》，生活·读书·新知三联书店1998年版

［35］钱玄同：《钱玄同文集》，中国人民大学出版社1999年版。

［36］傅斯年：《傅斯年全集》，（台北）联经出版公司1980年版。

［37］耿云志等编《胡适书信集（1907—1933）》，北京大学出版社1996年。

［38］耿云志主编《胡适遗稿及秘藏书信》，黄山书社1994年版。

［39］彭明主编《中国现代史资料选辑》，中国人民大学出版社1987—

1990年版。

［40］熊十力：《十力语要》，中华书局1996年版。

［41］蔡鸿源主编《民国法规集成》，黄山书社1999年版。

［42］蔡尚思主编《中国现代思想史资料简编》，浙江人民出版社1982年版。

［43］葛懋春等编《胡适哲学思想资料选》，华东师范大学出版社1981年版。

二、相关论著举要

［1］马嘶：《百年冷暖——20世纪中国知识分子生活状况》，北京图书馆出版社2003年版。

［2］王伯祥、周振甫：《中国学术思想演进史》，上海亚细书局1935年版。

［3］王汎森：《中国近代思想与学术的系谱》，河北教育出版社2001年版。

［4］方汉奇：《中国近代报刊史》，山西人民出版社1981年版。

［5］方克立：《现代新儒家与中国现代化》，天津人民出版社1997年版。

［6］文天行主编《20世纪中国抗战文化编年》，四川辞书出版社2015年版。

［7］史全生主编《中华民国文化史》，吉林文史出版社1990年版。

［8］左玉河：《张东荪学术思想研究》，北京图书馆出版社1999年版。

［9］许纪霖：《中国知识分子十论》，复旦大学出版社2003年版。

［10］许纪霖：《家国天下：现代中国的个人、国家与世界认同》，上海人民出版社2017年版。

［11］许涤新、吴承明主编《中国资本主义发展史》，人民出版社1993年版。

［12］江沛：《战国策派思潮研究》，天津人民出版社2001年版。

［13］刘增杰：《中国现代文学思潮研究》，河南大学出版社1996年版。

［14］吴雁南等主编《中国近代社会思潮》，湖南教育出版社1998年版。

［15］杜维明：《儒家传统的现代转化》，中国广播电视出版社1993年版。

［16］宋仲福等：《儒学在现代中国》，中州古籍出版社1991年版。

［17］余英时：《中国思想传统的现代诠释》，江苏人民出版社1989年版。

［18］余英时：《现代儒学论》，上海人民出版社1998年版。

［19］余英时：《钱穆与中国文化》，上海远东出版社1994年版。

［20］沈渭滨：《近代中国科学家》，上海人民出版社1988年版。

［21］宋亚文：《施复亮政治思想研究》，人民出版社2006年版。

［22］李家驹：《商务印书馆与近代知识文化的传播》，商务印书馆2005年版。

［23］李泽厚：《中国现代思想史论》，东方出版社1986年版。

［24］李仲明：《抗日战争时期的中国文化》，团结出版社2015年版。

［25］陈茹玄：《增订中国宪法史》，世界书局1947年版。

［26］陈平原：《北大精神及其他》，上海文艺出版社2000年版。

［27］陈少明：《汉宋学术与现代思潮》，广东人民出版社1995年版。

［28］陈来：《现代中国哲学的追寻》，人民出版社2001年版。

［29］陈先初：《精神自由与民族复兴——张君劢思想综论》，湖南教育出版社1999年版。

［30］张公权：《中国通货膨胀史》，文史资料出版社1986年版。

［31］张岱年：《张岱年全集》，河北人民出版社1996年版。

［32］张岂之主编《中国思想史》，西北大学出版社1989年版。

［33］张朋园：《知识分子与近代中国的现代化》，百花洲文艺出版社2002年版。

［34］张世保：《西化思潮的源流与评价》，华东师范大学出版社2005年版。

［35］邱钱牧：《中国民主党派史》，浙江教育出版社1987年版。

［36］杨培新：《旧中国的通货膨胀》，生活·读书·新知三联书店1963年版。

［37］易劳逸：《毁灭的种子：战争与革命中的国民党中国》，江苏人民出版社2009年版。

［38］金耀基：《从传统到现代》，中国人民大学出版社1999年版。

［39］金耀基：《中国现代化与知识分子》，（台北）时报文化出版事业有限公司1977年版。

［40］庞朴：《文化的民族性与时代性》，中国和平出版社1988年版。

［41］林毓生：《中国意识的危机》，贵州人民出版社1988年版。

［42］林毓生：《中国传统的创造性转化》，生活·读书·新知三联书店1996年版。

［43］殷海光：《中国文化的展望》，上海三联书店2002年版。

［44］罗荣渠等编《中国现代化历程的探索》，北京大学出版社1992年版。

［45］罗志田：《权势转移——近代中国的思想、社会与学术》，湖北人民出版社1999年版。

［46］郑大华：《民国思想史论》，社会科学文献出版社2006年版。

［47］郑大华：《张君劢传》，中华书局1997年版。

［48］郑大华：《中国近代民族复兴思潮研究》，中国社会科学出版社2017年版。

［49］赵立彬：《民族立场与现代追求》，生活·读书·新知三联书店2005年版。

［50］姜平：《中国民主党派史》，武汉大学出版社1987年版。

［51］胡逢祥：《社会变革与文化传统》，上海人民出版社2000年版。

［52］胡佛、周阳山等：《中华民国宪法与立国精神》，（台北）三民书局2000年版。

［53］贺麟：《文化与人生》，商务印书馆1947年版。

［54］贺麟：《近代唯心论简释》，重庆独立出版社1943年版。

［55］龚书铎：《近代中国与文化抉择》，北京师范大学出版社1993年版。

［56］钱穆：《国史新论》，生活·读书·新知三联书店2001年版。

［57］钱穆：《中国文化史导论》，商务印书馆1994年版。

［58］钱基博：《近百年湖南学风·湘学略》，岳麓书店1985年版。

［59］徐矛：《中华民国政治制度史》，上海人民出版社1992年版。

［60］徐宗勉主编《近代中国对民主的追求》，安徽人民出版社1996年版。

［61］殷海光：《中国文化的展望》，上海三联书店2002年版。

［62］彭明、程歗主编《近代中国的思想历程》，中国人民大学出版社1999年版。

［63］桑兵：《晚清民国的国学研究》，上海古籍出版社2001年版。

［64］耿云志：《胡适研究论稿》，四川人民出版社1985年版。

［65］耿云志：《近代中国文化转型研究导论》，四川人民出版社2008年版。

［66］耿云志主编《西方民主在近代中国》，中国青年出版社2003年版。

［67］菊池贵晴：《中国第三势力史论》，天津人民出版社1991年版。

［68］魏光奇：《选择与重构——近代中国精英的历史文化观》，中国社会科学出版社2015年版。

［69］曹锡仁：《中西文化比较导论》，中国青年出版社1992年版。

［70］黄见德等：《西方哲学东渐史》，武汉出版社1991版。

［71］黄兴涛：《重塑中华：近代中国的中华民族观念研究》，北京师范大学出版社2017年版。

［72］潘公展主编《五十年来的中国》，重庆胜利出版社1945年版。